투혼(鬪魂)

투 혼

월남전 소대장

초판 1쇄	2016년 10월 05일
2쇄	2017년 01월 07일
3쇄	2021년 06월 06일

지은이	김형석
발행인	김재홍
편집장	김옥경
디자인	박상아, 이슬기
마케팅	이연실

발행처	도서출판 지식공감
등록번호	제2019-000164호
주소	서울특별시 영등포구 경인로82길 3-4 센터플러스 1117호(문래동1가)
전화	02-3141-2700
팩스	02-322-3089
홈페이지	www.bookdaum.com
이메일	bookon@daum.net

가격	18,000원
ISBN	979-11-5622-235-4 03900

이 글을 쓰면서

●

●

●

나는 시골에서 태어나 육사를 졸업하고 장교가 되었다. 그리고 임관한 지 얼마 되지 않아 스스로 월남전에 뛰어들어 1966년 10월 3일부터 1968년 2월 28일까지 대부분을 소대장으로 전투를 지휘했다. 월남전은 전선 없는 전쟁이었다. 정글에서 적을 찾을 수 없어 대부분의 전투는 조우(遭遇)하는 상황에서 이루어졌다. 이뿐만 아니라 열대밀림과 무더위도 또 하나의 무서운 적이었다. 이 모든 것들은 임관한 지 1년밖에 안 된 신출내기 소위였던 나에게 너무나 버거운 것들이었다. 가장 힘들었던 것은 죽음에 대한 심리적 공포였고, 소대원의 희생을 최소로 하면서 반드시 적을 물리쳐 승리를 쟁취해야 한다는 지휘자의 엄청난 책임감도 그에 못지않게 날 힘들게 했다.

파병 전에 강도 높은 교육훈련을 했지만, 훈련과 전투상황은 너무도 달랐다. 그래서 나는 초기에 적지 않은 시행착오를 겪으면서 통절히 반성하고 더 나은 전투지휘와 통솔 방법을 찾고자 고민을 거듭하였다. 그 결과 나는 전사(戰士)로 거듭날 수 있었으며 싸워 이기는 법을 터득하였다. 내가 터득한 전투지휘의 요체는 적보다 먼저 과감하게 공격하는 것이었으며 통솔의 요체는 부하 사랑과 헌신적 솔선수범이었다. 그리고 나는 귀국한 지 7년 후인 1975년 우리가 피 흘려 도왔던 자유월남이 패망하고 우리와 싸웠던 월맹이 승리하여 베트남의 새 주인이 되는 것을 보고 큰 충격을 받았다. 왜 그러한 결과가 나타났는지 깊이 고민하게 되었고 대한민국의 미래를 걱정하게 되었다.

나는 이 소중한 경험과 성찰의 산물을 후손과 후배들에게 전해주고 싶었다. 오직 그러한 일념으로 무작정 글을 쓰기 시작하였는데, 글재주가 없어서 3년을 넘게 쓰고 버리기를 계속하다가 겨우 졸작을 내놓게 되었다. 나의 기억과 함께 내가 쓴 일기와 기록물을 샅샅이 뒤져서 나와 우리 부대가 겪었던 경험을 한 권의 책 속에 담았다. 더욱 생생한 현장을 들려주기 위해 당시 내가 느꼈던 온갖 생각과 감정까지도 글에 담으려고 애썼으며 전투지휘와는 성격이 다른 내용은 담론과 단상의 형태로 말미에 포함했다. 특히 진실을 남기기 위해 나와 우리 부대가 겪었던 부끄럽고도 뼈아픈 시행착오도 빠짐없이 담았다. 그러다 보니 나를 포함한 이 책에 등장하는 거의 모든 인물이 시행착오를 겪다 실패한 모습으로 그려질 때도 있을 것이다. 그분들의 명예를 실추하지 않을까 걱정도 되지만, 그분들도 나라를 지키는 호국간성(護國干城), 후배를 위해 기꺼이 반면교사(反面敎師)가 되어줄 수 있을 것이라 믿어 의심치 않는다. 개인적으로 그분들에게 너그러운 용서를 구한다. 아울러 혹시 내가 잘못 기억하고 있거나 착각한 부분이 있다면, 이 점도 널리 이해해주기를 바란다.

이 책이 나오기까지 정성껏 도와주신 존경하는 이병태, 김동신 전 국방부 장관과 헌신적으로 집필을 도와준 합동참모대학 권혁철 교수, 북극성 안보연구소 신하영 국장을 비롯한 모든 분과 곁에서 응원을 아끼지 않은 나의 소중한 아내와 가족, 친지들에게도 진심으로 감사의 마음을 전한다. 아울러 기꺼이 고증해준 동기생들과 파병전우들에게 감사를 드리며, 특히 나와 함께 정글을 누비다가 일찍 비명에 쓰러진 전우 故 박칠진 중사, 故 박남기 하사, 故 이성길 중사의 영령께 명복을 빌고 소대의 전열을 지키다가 부상을 입은 이우준 하사와 박만복 병장의 환후를 문안함과 동시에 고난의 세월을 함께한 모든 중대원 전우들에게 감사드리며 하느님의 축복이 깃들기를 기원한다.

2015년 3월 15일 영종도 우거에서 석도(石道) 김형석

추천사

●

●

●

월남전에서 한국군은 용맹스럽게 싸웠고 빛나는 전과를 달성하였다. 그러나 부분적으로는 월남의 독특한 지형 및 기상 조건, 특히 월맹군의 비대칭 전술을 잘 이해하지 못해 고전을 치른 경우도 있었다. 하지만 우리 군은 그러한 실패들을 분석하는데 주저해 왔다. 그것을 통해서 얻는 교훈이 적지 않는데도 말이다. 그러므로 지금이라도 그러한 사례들을 밝혀 후대가 올바른 교훈으로 삼을 수 있도록 해야 한다. 아울러 우리 군은 월맹군의 비대칭 전략전술을 공산권 국가의 것이라고 하여 외면하거나 폄하할 것이 아니라 그 성과를 솔직히 인정하고 연구하여 월맹군의 궤계와 맥을 같이하는 북한의 전략전술에 대응할 필요가 있다.

그런 점에서 김형석 예비역 대령이 쓴 『투혼』은 아주 특별한 의미와 가치가 있다고 본다. 나는 이 책을 일독하면서 깊은 감명을 받았다. 그는 이 책에서 자신과 자신이 속했던 상·하급자들의 치부를 그대로 드러내는 것을 부끄러워하지 않고 자신이 보고 듣고 경험한 것을 숨김없이 기록하였다. 어지간한 용기가 없으면 불가능한 일이다. 그리고 일어난 상황을, 아주 사소한 부분까지 상세하게 묘사하여 독자가 책을 읽으면서 그 장면을 그대로 떠올릴 수 있도록 서술하였다. 너무도 사실적이어서 흡사 영화의 대본 같다는 생각이 들었다.

각종 참전 수기들이 적지 않게 출판되었지만, 유감스럽게도 시중의 많은 저자가 자신과 우군의 실패를 숨기고 영웅으로 미화하여 독자들이 그들의 영웅적 행동에 감동하도록 유도하고 있다. 그러나 이 책은 보통의 소대장이 겪은 일들을 인위적인 조작 없이 솔직하고도 담담하게 써내려갔기 때문에 독자들에게 오랫동안 여운이 가시지 않는 잔잔한 감동을 주고 있다. 이 책을 읽으면 월남전 참전용사들은 후련함과 진솔한 추억을 느낄 것이고, 직업군인들은 어디에서도 얻기 어려운 전투실상을 경험하는 동시에 군 복무 지표가 될 보석 같은 교훈을 얻을 것이며, 역사가들은 역사적 진실에 매료되고 말 것이다.

아울러, 저자는 처음부터 끝까지 청렴결백을 직업군인이 가져야 할 가장 큰 넉목으로 보고, 전장에서도 자신을 계속 성찰하는 한편, 군대 내에 발생하는 각종 상황을 평가하고 있다. 내가 알기로 저자는 일흔이 훌쩍 넘은 지금도 청렴결백을 몸소 실천하고 있는 대쪽 같은 분이다. 그런 점에서 군인들이 이 책을 읽고 전투지휘 기법을 익힐 뿐만 아니라 자신을 되돌아보는 시간을 가졌으면 한다.

그리고 이 책은 저자가 경험했던 전투를 직접 그린 요도와 함께 육하원칙에 따라 기술하여 사료(史料)로서의 가치도 충분히 있다. 그러므로 나는 독자들에게 이 책을 일독할 것을 강력히 추천하는 동시에 특히 군에서 이 책을 적극적으로 활용할 것과 소중하게 보존해 주기를 간절히 당부하고 싶다.

2015년 12월 31일 한때 저자의 상관이었음을 늘 자랑스럽게 생각하는
31대 국방부 장관(1993~1994) 이병태(육사 17기)

차 례

이 글을 쓰면서 _5

추천사 _8

캄란항
상륙

1. 캄란항 도착(1966.10.8.)

전쟁터에 곧 상륙한다는 긴장감에 선잠을 이루다가 선체의 롤링과 피칭 때문에 새벽잠에서 깨어났다. 나는 선실 공용 화장실을 선점하여 먼저 사용할 요량으로 일찍 일어나서 서둘러 세수를 하고 갑판으로 올라갔다. 여명 빛이 바다의 연무에 가리어서 주변이 검푸르게 보이니 마음도 스산하였다. 남중국해의 수평선 너머에 육지의 실루엣이 거대한 괴물체처럼 눈에 들어왔다. 불안감·호기심·탐구심이 발동하여 갑판 위에서 발걸음을 멈추고 육지의 모습을 눈여겨 바라보았다. 산 능선의 긴 자락에 비구름이 낮게 덮여서 불안스런 마음을 더욱 심란하게 하였다.

배가 상륙지점을 향하여 계속 항진하여 산자락이 손에 잡힐 듯 가까워졌다. 캄란만의 배후로 자리 잡고 있는 중부 안남산맥이 병풍처럼 펼쳐져 있어서 산악국가로 인식되었고 군청색의 정글 숲은 육상의 생명체를 모조리 빨아들이는 블랙홀처럼 경외감을 주었다. 앞으로 1년, 낯선 저 산줄기 어느 산봉우리 험준한 골짜기에서 생사를 걸고 싸움을 하며 시간을 보내다가 무사히 귀국하거나, 이곳에 뼈를 묻게 될지도 모른다는 생각을 하니 한심한 마음을 떨칠 수 없었다.

나의 면전에 맞닥친 현실은 이 상황을 정면 돌파하는 길뿐이었다. 옛 선인들이 '필사즉생(必死則生)'이라고 하지 않았던가? 나는 '소대원 모두가 하나로 뭉쳐 죽기를 각오하고 싸워서 이기고 돌아가야 한다. 부산항 출항 시 금정산에 굳게 맺은 맹약인 개선 귀국을 실행하여 사랑하는 부모 형제로부터 축복을 받아야 한다.'고 마음속으로 절규하며 새롭게 각오를 다짐하였다.

　수송선 빅토리아 호가 서서히 캄란항에 접안을 시작하자 연대본부에서 "전 장병은 경계심을 견지하고 총과 탄약을 휴대하여 즉각 응전태세를 갖추라."고 독려하였다. 마침내 수송선은 긴 항해를 마치고 닻을 내렸다. 1966년 10월 8일 10:00시경이었다. 캄란항 부두에는 주월사령부, 백마사단 관련 요원, 제30연대 선발대 요원들이 영접하였다. 제30연대 지휘부 요원들이 먼저 하선하여 간단한 환영을 받았다. 연대본부 관계참모들은 부두 인근 우거진 숲 속에서 금세 베트콩들의 공격행위가 있을 것으로 예상하고 바짝 긴장할 것을 독려하였으나 현지 영접요원들은 다소 태연한 표정을 지으면서 우리의 경직된 분위기를 한결 누그러뜨렸다.

연대지휘부에 이어서 보병부대가 건제순으로 하선하기 시작하였다. 우리 6중대는 차례에 따라 정오쯤에 월남땅에 첫발을 내디뎠다. 근거리의 울창한 숲 속에서 총성이 터져 나올 것처럼 몸이 오싹해지는 긴장감이 감돌았다. 소대원들은 스스로 좌우를 살피며 경계 강도를 높였고 나도 어느새 왼손으로 총목을 꼭 쥐고 있었다.

우리 중대는 사단의 이동계획에 따라 미리 대기하고 있는 카고트럭에 신속히 탑승하여 캄란 부두를 서둘러 빠져나갔다. 숨 막힐 듯한 초조함이 극도로 경색된 긴장감을 유발하여 대원들은 남국의 혹심한 열기조차 느끼지 못하였다. 장병들은 무거운 침묵 속에서 좌우 경계를 엄중히 하였다. 우리를 태운 차는 어디론가를 향해 가고 있었지만 나는 내가 지금 어디로 가고 있는지조차 알지 못했다. 부두에서 출발하여 10여 분이 지나면서 고무보트로 연결된 고무다리를 통과하여 1번 국도에 접어들었다. 차량 대열은 곧이어 민간인 마을을 거쳐서 시속 25km 속도로 이동하였다. 이곳에서 우리는 월남 주민을 처음 보았고 일부나마 그들의 생활상을 접할 수 있었다. 오랜 내전에 시달린 그들의 표정은 무관심 그대로였고 남녀노소를 막론하고 검은색 평상복을 착용하여 고달픈 생활상을 짐작게 하였으며 그 모습은 우리에게 어두운 마음을 더해 주었다.

이따금 1번 국도에는 오토바이를 타고 시원하게 달리는 젊은 이들의 활기찬 모습이 돋보였고 삿갓 모자를 쓴 하얀 아오자이 아가씨들의 몸동작이

이국적인 호기심을 불러일으켰다. 특히 나이 든 여자들의 까맣게 물들인 치아가 눈에 띄었다. 마치 마귀할멈과도 같아서 눈살을 찌푸리게 하였다. 이는 원래 치아를 관리하는 방법의 하나였는데 프랑스 식민지 시대 서양인들의 접근을 거부하려는 저항수단으로 사용했다고 하니 연민의 정을 느끼지 않을 수 없었다.

사주경계를 강조하고 나도 좌우를 살펴서 이상 징후를 염탐하였다. 긴장 속에서도 월남의 풍광을 흘겨보았다. 도로변 수답지에 누렇게 벼 이삭이 고개를 숙이고 있어 마치 출국 전에 보았던 곡수평야 같았다. 바로 그 옆 논에서는 모내기가 한창 바쁘게 돌아가고 있었다. 씨 뿌리는 봄과 걷어 들이는 가을이 구별되지 않는 자연환경이 이채로웠다. 이처럼 2~3모작을 경작하면 농촌이 풍요롭겠다는 생각이 들었다. 계속된 전쟁이 남자들을 논밭에 머물러 있게 두지 않아서 주로 여인들이 땡볕에서 일을 하고 있었다. 1번 도로 가로변에는 야자수가 큼직한 잎을 세워 열매를 주렁주렁 매달고 있어 우리의 입국을 반겨 주는 듯하였다. 또한, 마을 주변에 가꾸어 놓은 연녹색의 바나나잎과 풍성한 열매가 풍요와 평화를 함께 느끼게 해주었다.

우리는 이동 중 앞으로 내가 깊은 인연을 맺게 될 동바띤 마을을 경유하였다. 미군 헬기중대가 주둔하고 있어 헬기가 뜨고 내리는 소음으로 요란스러웠다. 첨단장비로 무장된 미군 부대가 상주하여 적들이 잠복해 있을 것 같은 생각은 사라졌다. 드디어 15:00시경 임시 대대 집결지로 선정된 고무나무 농장 지역에 도착하였다. 우리는 질서정연하게 하차하였다. 기업 농가에서 막대한 투자를 해 잘 가꾼 좌우로 정돈된 고무나무들이 큰 수림을 형성하여 장관을 연출하였다. 이 숲은 남국의 뜨거운 열기에 익숙하지 않은 우리에게 그늘을 주었고 여유를 느끼게 해주었다.

2. 월남에서 첫날 밤(1966.10.8.~10.9.)

대대 작전관은 대대 본부가 위치한 지역을 중심으로 하여 300m 반경의 원주를 가상하고 그 원주 둘레를 3등분으로 나누어서 각 중대의 책임구역을 지정해 주었다. 중대장은 대대로부터 할당받은 정면을 '저 나무에서 이쪽 굽어진 나무까지 1소대가 맡는' 방식으로 소대책임구역을 재분할해 주었다. 나 또한 그와 같은 방법으로 분대장에게 경계정면을 할당하였다. 그리고 병력들은 각자 경계진지를 선정하고 엄체호를 구축하였다. 진지를 구축한 숲 속은 높게 솟은 교목나무가 울창한 원시림을 형성하여 땅바닥은 태양광이 차단되었고 축축한 습기가 가득 찼기에 곤충과 미생물의 안식처로는 최적지였다. 하지만 우리는 이곳에 전투 배낭을 풀고 전투준비에 들어갔다. 혹시 소대 앞 정면에 적이 야습할 것에 대비하여 경기관총(LMG)을 좌전방에 배치하여 소대 전 정면을 지원케 하고 3.5인치 로켓포 등 주요화기는 소대장이 직접 통제하기 위해 나와 가까운 거리에 두었다. 이어서 소대원들의 진지 위치를 일일이 점검하고 진지구축을 실시하였다.

나는 둘레 3.5m, 높이 25m에 이르는 거목 주변에 소대본부를 정했다. 그곳은 은폐와 엄폐가 용이하고 야간에 분대장의 위치를 확인하기 쉬워 소대를 잘 지휘할 수 있는 장소로 보였다. 나는 거목 아래 쌓인 낙엽무더기를 군홧발 앞 축으로 슬쩍 밀쳐보았다. 수많은 세월 동안 쌓인 나뭇잎들이 스며든 빗물과 뒤섞여서 시궁창을 이루었고 햇볕이 들지 않아서 어둑한 공간에 불결함과 음습함이 가득하였다. 눈을 크게 뜨고 살펴보니 참으로 가관이었다. 하루살이, 모기 심지어 나무거머리까지 떼를 짓거나 혼자서 이리저리 왔다 갔다 야단법석이었다. 태고 이래 과연 이 숲 깊은 곳까지 이토록 많은 포유류(인간군)가 이렇게 한꺼번에 찾아온 적이 있었겠는가? 흡혈 기회를 노리고 있던 곤충들에게는 천재일

우가 된 것이다. 그들은 기뻐서 어쩔 줄을 모르는 듯 바삐 움직이며 우리를 노리고 있었다. 그러나 최고의 포유동물인 인간이 적자생존에서 져서야 되겠는가! 마침내 우리는 베트콩(VC)과의 전투에 앞서 독충과의 전투를 시작하였다. 대대에서 살충분말과 모기예방 용액을 보급하였고 각개 장병은 노출된 피부에 모기약을 바르기 시작하였다. 그 순간부터 모기약은 월남을 떠날 때까지 나의 몸에 붙어 다녔다.

숲 속의 밤은 빠르게 찾아왔다. 우리는 숙달된 동작으로 진지구축을 진행하였다. 각자 개인 엄체호를 구축하고 그 전방 30m 지점에 운형철 조망을 설치해서 적의 야습에 대비토록 하였다. 크레모아를 철조망 설치 선에 연하여 매설하고 조명지뢰를 분대 정면에 설치하여 적의 은밀 침투에 경고를 받을 수 있게 하였다. 소대원들은 탄띠에 수류탄을 휴대하고 소총 약실에 실탄을 장전하여 적이 접근할 시 언제라도 즉시 발사할 태세를 갖추었다. 나는 오발사고에 대비하여 자물쇠의 잠금장치를 확실히 놓도록 각별히 강조하였다. 이는 한국에서 이미 숙달한 것이었다. 하지만 왠지 무엇인가 빠진 것 같은 생각이 들어 조바심이 가시지 않았다. 전쟁터에서 맞는 첫날 밤의 불안 심리 때문이었다.

어둠이 숲 속에 짙게 깔릴 때쯤 우리는 전투식량인 C레이션으로 저녁식사를 하였다. 캔을 따서 닥치는 대로 먹었다. 우선 허기가 사라져서 살만하였다. 입속이 개운치 않아서 수통 물을 연신 마셨다. 땀으로 전투복을 적시고 말리기를 몇 차례 거듭하였지만, 목욕은커녕 세수나 양치질을 할 겨를도 없었다. 오히려 마실 물조차 걱정하며 월남 전선의 첫날 밤을 맞이하고 있었다.

수송선의 계단을 내려와 월남 땅을 밟은 뒤 꽤 긴 시간이 흐른 듯하였으나 겨우 10여 시간이 흘렀을 뿐이었다. 숲 속의 어둠은 그야말로 칠흑 같았다. 우리는 적들이 한국군이 도착한 초야이기에 전장의 기선을 잡고자 야습을 도모할 것으로 판단하여 오관을 총동원하여 경계에 들어갔다. 그때 어디선가 제법 커다란 형광 불빛들이 떼를 이루어 숲 속을 밝혀주었다. 맑은 숲에서만 산다는 반딧불이었다. 그들은 칠흑 같은 밤을 환하게 밝히며 숲 속을 날아다녔다. 긴장은 의심을 일으키는 법이다. 나는 혹시 베트콩이 계획적으로 많은 반딧불을 날려 보내, 한국군의 경계심을 이완토록 시도하는 것이 아닐까 하는 의구심까지 들었다. 또한, 지나가는 바람소리와 바람에 나뭇가지가 서걱하는 소리, 야생동물이 나뭇잎 밟는 소리, 날짐승의 날개 퍼드덕거리는 소리와 짐승들의 울음소리 등은 인적으로 착각되어 우리를 전율케 하였다. 어느 다른 부대에서는 원숭이, 야생 물소 떼의 이동을 적의 접근으로 오인하여 경계병이 사격을 가하자 옆에 병사가 덩달아서 발사하고 소대와 중대가 모두 사격에 가담하는 촌극이 벌어져서 인접부대의 빈축거리가 되기도 하였다. 너무도 긴장을 했던 터라 누구든지 그런 잘못을 범할 수 있었다.

나는 어둠 속에서 초등학교 시절 집 근처 거목 아래에서 허상을 귀신이라고 착각하여 경악했던 일을 떠올렸다. 그때 나는 몇 번이고 그 현장을 찾아 내가 본 것이 귀신이 아니라는 것을 증명한 바가 있었다. 그때를 생각하니 내 머릿속이 맑아지고 마음이 차분해졌다. 어떤 경우에도 정신을 똑바로 차리면 된다는 확신 때문이었을 것이다. 나를 괴롭힌 것은 불안감뿐이 아니었다. 숲 속의 모기떼들이 인해전술로 무차별적으로 공격해왔다. 그들은 나의 온몸에 입뿌리를 틀어넣으려고 안간힘을 썼다. 모기약을 바르기는 했지만, 내 손은 밤새도록 이들을 막아내느라 화를 면치 못했다. 악전고투는 새벽이 되면서 점차 사라졌다. 교목나무 가지 사이 커다란 잎 틈새로 찾아든 아침 햇살은 우리를 어둠과 벌레의 공격에서 벗어나게 해준 구원자였다. 어떤 일이든지 초반이 중요한 법이다. 우리는 월남에서의 첫날 밤을 이렇게 무사히 보냈다.

1966년 10월 9일 06:00시 나는 중대장에게 '소대 야간 경계근무 중 이상 없음'을 보고하였다. 중대장은 반가운 음성으로 소대원 모두의 노고를 치하하며 자축하였다. 우리는 물이 없어서 세수조차 할 수 없었다. 밤샘을 하였기에 공복감에 C레이션 캔을 따서 배를 채웠다. 아직 캔의 내용물을 파악지 못하여 기호식품이 있는지를 분별할 수 없었다. C레이션 표지에 적힌 영문 설명서를 찬찬히 읽어 볼 마음의 여유조차 없었다. 이후 나의 야전 식생활 부적응은 시작되었고, 우리 고유의 밥, 김치, 된장국물 맛은 내장 깊숙한 곳으로 간직해야 했다.

우리는 어젯밤을 꼬박 새웠는데도 피곤을 느끼지 못했고 상급부대에서도 주간휴식에 대한 조치가 전혀 없었다. 모두가 긴장한 때문이었다. 부대의 집결지로서 좁게 편성된 공간 내에서 장병 각자 생리문제인 대변처리가 가장 긴박한 과제가 되었고 이에 급조 화장실 설치가 다급해졌다. 중대는 경계병을 각 소대 정면 앞 70m 지점에 보내 경계초소를 운영하고, 1개 분대를 차출하여 주변 지역을 수색하도록 하였다. 어제 급조 편성된 경계진지를 보강하여 엄폐가 보장될 수 있도록 진지구축을 하고 편의시설 설치 작업을 계속하였다. 다행스럽게 오후 늦게 연대에서 야전 급수가 추진되어서 식용수가 해결되었고 하루 만에 양치질과 세수를 할 수 있었다. 이제야 산 짐승을 면한 기분이 들었다.

숲 속은 장마철로 항상 음습한 터에 장대비가 모여서 큰물방울로 성글게 떨어져서 색다른 느낌을 주었다. 물속도 아니고 육지도 아닌 제3의 지대랄까. 이런 공간에서 살아갈 수 있도록 탄생한 생명체가 따로 있다! 그들은 바로 나무에 서식하는 거머리들이다. 이것들은 풍우를 피해서 들어온 짐승들에게 텃세를 피로 받아 챙겼다. 우리 백마용사들도 그들에게 어젯밤부터 세금을 바치기 시작하였다. 소대원 박 상병이 호들갑스럽게 적을 생포했다며 거머리를 들고 와서 보고하였다.

나는 "야, 박 상병, 베트콩 새끼라도 잡은 줄 알았다. 한데 기껏 거머리인가?"하고 호통을 쳤다. 이에 그는 "이것도 우리의 피를 요구하기는 마찬가지입니다."라고 기세를 올렸다. 나는 "자네 말이 맞았어, 소대의 첫 유공자는 박 상병이야!"하고 그를 격려해 주었다. 이때부터 나무에 살고 있는 거머리를 소대원들이 경계해야 할 주요 대상으로 추가하였다. 낮이 되면서 중대장 이하 모든 장병이 혼연일체가 되어서 전투진지 보강작업을 서둘렀다. 중대장과 소대장 그리고 병사들은 서로 눈빛을 교환하며 일사불란하게 움직였다. 눈빛 하나로 소통을 하다니 '척하면 삼천리'라 하던 속담이 이를 두고 말함이리라. 생면부지인 월남의 이름 모를 산하 정글 속에서 이렇게 바삐 움직이다 보니 어느덧 어둠이 내려앉았다. 내 생애에서 하룻낮 시간이 이처럼 빨리 지나간 적이 있었던가! 우리는 어젯밤보다는 한결 여유 있게 야간경계 근무에 임하게 되었다. 경계진지가 형태를 갖추게 되었고 숲 속의 야간 환경에도 익숙해지기 시작하였기 때문이었다. 인간은 최악의 상황에서도 적응하는 능력을 갖추고 있음을 새삼 느꼈다. 2일째의 밤이 서서히 지나가고 숲 속에 여명이 비집고 들어와 가벼운 활기를 주었다.

3. K일병 자해, 소대장 곤장 사건(1966.10.9.~10.12.)

우리가 야간경계 준비물을 철거 중일 즈음, 우리 좌측 소대 지역에서 갑자기 '탕'하는 총소리가 들려왔다. 밀림 속이라서 메아리 소리가 더욱 가깝게 들렸다. 너무나 가까운 거리에서 일어난 총성이었기에 바짝 긴장해 모두가 응전태세에 들어갔고, 나도 숨소리를 죽여 가며 주변을 살펴보았다. 베트콩이 은밀하게 접근하여 저격한 것인지, 침투하는 베트콩에게 우리 측에서 총격을 가한 것인지, 총기 오발 사고인지 갖가지 생각이 머릿속을 스쳐 지나갔다. 나는 단발 총성이었으므로 오발 사고 가능성에 좀 더 무게를 두었다. 잠시 후 대대의 의무용 지프차가 6중대 본부 앞에 모습을 드러냈다. 누군가 총상을 입고 후송 조치되고 있음을 직감할 수 있었다. 어느 한 병사가 다른 병사의 등에 업혀서 지프차에 설치된 간이침대에 실렸다. 나는 중대의 상황병에게 유선전화를 걸어서 사고내용을 확인하였다. 상황병은 "3소대의 K일병이 자기 발가락 부위에 M1소총탄 일발을 발사하여 자해를 하였기에 일단 병원에 후송 조치하였다."고 통보해 주었다. K일병은 하선한 이후 줄곧 극도의 불안감에 시달리다가 일선 전투대열에서 이탈하고자 그런 비겁한 행위를 자행한 것이다.[1] 불안감을 느낀 병사가 K일병뿐이었겠는가? 모두가 전우와 상·하급자를 서로 믿고 함께 불안을 극복하고 있는 상황에서 K일병은 중대의 전열 형성에 찬물을 끼얹고 말았다.[2] 우리 중대는 한국에서 파월 훈련 간 백마부대의 최우수중대로 평가받아 상급부대로부터 기대를 한 몸에 받았었다. 그런데 월남에 도착하자마자 자해사고가 발생하였으니 실망한 중대장은 몹시 불쾌한 심기를 드러내며 소대장들을 소집시켰다. 그는 야전에 무사히 적응하고 부대 안전을 위하여 누차에 걸쳐 총기를 철저히 관리 감독하도록 지시한 바 있는데 왜 제대로 지켜지지 않느냐고 호통을 쳤다. 사실 야간 경계병이 직접 탄약을 휴대하고 근무하고 있는 터라 소대장이 총기를 직접 관리하는 것은 불가능하다. 그럼에도 불구하고 지휘관들은 군의 특수성이 상명하복이기에 소대장에게 모든 책임이 있고 이번 사고도 전적으로 소대장에게 책임이 있음을 부각시켰다. 이렇게라도 해야 사고의 재발을 막을 수 있다고 믿었기 때문이다.

중대장의 호출에서 돌아온 나는 전쟁공포심리가 바이러스처럼 우리

1) 3소대장 말에 의하면, 그는 몸집이 큰 편이었고 훈련도 보통 수준이어서 평소에 비교적 믿음이 간 병사였다고 하였다. 이처럼 전장에서의 이상 심리는 몸집이나 훈련수준이나 평소의 태도를 통해서 쉽게 나타나지 않는다.

2) K일병은 그 후에 처벌을 받고 조기 귀국하였다. 그리고 그는 유공자가 되었다. 이 부분에 대한 상세한 내용은 제6장 제2절에서 기록하였다.

소대에 전파되지 않도록 즉시 소대원을 한곳에 집합시켰다. 우선, 3소대의 자해사고를 소상하게 설명해서 유언비어가 발생할 소지를 없앴다. 이어서, 각 분대장들에게 불안 증세를 나타낸 병사의 실태를 관찰하여 보고토록 지시하고 특히 지금 당장 견딜 수 없을 정도로 불안한 병사는 병원 정신과로 직행하도록 조치할 것이니 나에게 면담을 신청하도록 지시하였다.

이후 나는 당차 보이는 병사를 일으켜 세우고 "지금 10m 전방에 갑자기 출현한 적을 쏘아서 죽일 수 있느냐?"고 다그쳐 물었다. 그리고 온순한 병사 몇 사람에게도 같은 질문을 던졌다. 그들 모두는 공개된 장소와 대원들 앞인 만큼, "적에게 총을 쏘아서 죽일 자신이 있다."고 큰소리로 다짐하였다. 그리고 나는 우리 백마부대 장병들은 베트콩들보다 신체적으로 강하고 훈련을 철저히 받았으며 식사보급도 월등히 우수하고 탄약이나 화기와 각종 장비도 우월하다는 점을 주지시키고, 추호도 두려워할 것이 없다고 강조하였다. 아울러 무엇보다도 바로 옆에 서로를 지켜줄 믿음직한 전우, 분대장 그리고 소대장이 있음을 환기시키고 스스로 불안 심리를 극복할 것을 힘주어 말하였다.

그리고 나는 "전투는 적과 내가 1:1로 하는 싸움이 아니고 분대장과 분대원이 합심하여 적병 몇 사람 소수와 싸우거나, 적 분대 규모와 우리 소대 전체의 싸움이 될 터이니 병사들은 자기 지휘자를 믿고 자기 몫을 다하여 싸워라. 항상 지휘자에게 주목해서 분대 전체가 단결하여 싸우고 각자는 자기의 위치에서 맡은 바 본연의 임무를 완수함으로써 같이 살고 함께 이기도록 해야 한다."고 역설하였다. 아울러 나는 "적을 먼저 보고 일발 필살로 적을 쓰러뜨려서 내가 살고, 반드시 이기는 전투를 한다."는 소대장 지시 제1호를 상기시키는 한편, "모두가 자기 발로 이곳에 왔으니 영광의 훈장을 가슴에 달고 귀국하겠다는 공명심도 가지라."고 소대원들의 용기를 북돋웠다. 마지막으로 나는 결의를 다짐하는 의미로 '우리 함께 사납게 싸우자!'를 3회 복창토록 하고, 이어서 '소대장과 분대장을 믿고 따르겠습니다!'를 3회를 복창시켜서 기세를 올렸다. 이러한 노력 덕분인지 인접 소대의 자해 사고로 위축된 병영 분위기가 다시 살아나고 대원들의 얼굴에서 다시 자신감을 읽을 수 있었다.

한편, 백마사단에서는 제30연대 제2대대를 어떻게 운용할 것인지를 두고 주월사령부와 협의, 심도 있게 검토하고 있었다. 제2대대는 이곳에서 당분간 주둔할 가능성을 염두에 두고 현 진지를 보강하기 위하여 교통호 신설 공사를 서둘고 있었다. 대대장과 참모들이 현장을 방문하여 공사를 독려하였다. 공사 장비는 야전삽이 전부였다. 우리는 수백 년 묵은 거목의 뿌리가 얽혀진 땅을 파서 규격화된 호를 구축하기 시작했다. 음습한 공기와 열대의 열기로 찜통을 만든 공간에서 병사들은 땀을 뻘뻘 흘리며 삽질을 하였다. 나도 이따금 일손을 거들며 농부처럼 땅을 팠다.

11:00시경 선임하사관이 바쁜 걸음으로 달려와 "연대장님이 오고 계십니다."라고 보고하였다. 30연대장 김성환 대령은 작전 주임을 대동하고 천천히 6중대를 향하여 오고 있었다. 나는 1소대 지역에 위치하고 있던 중대장에게 '연대장이 접근해 오고 있음'을 보고하였다. 중대장은 자기의 행동을 계속하면서 못 들은 척 아무 표정이 없었다. 그 사이 연대장은 우리 소대 20여 미터 지점까지 접근하였다. 나는 왠지 불안하였다. 이때 연대장이 먼저 "Y대위, 진지 공사 진행은 잘되고 있는가?"라고 말을 던졌다. 연대장의 음성 속에서 평소 Y대위에 대한 신뢰를 읽을 수 있었다. Y대위는 연대장이 부르는 소리에 다소 놀랜 몸짓을 하더니 "백마!"라고 구호를 붙이며 거수경례를 하였다. 중대장은 작업 진행사항을 보고하고 중대병력 관리를 위하여 하달된 상급부대 야전적응지침의 이행실태를 복명하였다. 이 과정에서 연대장이 갑작스럽게 중대를 방문하게 된 사유를 확인할 수 있었다. 그는 며칠 전 K일병의 자해사고로 인

해 중대원들이 동요하는 것을 막고 사기를 돋우기 위해 방문하였다. 중대장은 그 점을 지휘문책의 일환으로 인식하여 과도하게 태연스런 모습을 연출하였다. 어떤 부대에서도 연대장이 중대장에게 이처럼 자연스럽고 부드럽게 대하는 사례를 발견하기 힘들었고 중대장이 연대장에게 당당하게 보고하는 경우도 드물었다. 나는 그 후 군 지휘관을 역임하며 이때의 경험을 상기하고 예하 지휘관에게는 친근감을 주어서 편하게 대하고 상급지휘관에게는 진솔한 마음으로 당당하게 보고하는 자세를 견지하였다.

1966년 10월 12일 파월 5일째 아침이 밝아왔다. 야간에 사용한 경계진지와 장비들을 점검하고 비좁은 개인 천막 속으로 들어왔다. 전령 황일병이 C레이션을 가져오며 과일 캔을 내밀었다. 그는 며칠간의 경험으로 C레이션 식사 메뉴를 정확하게 파악하고 있었다. 아침용과 저녁용에 어떤 음식으로 캔이 채워져 있는지를 알고서 나의 입맛에 맞는 것을 챙겨 주었다. 육체적 활동을 많이 하면서 식성이 좋은 병사들은 끼니 구분 없이 항상 육류로 식사해서 얼굴이 확연히 커지기 시작하였다. 하지만 장교 대부분은 끼니에 상관없이 아침용 가벼운 식사를 선호하여 깡마르기 시작했다.

나는 오늘 할 일을 늘 미리 구상하였다. 우리의 할 일은 정글 속에서 진지보강 공사를 하고 장비 손질을 기본으로 하며 주변 지역을 분대 단위로 정찰하고 주간경계를 엄격히 해서 적의 기습을 예방하는 것이었다. 주간 오전은 야간 철야근무에서 오는 피로 누적을 해소하기 위하여 취침하였다. 임시집결지에서의 생활은 일반 노무자의 생활과 유사하였다. 그런 관계로 어느새 무료함이 머릿속을 비집고 들어오기 시작했다. 처음 이곳에 도착해서 서슬 퍼렇게 흐르던 긴장감이 안개처럼 흩어지고 있음을 느꼈다. 전투복장과 전투장구가 하나씩 빠진 채 돌아다니는 병사들도 가끔 눈에 띄었다. 아침부터 부질없는 예감이 마음을 심란하게 하였다. 나는 선임하사관 심 중사를 불러서 각 분대장에게 영내에서 기본군기를 엄히 할 것을 지시하고 선임하사가 직접 감독한 후에 결과를 보고하라고 지시하였다.

그 무렵 중대본부에 의무후송용 지프차가 들어오고 있었다. 한 병사가 가까스로 몸을 추스르며 지프차에 올라타고 있었다. 중환자가 또 병원에 후송되고 있다는 예감이 들었다. 황도상 일병이 나에게 "3소대 병사가 지난밤 체온이 급격히 올라서 야전병원에 후송되었다."고 보고하였다. 3소대는 파월 1주일 이내에 2명을 후송하여 비전투 손실률이 5%에 이르렀다. 전투에 투입하기도 전에 이렇게 이탈자가 속출하다니 한심하다는 생각이 들었다. 군 기강을 바르게 세우고자 촌음(寸陰)에도 온 신경을 곤두세우고 있는 중대장은 이를 매우 심각한 사태로 받아들였다. 그는 3소대장을 중대본부로 출두케 하여 곡괭이 자루로 곤장을 치며 호통을 쳤다. 노 소위는 자해에 의한 총기 사고에 이어서 또다시 발열로 인한 후송환자가 발생했기 때문에 할 말을 잃고 묵묵히 그것을 받아들였다. 3소대 선임하사관 백 중사를 비롯한 대원들은 소대장이 곤장을 맞았다는 소식을 접하고 노 소위에게 미안한 마음에 몸 둘 바를 몰라 전전긍긍하며 사죄를 청하였다. 이후부터 3소대는 소대장을 중심으로 병사들의 마음속에 끈끈한 공동체 의식이 자리 잡아서 굳게 단결하였고 잡다한 사고가 근절되었다.

나는 3소대장이 중대장으로부터 곤장을 맞았다는 소식을 심 중사에게 들었다. 참으로 어이가 없었다. 탄약을 늘 휴대하는 전장에서 병사 스스로 몸에 총질을 하는 행동을 소대장인들 어떻게 막을 수 있겠으며, 24시간 숲 속에서 모기와 함께 공동생활을 하는 상황에서 모기약을 바른다 하여 질병을 완벽히 예방할 수 있겠는가? 소대장이 지휘책임을 져야 할 것은 그야말로 지휘조치를 잘못했을 경우가 아닌가! 과연 3소대의 사건이 소대장이 곤장을 맞아야 할 만큼 지휘자의 잘못된 지휘조치에 따른 사건일까? 따지고 보면 3소대장이 그 사건들에 대해 전혀 책임이 없다고는 볼 수 없었다. 부대원의 정신교육과 사고예방 등에 대한 모든 포괄적인 책임이 지휘자에게 있기 때문이다. 통상 상급지휘관은 이러한 이유를 들어 비전투 손실을 예방하는 방법으로 예하 지휘자에게 모든 지휘책임을 묻곤 한다. 그것은 아무런 조치를 하지 않고 지나는 것보다는 책임감이 있어 보인다. 심지어 어떤 지휘관들은 왕왕 자기의 급한 성질에 자제력을 잃고 우선 매질부터 하고 '일단 기합을 주었으니 앞으로 괜찮아지겠지'하고 안도하기도 한다.

하지만 소대장을 혼낸다고 사고가 예방되는 것은 아니다. 먼저 사고의 원인을 규명하고 그 현명한 대책을 강구할 때 사고가 예방되는 것이지, 경험도 힘도 없는 말단 지휘자만 몰아세운다고 해결되는 것이 아니다. 사고가 날 때마다 소대장을 혼내면, 소대장은 도대체 어떻게 견디라는 말인가? 소대를 지휘하는 데 필수적인 소대장 자신의 사기와 자신감 저하 문제는 어찌할 것인가? 그저 부작용만 더해질 뿐이다. 나는 3소대 사건을 통해서 다음과 같은 교훈을 생각해 보았다. 먼저, 상급지휘관이 예하 지휘자에게 엄중히 지휘책임을 묻고자 한다면 예하 지휘자가 스스로 인정할 정도로 지휘조치가 잘못되었을 경우에 한해야 한다는 것이다. 두 번째는 사고 원인과 결과를 명확히 규명, 지휘조치가 부실한 사항은 소대장을 추궁하고 각 개인의 저질적 범죄행위는 그 당사자에게 상응하는 책임을 물어서 재발을 방지해야 한다는 것이다. 세 번째는 전장에서는 일상의 문제로 누구를 막론하고 구타를 하지 말아야 한다는 것이다. 일상의 구타는 사기를 저하시키고 단결을 해치는 독소일 뿐이다. 나는 내 나름대로 생각한 이 교훈들을 가슴 깊이 새기었다.

4. 정글 속 무료함과 원통의 회억(1967.10.13.)

나는 6일째 부시맨으로 시간을 보내고 있었다. 우리 2대대 장병들은 야간경계로 밤을 지새우며 모기, 전갈, 진드기, 나무거머리 등 독충 및 각종 뱀과 씨름을 하며 시도 때도 없이 쏟아져 내리는 장마철의 장대비를 일상으로 맞고 지냈다. 목욕, 세탁, 화장실 등 기본 위생시설을 갖추지 못한 가운데 야생 동물처럼 최악의 조건에서 정글 생활을 하였다. 야간경계 근무 후에 별도의 취침시간이 주어지지 않아 피로가 누적되어서 의욕이 꺾이고 병영에 집단 싫증이 밀려왔다. 나도 예외가 아니었다. 과연 우리의 적 베트콩은 도대체 어디에서 무얼 하고 있는가? 우리는 초조하게 그들을 기다렸지만, 그들은 아직 미동조차 없다. 이제는 우리 주둔지 일대에 아예 베트콩이 없는 것이 아닐까 싶은 착각마저 들었다. 앞으로 1년간을 이런 조건에서 보낼 것이라 예상하니 막막함을 넘어서 절망감이 엄습해 왔다. 지난 1년 동안 파월준비하던 일들이 나래를 펼치듯 머리에 떠올랐다. 나는 파월을 결심하면서 손가락으로 하나하나 헤아리며 따지고 예견하였건만 아무래도 잘못된 판단이었다는 생각이 치고 들어 왔다. 이 같은 상황을 누가 상상이나 했겠는가? 맹호부대에서 귀국했던 선배들로부터 속 깊은 얘기를 귀담아듣고 마음의 준비를 하지 못했던 점이 후회스러웠다. 그토록 간곡히 파월을 만류하셨던 모정이 몸을 휘감아오듯 밀려와서 마음이 아려왔다. '아, 이제 출국 전으로 나를 되돌려 놓을 수는 없지 않은가? 후회가 막급하구나! 내가 저지른 일에 누구를 원망하랴! 나는 또다시 돌밭 길을 가고 있구나! 그것은 나의 운명이구나!'

초임지인 원통에서의 생활이 잠시 스쳐 지나갔다. 조악했던 전방의 중대 내무반이 이제는 쾌적한 안방같이 아름다운 곳으로 추억되어 뇌리에 떠올랐다. 송학동의 황량한 A형 막사 내무반에는 가지런하게 정리된 매트리스가 쌓여있고 개인 관물대가 설치되어 언제라도 물건을 꺼내 쓰기 편리했었다. 비록 담요에서 퀴퀴한 곰팡냄새가 났지만 차가운 몸을 따뜻하게 감싸주는 포근함이 있었고 쨍쨍한 햇볕에 일광소독을 했을 때 유난히 쾌적한 접촉감이 남모르는 즐거움을 더해 주었다. 내무반의 페치카 난로는 차가운 냉기를 훈훈하게 바꾸어 주고 페치카 위에 올려놓은 물은 언제라도 따끈한 라면을 끓여 먹을 수 있도록 늘 준비되어 있었다.

그런데 지금 이 숲 속의 내무반은 교목나무 잎이 지붕이고 개인천막이 모포 덮개이며 판초 우의가 매트리스를 대신하고 있다. 이곳에서는 젖은 몸을 겨우 지탱하고 있지만, 장대비가 매일같이 퍼붓고 있어 습냉함을 면할 수가 없었다. 이곳에 비하면 삭풍 몰아치던 A형 막사는 분명 천당이요, 호텔이었다. 또 그곳에서는 정해진 일과에 준비된 업무가 있었다. 전 중대원이 한 장소에 모여서 교구를 준비하고 사전 지정된 교관이 계획된 교육훈련을 진행하였다. 일과 후 또는 자유 시간에는 자기 생활의 즐거움을 누릴 수 있었고 휴일이면 원통에 나가서 술잔을 기울이며 목욕탕에서 뜨거운 물에 몸을 씻어 스트레스를 확 풀고 새로운 에너지를 충전했었다. 그러나 이곳의 생활은 그런 변화가 없다. 이곳에서는 낮과 밤이 그저 밝음과 어둠으로 교체될 뿐 시차별 변화가 없다. 우리는 주·야간을 막론하고 짜증스럽고 고달픈 환경에서 경계활동만 계속하고 있을 뿐이다. 쌓여 가는 스트레스 때문에 숲 밖으로 뛰쳐나와 크게 소리치고 싶고, 베트콩과 한바탕 싸우는 것이 차라리 낫겠다고 생각할 때가 한두 번이 아니었다. 초임지 원통에서 생활이 너무도 그리웠다.

새벽녘에 내리던 장맛비가 그치고 낮게 드리운 햇빛이 숲 속 나무 기둥 사이로 스며들었다. 음습한 밤공기가 대지에 가라앉으며 기분이 조금 살아났다. 나는 방금까지 떠올랐던 온갖 잡념을 지우고자 나를 채근하며 '나를 믿고 따르는 병사가 40명이 있다. 그들이 소대장이 이토록 나약하게 생각하는 것을 알게 된다면 얼마나 실망할 것이며 과연 나를 진심으로 따라 줄 것인가? 나부터 밝은 마음으로 병사들에게 희망을 안겨 주어야 한다. 어떤 큰 고통이 닥치더라도 소대장의 본분을 지키고 굳게 참고 견뎌서 1년을 보내야 한다. 나는 할 수 있다. 반드시 해내고 말 것이다. 출국 직전 나는 맹호부대에서 이보다 더 악조건에서도 싸우고 개선 귀국한 장병들의 늠름하고 당당한 모습을 똑바로 보지 않았던가? 희망을 갖자!' 나는 이렇게 결의하고 이를 가슴 깊이 새겼다.

이제 우리 대대는 캄란 까두산 지역으로 이동하여 주월 야전사의 예비대로 임무를 부여받고 그곳에 주둔하는 것으로 결정되었다. 이 결정에 따라 월남 도착 7일째 중대는 까두산 서측방에 있는 열대식물 선인장 군락지가 형성되어 개간이 불가능한 불모지대로 이동하여 새로운 주둔지를 편성하게 되었다.

까두산 기지 공사,
소부대 작전

1. 전술기지 공사(1966.10.14.~?)

장맛비가 멈추었다. 햇빛이 연무를 뚫고 얼굴에 비치니 그렇게 고마울 수가 없었다. 우리 중대는 군 트럭을 탑승하고 1번 공로로 나와서 남쪽 판랑 방향으로 이동하였다. 1주일 전 캄란항에 도착하여 이 길로 달려올 때보다는 자연환경에 익숙하였고, 베트콩에 대한 불안감도 감소하여 즐거운 마음으로 차량 행군을 하였다. 우리는 칸호아성 캄란군 관할 지역, 독립된 고지인 까두산 서남방 500m 이격된 초원의 잡초 위에 배낭을 풀었다.

해발 318m인 까두산은 동으로 남지나해에 접하고 남·서·북 3면은 평야지가 형성되어 우뚝 솟은 봉우리는 주변 지형을 제압하는 듯하였다. 산의 동편 하단은 암석지대로 동굴이 형성되어 있었는데 바닷물의 침수로 아군의 접근이 어려워 보였다. 베트콩은 이점을 이용하여 어선으로 군수 보급물자를 운반, 은닉할 수 있었다. 이곳은 지난해 11월 4일 한국군 청룡부대 1개 대대가 미국 해·공군의 강력한 화력지원 하에 산 7부 능선 일대에 형성된 암석 동굴을 활용, 완강히 저항하던 베트콩들을 과감히 공격, 괴멸시키고 산 정상을 점령하여 청룡부대의 명성을 얻은 유서 깊은 곳이었다. 한국군이 파월 후 최초로 공격 작전을 실시하여 승리를 거둔 것이라 그 의미가 각별하였다. 이 전투로 말미암아 미군은 한국 해병의 공격정신을 높이 평가하였고, 적들은 간담이 서늘해졌다. 이후 이 지역은 맹호부대 1연대 1대대에 인계되었고, 다시 백마부대 제30연대 제2대대가 인수하게 된 것이다.

우리가 자리 잡은 지형은 황토질 땅바닥에 선인장 무더기가 나무를 대신하고 암반이 검은색으로 듬성듬성 표출되어 얼룩말 등을 방불케 하였으며 그사이에 잡초가 무성한 자연공간으로서 물소 떼가 점유하고 있었다. 6중대장 Y대위는 풀밭이 비교적 넓은 지대에 중대본부를 정하고 서북방 150m 지점에 중대 출입 정문이 위치하도록 하였다. 중대전술기지는 중대본부를 중심으로 해서 정문부터 둥글게 원형방어진지 형태로 계획하였다. 우리 소대는 정문을 포함하여 북동방향 250m가량을 할당받았는데, 정면에 까두산이 있어 이목이 집중되었다. 나는 좌로부터 제1, 2, 3분대 순으로 균등하게 경계구역을 할당해 주었다. 화기분대 LMG는 까두산에서 내려오는 능선을 제압하도록 제3분대의 좌측에 배치하고 3.5인치 로켓포는 정문을 향하도록 하여 제1분대의 우측에 배치하였다.

이러한 방어계획에 따라 기지공사가 시작되었다. 정글 숲에서 빠져나왔기에 답답함은 사라졌으나 폭양과 장맛비가 교차하며 육체적 고통을 안겨 주었다. 그래도 음습한 숲 속보다는 한결 살만하였다. 그러나 작업은 결코 쉽지 않았다. 무엇보다도 토질이 석회질이라 굴설을 하면 마치 암반을 파는 듯하였다. 별도의 장비가 지급되지 않아 오직 삽과 곡괭이만으로 작업을 하였다. 병사들은 옷이 흠뻑 젖어 물속에서 금방 나온 사람 같았다. 병사들은 러닝과 팬티차림으로 작업했는데 국방색 러닝이 하얀색으로 바뀔 정도였다. 우리는 본국에서 강인한 훈련을 해냈기에 무쇠 같은 체력과 강건한 정신력으로 간단한 연장만으로도 태고 때부터 내려오던 천연(天然)의 땅을 팔 수 있었다. 그러나 병사들의 중노동을 덜어줄 필요가 있었다. 나는 고심 끝에 물을 부어서 땅을 적신 뒤에 파보도록 했다. 의외로 결과가 좋았다. 석회질이 수분을 흡수하여 땅이 잘 파였다. 이후 소대원들은 철모로 웅덩이에서 물을 떠다가 흙을 적셔가며 작업하였다. 작업 속도가 빨라지고 한결 수월해 보였다. 지휘자의 고민이 지혜를 낳아 병사들의 고통을 덜어주고 사기를 높였다는 생각에 흐뭇했다.

그러나 수백 년 묵은 선인장의 그루터기는 지름이 무려 2~3m에 높이가 3~4m에 이르렀으며 철 못을 방불케 하는 단단한 가시가 빼곡하게 박혀 있었다. 이 선인장을 자르고 뿌리를 제거해야 개인호와 교통호를 굴설할 수 있는데 참으로 힘든 작업이었다. 이를 제거하기 위해 작업 2일 차에 연대로부터 길이 70cm, 무게 1kg의 벌목도를 분대당 1개씩 지급 받았다. 공사에 다소 도움이 되었지만, 성과는 크게 오르지 않았다. 우리가 난감해 하고 있을 때 중대장이 작업상의 애로사항을 상급부대에 보고해서 기지공사 3일 차에 미군 불도저가 지원되었다. 이를 계기로 중대의 기지 공사는 활기를 띠었다. 불도저는 3일간 기지 내의 선인장 군락을 밀어내 작은 봉우리처럼 만들어 놓았다. 현대 기술문명 앞에 자연이 쉽게 바뀌는 모습을 보면서 절로 감탄하였다.

장마철의 장맛비가 매일 쏟아졌다. 대원들은 호 속에 고인 물을 철모로 물을 퍼내 가며 작업을 계속했다. 개인호와 분대장 그리고 소대장호를 거쳐서 중대본부까지 교통호를 가슴 깊이까지 파나갔다. 우리는 토질의 특성을 고려하여 비가 올 때 주로 작업하고 비가 그치면 휴식을 취하곤 하였다. 그리고 낮에는 고된 땅파기 작업을 하고 밤에는 야간경계를 하였다. 심신이 피로했지만, 몸을 씻을 수 있는 급수가 지원되고, PX 등 편의시설이 추가로 설치되어서 격무를 견디는 데 큰 힘이 되었다. 우리는 방어진지 30m 전방에 3중 윤형철조망을 설치하고 그 전방에 다시 3중 윤형철조망을 설치하였다. 또 소대의 LMG 지향방향을 따라 유자철조망을 설치하여 적의 대규모 기습공격에 대비케 하였다. 아울러 분대마다 윤형철조망 밖에 1~2개의 조명지뢰를 매설하여 적의 침투를 조기에 경보할 수 있도록 하였다.

공사의 막바지에는 병사들의 숙영을 위한 임시막사 작업을 시작하여 분대병력을 동시에 수용할 수 있는 분대 분침호를 구축하였다. 이는 1m 깊이로 땅을 파서 적의 직사화기 사격에 엄폐를 제공받을 수 있도록 하고 작열하는 태양 볕을 차단하면서도 간편한 내무생활을 할 수 있도록 하였다. 소대장의 개인 숙소도 반지하로 파고 들어가 주둔지 생활에 편의를 도모하였다. 이렇게 하여 우리가 이곳에 도착한 지 10여 일 만에 중대전술기지 축성 공사를 완료하였다.

2. 부모님 서신(1966.10월~11월)

전술기지가 완료되면서 우리는 파월 이후 20여 일 만에 안정을 찾게 되었다. 매일 같이 야전 급수차가 지원되어 음료수는 물론 목욕도 1일 1회씩 하고, 야간 근무체제도 2교대로 구분하여 일정 시간 수면이 보장되어 피로를 해소했다. 또한, 연대에서는 중대당 1드럼 분량의 새우젓을 보급해 주었다. C레이션에 한입씩 젓갈을 첨가하니까 한결 식욕이 살아나고 활력이 되었다. 주간에는 여유 시간도 생겼다. 소대장의 반지하 천막을 걷어 올리면 선들바람이 불어서 살갗을 간질였다.

야전의 여유로움 속에 삶의 새로운 희망이 꿈틀거리고 의욕이 솟아났으며 머릿속은 새로운 충동으로 가득 찼다. 먼저 고향에 계시는 부모·형제들의 얼굴이 주마등처럼 스쳐 갔다. 지난 며칠 동안 마음이 안정되지 못하고 펜이 손에 잡히지 않아 편지조차 쓸 수 없었다. 며칠째 꾸물대다가 지금에서야 아버지께 전상서를 올렸다. 월남에 도착한 이후 현지에 적응하여 무사히 부대근무에 임하고 있다는 내용을 간단하게 전해드렸다. 아울러 소대원들의 부모님께도 무사함을 골자로 하여 소대장 명의로 위로 편지를 띄웠다. 편지가 도달하는 데에는 꼬박 1주일이 걸렸다. 2주 후 나는 아버지께서 보내주신 서신을 받았다. 나는 겉봉을 뜯지 않고 한참 동안 편지를 가슴에 안고 편지글 속에 베인 아버지의 체취를 맡았다. 한참 후 설레는 마음으로 천천히 겉봉을 뜯어서 한 글자 한 글자씩 눈에 집어넣을 듯이 읽어 내려갔다.

가아(家兒)[3] 형석 보아라

오늘 고대하며 기다리던 너의 편지를 잘 받아 보았다.
네가 부산항을 출항한 지 벌써 한 달이 다 되었구나! 집안 식구들 모
두 모여서 너의 편지를 읽고 또 읽었다. 이웃집 사람들까지 모여서
너의 소식을 전해 듣고 반가워하였다. 그리고 너의 모친 친구들도 찾
아와서 함께 기뻐해 주었다. 이곳 변산은 산골 마을마다 주저리 달려
있는 먹씨 감들이 빨갛게 익어서 아름다움을 더 해주고 있단다. 또
한, 금년 가을은 우수와 풍광이 순조로워 전답(田畓) 간에 오곡이 풍
성하구나. 너의 모친은 네가 월남으로 출정한 이후 매일 밤 자정에
우물가 한쪽에 단(壇)을 차리고 정화수를 올리며 지극 정성으로 치
성을 올리고 있단다.
너도 정갈한 마음으로 병무에 충실히 한다면 일기 상통하여 좋은 결
실을 얻게 될 것이라 믿는다. 너와 함께 근무하고 있는 부대원 모두
가 건강한 몸으로 무사히 귀국할 수 있도록 그들을 보살펴 주는 데
소홀함이 없도록 하여라. 인간 만사, 신외무물이니 건강에 항상 유념
하고 조심 또 조심하여라. 전선에서 부대생활이 바쁘겠지만, 시간이
허락하는 데로 편지 자주 보내라.
오늘은 이것으로 지필 한다.

1966년 11월 4일 부서(父書)

　나는 아버지의 글을 읽고 또 읽으면서 변산의 만추를 그려보았다. 감
나무로 빨갛게 물들여 있을 마을과 단풍철의 아름다운 산세가 파노라
마처럼 떠올랐다. 그리고 식구들의 얼굴이 하나하나 그려졌다. 특별히
어머니의 모습이 손에 잡힐 듯 뚜렷하게 다가왔다. 하마터면 '어머니!'하
고 소리를 낼 뻔하였다. 아마도 어머니께서 내가 무사하기를 간절하게
빌어 주시는 심기가 그 순간에 나의 심장에 깊이 꽂혔기 때문이리라.
나는 조용히 부르짖었다.

---

3)　남에게 자기의 아들을 낮추어 일컫는 말이다.

아, 어머니! 저 형석이에요.
저는 꼭 이기고 돌아가겠습니다.
조금도 염려하지 마세요.
저의 대원들도 함께 무사히 개선 귀국할게요.
제가 멋지게 귀국하는 그 날, 그 장면만을 생각하시고
꼭 1년만 기다려 주세요.
어머니, 어머니, 어머니!

나는 이 외침을 오래도록 각인하기 위하여 몇 차례나 더 읊조렸다. 어머니께서 빌어주신 치성(致誠)은 "적의 총탄을 피해가게 해줄 수 있다"는 종교적인 신념 수준으로 나의 마음 한 자리에 굳건하게 채워져 있었다. 그래서 월남 전선 생활 내내 내게 엄청난 안정감을 주었고 전투 활동에 자신감을 갖게 해 주었다. 아버지께서 보내 주신 편지를 읽고 나 홀로 상념에 젖어 있는 사이 한 시간이 순간처럼 지나갔다.

부대 위치가 잠정적으로 정해지고 각자의 근무 위치가 안정을 찾게 되니까 위문편지를 비롯해서 고국의 소식들이 쏟아져 왔다. 위문편지는 정성이 듬뿍 담긴 핑크색 봉투부터 우스개 편지까지 다양하였다. 이 모든 것이 고국의 아들과 딸들이 겨레의 따뜻한 체온을 실어서 메마른 병영에 전달한 선물이었다. 우리 백마용사들은 이국 전선에서 악전고투하여 심신은 고달팠지만, 마음은 외롭지 않았다. 나는 부모님, 형제, 친구뿐 아니라 동생 친구, 펜팔로부터 편지를 받았다. 야전의 작전 활동을 마치고 나 홀로 소대장용 천막에 몸을 던지듯 쓰러져 있으면 적막과 무료가 온몸을 휘감곤 하였다. 이때 지난날 읽었던 편지들을 다시 꺼내서 읽으면 그런 생각이 사라져버리곤 했다. 그리고 고국과 고향에 대한 그리움이 전투에서의 승리와 무사귀국에 대한 결의를 새롭게 하곤 하였다.

3. 야간매복작전(1966.10월 말)

중대전술기지 공사를 완료함과 동시에 부대 안전을 위하여 기지 주변 수색과 정찰활동을 본격적으로 실시하였다. 주간은 정찰을 위주로 하고 야간은 소대별로 돌아가며 분대 또는 소대 단위로 매복하였다. 중대는 까두산의 동남쪽 4부 능선 남지나해를 바라볼 수 있는 곳에 위치한 불교사찰에 주목하고 있었다. 당시 월남 불교계는 양분되어 있었는데, 그중 민족불교 성격의 진보종파는 자유월남 정부에 반하는 선봉대열에서 반정부 시위활동은 물론, 베트콩을 지하에서 적극적으로 지원하는 활동을 해왔다. 베트콩이 어선을 가장하여 남지나해 연안을 해상 보급로로 활용하고 캄란 지역 적성세력과 접촉을 유지하며 은밀한 연락거점으로 까두산 사찰을 활용하고 있었지만, 월남 정부 측은 종교를 탄압한다는 빌미를 주지 않기 위하여 이를 방치, 승려들의 잠행 활동을 묵인하고 있는 상태였다. 1년 전 청룡부대가 까두산을 공격했을 때도 이곳에서 가장 격렬한 저항이 있었으나 합동작전을 하는 월남 민병대가 이곳을 그냥 스쳐 지나버리고 말았다.

1966년 10월 말 6중대는 바닷길과 사찰이 연결되는 소로길에 1소대로 하여금 야간매복작전으로 이들의 통행을 차단하여 베트콩 조직을 일망타진하고 사찰에 대한 적들의 사용을 거부할 수 있도록 매복 작전계획을 수립하였다. 당시 중부 월남은 강수량이 가장 많은 우기철로 연일 폭우가 쏟아져 며칠째 해를 볼 수 없었고 시계가 제한되어 관측이 어려운 상태였다. 중대기지에서 매복지점까지는 4km 떨어져 있었고 평탄한 전답지와 폐경작지가 산재하여 매복 부대는 은폐와 엄폐를 제공받을 수 없었다.

매복작전 임무를 부여받은 나는 탄약과 소요 장비 휴대를 비롯하여 각개 병사의 임무숙지에 이르기까지 작전 교범에 의한 절차대로 철저히 준비하고 점검하여 중대장에게 출동준비 완료보고를 하였다. 중대장은 작전 임무의 중차대함을 주지시키고 적과 교전할 때 필승의 신념으로 과감한 공격정신을 발휘해 줄 것을 강조하였으며 반드시 이기고 개선하라고 엄명하였다.

소대는 17:30분경 중대기지를 출발하였다. 우기철의 빗줄기가 하염없이 내려서 판초우의를 동여매듯 착용하였다. 제1분대를 첨병분대로 앞에 보내고 50m 후방지역에서 소대장과 전령이 위치하고 그 뒤 20m 지점에 제2분대, 화기분대, 제3분대 순으로 1열 종대 침투대형을 유지하여 정숙보행을 하였다. 우리는 18:30분경 임시집결지까지 무사히 도착하였다. 병력들은 은밀히 경계하도록 하고 분대장들을 불러서 도상연구를 했던 지형과 실제 지형을 비교하며 병력 배치 지역을 정찰하였다. 정찰결과를 토대로 하여 남지나 해변에서 사찰에 이르는 소로길을 감제하고 화력으로 제압할 수 있도록 상대적으로 고지대인 밭둑에 연하여 좌로부터 제1, 2, 3분대 순으로 배치하였다. 주변은 장맛비와 무성한 수풀이 병사들을 은폐시켜 주었으나 관측이 제한되어서 부분적인 사계청소를 실시하였다. 그리고 소대본부는 제2분대 좌단에 위치하였고 LMG 기관총은 제2분대 우단에 배치하여 소대 전 정면을 사격할 수 있도록 하였으며 각 분대에 크레모아를 설치하고 중앙지역을 살상지대로 만들었다. 분대장과 신호 줄을 연결해서 소리내지 않고 지휘를 할 수 있도록 하고 중대와의 통화는 약정된 신호로 단순화하고 유사시에는 약어를 사용함으로써 통신소음을 최소화시켰다. 아울러 소수의 적이 출현할 시는 중앙 2분대에서 살상하고 분대 규모 적이 출현하면 적 주력이 살상지대를 통과할 시 소대장이 수타식 조명신호와 동시에 전 분대장이 크레모아를 폭파하고 곧이어 전소대원이 살상지대에 화력을 집중키로 하였다.

소대는 20:00시 무렵 매복진지 편성을 완료하였다. 준비가 완벽하다고 생각하니 자신감이 생겼고 이 밤이 파월 이후 내가 선정한 시간과 장소에서 첫 교전이 되어 줄 것을 내심 기대하였다. 전투의 승패는 '기습할 여건을 어느 편에서 선점하고 선제공격을 감행하는가'에서 결정된다는 점을 감안할 때 오늘 밤이야말로 나의 무운을 떨치게 할 기회라고 생각하였다. 매복진지를 점령하자마자 장맛비가 기다렸다는 듯이 쏟아졌다. 밭이랑은 물이 흘러넘쳐서 땅바닥은 온통 물바다로 변했다. 대원들은 물속에 엎드려 수영을 하고 있는 형국이 되었다. 이 악기상으로 모기떼가 잠시 공격을 멈추어서 모기약을 바르지 않아도 괜찮았다. 하지만 5시간을 물속에 엎드려 있다 보니까 뼛속까지 물이 스며들어 몸전체가 물이 되어 흐물흐물해지는 듯한 느낌마저 들었다. 온몸에 한기가 엄습하였다. 전방을 주시하면서도 저체온증을 막고자 손가락과 발가락을 쉴 새 없이 움직였다. 차라리 베트콩이 이 시간에 와 주면 확한바탕 전투를 치르고 이곳을 떠났으면 좋겠다는 생각이 들었다. 왼쪽 팔목을 걷어서 야광 시계를 보았다. 조금 전에 보았던 분침이 채 5분을 넘기지 않았다. '지겹도록 시간이 안 가는구나!' 주변은 쏟아지는 빗소리와 칠흑같이 덮여 있는 어둠뿐이었다. 병사들마저 숨을 죽이고 있어 고요가 더욱 적막하게 느껴졌다.

새벽 2시경 좌측방에서 실루엣이 보이고 물속을 덤벙대는 소리가 들려 총구를 그쪽으로 빠르게 돌리며 신경을 곤두세우고 귀를 기울였다. 그때 화기분대장이 접근해 오며 "소대장님!"하고 나를 부르더니 "좌전방 사찰 쪽을 보십시오. 불빛이 천천히 서쪽으로 움직이고 있습니다."라고 보고하였다. 그가 가리키는 방향으로 살펴봤지만, 장대비와 물안개가 뒤섞여서 불빛을 구분하기가 매우 어려웠다. 화기분대장이 불빛환상을 본 것은 아닐까 생각하고 있는데, 빗줄기가 가늘어지면서 희미한 불빛이 서서히 이동하고 있는 것이 보였다. 김 하사는 그 불빛이 사찰 가까운 데서 출발하여 150m 거리를 이동하였다고 보고하였다. 불빛은 사찰을 향하여 이동하고 있었다. 이토록 쏟아지는 폭우 속에서 불빛이 오가는 이유가 무엇일까? 알 수 없는 불빛에 무작정 사격을 할 수도 없지 않은가? 소대원들은 더욱 신경을 곤두세우고 전방을 주시하였다. 조금 전 저체온에 온몸을 떨었던 오한은 저 멀리 사라졌다. 우리 매복조는 묘령의 불빛에 홀려서 강물처럼 흐르는 땅바닥에 엎드려 꼬박 뜬눈으로 밤을 지새웠다.

끝내 불빛의 정체를 확인하지 못하고 매복작전이 종료되었다. 나는 매복을 종료한 후 복귀 시 불빛 출현 지점을 탐색하고 귀대할 것인지를 잠시 고민하였다. 사찰지역은 향후 지속적으로 감시 통제가 요망되는 지역인데 우리의 기도를 조기에 노출시킬 우려가 있고 승려 감시는 월남 정부의 정치적인 문제까지 안고 있어 중대의 하급 제대에서 쉽게 취급할 사안이 아니라고 판단하여 탐색정찰을 포기하고 중대로 복귀하였다.

나는 중대에 복귀하여 사찰 주변의 의혹을 지형적인 여건과 불빛을 연계하여 중대장에게 상세하게 보고하였다. 그 후 중대장은 이 첩보를 기초로 까두산 중대 공격 계획을 수립하였다. 중대 취사병이 안남미로 밥을 지어서 대원들에게 아침을 제공하였고 고국에서 가져온 새우젓을 특식으로 내놓았다. C레이션 식사로 뱃속이 불편하던 차에 비릿한 젓갈이 들어가니까 밥맛이 꿀맛 같았다. 나는 천막에 돌아와 곧바로 깊은 잠에 곯아떨어졌다.

어젯밤의 폭우가 그치고 열대의 태양이 천막을 달구어 한증막을 만들어 놓았다. 20℃가 넘는 일교차를 견디지 못해서인지 나는 온몸이 땀으로 뒤범벅된 채로 눈을 떴다. 또다시 어젯밤 매복하던 중 발생한 일들이 머릿속으로 비집고 들어왔다. '사찰 부근에서 누가, 왜 불빛을 들고 왔다 갔다 했을까? 승려와 불교신자가 예불을 하고 있었을까? 절에서 기거하는 불교신도 첩자와 베트콩 연락요원이 접촉하고 있었을까? 절에 은거하는 적성요원이 절 주변의 비트에 보급물자를 은닉하고 있었을까?' 등등 의구심이 꼬리를 이었다. 나는 그곳이 베트콩이 적성주민과 은밀하게 접촉할 수 있는 최적지인 데다 1965년 청룡부대가 까두산을 공격할 때 베트콩들의 강력한 저항이 있었다는 사실을 고려해 볼 때 어제의 불빛은 분명히 적들의 활동이라는 확신이 들었다. 이런 생각이 들자, 나는 어제 그 지역에 대한 상세한 정찰을 실시하지 않고 그냥 돌아온 것이 후회되었다. 적의 활동 단초를 발견해서 그 뿌리를 탐색해 내야 하는 직업장교의 자존심이 손상되었기에 그 사실에 대해 자책하였다.

4. 까두산 중대탐색작전(1966.11월 중순)

1966년 11월 중순, 중대가 이곳에 기지를 자리 잡은 지 1개월이 지났다. 전투진지가 완성되었고 병영생활이 정상궤도에 접어들었다. 상급부대에서는 우리를 안전한 기지에 처박혀 안일한 수세적 방어태세로 머물러 있게 내버려 두지 않았다. 중대는 상급부대 지침에 따라 적 활동 의심지역에 대한 주간수색과 야간매복을 강화하였다. 중대는 그 일환으로 까두산(318m) 일대에 대한 주간탐색작전을 계획하게 되었다. 그곳은 적이 중대기지를 감제할 수 있는 지역이었으므로 기지의 안전을 확보하기 위해서라도 반드시 통제되어야 할 지역이었다. 더구나 우리 소대가 최근 사찰 일대에서 의아 활동을 포착하였기에 작전의 시급성이 더욱 절실하게 요구되었다. 대대장은 제6중대 단독작전으로 포병 화력지원 하에 까두산 정상을 목표로 하는 주간공격을 승인하였다. 지난해 이맘때 청룡부대가 미 공군과 포병화력의 지원을 받아서 주간공격을 감행하였다가 9명의 적을 사살하고 아군 전사자 1명, 부상자 7명이 발생했던 전례가 있었기 때문에 공격을 앞두고 차가운 긴장감이 흘렀다. 다행히도 날씨가 맑아 포병지원이 용이할 뿐만 아니라 작전 병력들의 기분도 한결 밝게 해주었다.

중대는 07:00시에 공격준비사격 없이 까두산 서남록의 완만한 능선을 따라서 산 정상을 향하여 공격을 개시하였다. 능선의 좌측에서 제2소대, 우측에서 제3소대가 각각 병진으로 공격하고 제1소대 2개 분대는 선임하사관이 지휘하여 중대장과 함께 2소대를 후속하고 제1소대장과 2개 분대는 중대기지에서 대기하다가 의명 중대예비로 교전지점에 투입하도록 하였다. 화기소대의 60mm 박격포는 중대기지에서 지원하다가 의명 까두산 5부 능선 서남산록에 포진을 점령하여 화력을 지원하고 57mm 무반동총은 공격지대의 우측 능선에서 분대 단위로 이동하다가 적 동굴진지 발견 시 사격으로 제압하도록 하였다.

까두산은 암석으로 뒤덮여서 나무뿌리가 착근할 수 없어 은폐가 어려웠으나 바위틈 사이로 우거진 풀숲이 있어 부분적으로 은폐를 제공해주었다. 우리는 시선을 바위틈에 맞춘 채로 한 발짝씩 전술보행을 하여 09:30분경에 5부 능선까지 무사히 접근하였다. 여기서부터 8부 능선까지는 수목이 없는 데다가 급경사를 이루고 있어 병력의 기동이 어렵고 적으로부터 집중사격을 받을 수 있었다. 중대장은 각별히 신경을 곤두세우고 산개를 강조하였다. 중대장은 포병의 화력지원 가능 여부를 확인하고 박격포 포진지를 옮겨서 즉각 지원태세를 유지하도록 하였다. 또 중대장은 전방의 각 소대에 분대 단위로 산개하여 8부 능선까지 은밀히 접근하다가 적과 접촉 시 즉각 사격으로 제압하고 과감히 돌격하도록 명하였다. 이에 따라 병사들은 보행자세를 더욱 낮추고 수시로 의심스러운 곳에서 엎드려 전방과 좌우를 경계하는 모습을 보였다.

11:00시경에 선두 돌격제대가 8부 능선에 도착하였다. 천연 암석동굴이 거대한 바위로 지붕과 기둥이 빚어져 그 위용을 과시하고 있었다. 가장 먼저 적들의 남겨진 흔적과 인기척 소리 등이 있는지 오감을 이용

하여 살펴보았다. 그러나 인기척은 전혀 느껴지지 않았고 적막감이 산 능선을 휘감았다. 중대장은 57mm 무반동총과 각 소대 LMG를 거치하여 지원사격을 준비한 후에 돌격소대에 동굴진입로를 탐색하도록 하였다. 돌격소대는 동굴 속을 샅샅이 수색했지만, 적들을 발견하지 못했다. 동굴 속에 청룡용사들이 베트콩과의 격전을 치른 흔적들이 눈에 띄었다. 거무스레한 바위벽에 벌집같이 탄흔이 새겨져 있었고 포탄에 꺾어진 나뭇가지가 그날의 격전 상황을 말없이 설명해 주고 있었다. 저 탄흔을 만든 총알이 저항하던 베트콩을 쓰러뜨렸을 것이며 청룡부대 용사가 추격을 감행하다가 도망치는 베트콩의 총탄에 쓰러졌으리라. 아마도 그 해병의 혼이 오늘 우리를 기쁘게 만나기 위해서 적들을 모조리 쫓아버렸으리라! 나는 이름 모를 해병 전우의 혼을 회억하였다.

동굴 속과 산 정상지역 어느 곳에도 적들이 남겨놓은 흔적은 찾아볼 수 없었다. 해병들에게 혼쭐이 나서 베트콩들이 까두산 정상 일대를 포기하고 철수했음이 분명해 보였다. 6중대는 긴장 속에서 제2차 까두산 공격을 감행하였으나 싱겁게도 정상을 무혈로 점령하였다. 12:00시경 중대원들 모두가 정상에 집결하였다. 우리는 그동안 중대전술기지를 편성한 후에 까두산 정상에서 베트콩들이 우리를 관측하고 포격할 것을 우려하여 노심초사해 왔다. 그러나 막상 정상에 올라와서 직접 확인해 보니 그동안 우리가 신경과민을 했던 것처럼 느껴졌다. 안전을 확인한 중대원들은 중대 '번개구호'를 다 함께 외치며 흐뭇한 마음을 나눴다.

나는 산 정상에서 주변을 다시 한번 조망해 보았다. 하얀 구름이 높은 하늘에 점점이 흩어져있고, 사방이 확 트여서 동으로 남지나해의 파란 바닷물이 일망무제로 펼쳐있었고 남북의 수답지가 고즈넉하게 넓게 자리 잡고 있었으며 서쪽 멀리 산들을 마주하니 마치 '우뚝 솟은 감악산'이라 지칭해도 손색이 없을 듯하였다. 나는 지형을 보면서 베트콩들이 언젠가 전술적인 요충지인 이곳 까두산 지역을 반드시 활용할 것이라고 예측하였다. 그런데 우리가 작전을 실시한 지 4년이 흐른 1970년 여름, 까두산 동측방 하단부의 암석 동굴 쪽으로 은밀하게 이동하던 베트콩 어선을 포획한 것을 계기로 백마 제30연대가 투입되어 대대적인 까두산 동측방 해안 탐색작전을 실시하였는데, 이를 통해 해안동굴이 베트콩의 보급기지로 활용되었으며 사찰이 전진초소 역할을 해주었음이 드러났다. 이것은 충분히 예측된 바였다. 이곳을 거쳐 간 많은 지휘관이 이 의문의 사찰을 계속 주목하고 있었으나 월남 정부의 애매한 종교정책과 공산주의 성향을 가진 불교신도의 거친 항의에 주저하고 묵인하였다.[4]

중대원들은 1년 전 이곳에서 싸우다가 전사한 청룡용사의 명복을 빌어 주고 앞으로 백마용사가 이곳을 반드시 지켜주겠다고 다짐하며 하산하였다. 중대가 복귀 시 동남방에 위치한 문제의 요주의 불교사찰을 샅샅이 수색할 필요가 있었지만, 중대장은 종교시설에 대한 수색 활동으로 인해 발생할 수 있는 사회적 논란을 우려하여 그대로 중대에 복귀하였다. 아쉬운 마음을 숨길 수 없었다.

5. 기지 불시 비상훈련(1966.11.)

중대는 까두산 탐색작전 이후 까두산 감제고지의 베트콩 감시망에서 벗어난 것으로 판단하여 안도하였다. 매일 아침 06:00시에 일조점호 행사를 취하고 점호 후 병영 밖으로 나가 2km 거리까지 단독군장에 실탄을 휴대하여 구보를 실시하도록 하였다. 또한, 야간 경계는 2교대로 실

---

4) 자유월남 정부는 공산주의 성향을 가진 불교신도들과 충돌을 피하고자 그들의 과격한 반정부활동을 방치하였다. 아울러 한·미군에게도 종교의 성역을 지켜주도록 요구하였다. 공산주의 불교도들은 이 점을 역이용, 반정부활동은 물론 베트콩 지원에 앞장섰다. 그들은 자유월남을 붕괴시키는 데 일등공신이었다. 그들은 자유월남 정부 패망 이후 공산당의 혹독한 종교탄압에 피눈물로 참회하였으나 때늦은 후회였다.

시하여 소대의 절반 인원은 취침을 허용하였다. 주간에는 중대기지 중앙관망대와 정문에 각각 복초를 세우고 소대별로 1개의 경계초소를 운영하여 경계 근무 인원을 최소화하였다.

중대기지 밖으로 중대원이 출타하는 업무는 점차 증가하였고, 또한 출타 시 긴장감은 계속 줄어들었다. 베트콩이 어디 있겠냐는 식으로 긴장감이 풀려서 적에 대한 공포심이 없어지고 만용이 일기 시작하였다. 그러나 우리는 월남 도착 후 아직 1개월을 넘기지 않았다. 앞으로 어찌 될지 걱정스러웠다.

나는 매일 아침 구보인솔을 하였는데, 만약 기습공격을 받을 때 과연 어떤 조치를 해야 할 것인가를 궁리하지 않을 수 없었다. 나는 평소 비상상황을 상정한 훈련을 해야 한다고 생각해왔다. 선임하사관에게 내 뜻을 말했더니 총기 안전사고를 염려, 이를 주저하였다. 하지만 나의 강고한 뜻에 결국 동의하고 실행하기로 하였다. 다음 날 아침 05:30분에 향도(嚮導)[5]에게만 훈련 취지를 간단히 설명했다. 소대원들은 평소와 다름없이 단독군장에 실탄을 휴대하고 점호행사를 완료한 다음 반나체로 육군도수체조를 실시하였다. 그날 나는 평소와는 달리 소대 선임하사관과 향도만 단독군장을 갖추도록 하여 선두에서 향도, 후미에서 심 중사가 각각 전·후방 경계를 하도록 지시하고 소대를 2열 종대로 정렬시켜 부대 정문으로 나갔다. 대원들은 평소와 다르게 비무장으로 구보를 하게 되어 즐거워하였다. 나는 구보하는 도중에 손뼉치기와 군가를 시켜 기세를 올렸다. 월남 민간마을 입구를 반환점으로 돌아서 중대 정문 300m 지점까지 후미를 따라오던 선임하사관이 소총 1발을 발사하면서 "까두산 방향에서 적 게릴라 1명이 산으로 도주하기에 소총 1발을 발사했다."고 크게 소리쳤다. 나는 각 분대장에게 "분대를 지휘하여 도망치는 적을 포획하라."고 막연한 지시를 하달하였다. 그리고 분대별로 취하

5) 대오의 선두에서 방향과 속도를 조절하는 사람을 말한다.

고 있는 긴급조치 행동을 예의주시하였다.

이때 제1분대와 화기분대는 분대장의 장악하에 현장에 엎드려서 전방을 주시하며 주변 동태를 감시하였다. 제2분대장은 분대의 지휘활동을 무시하고 정문으로 뛰어들어갔고 몇 사람은 분대장 뒤를 따라서 뛰었다. 그들은 곧장 무기를 휴대하고 밖으로 나와 우리와 합류하였다. 제3분대는 현장에 엎드린 병사와 영내로 뛰어들어간 병사들로 나누어져 지휘가 혼란스러웠다. 나는 분대별 활동상황을 관찰하고, 무장과 비무장으로 혼란한 상황은 자칫 불의의 총기 사고가 우려되어서 3분 후 '적 발견 시 긴급조치훈련'임을 공지하고 상황을 해제시켰다. 나는 다시 구보로 인솔하여 중대에 복귀하였다. 조식 후 소대원을 집합시켜 아침에 있었던 긴급조치훈련 상황을 토의하였다. 우리는 구보 중에 적의 출현과 기습활동을 인지, 각자는 행동을 어떻게 하였으며 당시 심정과 소감은 어떠한지를 솔직하게 피력, 최상의 행동방책을 논의케 하였다.

분대장과 병사들은 이구동성으로 무기를 휴대하지 않아서 답답했고 병기가 제2의 생명이라는 사실을 실감하였다고 실토하였다. 어떤 병사는 총이 없어 심리적으로 위축되니까 활동장애를 일으켜서 급격한 무기력 증세를 경험하였다고 속마음을 털어놓았다. 이 말을 듣고 나는 전장에서 군인은 사지(四肢)에 총기를 추가해서 오지(五肢)를 유지해야 한다고 첨언하였다. 그동안 기지 내에서 맨몸으로 다니는 병사가 매우 많았는데, 이번 훈련이 그런 병사들에게 경종을 울려주었으리라고 생각하였다. 그리고 분대장들은 각자 자기방식대로 조치를 취했다. 제2분대장은 분대 지휘보다 소총을 가지고 나오는 것이 먼저라고 판단하고 먼저 중대로 뛰어들어가서 총기를 휴대한 후에 다시 왔다고 그때의 다급한 심정을 토로하였다. 평소 분대장과 긴밀한 호흡을 유지했던 병사들은 분대장의 뒤를 따라서 행동을 함께하였고 몇 사람은 그 자리에 엎드려서 계속 복지부동하였다. 제1분대장과 화기분대장은 우선 그 장소에 엎드려서 대원들을 은폐·엄폐시켜 안전을 도모한 후 행동하려고 상황을 예의 주시하며 신중한 태세를 취하였다. 제3분대장은 그 장소에 엎드려 있었으며 일부 대원들은 중대로 들어가 소총을 들고나오거나 중대에 그대로 머물러 있었다고 했다. 제3분대는 그 순간 지휘활동이 전혀 이루어지지 않았던 셈이다.

나는 이번 긴급조치훈련을 통해서 분대별 전투대처방식과 능력, 개인별 전투감각, 소대의 실전 대비능력과 수준에 대한 현주소를 파악할 수 있었으며 언제 어디서든지 즉각 대응태세를 갖춰야 한다는 점을 소대원들에게 각인시켜 주는 좋은 계기로 생각하였다. 그 후 우리 소대는 중대의 일부로 대·소 작전에 참여하게 되었는데, 이번 긴급조치훈련 때 파악된 분대장의 지휘특성과 특정 전투병의 개인 전기 능력을 감안하여 임무를 부여함으로써 큰 성과를 보았다.

나는 감히 이렇게 말하고 싶다. "소부대 전투 성공의 요체는 적의 강점을 신속히 발견, 그에 이르는 적의 허점에 치명적인 쐐기를 틀어박는 것이다. 적의 강점에 쐐기를 박는 활동은 지휘자의 현명한 판단과 유능한 전투병의 순간적인 기지와 용기에 서 이루어진다. 지휘자가 유능한 전투병을 발굴하는 것은 각개 병사들의 전투감각과 능력을 꿰뚫고 있어야 가능하다." 광대한 저수지 둑이 작은 쥐구멍으로도 무너질 수 있듯이 유능한 전사 한 사람은 결정적인 전투의 명운을 개척하는 열쇠가 될 수 있다. 그러므로 소부대 지휘자는 태생적으로 전투 체질을 가진 전투원 즉, 진정한 싸움꾼을 발굴, 평소 관리하고 유사시 적소에 활용하는 것이 전투지휘의 기본인 것을 명심해야 한다.

6. 긴급 출동, 무모한 습지 도섭 기도(1966.11월 초)

1966년 11월 초, 15:00시경 야간 경계근무에 대비해서 소대원들은 휴식 중에 있었다. 중대는 대대로부터 지역 내 마을에 베트콩이 출현하였으니 긴급출동을 하라는 명을 받았다. 중대장은 제1소대장에게 즉각 출동하여 적을 포획하라고 명하였다. 그는 "적 출현 마을은 중대에서 서남 방향 5km 떨어진 곳에 위치해 있으며 베트콩은 마을 주민과 접촉 중에 있으니 신속히 그곳에 단독군장으로 접근하여 적을 포획하라. 또한, 차량지원이 불가하므로 도보로 이동하라."고 부언하였다.

나는 소대원을 즉시 집합시키는 한편 이동로를 도상 연구하였다. 마을까지 직선거리는 4km지만 기지와 마을 사이에 2.5km의 습지가 가로막고 있었다. 이 습지를 우회해서 8km를 도보로 걸어갈 경우에는 적이 도주해버릴 가능성이 있었다. 나는 신속히 접근하기 위해 습지를 횡단하여 마을에 이르는 단거리 접근로를 선택하였다. 소대는 뜀걸음으로 제1분대에서 선두 첨병을 세우고 일렬종대 대형을 유지하여 이동하였다. 우리가 부대에서 출발하여 400m쯤 이동하였을 때 "첨병분대장인 1분대장은 습지에 이르러 더 이상 전진할 수 없다."고 무전을 보내왔다. 나는 전투병의 기동이 습지로 인하여 정지될 수 있느냐고 호통을 쳤다. 소대 행군대열은 그대로 습지로 뛰어들었다. 나는 제1분대의 후미에서 습지에 들어가 물속을 걸어갔다. 물이 허리춤에 이르고 바닥은 진흙탕이었다. 대원들의 걷는 동작이 매우 느리고 대열은 흩어져서 혼란스러웠다. 소대원들 모두가 습지 안에 들어와 300m 지점을 도섭하고 있었다. 야생 물소 떼 50여 두가 10여 마리씩 무리 지어 산개해 있다가 우리 병력을 보고서 외부침략자로 간주하고 이리저리 뜀박질하며 소리를 질러댔다. 물소들이 대열로 달려들 경우 물소와의 전쟁을 각오해야 할 형국이 되었다. 이때 만약 적들이 박격포 사격이나 자동화기로 연발 사격을 감행한다면 우리는 총 한 방 쏘아보지도 못하고 전멸당할 것이라는 예감이 들었다. 그리고 바로 이것이 적의 유인전술에 말려들어서 괴멸당하는 사례일 것이라고 판단하기에 이르렀다. 나는 즉시 전 대원들에게 습지를 이탈하라고 명하였다. 분대장들에게는 분대별로 주변 경계를 철저히 하면서 가까운 지역으로 습지를 벗어나 집결지를 점령하고 경계 태세를 취하도록 명하였다.

곧이어 중대장에게 현 상황을 보고하였다. 중대장은 오후 남은 시간 내에 임무를 종결해야 하고 대대의 명령을 확실히 이행하는 성격이기 때문인지 몹시 못마땅한 반응을 보였다. 그는 격앙된 목소리로 "군대가 건너지 못하는 습지가 어디 있는가? 지금 즉시 습지를 건너서 눈앞에 빤히 바라보이는 마을에 들어가 수색을 실시하라."고 독촉하였다. 나는 대원들에게 습지이탈을 선(先) 지시한 후 중대장에게 후(後) 보고하는 과정을 거치고 있었기에 이러한 중대장의 강고한 습지 횡단 명령으로 진퇴양난이 되어버렸다. 이제 막 분대별로 어렵게 습지를 빠져나오고 있는데 다시 재진입을 명하려고 생각하니 참으로 난감하였다. 하지만 나의 고민은 오래가지 않았다. 소대원을 사지(死地)에 몰아넣을 수는 없지 않은가? 나는 진흙으로 진창이 된 군홧발로 땅바닥을 힘껏 걷어차며 숲으로 돌아와서 병력의 이상 유무를 확인한 다음, 중대장에게 습지에 재진입할 경우 적 유인작전에 말려들 우려가 있다고 판단, 습지에서 탈출했다고 보고하였다. 아울러 앞으로 습지를 우회하여 마을에 진입한다면 19:00시경이 될 것이므로 어두워서 임무수행이 어려울 것이라고 솔직하게 보고하였다. 중대장은 대대의 강력한 지시사항임을 상기하며 난감해 하다가 적의 유인작전에 말려들어 소대가 전멸할 수도 있다는 나의 보고에 동의하고 중대기지로의 철수를 명하였다. 하반신과 전투화가 흙탕물로 젖어서 발걸음이 둔중하였음에도 불구하고 돌아오는 걸음은 한결 빨라졌다. 까두산 남록 습지에 어둠이 낮게 내리고 있을 때 우리 소대는 기지에 무사히 도착하였다.

나는 지난 2시간의 소대 전술 활동을 조용히 반추해 보았다. 참으로 어처구니없는 작전을 하고 무료하게 돌아와 마음이 무거웠다. 나는 월남의 기후와 지형 특성을 너무나 몰랐다. 우리는 그런 교육을 제대로 받지 못했다. 열대지방, 정글, 우기, 모기가 많다는 기초 상식만으로 생사를 결정하는 싸움판에 뛰어든 것이다. 지형·지질·강수량·숲·곤충 등에 대한 전문적인 작전지역 분석이 없는 상태였기 때문에 상급부대나 중·소대장들은 한국 지형 상식만으로 판단하고 지시하고 행동하였다. 상식적으로 볼 때, 습지에서 도보 병력이 언제나 도섭할 수 있는 지형이라면 월남인들은 수천 년 동안 그 땅을 왜 방치했을까? 뻘·흙과 수렁으로 된 지형으로서 사람이 오고 갈 수 없었기 때문에 불모지대로 방치되어 있었던 것 아닌가? 어떻게 그런 습지를 건너려고 마음을 먹을 수가 있었을까?

또한, 적 출현상황을 접수한 후 이에 대한 조치의 무모함에도 실망하였다. 1명의 베트콩이 주민과 대화를 하고 있다면 월남 정부의 경찰과 군인이 접근해서 현장에서 해결해야지 왜 한국군이 출동해야 하는가? 언어도 제대로 통하지 않는 한국군이 아무런 상황도 모른 채 거수자를 포획하는 과정에서 현지 주민과 불미스런 사고가 발생하면 누가 책임을 질 것인가? 당시 나는 중대나 대대로부터 세부 작전지침을 받지 못했다. 마을에 진입하여 어떤 작전을 펼칠 것인가는 전적으로 나에게 맡겨진 상황이었다. 마을 안내인도 없었고 베트콩의 인상착의를 알 수 없는 상태에서 말이 통하지 않는 내가 취할 수 있는 방법은 아무리 생각해도 뚜렷이 떠오르지 않았다. 마을을 포위하고 1개 분대 병력으로 가가호호 수색해서 숨어 있거나 도망치려는 거수자를 잡아서 데려오는 방법도 생각해보았지만, 총격전으로 번질 때 무고한 민간피해자가 발생할 가능성이 있었다. 그리고 대대의 대응방법도 문제라고 생각했다. 마을로 이동할 차량지원이 불가했다면 도보로 이동시킬 것이 아니라, 베트콩이 은거지에 복귀할 예상 시간과 장소를 판단하여 차단 또는 매복 작전을 실시하는 것이 더 현명하지 않았을까? 뒤에 확인한 바에 의하면, 당시 대대 작전관은 베트콩이 마을주민과 함께 있다 하니 달려가서 붙잡아온다면 적에 관한 첩보를 획득할 수 있다는 단순한 생각으로 지시를 내렸다고 한다. 아마도 그는 그런 성급한 지시가 어떤 심각한 문제를 발생시킬 것인지를 상상조차 못 했을 것이다.

나는 습지에서 적의 유인공격이 없었던 것을 하느님의 은총으로 생각하였다. 우리가 습지를 건널 때 적이 집중사격을 가했다고 생각해보라. 대원들은 급히 물속으로 엎드려서 자세를 낮추고 은폐하고자 했을 것이다. 흙탕물에서 소총과 탄약은 작동이 불가하였을 것이고 이때 베트콩이 나타나서 사격해 온다면 우리는 순식간에 적의 포로가 되었을 것이다. 차라리 죽고 말지 나와 내 부하들이 어떻게 포로가 된다는 말인가? 전쟁사에서 기동이 불가한 지형에 들어가 처절한 패배를 한 사례는 얼마든지 있다. 월남전쟁에서도 북부 전선 미 해병대의 소부대 지휘관이 단거리로 가려고 성급하게 습지에 뛰어들어 큰 피해를 본 전례를 전해 들었다. 나도 불명예스러운 사례의 주인공이 될 뻔하였다. 상급부대의 준비부족과 어처구니없는 명령지시로 불필요하게 고생하는 하급제대의 고충과 함께 '전투는 불확실한 상황과 우연의 연속'이라는 명언을 곱씹어 보았다.

역마 1호 작전

1. 작전배경

백마사단은 파월 이후 월남 중부해안의 주민 거주 지역 위주로 주둔하게 되었다. 이와 관련하여 월남군 제23보병사단은 동부 평야지대에서 서부 국경지대 부온메투옷트 지역으로 이동하여 캄보디아 국경 지역의 월맹군 침투로를 봉쇄하는 임무로 전환되었다. 월남군측은 제23사단의 서부 국경지역 이동에 따른 군수물자의 내륙지역 수송이 시급하였다. 보급축선인 21번 도로에 연한 중부 산악지역이 적 통제하에 있어 안전통행을 보장하고자 한국군 백마사단에 보급로 경계를 요청하였다. 주월 한국군사령부는 한·월 우호증진을 도모하기 위하여 월남군 지원요청을 수락하고 주월 한국군 예비부대인 제30연대 제2대대를 투입하기로 결정하였다.

2. 작전지역 및 피아 상황(요도#1, 역마 1호 작전 행군로)

제30연대 제2대대는 캄란-닌호아까지 1번 국도로 80km를 이동한 후, 21번 도로로 접어들어서 서쪽으로 방향을 전환한 다음 중부 안남산맥을 횡단하는 이아쭈짜이(Eachuchay) 계곡부터 9B 도로 교차지점까지 험준한 산악지대의 보급로 경계를 제공하기로 하였다. 21번 도로 양측 지형은 1,000m가량의 고지대로 우뚝 솟은 산악과 절벽, 울창한 밀림으로 되어 있다. 보급 수송로인 21번 도로는 왕복 2차 포장도로이나 오래된 시설로 낡고 협소하였다.

적은 이아쭈짜이 계곡과 이아크롱(Eakrong) 계곡에 각각 베트콩 1개 중대가 활동하면서 검문검색과 통행세 징수 그리고 월남군 차량을 기습해서 피해를 강요하고 있었다. 이아크론누(Eakronru) 계곡에는 베트콩 제610사단 제2연대가, 추콘(Chukon) 산 일대에는 베트콩 제86대대가, 추기아(Chugia) 북측방에는 월맹군 제5사단 제186연대가 각각 암약하고 있었다. 도로변에 산재하고 있는 고산족들은 적측에 밀착해서 그들에게 은거를 위한 편의를 제공하고 연락업무와 첩보를 제공해 주고 있었다.

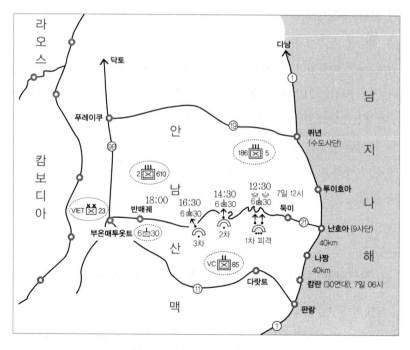

〈요도#1. 역마 1호 작전 행군로〉

백마사단은 제30연대에게 1966년 11월 8일부터 10일까지 월남군 제23사단의 보급차량이 21번 도로상 이아쭈짜이 계곡부터 이아크롱 계곡을 통행할 시 경계를 제공하도록 명하였다. 월남군 통행차량은 보급차량 566대와 복귀차량 427대였다. 한편 제2대대는 사단으로부터 "11월 7일 06:00시 부로 직접 사단 통제를 받고 동일 17:00시까지 작전지역으로 이동, 주요지점을 확보 및 주변 지역을 경계하라."는 작명을 수령하였다. 아군은 보병 제30연대 2대대(-) 외에 연대 전투지원중대, 제52포병대대 B포대, 사단공병 1개 중대, 미 공군 화력지원, 헬기중대 건십 2대 등이 작전에 참여하고 연대장은 둑미(Duc My)에 전술지휘소(TACP)를 운영하였다.

3. 작전경과

- **D-2일** 출동 준비(1966.11.6.)

월남 도착 이후 30일째 되는 날이다. 백마용사들은 낯선 이역 전선에서 현지 상황을 몸으로 체득해가며 점차 적응해 가고 있었다. 처음 일주일간은 원시림 정글 속에서 미지의 환경과 적의 위협에 불안과 공포에 떨며 어렵게 하루하루를 보냈다. 특히 까두산 기지를 건설하며 흘린 땀은 오죽이나 우리를 힘들게 했던가! 그러나 전술기지 공사가 끝나고 지극히 단순한 야전 생활이 이어져 지겨움을 느끼게 되었다. 새로운 생활 환경이 기다려지고 은근히 좀이 쑤셔오는 것 같았다. 이를 두고 예부터 인간의 마음을 갈대로 비유하여 간사하다고 일렀던가!

중령 김원태

우리 제30연대 제2대대는 주월사령부의 예비 대대로서 주둔기지는 임시거처이고 필요시 언제 어디라도 작전출동을 할 수 있도록 대기하다가 명에 의해 즉각 출동할 계획이라는 소문에 중대원들은 불안감과 일면 호기심으로 뒤숭숭하던 참이었다. 이날 대대장, 6중대장, 참모일행은 중부 산악지대를 헬기로 현지정찰하고 돌아왔다. 곧이어 대대는 포병 및 공병부대로 증강되어 대대 TF(Task Forces)로 편성된 차량 행군계획을 중대에 하달하였다. 제6중대는 첨병중대로, 제1소대는 첨병소대로 임무를 부여받았다. 이에 따라 나는 대대 TF의 최선두에서 차량이동 간 경계임무를 수행하게 되었다.

17:00시경 병력수송용 카고 차량이 중대기지에 도착해서 출동 분위기를 한층 실감 나게 해주었다. 이번 출동에서 적들과 최초로 전투하게 될 것이라는 예감이 들었다. 한발 더 나아가서 나는 월남에서 "최초 전투는 험준한 산악 지형에서 적이 잠복, 우리를 기습 공격을 함으로써 이루어질 것이다. 적의 의도는 행군제대의 선도부대인 우리 소대를 목표로 대전차 지뢰를 매설하여 차량을 파괴하거나 자동화기 또는 박격포로 기습공격을 가한 뒤 우리 소대를 험준한 지형에서 정차, 다량의 화력으로 피해를 강요한다. 이어서 은밀하게 도주, 치고 빠지는 전술(Hit & Run)일 것으로 판단하고 이러한 상황에 중점 대비해야겠다."고 예측했다. 하지만 다른 한편으로는 게릴라전을 전개하고 있는 소규모의 적이 대대 TF 본대를 직접 공격하지는 못할 것이고 설사 그들이 공격을 감행해도 큰 성과를 얻지 못할 것이란 우월감과 방심이 마음 한 편에 자리 잡고 있었다.

아무튼, 나는 적의 매복 작전을 염두에 두면서 첨병소대의 임무를 기필코 완수하겠다고 굳게 다짐하였다. 이를 위해서 행군 간 사주 경계를 철저히 해서 적의 매복활동을 먼저 발견하고 이들을 화력으로 제압한 뒤 병력을 하차시켜서 적을 소탕해야 한다는 복안을 세웠다. 그리하여 만약 적으로부터 먼저 피습을 받을 경우에는 신속하게 하차, 은폐·엄폐하여 적의 치열한 사격을 피한 상태에서 신속히 화력지원을 받아서 적을 향해 과감하게 공격할 것을 마음속에 정리해 두었다. 아울러 평소 훈련 간 강조한 바 있는 '초전의 필승태세 견지와 임전무퇴의 정신'을 머릿속에 되새겨 넣었다. 최초 전투의 승패는 부대의 사기와 직결될 뿐 아니라 적의 기선을 제압할 수 있다는 자신감과 연계, 항상 이기는 부대라는 명성을 갖고 앞으로 파월기간을 보내게 될 것인바, 나는 소대원들에게 늘 초전승리를 강조해 온 터였다.

이번 30연대 작전은 파월 이후 최초 작전 임무일 뿐만 아니라 월남군의 각별한 지원요청과 미군의 적극적 지원을 받고 있어, 주월사령부의 지대한 관심하에 수행하기 때문에 연대장 이하 모든 장병이 최고의 긴장감을 가지고 임했다. 이처럼 이번 작전에 세간의 이목이 집중되고 있지만 나는 오직 첨병소대장으로서 임무를 성공적으로 수행하겠다는 생각에 열중하였다. 나와 소대원의 생사는 뒷전이었다.

나는 작전명령을 하달하기 위하여 분대장을 집합시켰다. 먼저 중대에서 수령한 축적 1:5만 작전지역 군사지도를 분배하고 지형 설명을 해 주었다. 모두가 험준한 안남산맥의 산악지형에 놀라면서 호기심과 불안감을 표출하였다. 나는 "대대병력은 차량 78대에 분승, 압도적으로 우세한 포병지원을 받게 되어있으니 우리가 적 게릴라 부대를 불안해할 이유는 없다."고 역설하였다. 하지만 지형이 험준하므로 적은 이를 활용해서 매복할 우려가 있으니 경계심을 갖고 행군에 임해야 함을 강조하였다. 또 차량 1대에 2개 분대를 탑승시키되 차량 양측에 1개 분대씩 앉아서 좌우경계를 하도록 하였다. 각 분대 2번 소총수가 입석 상태로 전방을 경계토록 하고 의심사항이 발견되면 앞에 앉아 있는 분대장에게 즉각 보고하고 분대장은 소대장에게 즉시 보고토록 하였다. 각 분대장들은 차량 행군 간 실탄을 장전하고 방아쇠의 자물쇠 잠김 상태를 필히 확인하도록 주의를 환기시켰다.

나는 분대장들을 보낸 뒤에도 차량 행군 간에 발생할 수 있는 상황에 신경이 쓰여 지도를 펴서 다시 행군로를 살펴보았다. 적들이 매복할 양호한 협곡과 애로지점이 여기저기 너무도 많이 산재하고 있어 어느 곳에 역점을 두고 준비를 해야 할지 가늠이 서지 않았다. 1호차 선탑은 중대장이 하고 여기에는 사단공병 2명이 도로정찰 요원으로 동승하기로 하였다. 나는 2호차에 선탑하고 포병관측반은 3/4톤 차량에 탑승, 중대의 후미에서 후속하기로 하였다.

- **D-1일** 첫 교전(1966.11.7.)

날씨는 흐린 가운데 북동풍이 10~15노트로 불어서 고산지대는 선선한 느낌이었고 기온은 22~30℃, 시계는 4~7마일로 차량 행군에 적당하였다. 대대는 다음과 같이 행군계획 및 부대전개 계획을 하달하였다.

"대대는 첨병중대 제6중대(RP#6, 반메궤)를 선두로 해서 대대지휘소, 포병(RP#5, 684고지)-제8중대(RP#4, 981고지)-공병중대(RP#3, BuoneaThi)-제7중대(RP#2, 833고지 서측방) 순으로 이동하여 중대별로 계획된 목표지에 숙영지를 편성한다. 각 중대는 주변 지역 탐색작전을 실시하고 책임지역(21번 도로 일정구간)을 경계한다. 행군제대는 SP를 11.7, 06:00 출발하여 차량 속도 24km로 이동하고 둑미(RP#1, 월남군포병학교)에 11:20 도착, 30분간 중식과 개인 정비를 실시하고 사단공병 정찰요원과 연대 TACP가 합류하여 작전을 협조한다. 각 제대 간 500m 거리를 유지하고 제6중대는 11.7, 17:00 최종목표지(RP#6)에 도착한다."

6중대는 이 계획에 따라 06:00시 예정된 시간에 정확히 SP(출발점)를 떠났다. 중대는 대대의 선도부대로 대공 기관총반을 배속받아서 보병 부대를 엄호하고 제1소대-제 2소대-화기소대-제3소대 순으로 카고 차량 8대에 분승

하고 3/4톤 1대에 포병관측 장교(FO)가 탑승해서 후속하였다. 차량마다 전방경계병 2명을 배치하고 전원이 좌우측방 경계를 담당케 하였다. 우리는 11:20분 둑미(RP#1)에 무사히 도착하였다. 둑미는 나짱-닌호아 간 도로와 해안 평야지대로 주민의 집단주거지가 발달하여 비교적 안정된 생활환경이 유지되었고 월남군의 군사교육시설이 자리 잡고 있었다. 이곳에는 이번 경계지원 작전을 총괄 지휘하는 30연대장과 정보, 작전주임 등 주요참모가 먼저 도착해서 분주히 제병 투입부대의 도착 여부를 확인하고 있었다. 전장에서 상급 지휘관과 참모를 만나니 든든한 느낌이 들었다. 병사들은 잠시 긴장이 풀리고 상기된 모습으로 전우와 농담을 나누며 중식을 하였다. 휴식과 식사를 마치고 행군제대가 RP#1지점 출발을 서두르고 있을 때 연대정보주임 백운택 소령이 바쁘게 찾아왔다.

그는 중대장과 나를 호출해서 "오늘 오전 월남 민간인 람브렛타가 부온메투옷트에서 이곳으로 넘어오다가 베트콩 장악 지역에서 통행세를 지불하고 왔다."고 전하면서 경계심을 환기시켰다. 이어서 그는 "우리 연대가 월남도착 이후 적과 접촉할 기회가 없어 장병들의 긴장상태가 해이되었으니 대원들에게 경각심을 확실히 해주어야 할 것이야!"라고 거듭 주의를 당부하였다. 이어서 그는 "첨병소대장 임무가 정말 막중해. 김 소

위 잘할 거지? 확실히 해야 돼!"라고 말하며 상기된 표정으로 나를 주목하였다. 백 소령의 긴박한 다짐으로 보아 '이번만은 틀림없이 적들과 맞닥뜨리게 되겠구나!' 싶은 생각이 뇌리를 가득 채웠다. 이번만큼은 잘해야 한다고 마음속에 다짐하면서도 마음 한편에는 '감히 좀도둑 같은 베트콩이 우리를 어떻게 하겠나?'하는 일말의 방심이 깔려 있었다.

나는 다시 지도를 펴서 앞으로 가야 할 21번 도로와 그 주변 산세를 살펴보며 눈에 지형을 익히고 실제 현지 지세를 조망해 보았다. 오늘 아침 출발 때에 흐린 날씨가 이제 맑게 개어 멀리까지 군청색의 높다란 산세가 압도해 왔다. 10여km 전방 산허리를 감고 구불구불 넘어가는 고갯길이 마치 하늘을 향하여 올라가는 용틀임처럼 아슬아슬하게 이어져 갔다. 설사 적이 습격하지 않더라도 병력을 가득 태운 카고트럭이 저토록 험준한 도로를 무사히 올라갈 수 있을지 심히 우려되었다. 나는 출발을 기다리고 있는 대원들을 가깝게 불러 모았다. 그리고 다음과 같이 전방의 적정을 설명하고 고도의 경계심이 북돋게 격려하였다. "우전방 서측에 보이는 높은 산과 고갯마루를 보아라. 그 고개 너머 지역은 베트콩이 통제하는 지역이다. 오늘 오전에 월남 민간인 차량이 넘어오면서 통행세를 지불하고 왔다고 운전기사가 조금 전에 신고해서 우리에게 첩보를 전달해 주었다. 곧 우리는 적진 안으로 들어가게 된다. 40여km 거리를 깊숙이 들어가 17:00시까지 목표지에 도착하면 그곳에서 일정 지역을 점령, 경계임무를 수행한다. 이동 간 전방 경계병은 전방을, 좌우에 앉아 있는 전원은 좌우경계를 확실히 해서 우리가 먼저 적을 발견하고 사격으로 적을 반드시 제압하도록 하라! 모두 똑똑히 알았지!" 대원들은 "옛, 소대장님!"하고 큰소리로 응답하며 서로 격려하였다.

— 베트콩, 1차 기습

6중대는 12:00시 둑미의 임시집결지(RP#1)를 출발하였다. 곧바로 적과 일전을 치르게 될 것 같은 짙은 예감이 드는 가운데, 1번 카고 차량에 탑승한 공병 도로정찰 요원(2명)이 적의 대전차지뢰를 탐지하며 대공자동중기관총반(3/4톤 차량)은 보병차량을 선도하였다. 행군대열은 차량속도 10km로 천천히 이동하다가 산록에 이르러서 5km 이하로 서행하였다. 잠시 후 우리는 드디어 문제의 이아쭈짜이 계곡 입구에 접어 들어섰다. 행군로 우측은 833고지, 좌측은 993고지가 병풍처럼 우뚝 솟아서 타고 있는 차량이 마치 하늘을 향하여 기어오르는 기분이 들었다. 좌우로 꺾이며 고갯길을 올라가는 차량은 걸어가는 것처럼 느렸다.

출발 후 30여 분이 경과할 즈음 지형은 더욱 험준한 오르막길로 접어들었다. 좁다란 길에 좌우로 형성된 심한 만곡지형이 워낙 가팔라서 운전병의 운전능력이 염려되었다. 옆에서 보니 열심히 운전대를 회전하며 안간힘을 쏟고 있어 측은한 마음이 들었다. 순간 적들이 매복한다면 바로 여기 이런 곳이 아니겠나! 혹시 지금 이곳에 매복하고 있는 것은 아닐까? 불안한 마음이 스쳐 지나갔다.

운전병이 땀을 흘리며 온몸으로 운전대를 좌로 꺾어서 차체를 서서히 좌향 시키는 순간, 우전방 30m 지점 위, 오르막길을 조망하는 높은 단애 언덕에서 "탕!"하고 단발총성이 나의 귓전을 때렸다. 이어서 2~3초 후 직 전방 50m 지점에서 "탕, 탕, 탕" 연발총성이 울러 퍼졌다. 순간, 고국에서 수없이 차량 대 매복 실습 훈련을 한 경험이 영상처럼 나의 뇌리에 짙게 드리워져 혹시나 훈련 상황이 아닐까 하는 잠재의식이 작용하여 부지불식간 잠시 머뭇거려지는 행동이 나타났다. 나는 인간 뇌리에 깊이 각인된 기존인식을 변화케 하는 데 소요되는 리드타임(lead time), 즉 기존 영상 망각소요시간이 존재하고 있음을 확인하게 되

었다.[6]

적들은 좌측방 200~300m 거리의 계곡으로 이격된, 관측과 사계가 양호한 기다란 능선 상에 우리 측의 반격을 무력화할 수 있는 안전이 확보된 장소에 주력을 배치했다. 우리 중대병력이 하차, 도로상에서 노출될 수 있는 시간을 계산한, 최초 총성 후 2~3분이 경과했을 때 선두 차량의 하단 도로노면에 집중사격을 가함으로써 아측 피해를 극대화하려 했다.

제1행군제대 탑승차량들은 누구의 별도 지시 없이 정차하였고 병사들은 재빠르게 하차를 시작하였다. 나는 두 번째 총성이 들렸을 때 우측 문을 열고 하차하였다. 하차와 동시에 중대장의 행동을 확인하였다. 중대장은 하차해서 주변을 살피다가 나와 눈이 마주쳤다. 나는 도로면 위로 몇 발자국 걸어가서 중대장이 현 상황에서 어떤 조치를 할 것인가? 그에 따른 긴급한 명령을 수령하기 위해 그에게 접근해 갔다. 중대장은 어찌할 바를 모르고 당황해하며 좌우를 살피고 적 상황을 판단하다가 눈빛으로 나를 확인하였다. 바로 그 순간, 좌전방 능선에서 적 자동화기가 불을 뿜기 시작하였다. 따르륵, 따르륵, 탕, 탕, 따, 따, 따, 따르륵 연발과 단발 총성이 계곡 안을 가득 메웠으며 도로 상에는 탄흔이 박히며 먼지가 일어 시계를 가리기 시작하였다. 도로 우측 10m 높이의 단애 벽을 잠시 살펴보는 순간, 장독대 위에 우박이 꽂히듯 무수한 탄착점과 탄흔을 만들어 흙먼지를 일으키고 있는 사이 탄착지점이 점차 아래로 내려와 유탄을 도로 바닥에 뿌리고 있음을 확인하였다. 이대로 서 있다간 총탄세례를 받게 되겠구나 싶어 전광석화와 같이 아스팔트 도로 바닥에 엎드렸다. 하차한 병사들은 우측 배수로에 엄폐를 하고 뛰어내리는 병사는 길바닥에 엎드리고 어떤 병사들은 도로 위에서 서성거

6) 이 점을 감안하여 전투부대는 파블로프의 조건반사식 반복 숙달훈련을 실시한다. 이를 통해 제2의 습성으로 완전 정착할 때 비로소 즉각 조치가 가능하다.

리는 등 아수라장이었다.

나는 이 상태로 도로 위에 엎드려 있다간 죽고 말겠다는 생각이 들어 일단 나의 좌측 편 도로 아래 3m 지점에 굴러서 내려왔다. 주변은 무성한 갈대숲이 은폐를 제공해 주고 있으나 엄폐물이 없어서 작은 관목나무 밑에 엎드렸다. 다소 안심이 되었다. 그러나 길바닥 위에 엎드린 병사들이 몹시 걱정되었다. 다시 도로 위로 올라가려고 몸부림을 쳐보았다. 마음은 병사들 옆으로 가야 했지만, 몸이 굳어져서 움직이지 않았다. 정신과 육체가 이처럼 분리되어 별개로 작동하는 신체적인 현상은 처음이었다. 잠깐 사이 2~3분의 시간이 흘렀다.

적 자동화기의 지역 제압사격이 도로 하단으로 하향하기 시작하였다. 총탄의 탄우가 나의 바로 2~3m 위쪽 갈대나무에 적중되어서 소나기가 나뭇잎에 떨어지는 듯 탁, 탁, 서걱, 서걱하는 소리가 났다. 마치 저승사자의 발자국 소리처럼 들렸다. '더 밑으로 기어 내려갈까? 그러면 위에서 죽어가고 있는 병사를 남겨두고 도망치는 행위이다! 일단 이곳에서 총탄을 맞더라도 엎드려 있다가 위로 올라가서 소대원을 지휘하리라!' 나는 땅바닥에 몸을 더욱 밀착시키고 작은 관목나무 뿌리 밑 둥지를 엄폐물로 하여 숨을 죽이며 시간을 보냈다. 적의 탄착지점이 나의 우단 2~3m 이격된 지점 일대에 형성되어 무성한 갈대나무를 잘라가며 아래쪽으로 흘러가고 있었다. 바로 그때였다. 아군의 포성이 좌측 능선에 작렬하기 시작하였다. 얼마나 반가운 굉음이며 통쾌한 포성인가! 그것은 구원의 천사였다. 그 순간 겁에 질린 마음이 사라지고 갑자기 힘이 솟구쳤다. 말로만 듣던 화력 지원의 위력이 바로 이런 것이로구나!

나는 적의 1차 공격은 우리 포병의 지원사격으로 좌절됐을 것이니 빨리 도로 위로 올라가야 한다고 생각하며 윗몸을 일으켰다. 그러나 몸이 굳어져서 나의 뜻대로 움직여 주지 않았다. 입속은 침이 말라붙었고 혓바닥조차 굳어서 말소리를 내지 못했다. 양손에 힘을 힘껏 주고 몸을 간신히 일으켜 세워서 21번 도로 위로 올라왔다. 마침 대공자동중기관총이 전방을 향해서 사격을 가하고 있었다. 중대장은 도로 위에 나와서 다급한 목소리로 크게 소리치고 있었다. 그 옆에 화기분대장 김 하사가 축 늘어진 부상 병사를 트럭의 카고 안으로 밀어 넣고 있었다. 대부분의 병사들은 멍청한 상태로 도로의 측면 배수로에 엎드려 있었다. 나는 도로상에 사상자가 즐비할 것으로 예상하였으나 망측한 장면이 보이지 않아서 매우 천만다행이라는 생각이 들었다. 그러나 차량의 짐칸 뒤 문짝이 열린 상태로 한 병사가 죽어서 카고 바닥에 기댄 채 흉측하게 방치되어 있는 모습이 보였다. 전사자의 얼굴을 확인하려고 시신 옆으로 가 보니 우리 소대원이 아니었다. 우리 소대원이 승차한 1번 차량에 내가 모르는 인원이 사망하다니, 순간 의아해하다가 화기분대장 김석기 하사에게 신원을 물어보았다. 그는 사단공병대 도로정찰요원 이성길 하사라고 답해 주었다. 이 작전을 위해서 조금 전 둑미에서 소대에 합류한 병사였다. 그러다 보니 소대원들은 그를 무관심하게 여기고 있었으며 자신들도 얼이 빠진 상태가 되어서 어찌할 바를 몰랐다. 중대장이 다급하게 큰소리로 외치며 "빨리 이 하사의 시신을 카고 안으로 옮겨."라고 지시하자 분대장들이 나와서 카고 안으로 그를 밀어 넣었다. 불과 10여 분간 기습전투로 저렇게 허무하게 한 생명이 초개와 같이 사라지고 마는 비참한 현장을 처음 목도하였다. 우리 모두의 생사가 경각에 달려 있고 내가 지금 살아 숨 쉬는 것도 찰나적인 시간에 머물러 있을 뿐이라는 생각을 깊게 하였다.

나는 조금 전 기습 총성이 울려 하차해서 만났던 지점에서 중대장을 만났다. 그는 "1소대장, 베트콩이 최초로 우측방 능선에서 사격하였다. 지금 즉시 우측 능선 고지를 향하여 공격을 개시하라!"고 명령하였다. 나는 병사들이 엎드려 있던 우측고지를 바라보았다. 우측면은 21번 도로 개설공사 시 절개지대로서 절벽이 10여m 높이로 특수 장비 없이 올라갈 수 없는 낭떠러지였다. 나는 중대장에게 도보기동이 불가해서 우측고지 공격은 안 되겠다고 보고하였다. 중대장도 도로 우측 벽을 일별하더니 내 의견에 수긍한 듯 명령을 취소하였다. 우리는 아찔하게 기습을 당하고 전사자가 발생한 상황이었기에 분별력이 급격히 저하된 상태였다. 중대장은 곧바로 나에게 수정 명령을 하달하였다. "전방 12시 방향 갈대밭 개활지에서 베트콩이 두 번째로 소화기 총격을 하였다. 즉시 1소대는 앞 개활지로 공격을 실시하라."

나는 신속하게 제1, 2, 3분대를 전방 개활지에 소대 횡대대형으로 갖추고 수색을 해 갔다. 초원의 풀밭은 높이가 2~3m에 이르는 갈대가 콩나물시루 속같이 밀생하여 횡대대형으로 기동이 사실상 불가한 지대였다. 혹시나 적이 유기한 물품 또는 발자국을 찾기 위하여 정밀탐색을 하였다. 100여m 전진하는 데 30분이 소요되었다. 적들이 사격한 지점으로 전진, 세밀히 관찰해보았으나 이미 감쪽같이 은폐하여 그들이 활동한 흔적을 전혀 발견할 수 없었다. 중대장은 금일 17:00시까지 도착 예정지에 가야 할 이동 거리를 고려해서 철수를 명하였다. 적에게 무참히 당하고 빈손으로 돌아오는 기분은 처절하기 그지없었다.

중대장은 최초 기습받았던 지점으로 병력들을 복귀시켜서 그 지점을 신속히 이탈하라는 명령 하달과 동시에 1번 차량에 탑승, 최종 목표지 방향으로 출발하였다. 나는 신속히 2번 차에 병력을 승차, 중대장을 후속하려고 하였다. 그러나 출발할 즈음 차량의 앞바퀴가 적의 집중사격으로 벌집이 되어 운행이 불가능하다는 것을 알았다. 고장 난 2번 차량의 운전병은 행군본대의 차량 정비팀을 만나 차를 수리해서 가겠다고 단호하게 말하며 끝까지 차 곁을 떠나지 않았다. 참으로 차에 대한 책임감이 강한 모범 병사라고 여기면서도 나는 차후 임무를 위해 떠나야 했다. 나는 중대장 차량을 신속하게 따라붙어야 한다는 생각에 우선 3번 차에 소대잔여 2개 분대를 승차시키고 나머지 차량이 막연히 따라와 주기를 바라며 정신없이 출발을 서둘렀다.

— 베트콩, 2차 기습

매복 1차 피습지점에서 출발 10여 분이 경과할 무렵, 지형지세가 완만한 경사지대에 이르렀다. 중대장은 그곳에 정차하여 기다리고 있고 중대병력이 모두 합류하였다. 제1제대 행군대열은 여기에서 안정을 회복하고 행군을 다시 시작하게 되었다. 그러나 차량 대열이 20여 분 가량 이동하고 있을 때 좌전방 300~400m 이격된 능선에서 또다시 적의 경기관총이 불을 뿜었다. 중대는 즉각 정차하고 총성이 들린 지점을 향해서 병력을 전개하고 탐색작전을 개시하였다. 정글이라 방향조차 잡아가기 힘들어서 자연히 소대장이 최선두에서 병력을 선도하는 상황이 되었다. 그때 바로 뒤에서 누군가 나의 등을 잡아당기고 있어 뒤쪽을 바라보니 3분대의 박 상병이었다. 그는 평소 말수가 없고 수줍은 성격을 지닌 병사로 나와 빈번한 접촉이 없어 서먹한 관계이었다.

나는 "박 상병 뭐 특이한 것이 있는가?"하고 물었다. 그는 겸연쩍은 표정을 지으며 "소대장님이 선두에 서서 가시면 안 됩니다. 제가 앞에 나아가 첨병을 하겠습니다."라고 말하면서 앞으로 나오며 첨병 임무를 자임하였다. 나는 "그래? 그럼 그렇게 하게! 하지만 경계를 철저히 해야 돼."라고 하며 앞자리를 내주었다. 나는 그 후에 오래도록 그 병사를 잊지 않았다. 말없이 묵묵히 자기 업무에 최선을 다하는 의리 있는 병사로 나의 뇌리에 자리 잡았다.

적들은 더 이상 우리를 향해 사격하지 않았다. 좌우측 산봉우리 여기저기 먼 곳에 이르기까지 연기를 피워서 많은 병력이 있는 것처럼 기만하며 봉홧불로 그들 상호 간 신호를 주고받았다. 베트콩들은 원시적인 수단과 방법을 활용하고 있었지만, 현대 장비로 무장한 백마부대 TF에게 심각한 지휘혼란과 심리적 위축을 주기에 손색이 없었다. 나는 널리 퍼져있는 연기를 바라보며 중부 월남 산악지대는 베트콩이 철저히 통제하고 있음을 실감하였다. 우리는 끝내 적을 발견할 수 없었다. 중대장은 15:00시에 수색작전을 중단시켰다. 나는 행군대열로 돌아가기 위해 지도를 꺼내서 나의 현 위치를 확인해 보았다. 고산 지대에 저명한 지형지물을 표정할 수 없어서 정확한 위치를 알 수 없었다. 첨병소대장이 자기 위치 표정조차 못한다 생각하니 스스로 한심한 생각이 들었다.

― 베트콩, 3차 기습

우리 중대는 승차 후 다시 전진을 개시하였다. 15:30분 중대는 좌우가 확 트인 지역에 이르러서 차량대열을 정차하였다. 그곳에서 부대전열을 정비하고 상황을 추스르기 위해 병력을 하차, 경계태세를 강화하였다. 소대별로 인원과 장비를 확인하고 우선 숨을 돌려서 잠시 휴식을 취하였다. 이때 소대 향도 이우준 하사가 우측 발등에 총상을 입었다고 처음 보고하였다. 그는 소대의 부상병 제1호였다. 우선 환부를 확인해 보니 발등을 관통한 상처가 보였다. 그는 걸어 다닐 때 심한 통증을 호소하였다. 소대에 배속한 위생병이 압박붕대로 환부를 감아서 응급조치를 해주었다. 나는 적으로부터 그토록 치열한 총격을 받았음에도 부상 환자가 1명만 발생한 것이 불행 중 다행이라고 생각하였다. 나는 이 하사에게 가능한 신속히 후송 조치해서 치료를 받게 할 것이니 잠깐 참고 기다릴 것을 당부하였다. 평소 침착하고 참을성이 강한 이 하사는 "부상을 당해 죄송합니다. 같이 싸우지 못하게 되어 죄송합니다."라고 연거푸 말하면서 의연한 모습을 보였다. 한편 3분대와 화기분대가 개인배낭을 고장 난 카고 차량에 매달아 놓은 채 그냥 두고 왔다는 보고를 받았다. 2개 분대의 군장을 모두 망실하다니 모두가 정신 줄을 놓았나 보다. 찾으러 갈 형편도 안 되고 고장 난 차량이 어떻게 됐는지 알 수 없어 답답하기만 하였다.

나는 중대장에게 "부상 1명, 배낭 2개 분대 망실"이라고 피해 보고를 하였다. 중대장은 불호령을 하였다. "군인이 전투배낭을 유기하고 오면 어찌하나? 총기를 버리고 온 것이나 다를 바 없지 않은가? 호랑이에게 물려가도 정신만은 똑바로 차려야지!"라고 속사포 쏘듯 빠르게 질책하였다. 나로서는 유구무언이었다. 스스로 정신없이 넋을 잃고 허둥대고 있었던 점, 그리고 아무런 조치도 취하지 못한 허깨비 같았던 초라한 나의 모습 때문에 심한 자책감을 피할 수 없었다. 특히 소대원들에게 면목이 서지 않고 지휘자의 권위가 상실되는 듯하여 허탈감에 빠졌다.

마침 대대장 지휘 지프차가 중대가 머물고 있는 현장에 당도하였다. 불과 3시간 전에 둑미에서 C레이션을 먹으면서 보았던 대대장이 오랜만에 만나는 친형님처럼 반가웠다. 그가 무기력하고 침체에 빠진 현 상황을 회복시켜 줄 것으로 기대하였기 때문이었다. 대대장 김원태 중령은 6·25 전쟁 중반 피아 진지전으로 사투를 하고 있을 때 보병장교로 임관되었다. 소대장으로 전투현장에서 직접전투를 경험하였고 무골다운 기질을 소지한 야전 지휘관이었다. 이번 작전이 백마부대 증파 이후 주월사령부와 월남군 사이 최초로 양측의 신뢰를 가늠하는 중요한 협조 작전이므로 대대장은 무거운 책임감을 갖고 작전에 임하고 있었다. 그는 첨병중대가 기습을 받고 위기에 처해있는 현장을 직접 진두지휘하려고 급히 이곳에 도착한 것이다.

중대장은 적으로부터 피습상황과 우리의 피해현황을 보고하고 예정된 목표지를 향해 전진하는 데 따른 애로사항을 보고하였다. 대대장은 중대장과 함께 중요 지형지물을 관찰하고 있었다. 오후 16:00시경이었다. 베트콩들은 현 상황을 예측이나 한 것처럼 또 소화기 연발사격을 퍼부었다. 그들은 작은 분지 도로상에 지휘 지프와 보병이 갑자기 운집하고 있는 목표물을 발견하고 200m 정도 이격된 우측 후방 능선에서 조준사격을 가해 왔다. 대대장 지휘 차량 바퀴 주변의 도로바닥에 탄착군이 형성되어서 탁, 탁, 따다닥 아스팔트 찢기는 소리와 더불어 흙먼지를 일으켰다. 우리는 도로바닥에 바짝 엎드렸다. 적의 총탄은 우리의 머리 위로 "피웅, 피웅" 날아가며 살을 에는 파열음을 내었다. 대대장은 황급히 무전차량의 바퀴 밑으로 들어가서 위기를 모면하였다. 순간적인 적의 기습으로 모두 숨기에 급급했을 뿐, 누구 하나 응사를 하지 못했다. 여기에는 지휘자도 없었고 화기 사수도 없었다. 당연히 LMG경기관총이 적의 총성 방향으로 발사되었어야 하나 침묵하였고 좌우 경계병이 응사해야 했으나 그들도 숨어서 적탄을 피하기에 급급하였다.

나는 도로변 가로수 뿌리에 의지하며 소대 선임하사관, 부상 당한 향도, 무전병과 함께 엎드려 총탄을 피하고 있었을 뿐, 아무런 조치를 취하지 못했다. 그냥 고체화된 상태로 지켜보고 있었을 뿐이었다. 당시 우리 소대는 거의 공황 발생 직전까지 이르렀다. 그럼에도 불구하고 나는 쏟아지는 적탄을 피하기에 급급하였으며 그저 사태를 관망하고 있었다. 나는 그동안 실전과 같은 훈련을 했다고 자부했지만, 적의 기습으로 적에게 주도권이 넘어가면서 이처럼 부끄럽고 무기력한 모습을 보이고 말았다. 제2차 세계대전 중에 미 해병대조차 남태평양 군도에서 일본군의 기습에 당황하여 사격을 제대로 해보지 못하고 전투에 실패했다는 사례를 상기하며 한 가닥 위안으로 삼았다. 그런데 옆에 엎드려 숨죽이고 있던 소대 선임하사관 심 중사가 망연자실한 나의 모습을 보고서 갑자기 담배를 꺼내 불을 붙이고 나에게 내밀면서 한 모금 빨아 보라고 권하였다. 나는 담배를 받아서 마치 애연가가 하는 행동같이 거듭 연기를 빨아들였다. 가슴속까지 연기가 깊숙이 파고 들어가더니 마음이 편해지면서 머릿속이 맑아졌다. 자신감과 의욕이 되살아나는 느낌이 들었다.[7] 나는 초라해진 소대의 모습을 보면서 부대의 실전경험은 천금보다

7) 나는 여기에서 처음 담배와 인연을 맺게 되었다. 이 인연은 60세까지 30년 이상 이어져서 하루에 30개

더 귀중하다는 값진 교훈을 체득하였다.

대대지휘부와 중대본부도 연거푸 발생한 적의 기습공격으로 지휘혼란에 빠져들었다. 보잘것없고 가소롭게 생각하였던 베트콩, 한낱 게릴라로 생각하였던 소규모의 적들로부터 혹독한 통과의례를 겪게 된 것이다. 적들은 우리가 정지하는 곳마다 어디서인지 모르게 총탄을 날려 보냈다. 또 적들은 갑자기 나타났다가 날렵하게 사라지는 신출귀몰한 행동을 보여 우리가 제대로 대응하기 어렵게 만들었다. 마치 권투선수가 잽을 무수히 허용해서 결국 그로기 상태에 빠지는 식이 되고 말았다.

이렇게 대대장 이하 모든 지휘관과 소부대 지휘자들, 그리고 각개병사들이 모두 제 살길을 찾아 총탄을 피해 고개를 숙이고 있을 때, 저 멀리 동쪽 편에서 헬기소리가 낮게 깔려 들려왔다. 미군의 공격헬기가 육중한 굉음을 내며 나타나더니 중기관총으로 좌우 산 능선에 "드르륵, 따르륵" 총알을 쏟아 부었다. 이에 적들은 게눈 감추듯 총성을 멈췄다. 잠시 후 지프차 한 대가 무전기 안테나를 높이 세우고 먼지를 일으키며 빠른 속도로 달려오더니 우리 앞에 멈춰 섰다. 제30연대 1호차였다. 연대장이 둑미에 전술지휘소를 설치, 작전을 지휘하다가 첨병부대가 또다시 적의 기습을 받고 위기에 처해 있음을 보고받고 이곳으로 직접 달려온 것이다. 미 육군 헬기의 지원은 그가 취한 조치였다. 대대장은 차바퀴 밑에서 일어나며 겸연쩍게 연대장에게 거수경례를 하였다. 대대장은 연대장에게 현재까지 상황을 간추려 보고하였고 앞으로 일몰 시까지 한 시간 이내에 예정 목표지까지 이동할 계획을 개략적으로 보고하였다. 대대장은 적의 끊임없는 교란작전에 다소 혼란스런 모습을 보였다. 연대장은 현 위치가 어디인지 물었으나 대대장 이하 그 누구도 지도상에 정확한 좌표를 표정하지 못했다. 이에 연대장은 실망감을 감추지 못하면서 단호한 지휘조치를 결심한 듯 얼굴이 굳어졌다. 연대장은 보고

비를 태우는 애연가로 살다가 60세 회갑을 기해서 건강을 위해 일절 입에 대지 않았다.

를 청취한 후 2명의 전사자와 부상자 4명을 병원으로 후송하도록 지시하였다. 그리고 바로 옆에 앉아 있는 우리 소대로 눈을 돌려서 다리 부상을 당한 이우준 하사에게 상해 정도를 확인하고 병원에 곧바로 후송하면 치료를 받을 수 있으니 걱정하지 말라며 형님처럼 따뜻하게 위로를 해주었다. 그는 갑자기 상의 왼쪽 주머니에서 지갑을 꺼내더니 병원생활을 할 때 용돈에 보태 쓰라고 하면서 100달러짜리 그린백을 이 하사의 손에 쥐여 주었다. 이 위급한 상황에서도 그런 따뜻한 배려를 하다니 연대장의 과감한 지휘조치와 부하애가 나에게 진한 감동을 안겨주었다.

연대장은 단호한 어조로 "지금부터 2대대 TF를 내가 직접 지휘해서 목표지까지 이동하겠다."고 엄명하고 "차량대열의 최선두에서 내가 선도할 것이니 첨병중대는 나를 후속하라."고 지시하였다. 이에 따라 행군제대는 대공중기관총반을 맨 앞에 세우고 그 뒤를 연대장 지프차, 대대장 지프차 그리고 첨병중대의 병력 탑승차량 순으로 이동을 개시했다. 이동 개시와 함께 선도 중기관총이 불을 뿜기 시작하자 그 총성이 메아리를 만들어 산기슭을 휘감고 멀리 울려 퍼졌다. 움츠리고 있던 장병들의 사기는 치솟기 시작했고 눈에는 결기로 가득 찼다. 의기소침했던 나도 새로운 힘이 불끈 솟았다. 적들은 우리의 위세에 눌렸는지 더 이상 나타나지 않았다. 일순간에 주도권이 우리에게로 돌아와 버린 것이다. 덕분에 우리는 30km의 정상적인 속도로 베트콩이 장악하고 있는 중부고원지대를 무사히 통과해서 18:30분 몬타냐의 마을(BanMeGue, RP#6)에 도착하게 되었다. 이 지역은 우리 중대의 최종 목표지 이아크롱 계곡 입구, 임시집결지였다.

대령 김성환

연대장은 우리를 목표지로 무사히 이동시키고 폭락했던 대대의 사기를 한순간에 살려 놓은 후 유유히 연대지휘소로 떠났다. 그 모습이 참으로 멋있게 보였다. '나도 저런 지휘관이 되리라. 앞으로 나도 저런 방식으로 전투를 지휘하리라.' 지휘관의 진두지휘 효과가 얼마나 큰 것인지를 실감하는 순간이었다. 연대장 김성환 대령은 6·25 전쟁 초기 최전선에서 중대장으로서 북한군과 싸웠고 그 후에는 대대장으로 적과 싸운 역전의 지휘관이었다. 그는 모두가 겁에 질려 숨어 있을 때, 차를 몰아 직접 교전지역까지 와서 보란 듯이 진두지휘하여 위험구간을 돌파하여 예하부대를 목표지역으로 이동시켰다. 그날 그는 위풍당당한 멋진 모습을 전 장병들에게 보여주었다. 그리고 내가 그를 존경하지 않을 수 없게 만들었다. 나는 그 순간부터 그를 내 군 생활의 영원한 롤모델로 삼기로 결심하였다.

중대원들은 신속하게 하차해 21번 도로 우단 능선으로 이동해서 야간 잠복진지를 점령하였다. 주변 숲 속은 무월광하 우기철의 밤안개가 드리워져 천지 분간을 할 수 없을 정도로 어두웠다. 청정공간에서만 산다는 반딧불의 군무가 숲 속의 장관을 이루며 우리를 환영해 주었다. 이 자연 형광등이 다소 길잡이 역할을 해주어서 소대원들이 활동하는 데 힘을 보태주었다. 중대장은 소대별로 지역을 할당해서 야간방어에 임하도록 하였으며 나도 어둠 속에서 대충 어림짐작으로 분대별로 책임지역을 할당해 주었다. 각 분대는 급편방어 진지를 편성하고 임시 엄체호를 구축토록 하였다. 막상 3분대와 화기분대는 적 기습으로 고장 난 차량에 군장을 두고 왔기에 야전삽과 공구가 없어 개인호도 못 파고 개인천막이 없어 장대비를 피할 수 없으니 매우 난감하였다. 때마침 최초 매복 피습 시 타이어 펑크로 운행이 불가했던 2번 차량이 차량수리를 마치고 반메궤(RP#6)에 무사히 도착하였다. 제3분대와 화기분대의 배낭을 인수해 가라는 연락이 왔다. 참으로 반가운 소식이었다. 2번 차량 운전병은 수송부대의 구난반에 의해 차량을 정비, 목표지까지 험준한 산악길을 어둠 속에서 운행한 책임감이 강한 병사로 악조건하에서 전투지원 임무를 성실히 수행한 공로가 인정되어 나중에 전공 상훈을 받았다.

소대원들은 사단공병대가 추진해 온 윤형철조망을 이용하여 소대 정면 30m 전방에 철조망을 설치하였다. 철조망 주변에 조명지뢰와 크레모아를 설치해서 야간 경계에 대비하였다. 또 자정이 될 무렵까지 개인호를 굴설하면서 교대로 C레이션으로 저녁식사를 하였다. 우리는 배고픔과 피로를 느끼지 못했다. 누구 한사람 공사 간 불평하거나 피곤해하지 않았다. 정상적인 인체의 감각기능이 마비되어서 본능적인 기초대사가 작동되지 않았다. 나는 이날 아침 05:00시 이후부터 자정까지 지나간 일들을 되새겨 보았다. 참으로 길고 긴 하루였다. 그 후 지금까지 내 기억 속에서 이날이 잊히지 않고 있다. 생애 첫 번째의 교전에서 벌어진 이토록 참담한 경험을 내가 어찌 잊을 수가 있겠는가!

우리는 우리가 머물고 있는 현 지역이 베트콩이 장악하고 있고 오늘 낮에 수차례에 걸쳐 적들이 교란작전을 전개한 사실을 유념, 야습에 대비하여 경계를 철저히 하였다. 특히 고산족이 살고 있는 몬타냐 마을 반메궤가 우리 소대 경계 정면의 전방 400~500m 지점에 자리 잡고 있어 경계의 끈을 놓지 않고 집중하였다.[8] 이들 고산족은 공산주의 선동

---

8) 월남 중부 고산지대에는 수백 년 전부터 소수 산악부족인 몬타냐(Montanyard)족이 살고 있었다. 월남 민족은 이들을 피지배민족으로 관리하였고 두 민족 간 갈등의 골이 깊었다. 월맹 측은 이들의 놀라운 정글 적응 능력을 게릴라전에 활용하고자 이들에게 접근하였다. 호찌민은 고산족의 습속(習俗)을 함께 하고 평등권 부여를 약속하며 이들의 일부를 중용하여 이들을 우군 세력화하는 데 성공하였다. 고산 족들은 월맹군과 베트콩들에게 은거 아지트를 제공하고 첩보 및 연락요원으로 활동하여 정글 속 게릴라전에 혁혁한 공을 세웠다. 이를 토대로 베트콩들은 그들의 관할 구역을 확장하였고 중부 산악지역을 공산치하로 장악하였다. 또 고산족 주거 산악지대는 통일 전쟁 시 자유월남의 도시 근거지로 진입해

가들의 노동자 농민의 평등과 월맹 지도자 호찌민의 소수민족 우대약속을 받아들여서 월맹정권의 착실한 우군으로 협조하고 있었다. 마을의 주택은 30여 가구로 소부락을 이루고 있었다. 어느 가구는 심야에도 문틈으로 불빛이 흘러 나와서 긴장의 강도를 더했다. 혹시 베트콩과 협조, 야간기습을 기도할 것을 우려하여 나와 심 중사는 교대로 대원들을 독려하였다. 어두운 구름과 안개로 시야는 앞을 분간할 수 없었고 이따금 빗줄기가 스쳐 지나가 온몸을 적셔 놓았다. 한기가 엄습하여 움츠러든 어깨를 판초우의로 감싸며 새벽을 기다렸다.

- **`D일`** **몬타냐 마을 탐색작전(1966.11.8.)**

미명을 기해서 중대장은 반메궤 마을과 그 뒷산 능선 일대를 급습해 베트콩과 그 협조자들을 탐색, 소탕할 계획을 수립하고 이를 대대에 건의하였다. 대대장은 즉시 이를 수락하여 하명하였다. 6중대는 06:00시 좌에서 제1소대, 중앙에 제2소대, 우에서 제3소대가 병진으로 전진해서 마을을 탐색하고 적을 소탕하며 적성 용의자를 체포하고 적의 무기류를 포획하라는 명을 하달하였다. 또 중대의 60mm 박격포를 마을 뒷산 일대에 30분간 공격준비사격을 실시한 후 각 소대는 공격개시선(LD)을 통과하도록 하였다. 공격개시선은 현 경계진지였다.

들어가는 공격 축으로 활용되었다. 반면, 자유월남은 고산족을 열등 민족으로 차별하여 적대감을 유발시켜 월맹 측에 반사이익을 주었다.

제6중대장

중위 이범재

잠시 후 화기소대의 박격포 사격이 시작되었다. 마을 뒷산 능선 5부에 첫발이 새벽 공기를 가르며 꽝하고 폭발하였다. 이어서 포탄이 마을 가까운 곳으로 점점 유도되었다. 어제 적 게릴라들로부터 처절하리만큼 혹독하게 당했던 패배감을 우리 중대의 박격포로 제압한다는 것이 통쾌하였다. 우리는 자신감을 상당히 회복된 상태에서 공격개시선을 넘었다. 소대는 제1, 2, 3분대를 횡으로 전개해서 아침 햇살이 길게 드리운 야지를 횡단해 나아갔다. 나는 2분대의 후방 30m 지점에서 무전병과 위생병을 대동하고 소대를 후속하며 전 소대원의 작전 상황을 관장하였다. 화기분대 LMG는 소대 전 정면을 엄호하다가 지형을 고려하여 100m 간격으로 구간전진토록 하였다. 각개병사는 적의 활동을 직접 목격한 후에 사격하도록 함으로써 주민의 무고한 살상을 억제토록 하였고 화기소대 LMG는 마을 상공으로 위협사격을 점사로 실시해서 소대원들에 대한 적의 피습과 저격을 예방하고자 했다.

07:20분경 우리 탐색대열은 마을의 초입에 당도하였다. 마을 내에 진입할 시 일단 각 분대장에게 각개 가호를 탐색하기에 앞서 지붕 위로 2~3발 점사로 위협사격을 실시해 적성주민을 제압한 뒤 가택을 수색하도록 지시하였다. 몬타냐의 고산족 가옥은 1층에 가축을 기르고 2층에서 가족들이 일상생활을 하는 구조로 형성되어 있었다. 총성이 울리자 가축들은 놀라서 멱 따는 소리를 내며 이리 뛰고 저리 뛰어다녀서 수색하는 병사가 오히려 당황스러울 지경이었다. 수색조는 집에 기거하는 가족들을 모두 밖으로 나오게 한 뒤 일단 젊은 남자들은 용의자로 분

류하여 한 곳에 모이게 하고 여자와 노인들은 집으로 돌려보냈다. 또한, 주택 주위의 의심스러운 장소에 무기류, 폭약류 등이 숨겨져 있을 것을 생각하며 개개 가옥 주변을 수색해 나갔다. 2층 주거지는 하나의 방에 온 가족이 함께 살고 있었다. 병사들이 2층 방에 이르렀을 때 모든 식구가 이불을 덮어쓰고 이불을 걷어내면 어린아이를 포함하여 5~6명이 올망졸망 엎드려 떨고 있었다. 나는 과거 6·25 당시 공비들이 야밤에 방에 들이닥쳤을 때 이불을 덮어쓰고 숨죽이며 엎드려 있던 기억이 떠올라서 이들에 대해 인간적으로 측은한 마음이 들었다.

젊은 남자가 없는 가옥은 병사들이 신속하게 수색을 완료하고 집 밖으로 나와 그들의 불안감을 덜어 주고자 했다. 수색이 계속될 즈음, 마을 중심가 일대에서 제2분대 박 상병이 큰소리로 나를 불렀다. 나는 그쪽으로 몸을 돌려서 상황을 확인하였다. 박 상병은 울고 있는 어린아이를 안고 있었고 아이의 우측다리에서 빨간 핏자국이 보였다. 나는 그곳에 뛰어가서 아이의 환부를 확인하였다. 아이의 종아리에 실탄이 스치고 지나가 선혈이 낭자하였다. 아이는 공포에 질려서 울지도 못하고 멍해 있었다. 순간 아이의 출혈이 심하면 생명이 위독할 것이란 불길한 예감이 스쳐 지나갔다. 저 어린아이가 이 전쟁과 무슨 관계가 있단 말인가? 우선 생명에 지장이 없도록 치료를 해야 한다고 생각, 위생병을 불러서 응급처치를 시키고 의료 지프차를 불러서 후송할 것을 지시하였다. 혹시 아기를 응급조치할 때 적의 기습적인 활동이 염려되어서 다른 병사들에게 주변 경계를 강조하였다.

11:00시 우리 소대는 마을 탐색작전을 완료하였다. 우리는 마을에서 총기류, 탄약, 지뢰 또는 의아문서를 발견하지 못했다. 다만 분말 폭약류 일부를 수거해서 대대로 송부하였다. 또 용의자로 추정되는 젊은 남자 3명을 월남군 보안요원에게 인계, 소정의 절차로 심문을 받게 하였다.

우리 중대는 기습적인 탐색작전을 전개하였으나 이처럼 소득 없이 작전을 마치고 12:00시를 기해 어젯밤 병력 배치지역으로 복귀하였다. 6중대 21번 도로 순찰담당 책임구역은 반메궤(BanMeGue) 마을에서 이아크롱 계곡 입구, 951고지 남록에 위치한 교량까지였다. 우리 소대는 1분대가 공병 지뢰탐지 요원과 자동화기로 편성, 21번 도로 순찰조를 운영해서 차량화 도로정찰을 실시하였다. 1분대장 송 하사는 특이사항 없이 2시간 동안 정찰임무를 수행하고 복귀, 순찰 보고를 하였다. 대대는 08:50분~09:30분까지 40분간 어제 6중대가 최초 적의 기습을 받았던 협곡의 좌우측 833고지와 993고지 산악능선일대에 미 공군의 항공지원을 요청하여 공중폭격을 실시하였다. 중대병력들은 경계 엄체호를 완벽히 구축해서 적의 야간기습에 대비하고 각 소대전방 400m 지점에 경계병 2명을 보내서 청음초를 운영하였다. 나는 소대 잔류인원의 휴식을 보장해 주기 위해서 각 분대에 경계병 2명을 제외하고 전원 가면을 지시하였다. 실로 34시간 만에 공식적으로 허용한 2시간의 가면이다. 전투병은 틈나는 대로 눈을 붙이고 가면하는 습성을 갖는 것이 야전 생활에 적응하는 지혜임을 터득하였다.

- **D+1일** 고산족 소년 첩자(1966.11.9.)

이른 새벽부터 빗줄기가 굵어져서 고산지대의 아침은 음습하였다. 산악지의 안개로 시계가 극히 제한되어 자연히 부대 활동은 둔중해지고 병사들은 야전 활동이 매우 불편하였다. 땀에 찌든 군복과 며칠째 세수조차 못 하였으니 고약스런 냄새를 모두가 안고 다녔다. 장대비에 몸을 적셔서 목욕과 세탁을 한다는 생각으로 일부러 비를 맞고 있는 병사도 있었다. 빗물이 개인호 속으로 스며들어서 발목이 물에 잠겼다. 장병 대부분은 판초우의를 몸에 걸치고 개인천막을 휘감아서 몸의 체온을 유지하였다. 지루하고 짜증스런 시간이 흘렀지만, 적의 활동이 없었기에 마음만은 편안하였다.

주간은 어제처럼 책임구역별로 도로정찰을 실시하고 각 소대장 책임 하에 소대 주둔지 전방으로 나아가서 수색정찰을 실시하였다. 우리 소대 전방은 이미 어제 탐색작전을 실시한 지역이었기에 간단히 수색을 마치 고 돌아왔다. 그런데 제2소대 전방에는 상황이 발생하였다. 2소대 선임 하사관 박 중사는 병사 2명을 대동하고 소대 정면으로 나아가서 정찰하 였다. 그들은 10세쯤으로 보이는 고산족 소년 2명이 배회하는 것을 발견 하고 C레이션 과자를 분배해 주고 손과 몸짓으로 대화를 시도하였다. 이 어서 박 중사가 "베트콩 어다우(어디 있느냐?)"하고 물었다. 그 소년들은 갑자기 괴성을 지르며 도망을 쳤다. 도망친 방향으로 약 100m 떨어진 곳 에서 곧바로 2발의 총탄이 박 중사 방향으로 날아왔고 박 중사 일행도 응사를 하였다. 순식간에 소년은 숲 속으로 자취를 감추었고 박 중사는 총성이 난 지점을 수색하였다. 총격을 가한 베트콩은 핏자국을 땅바닥 에 남기고 이미 도주하였다. 이처럼 적들은 항상 우리 가까이에 있었다. 그들은 우리 활동을 지켜보다가 기습사격을 하고 사라졌다. 적들은 이러 한 전술을 사용하기 위해 고산족 어린 소년까지도 활용했던 것이다. 전 쟁에서 보호받아야 할 어린아이들을 첩보요원으로 활용하는 것은 비인 간적 잔학성을 보여주는 것으로 명백한 전쟁범죄에 속한다.

인접한 제7중대의 제2소대에서도 상황이 있었다. 그들은 833고지 남 측 산록을 수색하던 중 베트콩 잠복조로부터 좌우 양쪽에서 협격을 받 았다. 소대장은 즉시 중대장에게 보고하는 한편 소대를 적의 사격지대 로부터 철수토록 하였다. 중대장은 2소대가 교전 중에 있다는 보고를 접하고 연대에 4.2인치 박격포와 105mm 사단포병의 지원사격을 요청함 과 동시에 미군 무장헬기의 지원을 요청하여 지원사격을 하였다. 소대 장의 침착한 현장지휘와 중대장의 신속한 화력지원조치로 제7중대 제2 소대는 위기를 모면할 수 있었다. 인접 7중대의 소대장과 중대장에게 힘찬 박수를 보내주었다.

- **D+2일** 교량 경계 작전(1966.11.10.)

어제까지 흐렸던 하늘은 맑고 하얀 구름이 산마루를 넘어서 유유히 흘러갔다. 2대대 TACP는 둑미 인근 칸드엉 군청으로부터 첩보를 입수하였다. "베트콩이 21번 도로의 교량 상에 폭약을 설치해 놓았다." 이에 따라 6중대는 반메궤(BanMeGue)로부터 반메위(BanMeYui) 사이 3개 교량을 점검하고 교량에 이르는 접근로 상에 잠복조를 운용하여 교량을 철저히 경계토록 하였다. 이에 우리 소대는 가장 우측방의 교량을 경계하도록 지시받고 2개 분대 병력을 소대 선임하사관이 지휘토록 하였다. 심 중사는 지정된 교량에 대해서 탐색정찰을 완료한 후 지근지점에 잠복해서 교량을 통행하는 차량을 헤아리며 주변 위험지역에 즉각 조치태세로 철저히 교량을 감시하였다. 그가 주간 감시하는 동안 "월남군 카고 차량 253대가 무사히 왕복 통행 하였다."고 결과를 보고하였다.

- **D+3일** 경계임무 종료, 기지 복귀(1966.11.11.)

2대대 TF는 21번 도로 경계지원임무를 마치고 전술기지로 복귀하게 되었다. 제7중대는 대대의 철수를 엄호하기 위하여 우리 중대가 처음 기습을 받았던 협곡 좌우 능선에 잔류접촉부대로 배치되어서 철수 부대에게 경계를 제공하였다.[9] 6중대는 06:00시 야간경계임무를 마치고 군장을 꾸리며 철수준비를 서둘렀다. 중부 산악 고원지대에서 보낸 4일간의 시간

---

9) 제7중대는 잔류접촉부대로 임무를 수행하던 중 칸드엉 군과 닌호아 군의 경계지역일대 546고지 부근의 도로변에서 우군부대를 감시하고 있는 월남 민간복 차림의 괴한 3명을 발견하고 제52포병 B포대의 포격으로 이들을 포살하는 전과를 올렸다. 이는 베트콩들이 평소 이곳에 초소를 운영하여 중부 산악 고원지대로 진출입하는 차량과 인원을 감시해 오고 있음을 확인시켜 주는 대목이었다.

은 평생 뇌리에 깊게 새겨져서 영원히 잊지 못할 영상으로 남게 될 것이었다. 그 쓴맛을 되새기며 우리 소대는 발걸음을 재촉하였다. 경계진지 주변에 설치했던 윤형철조망을 철거해서 사단공병대에 반납하고 전장정리를 서둘러 완료한 후 08:00시경에 반메꿰 마을을 이탈하였다.

지난번 행군할 때의 험준한 산하와 산길 모퉁이로 이어지는 좁다란 고갯길을 되돌아보며 극도의 공포감에 망연자실했던 그때의 서글픈 기억들을 반추하였다. 그리고 이후에는 '그토록 어리석고 나약한 모습은 나의 뇌리에서 완전히 지워 버려야지.' 하고 혼자서 다짐하였다. 철수 시에는 처음 들어 올 때보다 기동과 화력운용이 짜임새 있게 계획되고 실행되었다. 적들도 더 이상 무모한 도전을 시도하지 않았다. 우리 중대는 15:30분 까두산 전술기지에 도착해서 흙먼지에 찌든 군장을 풀었다. 중대장은 기지에 복귀 후 아무런 말이 없었다. 파월 후 최초로 사상자가 발생했던바, 이에 큰 슬픔이 있었고 이들의 희생이 헛되지 않도록 해야 한다는 다짐이 있어야 하기에 조용한 시간이 흘렀다.

4. 작전 분석

제30연대 제2대대는 1966년 11월 14일부로 사단 단편명령 4호에 의거 주월한국군 예비대에서 해제되어 판랑지역 미 공군 및 군수지원시설 경계 임무를 부여받았다. 6중대는 지난 1개월 동안 까두산 전술기지를 건설, 진지공사가 완공되어서 안정적인 병영생활의 꿈에 젖어 있었으나 이번 역마 1호 작전 복귀와 동시에 미군 시설 경계를 위한 새로운 임무를 부여받고 기지 이전 준비에 들어갔다.

나는 소대원들을 불러서 4박 5일간의 이번 작전결과에 대해서 함께 논의하였다. 그래서 우리의 잘못이 무엇인지를 깨닫게 하고 앞으로 대처 방법을 찾고자 각오를 새롭게 다졌다. 그리고 나는 나대로 이번 작전의 실패요인을 와신상담의 자세로 곱씹어 돌아보았다. 나는 이번 역마 1호 작전 간 대대 차량 행군의 첨병소대를 지휘했지만, 충분히 대처하지 못했다. 심지어 소대원들이 공황상태에 이르렀던 점은 뼈아픈 잘못이었다. 나 자신에 대한 신뢰감이 산산이 부서졌고 자책감을 넘어서 자괴감에 빠졌다. 이로 인하여 나는 소대원은 물론 중대원들까지도 똑바로 바라볼 수가 없었다. 백마부대의 훈련서열 1위 중대가 이 정도밖에 싸울 능력이 없었단 말인가? 이 사실을 고국의 국민들이 알게 된다면 얼마나 실망할 것인가? 또한, 북한군이 이를 간파해 낸다면 얼마나 고소한 미소를 짓고 우리 국군을 손쉬운 상대로 평가할 것인가? 이번 작전을 적들이 첨병부대에게 교란작전을 전개하여 소수 인원이 전사하고 부상한 사건이라고 단순화시키고 넘어갈 수도 있지만, 나는 절대로 그냥 지나칠 수 없는 일이라고 생각하고 이번 작전결과를 깊이 있게 통찰해 보았다.

당시 한국군은 일반적으로 '베트콩 조직은 농촌의 불만 세력이 공산주의자의 세뇌교육 결과 좌경화되었고 낡은 구식 소총으로 무장, 제대로 된 군사훈련도 이수하지 못한 준군사조직'이라고 인식하였다. 반면 '백마부대는 화려한 전통과 강한 전투력을 갖춘 정예부대'로 인식하였다. 이 격차를 진실처럼 믿고 상대를 편한 상대로 착각한 점이 이번 전투의 근본적인 패인이라고 생각했다. 구체적으로는 다음과 같은 문제점이 실패의 요인이라고 반성하였다.

첫째, 적의 상황과 능력을 과소평가하여 자만에 빠져있었다. 우리는 베트콩이 활동하고 있는 고산지대의 지형과 그곳에 살고 있는 몬타냐족의 성향에 대해서 까맣게 모르고 있었다. 고산지대의 갈대밭이 지형과 조화를 이루어서 베트콩들의 매복기습전에 결정적인 역할을 한다는 사실도 깨닫지 못했다. 그리고 베트콩과 월맹군 전투요원들이 시골 동네의 야경꾼이나 보잘것없는 약체 민병대원이 아니고 고도의 전투 및 전술 기량을 갖춘 역전의 전사라는 사실을 그 누구도 알지 못했다.

사실 월맹군은 호찌민의 공산주의 사상과 민족주의 이념을 구현해 온 천하무적의 군대였다. 그들은 1940년대 초 소규모의 게릴라조직으로 출발하여 실전을 훈련으로 여기며 성장을 거듭해왔으며 특히 1954년 4월 북부 산악 요충지 '디엔비엔푸전투'에서 프랑스군을 무참하게 패퇴시키고 세계전쟁사의 한 페이지를 장식한 화려한 주인공들이었다. 당시 월맹 전승군을 지휘한 보구엔지압 장군을 비롯한 명장들은 여전히 월맹군을 지휘하고 있었고 그때 싸웠던 지휘관과 간부 및 하사관이 작전의 판을 짜고 그들의 후배가 싸움판을 누비며 활보하고 있었다는 사실을 우리는 제대로 이해하지 못했다.

지난 11월 7일 13:20분경 당시 베트콩의 매복지점 선정과 지형의 활용, 기습공격 후 전투과정, 철수 그리고 계속되는 지휘 교란행위는 그들이 얼마나 뛰어난 게릴라전 능력을 가지고 있는지를 단적으로 보여주었다. 비록 적이지만 그들의 군사행동은 찬탄을 금할 수 없을 만큼 노련하고 일사불란하였다. 반면, 우리 대대에는 6·25 전쟁 시 하사관으로 참전 후 장교로 임관된 전투경험자로서 중대장과 대대 참모장교가 일부 있었다. 그들은 지리산 공비토벌 작전 시 전투경험담을 이따금 언급하였지만, 작전환경 등이 달라 별 도움이 되지 않았다. 더구나 우리는 베트콩 작전 능력 가운데 전략과 전술, 전투의지 등 무형적인 것을 고려하지 않고 오직 병력, 무기 등 유형적인 것만 고려하여 판단하는 중대한 과오를 범했다.[10] 나는 이때부터 어떤 약체의 적일지라도 겸허한 자세로 대

10) 이러한 과오는 이후의 전투에서도 계속 발생했다. 과오를 범하기는 미군들도 마찬가지였다. 사실 파월 한국군은 우리의 상대인 월맹군과 그 하급제대인 베트콩 부대(형식상으로 분리, 실질적으로 동일 군 사력)의 창설배경과 항불 전쟁과정, 특성과 전투능력을 정확히 파악하고 이를 파월장병들에게 체계적으로 교육해야 하는데 이 부분에 대한 연구와 교육이 부족한 상태로 파월이 이루어졌다. 이 부분에

적한다는 기본자세를 가지기 시작했다.

둘째, 사전 협조 및 준비 부족으로 조직적인 대응을 하지 못했다. 우리 대대 TF는 보병대대를 주력으로 포병, 공병, 통신, 수송을 비롯해서 미군헬기의 공중화력까지를 활용하도록 계획이 수립되었다. 대대는 헬기로 공중정찰을 1회 실시, 계획을 수립해서 중대에 하달하고 중대 이하는 군사지도만을 이용하여 구두로 작명을 하달하였다. 어느 제대도 예행연습을 실시하거나 깊이 있는 작전연구를 하지 못했다. 우리는 작전명령 수령 후 다음 날 아침에 곧바로 이동하였고 RP#1에 도착과 동시에 공병 요원과 대공중기관총반이 우리 첨병 1소대의 행군대열에 합류하였으나 이 과정에서 나는 첨병소대장으로서 공병 도로정찰반이나 대공중기관총반과 전투 협조를 한 바가 없었고 중대장도 비슷한 실정이었다. 이런 이유로 인해 많은 시행착오를 범했다. 그나마 다행스러웠던 부분은 중대와 대대 간 지휘통신망을 유지하고 있는 통신병, 신 병장이 적으로부터 피습을 받은 즉시 피아상황을 보고하였다. 이를 포병통신망이 모니터해서 52포병 B포대가 적 주력 매복지역에 다량의 포탄을 퍼부어 좌측방 능선의 적 부대 자동화기 사격을 중단시킬 수 있었다. 또한, 연대 전투지원중대의 대공중기관총반이 두 번째 전방 적 사격진지를 제압하는 데 적극 역할을 했다는 점이다.

셋째, 강인한 훈련으로도 초기 전장공포를 극복할 수 없었다. 우리는 고국에서 고난도 훈련을 통해 실전적응 능력을 어느 정도 갖추었다고 자부했다. 하지만 적과 조우하는 순간 효율적 대응활동을 하지 못했다. 당시 적이 기습을 했을 때 소대원 가운데 누구도 적에게 즉각 응사한 병사가 없었고 용기를 가지고 적극적인 지휘활동을 한 간부도 없었다. 초기 위급 상황에서 공포심이 많은 병사는 소리를 지르며 대열 밖으로 뛰쳐나가는 공황 발생 사례가 있다고 하나 다행히 우리 소대에는 그런

대해서는 제6장 「회고와 단상」에서 다루었으니 참고하기 바란다.

발작현상은 없었다. 이러한 현상이 일어나는 가장 큰 원인은 생존 욕구라는 인간본능 때문이다.

죽음을 두려워하는 것은 누구도 예외가 아니었다. 인간은 누구나 죽음 앞에 약해지고 무기력해지는 존재라는 것을 이번에 뼈저리게 느꼈다. 조금 전까지만 해도 바로 가까이에 있던 전우가 한순간 시체가 되거나 피범벅 부상병이 되는 현장을 목도하면서 비로소 생명체의 두려움을 확실히 깨닫게 된 것이다. 나는 무의식이 지배하는 생명현상의 변화를 겪었다. 온몸이 굳어져서 앞가슴과 뒷등의 밀착현상이 일어났다. 호흡이 정지되고 입속의 침이 말라붙어서 혀가 돌지 않고 굳어져서 말소리를 밖으로 밀어내지 못했다. 아울러 뇌신경계가 정지되어서 멍청한 허깨비처럼 분별력을 상실하는 듯 몽롱하였다. 또 공포심이 가중되어 현장을 도피하고픈 무의식이 본능적으로 발동하여 나도 모르게 뒤로 물러나거나 땅바닥에 바짝 달라붙어서 움직여지지 않았다. 내가 경험한 신체적 금단현상은 여기까지였다. 나는 정신을 차리고 소대장으로서 임무 완수에 대한 책임감과 장교의 명예심으로 공포심을 쫓아내기 위해서 안간힘을 다하였다.

가장 먼저 심호흡을 해서 굳어진 육신을 부드럽게 하고 정신을 가다듬었다. 그리고 나를 믿고 따르는 병사 40명의 안위를 위한 책임감을 상기하면서 팔다리에 힘을 실어서 겨우 땅바닥에서 일어날 수 있었다. 또한 '설마 나에게 총알이 오겠는가?'라는 낙관적 본능이 발동되어서 적극적인 지휘활동도 가능하게 되었다. 과연 이런 극한 상황을 어떻게 극복할 것인지는 직업군인에게 부여된 영원한 숙제라고 생각한다.[11] 이를 위

---

11) 고대 그리스 도시국가 스파르타 군단은 이 문제를 해결하기 위해 상상할 수 없는 가혹한 훈련을 한 바 있으며 일부 근대 독재국가에서는 혹독한 육체적 훈련에 더하여 정신적인 광신상태를 몰입시켜서 잔혹한 죽음을 강요하기도 하였다. 그 대표적인 사례가 일명 가미카제(kamikaze)라고 불리는 일본 제국주의 군대의 전투기 조종사 자살폭격대의 운영이었으며 2차 대전과 6·25전쟁, 베트남전에서 공산 군대는 생명을 경시하는 인해전술을 선택했다. 그들은 일시적인 성취를 도모하였으나 종국에는 대부분

한 더욱 효과적이고 합리적인 해법이 없을까?

넷째, 전장에서 각자의 생사는 운명이 결정한다. 적이 도로면과 차량 대열을 향해 치열하게 기습 사격했을 때 나는 처참한 광경을 목격할 것이라 예견했으나 실제로는 피해가 훨씬 경미했다. 이는 병력수송 차량이 급경사를 올라가면서 차간거리가 좁혀졌고 정차하는 과정에서 더욱 좁혀져 밀집되었고, 21번 도로 배수로가 우기철이라 깊어져 은폐와 엄폐를 효과적으로 제공해준 우연 때문이었다. 이는 완전히 우연이었다. 하지만 도로정찰 요원 이성길 하사는 하차하려는 순간 좌측 능선 자동화기 사격 유탄을 맞아 즉사하였다. 만약 그가 점유하고 있던 바로 그 공간에 그가 아닌 우리 소대원 누군가가 위치하고 있었다면 서로의 운명이 뒤바뀌었을 것이다.

또 한 명의 전사자는 3호 차량에 탑승한 제2소대의 AR부사수 윤광현 일병이었는데 그는 하차하기 직전 승차한 상태에서 적 자동화기 연발 유탄에 유명을 달리하였다. 우리 차량인 2호 차에는 1소대 향도 이우준 하사가 하차하며 발이 도로면에 접지하는 순간 우측 발에 피탄되어서 부상을 당하고 후송 조치되었다. 이번 전투로 발생한 부상자는 우리 소대 이우준 하사 외에 2소대, 3소대, 전투지원중대 대공중기관총 부사수 등 4명이었다. 어느 한날 같은 시각, 같은 장소에서 적의 빗발치는 탄우가 쏟아졌을 때 오직 그들만이 슬픔을 겪었고 다른 인원 대부분은 무사하였다. 나는 군인으로서 전투 중에 적탄에 맞아 생사가 결정되는 상황은 병가의 상사이며 그 생사는 하늘의 뜻으로 결정된다는 사실을 깨달았다. 그러므로 전투 지휘자는 자신의 생사를 하늘에 맡기고 승리를 가져다주는 순간의 호기를 놓치지 않기 위해, 그리고 한 명의 부하라도 더 살리기 위해 과감한 전투지휘를 해야한다고 생각했다.

멸망하거나 점차 쇠락의 길로 접어들었다. 반면 자유 민주국가 군대는 최소의 희생으로 목표를 달성코자 했다.

또한, 지휘자에게는 강한 책임감과 명예심이 작동, 용기로 승화된다는 사실을 경험하였는바, 스스로 더 노력하면 유능한 야전 지휘관으로 재탄생할 것이며 모든 지휘자는 생사를 하늘에 맡기고 진두에서 과감한 전투지휘로 최악의 상황을 극복하려는 의지와 지혜를 발휘해야 한다고 생각하였다. 그동안 모든 소대원을 무사히 귀국시키겠다는 어머니와의 약속을 이행코자 노심초사하곤 하였는데, 이제부터 나와 소대원 중 누군가는 월남의 어느 산하 골짜기에서 최후를 맞이할 수 있다는 사실을 새롭게 받아들이며 가능한 많은 소대원을 이끌고 귀국하는 선으로 목표치를 하향시켰다. 그리고 또 하나 깨달은 바는 지휘관은 부하의 생명을 지키기도 해야 하지만, 임무를 완수하기 위해서는 때로는 독전(督戰)을 하여 부하의 생명을 요구할 수 있는 이중성을 겸비해야 한다고 생각하였다. 그것이 바로 지휘관의 선공후사(先公後私) 정신이다.

다섯째, 전투 시 선제권의 확보는 승패를 가름한다. 지난 11월 7일 우리 대대 TF는 포병과 공병, 무장헬기 화력지원까지 받는 특수임무부대임에도 불구하고 보병자동화기로 편성된 소대규모의 베트콩 병력으로부터 공격을 받았다. 그들의 계획된 시간과 장소, 전투방식에 끌려다니면서 피해를 입고 혼쭐이 났다. 우리의 포병화력은 그들의 공격 기세를 차단하였으나 그들이 선정한 은폐된 갈대숲 때문에 큰 효과가 없었고 훈련된 정예의 보병은 정글과 험준한 지형을 극복할 방법이 없어서 기능을 다 하지 못했다.

최초로 우리 첨병소대에 소총을 발사한 적의 매복위치는 우측방 능선 불과 30m 떨어진 무명고지였다. 도로의 단애가 형성되어서 도보 접근이 불가한 지형을 선정하였기에 우리가 당장 어찌할 방법이 없었다. 이어서 적이 사격한 지점은 전방 50m의 완경사 지형이나 높이 2~3m의 촘촘한 갈대숲으로 인해 접근하기 어려운 지역이었다. 적의 매복병력 주력이 배치된 좌측방 능선은 정글 숲 200~300m 거리에 위치하고 있었는데 우리가 접근하는 데 무려 2시간이 걸려서 차후 임무를 고려할 때 접근할 수 없는 지역이었다. 이 주력부대는 노출된 갈대숲 지대를 살상지대로 선정해 우리 차량대열이 만곡지형의 구부러진 길을 느린 속도로 진입할 것을 예상하고 보병들의 하차시간에 맞추어서 아군 포병이 지원 사격할 시점까지 15~20분간 마음 놓고 탄우를 쏟아 부어댔다. 그리고 그들은 산악 능선에 봉화 연기를 피워서 다른 동료들에게 신호를 전달하고 잠복 지역으로 이동했다. 그러다가 우리 차량대열을 발견하면 즉시 교란사격을 실시해 3차에 걸쳐 우리의 이동을 교란하고 피해를 강요했다.

이러한 적들의 작전에 6중대는 속수무책으로 당했다. 순간적으로 지휘통제력이 상실되어 집단 무기력증이 발생하기도 했다. 부대에 집단 무기력증이 발생하면 아무 쓸모 없는 하나의 떼거리로 전락하는 사례를 경험했다. 정예부대로 막강한 전투력을 자랑하던 6중대가 패닉 현상이 발생하기 직전까지 간 것은 적에게 전투의 주도권을 넘겨주었기 때문이다. 이러한 실수에 대해 나는 첨병소대장으로서 크게 자성하고 자책하였다. 그 당시 만약 적이 기습사격을 하기 전에 우리가 먼저 대공중기관총으로 전방과 좌우측방에 위협사격을 실시하고 사단포병의 화력을 요청해서 적절한 지원을 받아가며 작전 주도권을 행사했다면 기습을 허용하지 않았을 뿐만 아니라 기습을 받더라도 지휘체제를 유지한 상태에서 자신감을 가지고 대응할 수 있었으리라! 당시 6중대의 중·소대장은 적을 정확히 몰랐고 험준한 지형지세의 오묘함을 제대로 확인하지 못한데 더하여 실전 경험이 없었기에 주도권 확보를 위한 선제적 작전행동을 추진할 수 없었다. 나는 적과 조우 시 또는 적으로부터 피습 시 선제를 확보하기 위한 지휘관의 지휘 노력과 부대 역량 결집이 가장 핵심적인 전투지휘과제임을 인식하고 다음번에는 꼭 그리하겠노라고 굳게 다짐하였다.

여섯째, 전장에서 지휘관의 진두지휘는 마력처럼 큰 위력을 발휘한다. 부대가 베트콩으로부터 세 번째 기습을 받고 대대장 이하 모든 장병이 허둥대고 있을 때 연대장이 지휘차를 타고 최전선 현장에 당도하여 본인이 직접 첨병중대를 지휘하여 적진으로 공격하듯이 과감하게 목표지점으로 달렸다. 이러한 진두지휘를 통해서 장병들의 사기는 치솟기 시작했고 적들의 위세를 완전히 제압할 수 있었으며 정상적인 부대 활동이 가능하게 되었다. 연대장의 그러한 과감한 행동은 현장에 있던 어떤 사람도 할 수 없었던 참으로 놀라운 것이었다. 이는 어떤 부대가 어려움에 처했을 때 해당제대 또는 상급제대 지휘관이 영웅적이고 용맹스러운 행동으로 진두지휘함으로써 절망적인 장병들의 심적 에너지를 다시 폭발시켜 상황을 일거에 반전시킬 수 있음을 말해 주고 있다.

일곱째, 지휘관은 전투 가용자산을 수족처럼 사용할 수 있어야 한다. 이것은 역마 1호 작전 중 가장 뼈아픈 교훈으로 기록으로 꼭 남기고 싶은 사항이다. 대대 TF는 포병, 공병, 통신, 수송, 미군헬기 등 다양한 전투력으로 구성되어 있어 이들을 잘 활용한다면 엄청난 위력을 발휘할 수 있었다. 그러나 대대장은 사단포병과 항공지원을 원활하게 활용하지 못했다. 중대장은 포병관측장교를 옆에 두고 활용하지 못했다. 소대장은 소대 경기관총을 즉각 활용하지 못했다. 각개 병사는 기본화기를 활용해 적에게 사격을 하지 못했다. 즉 전투부대의 각급제대 지휘관과 전투병이 자기의 기본 펀치를 날리는 동작마저 제대로 활용하지 못했다는 결론이다. 모름지기 전투지휘관은 자신이 운용할 수 있는 편제 장비와 상급부대 자산을 최대한 자신 있게 운용할 수 있어야 한다. 이것은 전투현장에서 지켜야 할 기본 중의 기본이다.

판랑 기지, 초기 작전

1. 미군 시설 경계 임무(1966.11.14.~)

보병 제6중대는 1966년 11월 14일 까두산 기지에서 판랑 지역 푹안·푹티언 마을 인근으로 이동하였다. 판랑 지역에 주둔하고 있는 미 공군 전투비행단과 제101 공정사단 군수지원 시설의 외곽지대 주민 거주 지역을 광범하게 경계하는 임무를 수행하게 되었다. 중부 월남의 광활한 평야지대인 이곳은 이미 평정이 이루어진 안전한 지대로 평가하였으며 한국군 전투부대로서 최남단에 위치한 곳이다.

월남의 3대 곡창인 판랑 평야는 연간 벼농사를 3모작까지 경작해서 부유한 농가가 많아 보였다. 천주교 성당의 십자가 종탑이 마을과 어울려진 풍광은 믿음을 갖고 평화롭게 살아가는 모습을 느끼게 하였고 곳곳에 불교사찰이 자리 잡고 있어 민심이 순후해 보였다. 지역주민들은 얼굴색이 밝고 예절이 바르며 말소리가 부드러웠다. 남자 노년층 가운데 일부 인원은 유학을 배워 충효예절을 중시하는 등 우리 정서와 유사하여 쉽게 친숙해졌고 한자로 필담을 나눌 수 있어서 소통도 가능했다. 그들은 우리에게 먼저 호기심을 표시했으며 차를 가져와서 대접하는 등 매우 우호적이었다.

2. 무자재 기지공사(1966.11월)

당시 한국군 파병부대는 월남전이 점차 지구전으로 바뀌면서 파병이 장기화될 것을 예상하고 전술기지를 반영구적인 병영막사로 구축하기 위한 보강공사를 추진하고 있었다. 우리 중대는 제1중대가 주둔하면서 1차 전술기지공사가 이루어진 상태에서 기지를 인수하였다. 중대는 요새진지 개념을 가지고 공사를 시작하였다. 기지의 중앙지역에 5m 높이의 감시용 전망대를 설치하는 한편, 중대 행정반을 10평 규모로 하여 지하 2m 이하로 파고 들어가 대형 엄체호 형태로 구축하게 되었다. 소대장은 개인용 엄체호를 2평 규모 1m 깊이의 반지하호로 굴설(掘設), 야전침대를 펴서 잠시라도 쉴 수 있는 공간을 확보하게 되었다. 모처럼 나만의 안정감 있는 공간을 가질 수 있게 되어서 마음이 넉넉해진 기분이 들었다. 각 분대는 분대 정면 중앙에 반지하호로 파고 들어가 분대용 막사를 구축하였다.

판랑의 11월은 우기철이고 늦가을 철이지만 폭염은 여전히 맹위를 떨쳤다. 전투복 상의를 벗어 던지고 땅파기 작업을 하다 보니까 모두가 흑갈색 피부로 바뀌고 혈액 속의 염분이 체외로 유출되어서 전투복 하의마저 하얀 소금으로 절여졌다. 우선 반지하로 파고 들어간 임시 엄체호에 몸을 잠시 맡기면 샘처럼 솟던 땀이 일순간 멎어서 한숨을 돌렸다가 다시 교통호를 파고 이를 계속 이어갔다. 소대원들은 자신과 전우의 안전을 위하여 땀을 흘리고 있는 만큼 누구 한사람 불평 한마디 하지 않았다. 나는 그들의 노고에 감사하며 칭찬을 아끼지 않았다. 그런데 문제는 자재가 지원되지 않는다는 점이다. 우리 군의 일선 보병부대는 전술진지 공사를 할 때 늘 무자재로 공사를 계획하곤 하였다. 목재가 필요할 때면 주변의 임목을 벌채해서 사용하는 것이 통례였다. 그것은 국방비가 적은 가난한 군대의 애환이었다. 그런데 월남에서도 똑같은 현상이 벌어지고 있는 것이다.

중대 인사계는 보급계통으로 자재가 보급되지 않자 감시용 관망대와 중대 행정반의 구조물 건축을 위해 필요한 목재, 못 등 각종 자재들을 민간 시장에서 구입하였다. 또 그는 미군기지 야전 쓰레기장에서 폐자재로 버려진 목재를 주워 오기도 했다. 아울러 미군기지의 폐물자 하치장에서 냉장고, 선풍기, 커피포트 등 가전제품과 책상, 의자, 책장, 서랍장 등 쓸 만한 중고가구를 주워 왔다. 하지만 그것으로는 턱없이 부족했다. 1소대 심 중사가 중대행정반 엄체호 구축현장을 돌아보고 푸념을 늘어놓았다. 우리도 공병 급수차를 지원받아 쓰레기장 폐목재를 구하여 공사를 하자는 의견을 피력하였다.

나는 미군의 쓰레기장을 뒤지는 것에 몹시 자존심이 상해, 차라리 이 지역 미군 공병부대 자재를 지원받는 것이 당연하다고 생각하고 중대장에게 이를 건의하였다. 중대장은 아직 한·미군 간 보급수불체계가 수립되지 않아 양국 간에 직접 군수물자 수령행위가 불가하다고 잘라 말하였다. 나는 "우리는 월남을 지원하고 있지만 당장은 미군의 공군과 101 공정사단 군수시설을 경계해주기 위해 이곳에 기지를 건설하고 있으니 미군이 우리를 지원하는 것은 당연하지 않습니까?"라고 주장하였다. 이어서 "중대장님, 병사들이 고생하고 있는 것을 생각해서라도 미군 공병부대를 한번 방문하십시오! 대원들에게 중대장님의 영어 실력도 보여줄 겸, 목재를 획득하여 번듯한 병영막사를 구축하면 병사들의 사기가 높아지지 않겠습니까?"라고 힘주어 간청하였다. 그러나 그는 생각을 돌이키지 않았다.

Y중대장은 중위 때 미 육군보병학교 특수훈련과정 유학시험에 합격하고 부관학교 영어교육과정을 이수하였으며 보병학교 교관 재직 시에는 틈틈이 영자지를 구독하였기에 통역장교 수준에 버금가는 영어 실력을 가지고 있었다. 그럼에도 불구하고 좀 더 적극적인 자세로 현실 생활

에 대처하지 않고 있는 태도가 이해가 되지 않았다. 그는 아직 한·미군 간에 보급물자수불 협정이 체결되지 않은 상태에서 미군에게 물자를 요청하는 행위는 미군으로부터 미 군수물자를 얻어 쓰고자 하는 구걸행위로서 강자에게 비굴하게 빌붙는 엽전(葉錢) 근성으로 보았다. 그는 지금까지 사적인 문제로나 법규에 명시되지 않은 사안을 한 번이라도 청탁하거나 타협해 본 적이 없는 결벽한 사람으로 소문이 나 있었다.

나는 머뭇거리는 그에게 "제가 중대장님을 모실 테니 같이 가십시오!" 하고 다시 한번 다그쳤다. 중대장은 나의 진솔한 건의에 "그럼, 김 소위가 한번 미군 부대를 방문해 볼 건가?"하고 역제의를 하였다. 순간, 나는 망설여졌다. 육군 소위보다는 중대장이 요청하는 것이 훨씬 더 설득력이 높을 것이라는 생각이 들었기 때문이다. 그래서 나는 "중대장님이 가야 합니다."라고 다시 강하게 요청하였다. 그랬더니 중대장은 "아니, 아니야! 나는 안 되겠어. 김 소위가 다녀오게. 중대장 명령이야!"라고 농담 반 진담 반으로 공을 나에게 넘겼다.

중대장은 자기는 가지 않겠지만 내가 가는 것은 반대하지 않고 있음이 분명해 보였다. 나는 중대장이 하지 않으려는 행위를 내가 꼭 해야 할 필요가 있는지부터 다시 생각해 보았다. 나는 우리 중대가 거의 맨손으로 축성해야 하는 비현실적인 문제를 해결하기 위해서는 어떤 일이든지 주저해서는 안 된다고 생각하였다. 결국 중대장이 안가면 소대장인 나라도 미군 부대를 방문해야 한다는 결심에 이르렀다. 나의 짧은 영어 실력이 걱정되었지만, 글로 쓰거나 손발과 몸짓을 사용해서라도 중대가 필요한 필수자재를 구해보리라고 다짐했다. 그리하여 그 뜻을 비쳤더니 중대장은 내심 기다리고 있었다는 듯이 가볍게 웃음을 지으며 승낙해 주었다. 그리고는 중대의 급수차를 지원해 주면서 서둘러 가보라고 했다.

나는 아무리 동맹군이라지만 엄연히 보급계통이 다른데 자재를 쉽게 내줄 것인가? 불안한 심기를 느끼는 한편, 미군의 중요시설을 경계하기 위해서 공사를 하고 있다는 점을 강조한다면 분명히 좋은 결과가 있을 것이라는 희망적 생각을 교대로 하면서 인사계와 함께 급수차를 타고 미 공군기지로 향하였다.

정문 보초병에게 한국군 장교 신분을 밝히고 방문목적을 말해 주었더니 두말없이 정문 바리게이트를 열어주었다. 나는 곧장 지휘관실로 들어가서 면담을 요청하였다. 그러나 보급소장 공병 대위는 부재중이었다. 그대로 빈 차로 돌아갈 수 없다고 생각하면서 주변을 살펴보았다. 부대 뒤편에 목재가 야적되어 있었고 그 옆 창고에서 뚱뚱한 하사관이 자재를 수불하고 있었다. 바로 그가 담당관이라고 직감한 나는 그에게 다가가서 이 지역에 주둔하고 있는 한국군 백마사단 소대장이라고 정중하게 나를 소개한 후 그에게 자초지종을 말했다. 특히 우리 부대는 미 공군과 군수시설을 경비하는 부대임을 강조했다. 미군 하사관은 밝은 표정으로 나의 소속연대와 위치 그리고 지휘관 성명을 확인한 다음 전화로 그의 상급자에게 지급 여부를 문의했다. 그는 통화가 끝나자마자 미소를 지으며 나에게 자재 지원이 가능하다고 말해 주었다. 한·미군 간 상호지원 법규에 명시되어 있지 않고 또 상급부대에서 사전 조치도 없이 그저 맨몸으로 무작정 이곳에 달려왔는데, 이렇게 손쉽게 해결되다니!

그는 어떤 형태의 목재가 얼마나 필요한지를 물었다. 순간, 나는 자재 소요량조차 파악하지 못하고 이렇게 불쑥 찾아온 것이 창피하기도 했지만, 대답 대신 야적장에 쌓여있는 현물을 눈으로 확인하면서 기둥용 6×6인치, 서까래용 2×4인치, 행정반 기둥용 4×4인치, 침상용 합판을 지정해주고 가장 소요가 많은 서까래용 2×4인치를 중점적으로 차에 실었다. 그는 한 트럭 분량을 실어 주며 부족할 경우 다시 방문해도 좋다고 말해 주었다. 한국군 공병부대에서 자재를 수령할 때보다 더 수월하게 자재를 제공해주는 것을 보면서 나는 동맹군의 협조와 우정을 새삼 인식하였고 미군이 얼마나 든든한 우군 부대인지를 피부로 느꼈다.

차에 자재를 가득 실은 나는 미군 하사관에게 고맙다는 인사를 하고 미군 부대를 출발하였다. 불가능할 것이라고 생각했던 일이 이렇게 말끔히 해결되었다고 생각하니 날아갈 듯 기뻤다. 나는 한층 고무되어 으쓱해 하면서 중대 정문에 들어섰다. 중대장은 나를 매우 흡족하게 맞이해 주었다. 중대원들은 땀 흘리며 무자재로 숙영진지를 구축하고 있다가 목재가 들어오는 것을 보고 환호하였다. 일단 신명이 나면 죽을 둥 살 둥 일하는 한국인의 근성을 유감없이 발휘, 우리 중대는 10여 일 만에 자재를 적재적소에 활용하여 고달픈 야전 생활을 한결 편리하게 해줄 훌륭한 방호시설을 갖게 되었다. 대대참모들과 다른 중대간부들이 중대를 방문하여 선망의 눈으로 이리저리 살펴보고 갔다.

3. 월남 소년·소녀들과 병사들(1966.11월 중순)

중대는 전술기지 공사가 완성됨에 따라 일상적인 생활로 전환되었다. 주야 기지경계가 유지되는 가운데 소부대로 주변 지역에 주간정찰과 야간매복작전을 실시하였다. 월남 소년들과 10대 소녀들이 하나둘 삼삼오오로 중대 정문에 나타났다. 그들은 초기에 호기심을 나타내고 부드럽게 인사말을 건네며 친근감을 표시하였다. 우리 군은 대민접촉을 위해서 이를 다행스럽게 생각하고 일단 묵인하였다. 그들은 초병과 간단한 대화를 나누다가 곧장 돌아가곤 하였다. 차츰 시간이 지나면서 20대 전후의 여성이 중심이 되어 과일, 채소, 담배, 월남 맥주, 기타 생필품을 바구니에 담고 간단한 행상 차림으로 나타났다. 그들 중 일부는 온종일

기지 주변에서 서성이며 시간을 보내다가 우리 병사를 만나면 붙잡고 늘어져 수작을 부렸다. 병사들이 먹기 싫어하는 C레이션 품목, 가령 비스킷, 콩버터, 껌 등과 물물교환을 하고 현금으로 매매하였다. 그들은 특히 고기 종류 C레이션을 선호하였다. 이 품목은 그들이 취식하기보다는 민간지역의 시장성 상품으로 인기가 높았다. 이는 산속에서 활동하는 반정부 요원들에게 유효적절한 식품이기 때문이었다. 그녀들은 직간접으로 베트콩 조직과 연결이 되어있을 것이나 당시 한국군은 이 점에 대해서 언급이 전혀 없었다. 또한, 월남 정부나 경찰 측에서도 무관심으로 일관하였다. 그녀들은 기지 주변을 돌며 이곳저곳을 샅샅이 뒤지고 있었기에 외부적으로 눈에 보이는 부대배치상황을 적나라하게 파악할 수 있었고 상냥한 언행으로 웃고 접근하였기에 일부 중대본부 요원과 가까워져서 부대 활동을 탐문, 중요한 첩보를 캘 수 있었다.

이와 관련, 우려되는 사례도 있었다. 중대 행정반 박 병장은 월남여인과 소박한 상거래를 시작으로 마음을 주고받는 깊은 관계가 되었다. 그는 제1차 귀국제대로 편성되어 일찍 귀국했다가 곧바로 재파월을 지망하여 5개월 후에 6중대에 다시 전입, 2차 파월근무를 시작하였다. 누구도 그에게 의심의 눈길을 보내지 않았고 오히려 선망하는 분위기였다. 박 병장은 중대 소부대 작전활동, 수색정찰과 매복에 관한 제반 정보를 종합 관리하는 업무를 수행하였다. 그녀와 접촉하는 동안 사적 교류가 있었고 그 대화에서 부대의 작전사항이 무의식중에 베트콩 측으로 흘러들어 갈 소지가 충분히 있었는데도 중대는 그러한 개연성에 대해 전혀 관심을 두지 않았다. 방첩활동은 무시되었고 오직 작전에만 관심을 가졌다.

당시 우리 중대는 매일 주간수색과 야간매복을 실시하였지만 한 번도 베트콩과 조우한 적이 없었다. 그러한 사실에 대해 우리는 적들의 활동이 미약한 때문으로 평가하고 그냥 지나쳤지만, 그것이 박 병장의 행위와 전혀 무관하다고 볼 수 없었다. '설마 그럴 리가 있겠는가'하는 방심 때문이기도 했지만, 당시에는 끈끈한 전우애가 최고의 미덕이라는 분위기 때문에 파병 전우인 박 병장의 행적을 애써 의심하지 않았다. 나는 그로부터 10년이 지나 월남이 패망할 때 당시 박 병장의 활동에 관해 본격적인 의문을 가지게 되었다. 베트콩들은 첩보를 캐기 위해 어린아이, 여자, 노인 등을 보내 부대원을 대상으로 의도적 접선을 시도했고, 이를 통해 얻은 첩보로 작전을 수행했으며, 월남의 많은 정치인, 군인, 언론인, 승려들이 베트콩 첩자였다는 사실이 밝혀졌기 때문이다. 그때는 이미 지난 일이었다. 작전수행도 중요하지만, 그와 관련한 방첩과 보안은 더욱 중요하다는 점을 뒤늦게 깨달은 것이다.

4. 주민 대표의 거실벽 사진(1966.11월 하순)

1966년 11월 하순경 판랑 부근 면 단위의 유력인사 일행이 중대를 방문하였다. 그들은 40대 후반에서 50대 사이의 중후한 식자층이었다. 아마도 베트콩 측에게는 반동분자로 각인되어 테러 대상 인물임에 틀림이 없을 터였다. 그들은 근래 이 지역 베트콩들의 활동 상황과 과거 주요 보수 우익계 친정부 인사에 대한 테러활동 사례들을 간단히 설명해 주었고 자기 마을을 안전하게 지켜주기를 소망하였다. 또한, 지역주민과 친선을 도모하고 유대관계를 원만하게 유지해 달라고 당부하였다. 외국 군대가 마을에 주둔하면서 야기될 수 있는 제반 문제를 우려하면서 예방 차원에서 미리 당부하려는 심정을 읽을 수 있었다. 그들은 자리를 뜨면서 조만간 중대간부를 초청, 오찬을 함께할 것을 요망하였다. 중대장은 비교적 부드럽게 초청을 받아들였다.

한편 상급부대로부터 대민관계 증진을 적극적으로 하라는 방침이 시달되었다. 이에 따라 각 소대는 인근의 한 마을을 자매마을로 선정하고 주기적인 대민지원을 계획하였다. 우리 소대는 서북방 화뚱 마을이 지정되었다. 그 마을에는 월남인과 고산족이 혼합된 30여 가구가 살고 있었는데, 소대는 11월 중순경 마을을 방문하였다. 동행한 위생병은 환자들을 치료해주고 소대 향도와 문 상병이 청소년 학생들에게 학용품과 C레이션 과자를 분배해 주고 태권도 시범을 보이니 주민들이 매우 기뻐하였다. 마을 촌장은 나에게 즉석에서 감사장을 써주었다.

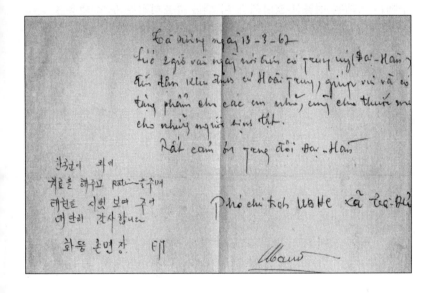

11월 하순 어느 날 며칠 전 약속했던 주민 대표의 초청을 받고 우리 중대간부 7명이 지역 인사 자택을 방문하게 되었다. 우리는 야자수 나무가 도로 좌우로 가지런하게 가꾸어진 마을 길을 따라 그의 집으로 향했다. 우리가 마을 중앙에 자리 잡은 부농의 주택 앞에 정차하자 그들은 우리를 반갑게 맞이해주었다. 인사를 나누고 안으로 들어가는데 대문의 오른쪽에 부착된 함석판 위에 'Made in Korea'가 선명하게 눈에 들어 왔다.[12] "아!"하고 탄성을 지르며 다가가서 나도 모르게 냄새를 맡았다. 무생물 속에서도 고국의 체취가 느껴졌다. 부산항을 떠난 지 불과 두 달이 지났지만, 고국에 대한 향수가 어느새 내 마음에 가득했나보다. 대문 안으로 들어서니 널따란 정원과 안마당이 시야에 들어왔다. 잘 가꾸어진 정원에는 남국 특유의 야자수, 선인장, 홍초, 파초, 관목 나무가 조화롭게 어울려서 아름다움을 더해 주었다.

주인은 목재 마루가 깔린 커다란 거실로 우리 일행을 안내하였다. 입구에는 박제된 벵골산 호랑이가 이 댁을 수호하려는 듯이 위용을 과시하며 내방객을 날카롭게 응시하고 있었다. 뒷벽에는 과일 바구니가 그려진 유화 작품이 적소에 자리를 잡고 있어 아늑한 분위기를 자아내 주었고 그 옆으로 비어 있는 공간에 수사슴의 녹각들이 벽면에 매달려서 공간을 알뜰하게 채워 주었다. 가장 안쪽 벽에는 초로의 할아버지 초상화가 조용하게 자리하고 있었는데 집주인의 조상 가운데 한 분일 것으로 짐작하고 눈여겨 들여다보았다. 그런데 어디서 많이 본 듯한 모습이었다. 자세히 보니 그는 월맹의 지도자 호찌민[13]이었다. 이럴 수가 있을까? 농촌의 대표적인 월남 정부 지지층이 월맹의 지도자 사진을 집안 한적한 곳에 모셔놓고 정신적으로 추앙하고 있다니 어찌 된 일인가? 혹시라도 우리가 지금 이들에게 속아서 여기에 온 것은 아닐까 불길한 생각마저 들었다.

나는 이런 생각을 떨쳐 내려 머리를 무겁게 도리질하며 주인에게 "저 벽에 걸린 사진은 누구이신가?"하고 정중하게 물었다. 그는 "저 사진은 월남민족의 국부인 호 아저씨(Bac Ho)이며 국민 대다수가 숭배하여

---

12) 1966년 후반기 우리 백마사단의 증파가 이루어지고 한·월 정부 간 무역 교류가 성사되면서 해외에 수출길이 열리기 시작하였다. 월남 주민이 호감을 갖고 있던 인삼 제품, 인삼주를 비롯하여 합판, 함석, 슬레이트, 맥주, 라면 등 경공업 상품이 전쟁특수에 힘입어 수출을 선도하였다. 당시 우리나라의 1인당 GNP는 80달러대였는데, 이제는 3만 달러를 앞두고 있다. 여기에는 월남파병의 역할이 컸다.

13) 호찌민(Ho Chi Minh)이다. 그를 존경하는 베트남 사람들은 그를 호 아저씨(Bac Ho)라고 불렀다.

많은 가정에 이 사진이 걸려있습니다."라고 부연 설명하였다. 그의 민족정신과 애국사상을 마음으로 존경하면서도 다른 한편으로는 그의 공산주의 이념에 반하여 그와 대항하여 싸운다니 나의 상식으로는 도무지 이해가 되지 않았다. 나는 그 주인의 설명에 반신반의하며 진정으로 그를 존경해서라기보다는 자기 방위용일지도 모른다고 생각해보았다. 당시 베트콩 테러요원은 자유월남 측의 인사들을 척살하여 자유월남 정부의 통제력을 약화시키고 민심을 이완시키고 있었는데, 호찌민 사진은 그들을 지키기 위한 좋은 핑곗거리와 방패막이가 될 수 있다고 보았기 때문이다.

사실 당시 월남의 저명인사 상당수가 베트콩들의 회유, 협박, 미래의 불확실 등의 이유로 사상은 자유주의이지만 행동은 공산당과 함께하는 행보를 보였다. 그러나 그것만으로 나의 혼란스러운 마음을 잠재우지 못했다. 나는 호찌민에 대한 월남 국민의 전폭적인 지지가 진정한 마음일지도 모른다는 생각이 들었다. 들은 바에 의하면, 많은 월남 국민이 호찌민의 청렴성과 민족·애국정신을 내심 존경하고 있을 뿐만 아니라 경작지를 소유하지 못한 농촌 사람들은 공산당이 무상으로 토지를 분배해 주는 토지개혁에 현혹되어 그에게 전폭적인 지지를 보내고 있었다. 그게 진정 사실이라면, 월남은 이미 사상이나 정서적으로 공산화가 된 상태가 아닌가? 그들 중심의 통일은 시간문제이리라. 그렇게 된다면, 우리 한국군이 정글 속에서 아무리 사투를 벌여 승리의 함성을 올릴지라도 그 함성의 메아리는 숲 속에서 맴돌다가 흩어지고 말 것이 아닌가!

생각이 여기까지 미치자 허무하기도 했고, 다른 한편으로는 내가 대한민국에 태어났다는 것이 얼마나 다행스럽고 자랑스러웠는지 모른다. 해방 후 북한 공산주의자들은 월남의 공산주의자들처럼 무상몰수·무상분배로 국민을 현혹하여 지지를 얻고자 했고 김일성을 선전하여 호찌민과 같은 민족영웅으로 둔갑시켰다. 한편으로는 남한 내부에 월남의 민족해방전선처럼 공산주의 통일전선을 형성하여 한국 정부를 약화시키고자 했다. 그런 후에 그들은 1950년 소위 '민족해방전쟁'을 기도했다. 그러나 6·25 전쟁 시 우리 대한민국 국민 중에 북한 김일성을 존경하여 그의 사진을 자기 집안에 걸어 놓은 사람이 있었던가? 북한 공산주의자들은 우리의 철저한 반공의식 때문에 적화통일에 실패했다. 그것은 우연이 아니었다. 급조된 김일성이 월남의 호찌민이 아니기도 했지만, 우리 정부와 국민이 그만큼 현명했기 때문이다.

즉 이승만 정부의 강력한 반공정책이 남한 내에서 주민의 이적활동이나 우익적 인사들의 사상전향을 막았고 우리 국민은 공산주의자들의 선전선동과 그럴듯한 무상몰수·무상분배의 토지개혁 속임수에 속지 않았다. 이처럼 미국의 지원을 받고 있는 아시아 두 분단국의 내부사정은 엄연한 차이가 있었다. 오늘날의 대한민국과 베트남은 바로 이런 차이점에서 발생한 것이 아닐까?

5. 주민 초청 오찬, 씁쓸한 여운

이런저런 생각을 하고 있을 때, 중대장은 초대해 준 인사들에게 6년근 인삼뿌리가 보이는 인삼주를 선물하였다. 월남에서 한국산 인삼은 오래전부터 내려온 신비의 명약으로 진귀한 특산물이었다. 주인은 매우 흐뭇한 표정으로 인삼주 선물을 받고 동석한 인사들을 소개하였다. 그들은 대부분 도시에서 고등교육을 마치고 사회 활동을 하다가 귀향한 사람들이었다. 이어서 중대장이 우리 중대 장교들을 유창한 영어로 소개하였다. 잠시 후 유치원 어린이 4명이 율동과 함께 동요를 불러 즐거움을 더해 주었다. 모두가 예쁘고 몸놀림이 귀여웠다. 지구상 어느 민족이건 어린아이들은 아름다운 꽃이고 미래의 꿈나무로서 모든 위협으로부터 보호의 대상이 되어야 한다는 생각이 들었다. 중대 간부들은 고향의 귀여운 동생과 조카들이 생각나서인지 모두가 즐거워했다.

이윽고 음식이 가득 올려진 큰 교자상이 거실 안으로 들어 왔다. 식탁의 중앙에는 통째로 삶아낸 염소 한 마리가 자리하고 있었고 그 좌우에는 해산물과 오리·닭고기를 비롯한 월남 고유의 토산물 음식들이 가득히 채워져 상다리가 휠 정도였다. 나도 모르게 마음이 황홀해졌다. 이국의 특산물인 산해진미를 먹는 식도락보다는 우리가 이토록 환대를 받아도 되는지, 과분함에서 오는 소박한 감정의 발로였다. 우리는 식사를 하면서 담소를 나눴다. 그들은 우리 측보다 10년 이상 연배가 높았지만, 예의를 갖춰 우리를 깍듯이 대하였다. 한국군에 대한 예우의 표시이기도 했지만, 당시 월남의 지방 행정책임자인 군수들이 현역 대위였고 성장직(省長職)을 중령급 장교가 수행하고 있던 사회적 분위기도 작용한 것 같았다.

양측 간 대화는 중대장과 프랑스어 공부를 한 마을 인사가 영어로 의사소통을 하고 가까이 있는 사람들끼리는 한문으로 필담을 나누어서 소통을 보완하였다. 거기다가 만국 공통어인 손·발짓과 표정까지 동원되었으니 서로를 이해하는 데 어려움이 없었다. 이야기를 나누다 보니 두 나라는 같은 유교문화권의 국가로서 웃어른을 공경하고 조상을 섬기며 이웃을 사랑하는 미풍양속 등에서 공통점이 많다는 생각이 들었다. 농촌에서 자란 나는 월남이 2~3모작을 할 수 있어 부럽다고 하였다. 주민들은 내 말에 공감하면서도 월남 농민들은 연중 끊이지 않는 농작을 하는 바람에 평생 영일이 없이 살고 있다는 애환을 말해 주었다. 한국의 1모작은 수확기회가 적은 대신 한편으로 휴식을 제공해 준다는 새로운 사실을 발견하였다. 우리는 무거운 주제는 삼가고 가벼운 대화를 하면서 점차 친해지고 있었다. 이후 프랑스 남부지방산 백포도주를 반주로 하여 각자 두세 잔씩 마시면서 한결 분위기가 부드러워지고 살얼음 긴장이 조금씩 깨지기 시작하였다. 우리는 술로 인한 객기를 최대한 억제하고 몸과 마음을 절제하여 품위를 유지하려고 애를 쓰고 있는 모습이 역력했다.

이때 주민 한 명이 나서서 적극 권주를 하는 바람에 술잔이 빠르게 몇 순배 돌았다. 열대의 뜨거운 기온 속에 알코올이 체내에 들어가자 모두가 취흥에 젖어 낮은 목소리는 커지고 실내는 시끄러워졌다. 한껏 분위기가 무르익어 가고 있을 때 갑자기 중대장이 벌떡 일어났다. 그는 엄숙한 표정으로 좌중을 돌아보며 "금일 훌륭한 오찬에 6중대 간부들을 초대해 주어서 주민 여러분 감사합니다. 중대 간부들 자리에서 일어납시다. 안녕히 계십시오."라고 말하고 일방적으로 오찬을 종료시켰다. 큰 교자상 위에 가득한 음식들이 대부분 손길도 가지 않은 채 그대로 남아 있었다. 주민들은 당황한 기색이 역력했다. 나는 오찬이 너무 빨리 끝난 데 다소 서운하기도 하였지만, 중대장이 신중하게 판단해서 취한 조치라고 생각하며 단독군장을 속히 챙기고 전투복의 매무시를 단정히 하였다. 양측 인사들은 서로 어색한 상태로 다시 만나자는 기본적인 인사말도 제대로 나누지 못하고 서둘러 헤어졌다.

14:00시경에 중대로 복귀한 뒤, 나는 오찬 현장 분위기를 더듬어 생각해 보았다. 젊은 장교들에게 지역사회 주민대표들이 그토록 과분할

정도로 융숭한 접대를 한 이유가 무엇일까? 혹시 특이한 목적으로 꾸민 계략이 아니었을까? 우리가 과연 적절한 처신을 한 것인가? 지역 주민대표들이 주민의 안위를 위하여 주둔군 간부와 상견례를 갖는 시간으로 단순화하여 결론짓기에는 마음 한구석에 지워지지 않는 잔영이 남아 혼란스러워하고 있을 때, 어린 시절 동네 사람들이 6·25전쟁 당시 인민군에게 대하던 모습이 떠올랐다. 내가 초등학교 4학년 때 1개 분대 규모의 북한 인민군이 마을에 주둔하였는데, 마을 어른들이 그들과 우호적인 관계를 맺고자 고심하던 모습을 어깨너머로 바라본 적이 있었다. 마을 어르신들은 마을의 안위를 위해 그들의 요구를 고분고분하게 받아들이고 환대하였다. 그렇게 해서라도 어려운 시기를 무사히 넘기고 싶었던 것이다. 그리고 그것은 난시(亂時)에 생존하는 인간의 본능이고 현명한 지혜일 터였다. 그렇다. 오늘 주민대표들이 우리에게 오찬을 베푼 것도 생존을 위한 한 방편이었으리라. 그런 취지의 모임이라면 비록 안전문제가 우려된다고 해도 좀 더 예의를 갖춰 마무리해야 했다는 생각이 들었다. 그리고 초대에 응하기 전에 그 의도와 목적과 접대의 수준 등을 세심하게 확인했어야 했다는 생각도 들었다.

아무런 대비를 하지 않고 무작정 참석했다가 과음 분위기가 우려되니 우리 마음대로 그냥 나와 버린 것은 아무리 생각해봐도 너무 경박스러웠다. 오찬을 하면서 우리는 대한민국이 동방예의지국임을 은근히 자랑하기도 했는데, 이렇게 무례한 모습을 보였으니 마음 한구석에 찝찝한 마음을 감출 수가 없었다. 나는 앞으로 마을 주민들에게 예의 있고 친절하게 대할 것을 마음으로 다짐하였다. 중대의 간부들은 모두 주민들의 환대에 마음으로 감사하게 생각했다. 그러나 그 후 우리는 이들과 일절 접촉하지 않았다.

6. 판랑 해안 대대 탐색작전(1966.11.28.~12.01)

중대의 작전활동은 판랑 평야와 연이은 서측방 산악지대의 낮은 구릉지역을 소대단위 수색정찰과 분대 단위 야간매복을 하는 데 중점을 두었다. 이 시기에 맹호사단은 「맹호 6호 작전」, 백마 28연대는 「도깨비 작전」을 실시하여 베트콩의 총기를 대량으로 노획하여 승전보를 올렸다. 이런 분위기에서 30연대는 2대대를 판랑 해안 지역 탐색작전에 투입시키고 다른 대대들은 방고이 주변 정글지역에 탐색작전을 검토하고 있었다. 이에 따라 2대대는 해안 지역 일대 산간 구릉지에 구축된 적 은거지를 탐색, 소탕할 목적으로 1966년 11월 말 3박 4일 작전을 실시하게 되었다. 이는 대대가 시도한 최초의 대대단위 탐색작전이었다.

작전지역은 지표고 200m의 구릉지대에 연하여 낮은 능선과 평야지대가 형성, 작은 관목숲과 정글로 이루어져 있었다. 소규모의 민가들은 농경지와 산록에 산재하고 있어 한국의 농촌 마을과 유사하였다. 마을과 떨어져 있는 농경지 일부는 폐경지가 되어 있었다. 날씨는 우기철로 이따금 소낙비가 쏟아지고 안개가 시야를 어렵게 하였으나 구름 사이의 햇빛이 젖어 있는 장비를 말려 주었다. 대대는 각 중대에 작전지역을 분할하여 중대별로 작전을 실시하게 하였으며 105mm 야포는 현존 전술기지 내에서 일반지원을 하도록 계획하였는데, 원거리의 화력지원은 불가하였다.

• D일 동남 해안으로 야간 침투(1966.11.28.)

제6중대는 이날 18:00시 부대 기지를 출발하여 다음 날 05:00시까지 판랑 동남 해안 무명고지를 점령하기 위하여 야간 침투를 개시하였다. 나는 선임 소대장으로 첨병소대 임무를 부여받아 중대 침투 종대의 야간 길잡이를 하게 되었다. 나는 제1분대가 첨병분대로서 최선두에서 부대를 이끌고 소대본부, 제2분대, 화기분대, 제3분대 순으로 이동하도록 하였다. 우리 소대 다음은 50m 뒤에 중대본부와 제2소대가 후속하였다.

소낙비가 쏟아진 직후 물안개와 연무가 가볍게 깔려서 시계가 극도로 제한되었다. 주변의 저명한 지형지물을 분간할 수 없었다. 1분대장 송하사는 선두 첨병과 같이 야간 독도법 교리에 따라 나침반으로 전진 방향을 정하고 부대 이동을 유도하였다. 중대기지 출발 이후 3시간까지는 대부분 우마차 길과 소로길이어서 손쉽게 방향을 잡아갔다. 그러나 밤이 깊어가며 정글 숲 속에 접어들자 상황이 달라졌다. 길 폭이 좁아지고 이따금 길의 흔적이 없다가 다시 나타나곤 하였다. 그러다 보니 부대의 행군대열이 가다 서기를 반복하며 지체되었고 각개 병사들은 주의력이 이완되어 졸고 있는 병사도 목격되었다. 첨병분대장의 방향 판단과 적들의 매복이 크게 염려되었다. 더 이상 시간이 지체되면 작전계획에 차질이 발생할 수 있고 길을 찾느라 더 큰 소란을 피워 적에게 노출될 우려가 있었기에 첨병분대장 대신 내가 직접 나서기로 했다. 이는 전투지휘를 혼란스럽게 할 수 있는 조치로 가능한 피해야겠지만, 긴박한 상황에서는 어쩔 수 없었다.

나는 첨병 2명을 나의 10m 앞에서 전진케 하고 1명을 전방 경계, 다른 1명은 전진로를 개척하도록 하였다. 이제까지 왔던 산길을 무시하고 나침반의 눈금에 완전히 의존, 앞으로 나아갔다. 칠흑 같은 어둠과 정글 속에서 한 번도 가보지 않은 목표지역에 이르기 위해서 이런 방법 외에는 다른 방도가 없었다. 산지 5부 능선 지대는 관목과 가시덩굴이 뒤엉켜서 우리의 전진을 한사코 방해하였다. 첨병은 '적을 조기에 발견하라'는 경계임무를 뒤로 한 채 벌목도로 가시나무를 치고 어둠 속에서 길을 뚫는 통로 개척자가 되었다. 어느 지역은 한 발자국 발걸음을 옮기는 데 2~3분이 소요되었고 1시간에 100m 이동조차 어려운 형편이었다.

우리는 새벽 공기가 산자락에 흐를 즈음에 비로소 극심한 정글지대를 벗어날 수 있었다. 병사들의 침투 행군 군기는 땅바닥이었다. 기관총조의 탄약 운반요원 및 중화기 휴대요원들이 먼저 주저앉기 시작하였고 그대로 서 있는 채 졸고 있는 병사, 졸지 않으려고 줄기차게 껌 씹는 병사, 기침하는 병사 등 제멋대로였다. 침투작전에서 기본인 경계집중은 이미 사라지고 말았다. 특히 벌목도로 나뭇가지 치는 소리가 조용한 산자락을 소란하게 하였다. 그때마다 혹시 적이 가까이 은거해 있다면 어쩌지 하는 불안한 마음이 엄습해왔다. 다행스럽게도 접적 상황은 발생되지 않았다.

우리는 지렁이가 모래 위를 기어가듯 천천히 숲 속을 헤치며 동남 방향으로 7시간을 직진하여 04:30분에 목표 250고지 하단부에 이르렀다. 전방에 우뚝 솟은 산허리가 시야에 들어 왔다. 적들이 우리의 침투활동을 발견하지 못해서 감사하였고 중대의 전 장병들이 그토록 느려빠진 이동을 묵묵히 따라주어서 감사하는 마음으로 250고지 정상을 향하여 지친 발걸음을 옮겼다. 마침내 소대는 출발한 지 11시간만인 05:00시에 계획된 침투목표에 도착하여 남지나 해변 산자락을 마주 바라볼 수 있게 되었다. 안개비가 그치고 새벽 바닷바람이 이마에 맺힌 땀 이슬을 걷히게 해 주었다. 내가 중대의 선두에서 어둠과 정글의 험로를 극복하고 계획된 목표지역에 무사히 찾아왔다는 성취감을 무슨 말로 표현할까? 도착 즉시 우리 중대는 소대별로 급편진지를 점령하고 잠시 휴식에 들어갔다.

• D+1일 3발의 조우전(1966.11.29.)

아침 해가 길게 동쪽 바다 쪽에서 비추니 어젯밤의 고달픔이 조금씩 사라지고 기분도 상쾌해졌다. 이곳은 나지막한 산세들 때문에 마음이 한결 편하였다. 왠지 오늘은 적과 접촉할 것이란 예감이 들었다. 나는 들뜬 마음을 애써 가라앉히며 선임하사관을 불러 아침 식사를 한 후 07:00시까지 출발 준비를 하도록 지시했다. 힘든 행군 후에는 소고기 통조림이 가장 인기 있는 품목이었다. 아침식사를 위해 힘차게 캔을 따는 소리가 경쾌하게 들렸다. 그러나 작전군기는 엉망이었다. 식탐에 홀려 경계병 배치조차 하지 않은 분대도 있었다. 나는 분대장을 불러 주의를 주고 취식 후 빈 캔을 회수하고 대소변을 매몰하여 흔적을 남기지 않도록 강조하였다.

마침내 07:00시 우리 중대는 3개 소대 병진대형으로 동측방 해안 방향으로 탐색하면서 베트콩 소탕작전에 들어갔다. 250고지 동측방에서 해안까지는 낮은 구릉지로 관목나무와 소규모 정글 숲이 우거져 있고 폐전답과 소규모 경작지가 부분적으로 산재하였다. 우리 제1소대는 정글지대를 일렬종대 대형으로 이동하였다. 선두 제2분대는 벌목도로 가시덤불을 치고 길을 만들어 전진해갔다. 우리는 시간당 200~300m로 매우 느리게 이동하여 오전 동안 1.3km를 수색하였으나 적을 발견하지 못했다. 지난 21번 도로 경계 작전지역과는 달리, 이런 낮은 구릉지에 과연 적이 은거, 활동하고 있을까? 적이 없는 데도 훈련 목적으로 작전을 펴고 있는 것은 아닐까? 이처럼 적이 없을 것이란 생각이 자꾸만 머리에서 맴돌았다.

나는 어제의 출동준비와 야간침투까지 30여 시간 동안 정신없이 활동해 온 병사들의 피로 적체를 염두에 두고 식사를 빨리 마치고 충분한 휴식을 취한 다음 14:00시경 출발할 요량으로 12:00시에 식사시간을 부여하였다. 현재의 대형을 그대로 유지한 상태에서 분대별로 경계병을 좌우에 1명씩 배치하고 일제히 식사를 하였다. 나는 지친 육신을 낮은 관목나무에 맡겼다. 눈꺼풀이 무거워지고 수마가 밀려왔다. 잠깐 졸고 있는데 검은 멧돼지가 나의 군홧발을 물고 끌며 달아나고 있지 않은가? 그 순간 나는 끌리고 있는 발목을 힘껏 내질러 돼지를 쫓아 버렸다. 나는 놀란 가슴을 쓸어내리며 오수(午睡)의 일몽(一夢)에서 깨어났다. 하필이면 왜 돼지로부터 물려가는 꿈을 꾼 것일까? 다행히 몸에는 전혀 상처가 없고 핏자국도 없었다. 혹시 오늘 오후에 적과의 접촉을 예고해 주는 조짐은 아닐까? 아무튼, 흑돼지를 보았으니 길몽일 것이라고 애써 위안을 하며 편안한 마음으로 출발준비 명령을 하달하였다.

태양 빛이 작열하는 가운데 다시 탐색작전이 실시되었다. 빽빽한 가시덤불과 관목나무의 가시가 뒤엉켜 있어 마치 일부러 이동을 차단하기 위해 재배해 놓은 잡목 장애물 지대 같았다. 사람이 빠져나갈 길을 만들어 지나가면 나뭇가지가 낚시 같은 바늘로 군장의 여기저기를 물고 늘어져 놓아 주지 않았다. 손등과 얼굴에 생채기[14]가 생겨 쏟아지는 땀과 뒤범벅이 되었다. 이동 자체가 그야말로 사투였다.

우리는 2시간 동안을 안간힘을 다해 정글을 뚫어 앞이 확 트인 개활지에 이르렀다. 그곳은 오래전부터 폐경지로 방치된 잡풀만 우거진 황무지였다. 나는 이곳이 베트콩들이 활동, 소개된 지역으로 판단하고 즉시 경계태세를 높이도록 향도에게 명하였다. 조금 전 정글 속에서는 정글 숲이 소음을 상쇄해 주었지만 지금 이곳에는 부대 활동이 밖으로 노출되기 때문에 숨소리마저 낮추지 않으면 안 되었다. 우리는 정숙 보행을

14) 생채기는 손톱 따위로 할퀴거나 긁히어서 생긴 작은 상처를 말한다.

하여 16:30분경 남지나해의 해안선에 당도하였다. 온몸이 땀 속에 잠겨 청색 군복이 하얀 소금으로 변했다. 우리의 시야는 파란 바닷물이 잔잔한 파도를 일구며 오후 석양빛에 은파처럼 반짝이고 있었다. 갯벌의 비린내를 안고 불어온 바닷바람이 땀에 젖은 얼굴을 가볍게 간질여 주었다. 중대장은 이 순간의 방심을 허용하지 않기 위하여 소대장을 집합시켰다.

"이 지역은 민가가 없는 곳으로 베트콩이 장악하고 있다. 최근에도 적들의 활동이 빈번하게 이루어지고 있다는 정보를 확인한 바 있다. 이 시간 이후 주변 사주 경계를 철저히 하라. 현 위치 해수면의 접촉선을 배수진으로 하여 원형진지를 점령하고 야간방어를 실시한다. 제1소대를 좌, 다음은 화기소대, 제2소대 순으로 배치하고, 제3소대를 바다 쪽에 배치하되 의명 예비로 운용한다. 각개 병사는 간단한 엄체호를 구축해서 야간 급편방어에 임하고 서북향의 산악 능선을 향해서 공용화기를 운용하도록 준비하라. 중대와 소대장 간 측음(側音)[15] 무선통신에 유의하라."고 단편명령을 하달하였다.

나는 남방 해안선으로부터 제1분대, 제2분대, 제3분대 순으로 남서향을 통제할 수 있도록 분대를 배치하고 소대의 우단에 소대의 기관총을 배치해서 서측 산 능선에서 내려오는 접근로를 차단할 수 있도록 하였다. 소대 선임하사관은 각 분대에서 병력 배치선 전방 50m 지점에 복초를 배치하여 경계를 강화하였고 병사들은 엄체호 작업과 병행하여 석식을 하고 있었다. 향도 박 하사가 2분대 배치선 후방 30m 지점에 판초우의를 펴면서 소대본부를 여기에 정하겠다고 말문을 열었다. 나는 작은 관목나무의 그늘이 있어 좋다고 승낙하였다. 박 하사는 "오늘 밤 야간진지는 중대장님께서 각별히 중대원들에게 서비스하려고 잡은 것 같습니다."하고 웃음을 흘렸다. 나도 웃으며 "그래? 그거야! 하지만 베트

---

15) 무전기 송수화기 키를 눌러서 약식통화 방법이다.

콩에게 먼저 물어보고 결정하는 것이 옳지 않겠어? 적의 야습만 없다면 평생 여기서 야영하면서 살고 싶군."이라고 그의 말을 이었다. 이때 심 중사가 "소대장님, 참으로 아름다운 해변이네요. 우리 고향 영덕 동해안을 연상하게 해주는데요. 정말 죽여주네요."라고 대화 속으로 끼어들어왔다. 전령 황도상이 C레이션의 과일 칵테일을 저녁식사로 내놓았다. 소대본부 요원 4명이 모여 해변에서 함께 식사를 하니 잠시 들뜬 분위기가 일었다. 애주가인 심 중사가 "소대장님, 이럴 때 소주 딱 한 잔이면 정말 제격인데요."하며 입맛을 다셨다.

하사 **박철진**

나는 분위기를 반전시키고 싶었다. 그래서 정색을 하며 "심 중사, 너무 좋아하지 마시오. 갑자기 적과 접적이 있을 수 있으니 긴장을 풀면 곤란해요. 내가 점심 먹고 앉아서 졸다가 이상한 꿈을 꾸었는데 예감이 평소와 달라요." 하고 응대했다. 이때 박 하사가 PX에서 구입해 온 인삼 드링크 병을 소주 대용으로 마시라고 재치 있게 내놓았다. 심 중사는 불콰해진[16] 얼굴로 드링크를 마시며 "소대장님, 낮에 졸다가 꾼 꿈을 하일몽(夏—夢)이라 하여 개꿈이라고 합니다."하며 느슨해진 분위기를 이어갔다. 이에 박 하사가 "오후 관목 정글을 헤치며 이곳 해변으로 수색할 때 이따금 산짐승 발길인지, 사람 발길인지 숲 속을 다닌 흔적이 눈에 띄었습니다." 라며 염려스런 표정을 지었다. 이번에는 심 중사가 "소대장님이 꾸신 꿈이 무엇인데요?"하고 궁금증을 자아냈다.

나는 치기가 들어서 잠시 망설이다가 "내가 큰 수퇘지에게 물려갔는데, 발길질해서 돼지를 쫓아 버렸지." 하고 속내를 털어놓았다. 심 중사는 "허, 허, 허, 개꿈이지요. 개꿈이요." 하며 놀려대듯 말하다가 "소대

---

16) 얼굴빛이 술기운을 띠거나 혈기가 좋아 불그레하다는 뜻이다.

장님, 안심하시고 좀 편히 쉬십시오. 어젯밤 이후 너무 힘들지 않았습니까?"라고 말하는 것이었다. 이에 나는 약간 볼멘소리로 "아니야, 심 중사! 사지사지(思之思之) 귀신통지(鬼神通之)[17]란 말 알고 있지요?"라고 응대했다.

바로 그 순간이었다. 대략 17:30분쯤이었다. 우리 소대의 우단 40m 전방에서 "탕, 탕, 탕"하고 3발의 총성이 울렸다. 교전임을 직감한 나는 즉시 "단독군장과 수류탄만을 챙기고 공격준비를 하라."고 구두명령을 하였다. 이어서 제1분대장과 제2분대장에게 서측방 개활지로 지체 없이 전진 공격할 것을 명하였다. 이어서 제3분대와 화기분대 소속 기관총은 현 위치에서 전방을 경계하며 제1, 2분대를 엄호하도록 명하였다. 이 모든 것은 나의 독단적인 조치였다. 먼저 중대장에게 보고하고 명령을 기다리다 보면 쥐새끼 같은 게릴라는 잠적하고 우리는 뒷북만 치게 될 것이 뻔했기 때문이다.

소대는 2개 분대가 공격, 2개 분대가 엄호하는 대형을 유지하고 신속하게 전진을 거듭하였다. 500m 거리를 전진하던 중 제2분대가 소규모의 암석동굴지점에 이르렀다. 산속 은거지와 해안을 연결해 주는 중간 거점과도 같았다. 제2분대장 고 하사는 바위지대를 수색하여 베트콩의 전투배낭 2개를 노획하고 이어서 동굴 속을 정밀수색하였다. 나는 그 제야 적의 전투배낭을 습득하는 과정을 포함해서 출동경위를 간단하게 무전으로 중대장에게 보고하였다. 중대장은 이미 화기소대장으로부터 최초 총격전 경위를 보고받은 상태였다. 중대에서 파악된 바로는 해안가에서 활동을 하다가 서측 250m 고지군 일대의 은거지로 복귀하던 베트콩 2명이 화기소대의 주간 복초와 15m 거리에서 조우한 후에 도주

---

17) 생각을 거듭해도 깨치지 못하면 신이 도와 깨치게 해준다는 뜻으로, 한 가지 일에 온 정성을 쏟아 골똘히 행하면 마침내 성취할 수 있다는 말이다.

한 상황이었다. 당시 베트콩은 경계심을 느끼지 않은 채 우로어깨걸어총 자세로 유유히 걸어오고 있었으며, 우리 화기소대 보초 역시 소총의 자물쇠를 잠근 상태였다. 서로 준비가 안 된 상태에서 갑자기 면전에서 맞닥뜨리자, 순간 몸이 굳어져서 허수아비처럼 총구를 전방으로 지향시키고 멍청한 상태로 있다가 정신을 차린 화기소대 보초가 자물쇠를 풀고 먼저 베트콩을 향해 2발을 발사하였다. 이와 동시에 적은 좌측 방향으로 엎드리며 1발을 응사한 후에 우거진 풀숲으로 도주하였다.

중대장은 이 같은 화기소대의 상황보고를 접수하고 제2소대를 서북측 산 능선으로 이동시켜 공격을 개시하도록 명했다. 그리고 중대장은 중대 포병관측장교를 대동하고 제2소대와 동행하였다. 제3소대는 예비로 집결지에 대기하였다. 화기소대는 최초 교전지역을 정밀 수색하였다. 중대는 2개 소대 병진, 1개 소대를 예비로 하고 제1소대를 좌(左), 제2소대를 우(右)로 한 전투대형을 갖추었다. 우리 제1소대는 암석지대에서 서북측 산 능선을 향하여 분대별 구간전진으로 신속히 공격하였다. 이때 분대 규모로 판단된 적들이 250고지 4부 능선 암반 틈새 진지에서 제2소대와 중대본부를 향하여 소화기 사격을 맹렬하게 퍼부었다. 거리는 불과 150m로 소총 유효사거리였다. 적들은 중대의 무전기 안테나가 한 장소에 2개 서 있는 것을 확인하고 지휘부로 판단하여 집중사격을 한 것으로 보였다. 중대장의 뒤편에 위치한 병사의 소총 위 덮개가 적의 유탄에 맞아 날아갔다. 이어서 중대장 무전병의 롱 안테나의 상단부가 유탄에 날아갔다. 또 적탄이 중대장의 철모 우단을 스치고 지나갔다. 이에 항상 위엄에 찬 모습을 보여준 중대장도 혼비백산하여 땅바닥에 자라처럼 납작 엎드렸다. 그러나 이러한 적의 집중사격에도 피해를 입은 사람은 없었다.

그 무렵 우리 소대는 적의 오른쪽 약 300~400m 이격된 지역에서 기동을 하였기에 적의 사격선을 피할 수 있었다. 중대장은 화기소대 보초

지역에서 벌어진 최초의 교전이 산 능선의 살상지대로 우리 병력을 유인하려는 적의 의도된 공격작전이라고 판단하고 제2소대의 공격을 즉각 중단시켰다. 그러나 나는 우리 소대의 공격진로를 우측으로 바꿔서, 산 능선으로 올라붙으면서 적의 배후를 공격, 제1, 2소대가 전·후방에서 동시에 포위 압축한다면 적을 완전히 괴멸할 수 있을 것이라고 판단하고 중대장에게 포병사격을 요청하였다. 먼저 포화로 바위 틈새에 은신하고 있는 적을 제압한 후 적진지에 들어가야 우리의 피해를 최소화할 수 있다고 판단했기 때문이다. 그러나 중대의 포병 관측장교는 우리 소대가 적과 너무 지근거리에 위치하여 우군 피해가 우려되므로 지원해 줄 수 없다고 통보해왔다. 그럼에도 불구하고 나는 1분대를 적의 배후로 이동시켜 우측 산의 하단부 가까이에 전진토록 명하였다.

이때 중대장으로부터 무전이 왔다. 현 상황에서 "공격을 중단하고 대기하라."는 것이었다. 적을 불과 200m 거리에 두고 공격을 중단하고 철수하라니 참으로 어이가 없었다. 그간 나는 기회가 있을 때마다 소대원들에게 과감한 공격을 강조해왔다. 막상 적과 지근거리에서 접촉한 상황인데도 그대로 철수한다는 것은 안될 뿐만 아니라, 고의적인 적전이탈이라고 생각했다. 그래서 나는 중대장에게 계속 공격을 해서 우측 능선에 병력을 붙이겠다고 교신을 보냈다. 중대장은 1소대로 가고 있는 중이므로 자기가 도착해서 결정할 것이니 그때까지 기다릴 것을 명하고 무전을 끊었다. 나는 답답함으로 인하여 현기증을 느꼈다. 그래서 육사 동기생인 포병관측장교 이 소위에게 직접 무전을 보내 포병대대 작전장교(S-3)에게 다시 건의, 포병 화력지원을 거듭 부탁하였다. 이 소위는 기다려 보라고 나에게 말한 뒤 작전장교에게 원거리 접근법으로 포병사격을 해 주도록 요청을 하였다. 그러나 조금 전처럼 우군이 너무 가까워 위험이 크다는 이유로 또다시 부결되었음을 통보해 왔다. 이때 중대장이 숨소리를 거칠게 내며 무전병을 대동하고 최전선 우리 소대 제2분대의 산병호선에 도착하여 내 옆에 엎드렸다. 나는 그간의 접적상황을 간단하게 보고하고 "바로 저 검은 바위 사이에서 적들이 사격을 하고 있습니다. 이렇게 적과 대치하고 있는데 그냥 철수할 수는 없지 않습니까?"하고 공격을 독촉하 듯 말하였다. 그는 짧고 단호하게 말하였다. "우리 중대는 적의 유인작전 에 말려들고 있다. 야간에 적을 공격하는 것은 무모하다. 우리의 피해가 너무 클 우려가 있다. 적들은 그간 누차 유인 작전으로 우리 한국군에게 피해를 주지 않았나? 제1소대는 지금 즉시 병력을 철수하라!" 나는 "적 전(敵前) 철수는 안 됩니다. 공격을 허락해 주십시오."하고 항명조로 거칠 게 말하였다. 중대장은 강하게 재차 명하였다. "김 소위, 적 유인작전에 말려들어 소대원 전멸시킬 거야? 무조건 병력을 철수시켜! 내가 먼저 내 려갈 터이니 철수 시 병력 지휘를 잘해!" 나의 마음속에서는 '이렇게 하 면 안 됩니다.'하고 강하게 항변하였으나 밖으로 표현은 하지 않았다. 잠 시 무거운 침묵이 흐른 뒤 중대장은 "1소대장이 혼자서 처리해! 나는 지 금 즉시 중대집결지로 간다."는 중대장 특유의 금속성 고음 목소리를 남 기고 무전병과 함께 뒤쪽으로 달려갔다.

바닷가의 황혼빛이 물에 잠겨가고 있어 어둠이 빠르게 대지를 덮었 다. 나는 대한민국의 정규 장교로 '임전무퇴'라는 신라 화랑들이 지켰던 5계율을 어기고 근거리에 적을 두고 적이 두려워서 도망치고 있다는 생 각이 들어 나를 자책하며 씁쓸한 기분으로 분대장에게 철수명령을 하 달하였다. 공격해 올 때의 대형을 그대로 유지하여 제1, 2분대를 먼저 철수토록 하고 제3분대와 화기분대로 엄호를 한 다음 축차적으로 은밀 히 철수해서 19:00시 중대 집결지에 무사히 복귀하였다. 가만히 생각해 보니, 내가 낮에 졸면서 꾼 멧돼지 꿈이 현실이 되었다. 꿈에서 암시한 대로 오늘 교전이 벌어졌고 자칫 우리는 큰 피해를 입을 뻔했다. 꿈에서 는 멧돼지가 내 군홧발을 물어 끌고 가는 것을 걷어차 버림으로써 살아

날 수 있었는데, 오늘 교전에서는 자꾸만 사지로 가려는 나를 중대장이 극구 말림으로써 내가 살 수 있었다. 꿈이란 게 참 신기하다는 생각이 들었다.

중대는 조금 전에 편성했던 야간 원형진지가 적에게 노출되었기에 500m 남쪽으로 이동해서 야간 경계진지를 재편성하였다. 병사들은 접적 경험을 통해서 자발적으로 자체방호 진지를 구축하고 경계태세에 들어갔다. 조금 전 숨 막히던 교전상황의 열기가 아직도 체내에 잔류하고 있었다. 피아의 총성은 어두운 밤의 고요 속으로 사라지고 대신에 바닷가의 잔잔한 파도소리가 귓전에 몰려들었다. 바닷가의 비린내가 가벼운 실바람에 실려서 나의 콧구멍을 자극하였다. 이방인 여행객들이 발길 닿는 대로 떠돌다가 타향에 지친 몸을 내맡기듯 이름 모르는 남지나해의 해변 한 곳에서 나는 점차 안정을 찾았다. 남쪽 밤하늘에는 남십자성 별자리가 오늘따라 유난히도 남쪽 하늘 그득하게 자리를 채워가며 전선의 밤은 깊어갔다.

나는 몇 시간 전의 상황을 반추해 보았다. 과연 적이 우리를 유인한 것일까, 아니면 그냥 우연히 조우한 것일까? 중대장은 전자로 봤지만, 나는 후자라고 생각했다. 적이 무방비 상태에서 아군과 마주쳤다는 것이 확실했기 때문이다. 만약 적이 유인하려고 조우를 시도했다면 총을 먼저 쏘고 도망가는 형태를 취했을 것이다. 그러므로 우리는 미군의 공중화력을 지원받아서라도 적극적으로 공격해야 한다고 생각했다. 만약 공격하다가 어두워지면 야간 조명을 지원받아서 작전을 수행할 수 있었을 것이다.

제1차 세계대전 초기 독일의 롬멜 중위는 적을 발견하는 즉시 지체 없이 공격을 감행함으로써 기선을 제압하여 연전연승을 거두었다. 이것이 바로 동서고금을 막론하고 강한 군대가 가진 기풍이었다. 그러나 오늘 우리는 그렇게 하지 못했다. 중대장은 적이 유인하는 함정을 우려했기 때문에 과감한 공격을 할 수 없었다고 했지만, 그 이면에는 타국의 전쟁에서 무리하게 전투를 강행, 희생할 필요가 없다는 계산을 하고 있었을지도 모른다. 아마 파월장병의 가족, 친지뿐만 아니라 국민 대부분도 그것을 바랬을 것이라 짐작한다. 그러나 내 생각은 달랐다. 모름지기 군대는 어떤 전쟁이나 전투에서 또는 적과 대치하는 상황에서 접적을 두려워해서는 안 된다. 6·25전쟁 시 미국을 비롯한 유엔 참전국의 군대는 자신들의 조국도 아니고, 잘 알지도 못하는 나라에 와서 결코 건성으로 전투하지 않았다. 그들은 한반도에서 피와 땀을 한껏 뿌리고 갔다. 세계인의 자유를 위해서 싸웠지만, 바로 자국군의 명예와 자존심을 지키기 위해서였다. 군대가 저간의 사유로 전투를 회피하거나 적당히 싸우면 전투 군기가 와해되고 적 앞에 꼬리를 내리는 악습에 물들게 된다. 자칫 이는 군대의 필수 기질을 훼손하고 투혼을 마비시킨다. 한국군이 월남전에서 야성이 빈약한 군대로 변질된다면 조국수호와 남북통일을 어떻게 달성할 수 있겠는가? 우리는 군대의 명예와 자존심, 그리고 강군으로 거듭나기 위해서 월남의 전투현장에 피와 땀을 뿌리는 것을 겁먹고 주저하거나 회피하지 말아야 한다. 이런저런 생각이 나래를 펴가는 사이에 판랑 해변의 밤은 어느덧 새벽을 맞았다.

이와 관련된 전투사례를 한 가지 소개하고자 한다. 1967년 12월 24일 맹호 기갑연대 6중대 소속 서수근 중위[18]는 맹호 9호 작전 간 푸캇산 깊은 계곡 일대에서 해가 저물어 갈 무렵 2명의 베트콩과 조우하여 교전하게 되었다. 적이 정글 속으로 도주하였고 이를 보고받은 기갑연대 6중대장은 서 중위에게 적 은신지역에 대한 공격을 명하였다. 이에 서 중위는 지체 없이 적들을 맹추격하였다. 그러나 적들은 은폐진지와 계획된 살상지대로 서 중위 소대를 유인, 소대원들을 향해 집중사격을 가하였다. 이때 적의 규모는 아군의 2배에 이르렀다. 서 중위는 중대장에

18) 그는 나의 육사 21기 동기였다.

게 병력증원을 요청하는 한편 우측방으로 탈출을 시도하다가 적의 사격으로 대퇴부에 관통상을 입고 위생병에게 응급처치를 받았다. 그는 계속 전투를 지휘하던 중 다시 복부 관통상을 입은 다음 선임하사관에게 소대 지휘를 인계하고 자신은 마지막 명줄이 다할 때까지 수류탄으로 적과 맞서 싸우다가 1967년 12월 24일 중부 월남 정글 속에서 어둠과 함께 장렬히 산화하였다. 이때 소대원 가운데 소수 인원이 중상을 입은 상태로 전장을 탈출, 이를 중대에 보고하였다. 정부는 고(故) 서 중위에게 감투정신을 높이 평가하여 대위로 추서하고 화랑무공훈장을 수여하였다. 그러나 이 사례는 주월사에서 종종 초급장교의 만용이나 공명심, 그리고 적의 유인책에 말려든 경험 미숙이 빚은 쓰라린 전투사례로 회자되었다.

다시 지금의 상황으로 돌아와 보자. 1966년 11월 29일 판랑 해안지역 작전에서 내가 만약 베트콩 진지를 향해 공격해 들어갔다면 아마도 1967년 맹호부대 전투사례보다 1년 앞서 내가 비극적인 전투사례의 주인공이 되었을지도 모른다. 다행히 Y중대장이 나를 말려서 그런 일이 일어나지 않았던 것이다. 수십 개 성상이 흐른 뒤 나는 Y중대장을 만나 그때의 긴박했던 상황을 회상한 바 있었다. 그는 나의 과격한 공격적 전투지휘에 대한 무모함을 지적하면서도 초급장교로서의 용맹성을 높이 평가해 주었다. 나는 중대장이 당시 나를 적절하게 통제해줘서 오늘날까지 살아있음에 사의를 표하였다.
그렇다고 해서 내 생각이 변한 것은 아니다. 나는 여전히 당시에 적을 과감하게 공격한 것이 옳았다고 생각하고 있다. 그리고 내가 중대장에게 자꾸 공격하자고 재촉한 것이 만용이나 공명심의 발로라고 생각하지 않는다. 따라서 서 중위의 군인다운 용감성을 만용이나 공명심으로 폄하하는 것은 매우 잘못된 인식이다. 서 중위와 그 소대원들이 적의 유인 전술을 인지하지 못하고 적을 추격한 것은 중·소대장의 상황판단에 결함이 있었지만, 적을 발견한 즉시 지체 없이 적진을 향하여 과감하게 돌격한 공격정신을 높이 평가해야 한다. 그 속에 우리 군의 투혼이 발휘되고 있었기 때문이다. 과연 7년간의 월남 전투에서 그토록 처절한 소부대 공격 전투를 감행한 소대장이 몇 명이나 있었을까? 가벼운 전투로 소총 수십 정을 발견하고 높은 등급의 무공훈장을 받은 전공자들과는 차별되어야 한다. 삼가 용맹했던 서 중위의 명복을 빈다.

- **D+2일** VC와 한 여인의 죽음(1966.11.30.)

06:00시 동녘 바다 멀리서 보랏빛 물안개 속에서 일렁이는 파도를 가르며 아침 해가 모습을 드러내기 시작하였다. 오늘은 어떤 일이 벌어질 것인가? 바다에서 솟아오르는 태양처럼 희망찬 일들이 다가와 주기를 마음속으로 기도하였다.

대원들은 크레모아와 조명지뢰를 회수하고 어제 사용한 화기를 서둘러 손질하면서 교대로 아침식사를 하였다. 어제 저녁식사 하던 중 적과 조우했던 상황을 염두에 두어서인지 모두가 경계에 소홀함이 없었다. 식용수가 보급되지 않아 한국에서 하던 습성대로 시냇물을 수통에 넣고 정수제를 넣어 음료수로 마셨다. 그러나 우리는 매우 위험한 활동을 하고 있었다. 바로 고엽제가 섞여 있을지도 모르는 물로 위장을 채우고 있었기 때문이다.

오늘 우리 중대는 어제 접적이 있었던 산 능선을 재수색하지 않고 그 우단 폐경지 일대를 당초 계획대로 수색하였다. 소대는 4개 분대 병진, 각 분대는 침투대형을 유지하며 남서방향으로 전진하였다. 오랫동안 묵혀있던 농경지에 장맛비로 잡풀이 무성해서 우리의 활동을 은폐시켜 주었다. 우리는 적 상황을 알지 못한 채 천천히 앞으로 전진해갔다. 10:30

분 경작지가 소규모로 나타났다. 주민이 오고 간 흔적이 보여서 경계 강도를 높였다. 나는 각 분대에 횡대로 전개하여 정밀수색을 실시하라고 명하였다. 작전지대는 파인애플 농장이 보이고 독가촌이 산재하였다. 400m 전방 낮은 능선에 황토밭 농장이 널따랗게 펼쳐있고 그 능선 상단부에서 갑자기 베트콩으로 보이는 괴한이 쏜살같이 아래를 향하여 뛰어가는 모습이 눈에 들어 왔다.

순간 적의 게릴라가 우리를 관측하고 그들의 조직에 연락 차 황급히 내려오고 있다고 생각하였다. 소대원들도 나의 사격명령을 기다리지 않고 거의 동시에 전방에 일제 사격을 퍼부었다. 그 거동수상자는 20~30초 후 우리 소대의 시계에서 흔적도 없이 사라졌다. 소대 일제사격이지만 소총유효사거리 밖에서 실시할 경우 거의 효과가 없음을 알게 되었다. 나는 그자가 기민하게 뛰어 내려온 사유가 그들의 부대에 우리의 공격상황을 신속히 전파하고 전투태세를 준비하려는 의도로 인식하였기에 그를 빨리 사살하여 작전의 기선을 제압하려고 판단하였다. 나는 그가 사라진 능선으로 소대를 2개 분대 공격, 2개 분대 엄호 대형으로 전개하여 신속하게 공격할 것을 명하였다.

소대의 전진방향에는 잡초밭이 펼쳐있고 40~50m 간격으로 밭두렁에 높이가 1~2m가 되는 선인장 울타리가 식재되어서 우리의 기동을 막고 있었다. 나는 2, 3분대와 함께 이동하다가 선인장 장애물을 만나 잠시 망설이다가 1.5m쯤 높이가 비교적 낮은 지점의 울타리를 뛰어넘었다. 평소에는 키 작은 내가 군장을 멘 채 뛰어넘기가 어려운 울타리였지만, 그때는 전혀 문제가 되지 않았다. 나는 발을 땅에 딛자마자 엄폐물을 찾아서 소대의 맨 앞 외딴 공간에 홀로 엎드렸다. 나는 오른쪽 전방을 향하여 연발로 위협사격을 가하여 전방 위험지역을 제압하였다. 그리고 조금 전 뛰어넘은 선인장 울타리 쪽을 바라보니 대원들이 아직 선인장 울타리 주변에서 분대 밀집대형으로 우물쭈물 서성거리고 있었다.

적의 자동화기 사격에 걸리면 큰일이다 싶어 2, 3분대장을 차례로 목청껏 불러 "2분대장 고 하사, 3분대장 김 하사 이놈들 빨리 그 울타리 뛰어넘지 못해? 우물대면 내가 발사할 거야!"라고 호통을 쳤다. 그러나 그들은 선인장 울타리를 넘지 못하고 서성거리고 있었다. 나는 그들의 머리 위 30m쯤 상단에 3~4발 위협사격을 하였다. "앞으로 1분 내로 내 앞 30m 전방까지 진출하라! 그다음 신속하게 대원들을 분대장 앞으로 진출시켜라! 알았나!"라고 급박하게 독전 명령을 하달하였다. 나의 준엄한 명령이 떨어지자 2, 3분대장은 높은 선인장 울타리를 비호같이 뛰어넘어서 나보다 30m 전방에 엎드렸다. 이어서 대원들도 바람같이 선인장 가시 울타리를 뛰어넘어서 분대장 앞에 횡대대형으로 전개하였다. 인간은 극도의 위기에서 초인적인 힘이 솟아난다는 점을 내 눈으로 똑똑히 확인한 순간이었다.

우리 소대는 나의 순간적인 독전지휘로 선인장 울타리를 무사히 넘어 적진을 향하여 신속히 앞으로 나아갔다. 그런데 소대 좌전방 100m 지점 1~2m 높이 둔덕 하단에 검정물체가 보였다. 순간 적의 경계병이 잠복하고 있다고 생각하고 바짝 긴장했는데, 자세히 보니 한 여인이 바구니를 옆에 두고 낮은 자세로 앉아 있었다. 나는 일단 밭에서 일하고 있는 여인이라고 생각하였다. 저 여인을 자칫 오인 사격하면 안 된다는 생각으로 좌, 우의 대원들에게 큰 소리로 "좌전방에 있는 여인을 사격하지 말라!"고 큰소리로 외치면서 그 여인 쪽을 응시하였다. 그런데 그 순간 많은 유탄이 이미 그 여인을 향하고 있었다. 찰나에 유탄은 그 여인 발밑에 빗발쳤고 흙먼지가 여인을 가렸다. 나는 대원들에게 "사격 중지!"라고 재차 외치며 그 여인을 바라보았다. 그 순간 그 여인은 생명의 마지막 몸부림을 치다가 그만 땅바닥에 축 늘어졌다.

이렇게 나의 소대는 한 인간의 목숨을 한순간에 거두었다. 참으로 마음이 착잡하였다. 한 인간의 영혼이 하늘나라로 가고 있구나! 인생의 허무함과 죄책감이 나의 마음을 아리게 하였다. 나는 애써 냉정을 되찾았다. 저 여인은 베트콩 장악 지역에서 생활하는 농민으로 적성주민임이 분명했다. 그녀는 틀림없이 농사일을 가장하여 적정을 탐지하기 위해 이곳에 머물고 있었을 것이다. 우리가 그녀를 죽이지 않았으면 그녀의 밀고로 우리가 생명을 내줄 수도 있었을 것이다. 나는 애써 그녀의 죽음을 당연한 것으로 여기며 죄책감에서 빠져나왔다.

이 긴박한 상황에서 나는 현재의 공격 기세를 유지하는 데 초점을 맞추었다. 그렇게 해야만 현 상황을 종결시켜 우리의 희생을 최소화시킬 수 있다고 보았기 때문이다. 그래서 시신은 우리를 후속하는 중대본부가 처리할 것으로 생각하면서 그대로 두고 전방으로 돌진해 들어갔다. 소대는 10여 분 뒤 최초 목격되었던 괴한의 은신 예상지역에 도착하였다. 소대는 지대 내의 의심스러운 곳을 정밀 수색하였다. 천연동굴이 없어서 인공동굴을 찾아내려고 의심지역을 반복해서 거듭 수색하였다. 그러나 그들의 감쪽같은 위장술로 우리는 끝내 은신처를 발견하지 못하고 중대집결지로 돌아오고 말았다.

그런데 여인의 죽음이 문제가 되었다. 중대장은 당시 우리 1소대의 후미를 후속하면서 나의 일거수일투족을 지켜보고 있었다. 중대장은 당시 총격을 가하던 현장을 목격하고 그 여인의 시신을 확인하였다. 그는 여자이고 밭에서 사용하는 바구니가 옆에 있는 것을 보고 일상의 농사짓는 여인이라고 생각했던 것 같다. 그는 다음날 작전 결과를 보고받으면서 그 여인에 관하여 나에게 차근차근 질의하였다. "1소대는 왜 검정색 옷 여인을 쏘았나? 그녀가 직접적인 적대행위를 하였나? 농기구를 휴대하고 있지 않았나?" 그는 월남 지방정부에서 오인 사고로 항의할 우려가 있다고 걱정하였다. 나는 겸연쩍은 표정으로 선문답하듯 낮은 목소리로 "그녀의 운명이 거기까지였나 봅니다. 어떻게 그 시간, 그 장소에 있게 되었는지가 그녀의 명운을 결정하였다고 봅니다. 대대 작전계획에 따라서 지방행정부는 그곳에 대한 주민 출입통제를 공지하였을 터에 그녀가 왜 그곳에 와 있었겠습니까? 그녀가 도망치지 않고 낮게 앉아서 풀숲에 자기를 은폐하려고 했기에 우리는 잠복근무 중인 게릴라로 간주할 수밖에 없었습니다. 오히려 그 점이 그녀가 진짜 베트콩의 경계초병으로 활동한 증거입니다. 수일 내에 월남지방 군청으로부터 별도 연락이 없다면 오히려 우리는 전과로 인정받아야 합니다." 이후 중대장은 이와 관련하여 더 이상 묻지 않았다. 그 뒤 월남 정부에서 이 문제와 관련하여 어떠한 연락도 없었다. 그것은 그녀가 베트콩 내지는 베트콩의 첩자였다는 사실을 방증해 주는 것이었다.

중대장은 우리 소대를 후속하면서 소대원에 대한 나의 거친 독전 행위와 공세적 활동을 확인하고 나와 소대에 대한 안위를 걱정하는 것 같았다. "1소대장은 무리한 전투를 수행하여 인명피해를 유발할 우려가 있는 것 같아. 우리는 월남전에서 국위를 선양하되 최소의 희생을 해야 한다. 그러니까 김 소위가 안전하게 귀국해야만 나도 중대장으로서 책임을 다하는 것 아니겠나?"라고 조심스럽게 다른 한편으로는 근심 어린 표정으로 내심을 들어내었다. 중대장으로서 중대의 피해를 우려하는 것은 너무나 당연한 일이다. 또한, 개인적으로도 무척 고마웠다. 나는 더 이상 변명을 하지 않고 "예, 알겠습니다. 앞으로 유념하겠습니다."라고 말하고 자리에서 일어섰다.

그러나 속으로는 전투에서 독전은 불가피하다고 생각했다. 6·25전쟁 초기 소부대 지휘자로서 최전선에서 직접 북한군과 싸웠던 박태준 전 포항제철 회장은 "전투 시 소대장은 보통의 상식과 인격을 표현할 수 없다."는 극명한 입장을 표현해 주었다. 이순신 장군과 권율 장군이 그랬듯이 임무를 완수하고 더 많은 부하를 살리기 위해 때때로 전장에서는 보통의 상식과 인격을 넘어서 지독한 방법으로 독전을 해야 할 때가 있는 것이다.

- **D+3일** 작전종료(1966.12.1.)

대대 예하의 각 중대는 모두 특이한 전투성과를 거두지 못하고 이번 작전을 종료하고 전술기지에 복귀하였다. 며칠간 세수조차 못 하고 주간탐색과 야간매복작전으로 수면부족과 휴식을 취하지 못해 피로가 누적되었지만, 중대인사계가 안남미로 밥을 짓고 새우젓으로 식단을 마련하여 힘이 솟구쳤다. 십여 끼니를 C레이션으로 먹어서인지 금세 밥그릇을 비웠다. 식사 후에는 면도부터 서둘렀다. 당번병이 전투복을 꺼내 놓았다. 수일간 진땀과 비에 젖고 밤이슬과 흙먼지에 찌든 옷을 갈아입으니 장교의 채신이 새롭게 들었다. 몸단장을 마친 나는 중대장에게 금번 작전 간 이상 유무를 종합 보고하였다. 적으로부터 우리 소대가 최초로 노획한 적성물자인 베트콩의 전투배낭과 그 속에 있던 부속물 일체를 중대에 제출하였다.

배낭 내용물은 적들의 빈약한 보급사정을 짐작게 하였다. 그들의 배낭은 부녀자들이 대충 면직물로 꿰매서 제작하였고 그 속에 검은색 민간인 평상복이 들어 있었으며 간단한 세면도구와 필기구가 들어 있었다. 기록물의 글씨를 보아하니 배낭의 임자는 제법 교육수준이 있어 보였다. 바로 그 배낭 임자가 지난 11월 28일 화기소대 경계병과 조우했던 베트콩이라고 생각하니 신경 줄이 연결되는 듯하였다. 그는 우리 소대와 교전하여 악연이 맺어질 뻔했는데, 비록 적(敵)이지만 같은 군인으로서 서로 무사하였음이 다행이라는 연민의 정이 느껴졌다.

7. 연대 주마 1·2호 작전(1966.12.16.~12.18, 12.27.~12.30.)

• 상황 및 연대 작전계획

1966년 12월 16~18일과 27~30일 2차에 걸쳐 보병 제30연대는 방고이 서측 푸롱의 산악정글지대에 준동하는 지방 베트콩들을 소탕하기 위하여 연대 주력부대인 제1, 2, 3대대를 투입하여 주마 작전을 수행키로 하였다. 이번 작전은 제30연대가 자체적으로 실시하는 최초의 연대급 작전이었다.

기상은 우기철로 주·야간 수시로 비가 내려서 작전활동을 위축시켰고 안개로 인하여 시계가 불량하여 공중 및 포병화력지원이 제한을 받았다. 기온은 정글 속에서 선선하였고 작전활동에 지장을 주지 않았다. 작전지형은 200~300m의 고지에서 뻗은 고저능선들이 부분적으로 발달하였고 능선 사이에 평야지대와 작은 정글이 우거져서 보병들의 기동이 제한되고 피아에게 은폐와 엄폐를 제공하였다. 우리가 소탕할 적은 캄란항과 나트랑을 연하는 1번 공로와 방고이 일대의 지방 베트콩들로 푸롱 산악지대의 험준한 정글을 은거지로 하여 월남 정부와 연합군의 활동을 방해하고 지역주민에게 선무활동을 목적으로 빈번하게 출몰하였다.

이를 위한 연대의 작전계획은 주마 1호 작전에는 제1, 3대대가 병진으로 탐색작전을 실시하고 2대대는 차단진지를 점령, 탈출하는 베트콩을 포획 섬멸하고, 주마 2호 작전에는 제2, 3대대가 고지대에서 포위망을 편성하고 토끼몰이로 탐색, 소탕작전을 실시하고 1대대가 저지대에서 차단진지를 점령하여 적의 도주를 봉쇄하는 것이었다.

• D-1일 야간침투, 차단진지 점령(1966.12.16.)

연일 비가 내렸다. 오늘도 아침부터 짓궂게 빗줄기가 오다 말다 하기를 반복하였다. 낮은 구름이 바로 머리 위를 덮어서 날씨가 우중충하였다. 제2대대는 카고 차량에 승차하여 제6중대를 첨병중대로 대대 정문을 출발, 1번 공로를 통하여 1시간 북상한 뒤 좌회전, 서측을 향하여 이동, 산간 마을을 지나서 능선 와지선 일대에 하차한 다음 도보로 중대 분진점까지 이동할 계획이었다. 이어서 6중대는 계속 야간 침투로 다음 날 05:00시까지 차단진지에 도착, 곧바로 급편 방어진지를 점령토록 대대로부터 명령을 수령하였다. 6중대는 17:00시 저녁식사를 완료하고 차량에 탑승하였다. 빗줄기가 굵어져서 승차 간 병기와 장비를 옮기고 싣는 데 불편하고 거추장스러웠다. 불순한 일기는 작전출발을 앞두고 불안 심리를 가중시켰다.

나는 중대장으로부터 첨병소대장의 임무를 부여받았다. 야음을 활용하여 산악지형 참참한 정글 숲을 뚫고 침투하여 부대 병력을 내일 예명 전까지 목표지점에 정확하게 도착할 수 있도록 길을 안내하라는 것이었다. 중대장은 정글 지형과 악기상, 적 활동 등 갖가지 불확실 요인이 많아 임무를 제대로 수행할지를 염려하며 긴장한 모습을 보이면서 나에게 도상연구를 철저히 할 것을 강조하였다. 나는 첨병소대장으로서 24:00시까지는 대대병력을 선도하고, 24:00시 이후부터는 중대병력을 차단진지까지 유도해야 한다고 생각하니 무거운 책임감을 느꼈다. 실로 야간에 도보로 침투하여 작전목표 지역을 정확히 찾아서 계획된 시간에 도착한다는 것은 참으로 어려운 과제였다. 주간에도 정글 속에서 현 위치를 파악하지 못한 부대는 종종 백린 연막탄을 터트려 자신의 위치를 표시하고 상급부대로부터 도움을 받는 사례가 빈번한데, 하물며 야간에 침투해야 하니 더욱 부담이 클 수밖에 없었다.

보병 소대장을 가장 어렵게 하는 것은 정글 속에서의 지형판단이었다. 그것으로 한 장교의 자질과 능력이 그대로 판가름난다. 오죽하면 미군들이 정글 내에서 지도판독기술을 연구하다가 GPS기술을 발명하였겠는가! 그러나 대한민국의 정규 보병장교로서 내가 이를 겁내어 망설인다면 더욱 안 될 일이었다. 마음속으로 두렵지만 최선을 다하면 잘 해결될 것이라고 생각하니 오히려 자신감이 솟아났다.

이토록 엄중한 임무를 첨병분대장에게만 맡겨놓고 그냥 따라갈 수는 없는 일이었다. 나는 출발을 앞두고 분대장들에게 작전지역 군사지도를 분배해 주고 사전 지형연구를 하도록 하는 한편, 야간 정글 지형의 특징에 관하여 토의를 하였다. 또 적으로부터 발각될 경우 첨병분대 임무를 교대해야 하므로 모든 분대장에게 언제라도 첨병분대 임무를 수행할 준비를 하라고 지시하였다. 특히 악천후에 대비, 유격훈련 간 침투기술을 상기시켜 보측계산과 줄 매듭을 연계하여 거리판단을 주의 깊게 해야 함을 강조하였다. 남십자성 위치 찾기, 나침의 눈금재기, 지형경사도 및 정글밀도에 의한 침투속도 증감, 기타 어떤 지체사항 유발 등을 세심하게 체크하고 실제 침투이동 간 제반 지형 첩보를 머릿속에 입력해 둘 것을 환기시켰다. 나도 지도를 보고 익히고 지도상 이동로의 등고선들을 머릿속에 복사해 넣었다. 지난 군사교육과정에서 어느 교관이 "지도 등고선을 자세히 보면 골짜기 개울물 흐르는 소리가 들린다."는 이야기를 한 바 있는데, 내가 바로 그 경지에 이른 듯하였다.

하사 송기봉

6중대는 17:30분경 빗속을 뚫고 정문을 출발하였다. 차량은 작은 전조등을 켜서 불빛이 새나가지 않도록 주의를 기울이며 천천히 이동하였다. 한 시간 반쯤 지나 하차를 한 후 각 중대 분진점을 향하여 전 대대병력을 선도하기 시작하였다. 빗줄기가 더욱 굵어졌다. 비를 맞는다는 어설픈 감정을 느낄 여유조차 없었다. 나는 마을과 산간지대를 오가는 우마차 길을 따라 이동하기 시작했다. 먹구름이 몰려와 더욱 칠흑 속으로 빠져들게 하더니 빗소리가 병사들이 걸친 판초우의에 우박 떨어지듯 요란스럽게 들여왔다. 길바닥에 빗물이 몰려들어 흐르는 물이 군화 위로 넘쳐흘렀다. 길인지 냇물인지 분간할 수 없었다. 몇 시간 퍼부은 폭우가 홍수가 되어 저지대를 뒤덮었다. 나는 더욱 정신을 똑바로 차리고 머릿속에 입력된 지형정보와 나의 지형감각이 방향을 정해 주는 대로 발걸음을 옮겼다. 군 장비가 젖어서 하중을 더욱 무겁게 하였고 개인 동작은 둔중해졌다. 22:30분경 우리 행군대열은 개활지와 밭둑 길을 따라 걷다가 산 능선으로 접어들기 위하여 방향을 전환해야 하는 지점에 이르렀다. 여기까지 첨병분대장 송 하사가 길을 잘 안내해 주었다.

그러나 험로는 여기에서부터 시작되었다. 양동이 퍼붓듯 쏟아지는 폭우로 계곡에서 흐른 물이 넘쳐서 온천지를 물바다로 만들어 놓았다. 기존에 표기된 지형은 전혀 분간할 수 없게 되었다. 어찌 되었든 앞을 가로막는 개울을 건너 능선으로 올라붙어야 하는데, 개울의 급물살 때문에 도섭이 불가하였다. 넓은 저지대는 새로운 호수가 생겼다. 나는 새롭게 변형된 지형으로 당황스러웠다. 30여 분을 꾸물대다가 냇물 폭이 중간으로 보이는 지점에서 개울물을 건넜다. 물길이 가슴 위로 차올라서 익사사고가 발생하지 않을까 걱정하였으나 아무 탈 없이 모두 건너왔다. 나는 도섭지점에 대한 지형감각을 보존하기 위하여 머릿속에 암기하고 있는 지도의 지형과 현 지형의 모습에서 어떤 차이가 있는지 마음속으로 계산하여 현 도섭위치를 가늠해 두었다. 그리고 이제부터 내가 직접 나침의의 눈금방향과 전진방향을 일치시켜 능선과 계곡을 무시하고 한 방향으로만 나아갔다. 오직 보측(步測)과 소요시간, 지형 경사도와 정글밀도 등이 머릿속 주요 판단 기준이 되었다.

중대장은 수시로 지금 우리가 가는 방향에 이상이 없는지를 확인해 왔다. 나는 "나침의 방위각 ○○도 방향으로 직진, ○○시간 동안, ○○속도로 ○○m를 이동하고 있음."이라고 분명하게 응신을 하였다. 우리의 전진로는 다행스럽게 정글 숲이 성겨 있었기 때문에 이동하는 데에는 별 부담이 없었다. 11:30분경 우리 뒤에 따라오던 다른 중대가 분진점에 이르러 분진해 간다는 무전을 접수했다. 01:30분경에는 대대 TACP가 분진한다는 연락이 있었다. 우리 중대를 제외한 모든 부대가 분진이 완료된 것이다. 이렇게 하여 나는 대대를 중대 분진점까지 무사히 안내함으로써 임무의 절반을 성공시켰다. 중압감에서 벗어나면서 자신감도 새롭게 생겼다.

이제부터는 중대를 목표지역까지 이동시키는 일만 남았다. 나는 이제까지 이동해 온 방법으로 전진을 계속하였다. 30분쯤 지난 시점에서 10m 거리 앞에서 길을 개척해 가던 첨병, 천 상병이 대나무 숲이 가로막고 있어서 전진이 불가하다고 보고해왔다. 나는 전령과 송 하사를 대동하고 앞으로 나가서 대나무 숲을 확인했다. 대나무 군락지대는 밀생(密生)한 대나무 기둥으로 막혀서 캄캄한 어둠과 함께 숲 냄새가 코끝을 찡하게 자극하였다. 벌목도로 대나무를 잘라서 통로를 개척하고자 시도했으나 대나무가 콩나물시루처럼 밀생하고 대나무의 직경이 3~5cm 굵기로 절단작업이 불가하였다. 지도상에 대나무 군락지 범위 표시가 없어서 규모를 확인할 방법이 없었다. 우회하는 길밖에 다른 방법이 없었다. 나는 대나무 군락지 우회 시작 지점부터 얼마의 시간 거리를 우회하고 그때의 지형경사는 어느 정도였는지를 기억해야 했다. 우회가 끝난 지점부터 우회 전 나침의 방향에 따라 직진을 함으로써 요망목표까지 얼마나 우측으로 옮겨 와 있는지를 계산하였다. 염두 계산을 해보니 전진방향에서 오른쪽으로 약 250m를 옮겨왔다. 군락지가 끝난 지점에는 대나무 숲 냄새가 약해지고 숲의 밀도가 감소, 시야가 오른쪽은 더 환하게 밝아져 보였다. 한결 답답했던 기분도 서서히 밝아 왔다.

02:30분경 우리는 빗줄기가 가늘어지는 가운데 안개가 얕게 깔린 저

지대를 걷기 시작하였다. 숲 냄새가 더욱 약해지고 하늘이 간간이 눈에 들어왔다. 땅바닥은 낮은 풀이 밟히고 커다란 교목이 듬성듬성 나타났다. 이런 지형은 통상 가까운 곳에 마을이 자리 잡고 있었다. 나는 바로 여기가 나의 머리에 입력된 마지막 지형지물로 지도상에 표기된 '폐기된 고산족 마을'일 것이라고 예단하였다. 좀 더 추가 확인을 해야겠다는 생각으로 발걸음을 가볍게 옮기고 있을 때, 새벽 수탉 울음소리가 나의 귓가에 아스라이 들려왔다. 새벽의 계명성이 깊은 밤새 큰 과업을 이루고자 꿈꾸는 모사꾼들에게 얼마나 엄청난 흥분을 몰고 오는지 나는 조금 전 닭 울음소리로 실감하게 되었다. 귀가 번쩍 열리는 것 같았다.

나는 나의 바로 앞에서 걸어가는 송 하사에게 "송 하사, 방금 닭 울음소리 들었지?"하고 잠시 경계심을 놓은 채 목소리를 내며 확인하였다. 송 하사는 낮은 소리로 우전방 멀리서 수탉 울음소리를 들었다고 답해 주었다. 그 뒤 닭 울음소리는 두세 차례 더 이어졌다. 나는 "그렇다. 여기는 지도상 폐허 마을이 확실하다. 닭이 있는 걸 보니 아직도 일부 고산족이 잔류하여 살고 있는 것이다. 여기서 4km 서남방, 400m 고지 군이 바로 우리의 목표이다."라고 행군 경로를 추리하였다. 이동진로가 낮은 초원을 이루고 있고 최종목표가 분명하다고 생각하니 새벽녘의 활기까지 살아나서 우리의 발걸음이 제법 빨라졌다.

나는 한 시간, 2km 정도 거리를 같은 방향으로 이동하며 닭 울음의 진원지인 고산족 마을 형체를 찾고자 안간힘을 썼다. 그러나 마을은 시야에 확인되지 않았고 큰 키의 교목이 산재, 옛날 고산족들이 살았던 족적 같은 느낌만 받았다. 그때 나의 바로 앞 큰 교목에서 후-두둑 산새가 날아가며 새벽공기를 갈라놓았다. 송 하사가 "소대장님, 지금 닭이 날아갑니다."라고 알려 주었다. 바로 산닭이었다. 산닭이 울면서 대자연에 새벽을 알리고 떠난 것이다. 그것은 고산족이 살고 있을 것이라는 내 예상을 빗나가게 했지만, 결과적으로 여명의 기쁜 소식이 되어서 희망을 주었다.

새벽의 여명이 고산족 폐허마을에 깔려서 천지 만물을 새로 빚어낸 것처럼 자연의 형상을 드러나게 하였다. 나의 머릿속에 입력된 그 지형 특성이 그대로 실물로 나타났다. 우리의 길고 모진 하룻밤, 그 미로의 여정이 마침내 끝난 것이다. 중대장의 반가운 목소리가 뒤에서 들려왔다. "김 소위, 바로 앞에 어두컴컴한 산 능선이 우리가 배치할 차단선이야! 제대로 정확한 시간에 도착했어. 참으로 고생을 많이 했네!" 그의 목소리는 평소와는 사뭇 달랐다. 그의 목소리에는 무엇인가를 애타게 찾는 기다림과 누군가를 만남으로 인한 기쁨 같은 것이 진하게 묻어 있었다. 아! 간밤에 내가 얼마나 숨죽이며 이곳을 찾아 헤매었던가! 콜럼버스가 희망봉을 찾는 심정의 일부라도 이해할 수 있을 것 같았다. 중대장은 기분 좋게 전방에 보이는 횡격실 능선에 좌로부터 1, 2, 3소대 순으로 차단진지를 점령하도록 명하였다. 각 소대는 할당된 지역으로 이동하였다.

- **D일, D+1일** 두더지 군대로 시간만 죽였다(1966.12.17.~12.18.)

우리 소대는 06:00시에 대대의 작전계획에 따라 산 능선 5부에 확장된 저지진지를 점령하고 느슨한 포위망을 형성하게 되었다. 지형지세는 높은 위치였으나 정글로 인해서 전혀 전방을 관측할 수 없었다. 나는 분대당 복초를 산록 와지선까지 200~300m 앞으로 보내서 적의 퇴로를 조기에 경고할 수 있도록 조치하였다.

또한, 적으로부터 기습을 받게 되거나 조우할 것에 대비해서 주변의 자연동굴과 인공동굴 등 의심지역을 탐색하여 안전을 도모하였다. 어젯밤 폭우 속에서 장기간 침투 이동을 하였기에 장병들은 지친 몸을 휴식으로 재정비해야 했다. 우선 환자가 발생하지 않았음이 다행이었고 병장기가 이상 없었다. 병사들 스스로 병기 이상 유무를 확인하고 장맛비로 녹이 슨 병기 손질을 서둘렀다. 자신의 생명을 지켜줄 소총을 지친 몸보다 우선하여 손질하고 있었다. 스스로 활인검을 닦아주고 기름치고 살펴보는 행동을 보면서 이제 소대원 모두가 전문 싸움꾼으로 변모해 가고 있음이 확실해졌다. 그들이 대견스러웠고 소대장으로서 자신감도 생겼다.

우리 대대가 어제 악천후에도 불구하고 정글을 뚫고 야간침투에 성공하였기 때문에 현 저지진지는 은닉된 상태로 적을 철저히 기만할 수 있었다. 이에 중대장은 철저한 부대보안을 강조하고 적의 긴급 출몰에 적극 대비토록 당부하였다. 제1, 3대대 병력들은 제2대대가 배치된 차단능선을 향하여 은밀 탐색작전으로 적을 압박하며 1박 2일간 전진, 수색작전을 전개하였다. 그러나 접적은 전혀 없었다. 30연대는 적의 가벼운 흔적조차 발견하지 못하고 작전을 종료시켰다. 그토록 힘들게 악조건하에서 침투에 성공하고서도 피라미 한 마리 못 건지고 포위망을 걷어 들이고 말았으니, 나는 참으로 한심하다는 생각이 들었다. 적에 대한 정보가 불확실한 상태에서 작전을 계획하여 헛발질한 것이다. "정보 없는 작전은 장병의 열정을 흡수하여 불만을 야기하고 부대 전의를 앗아간다."
는 병영의 잠언을 실감하였다.

• **D+2일** 우군 간 오인, 사면에서 교전(1966.12.19.)

연대는 제2대대가 좌측, 제3대대가 우측에서 병진대형으로 08:00시에
어제까지 머물렀던 저지진지 능선에서 출발하여 2단계 탐색작전을 개시
하였다. 제6중대와 제12중대는 인접부대가 되어서 병진하도록 작전 계
획상 명시되어 있었다. 정글로 뒤덮인 평지에는 저명한 지형지물이 없어
일부 지역은 간헐천을 기준으로 적당히 전투지경선을 긋고 양개 인접대
대는 서로 협조하도록 투명지형 명령서에 간단히 표기하였다. 차단부대
로서 제1대대와 연대 수색중대가 서북방에서 차단 진지를 점령하여 포
위망을 형성하였다. 제6중대는 1단계 차단진지에서 서남 방향으로 대형
을 돌려서 2일간 전진하며 탐색작전을 하게 되었다. 제1소대는 우측에
서 제12중대와 연결하여 협조된 작전을 하고 좌측에서 제2소대, 제3소
대가 각각 병진해서 수색을 실시하며 중대본부는 제2소대와 함께 행동
하였다.

기상은 쾌청하였고 숲이 햇볕을 가려서 선선하였다. 소대는 07:30분
전장정리를 마치고 2일간 머물던 무명능선을 출발하였다. 작전 첫날 야
간침투로 지쳤던 육신이 이틀이 지나면서 회복이 되었다. 하지만 48시
간 동안 동일지점의 땅바닥에 엎드려 흙냄새 맡으며 무료한 시간을 보
내고 있다가 기동하게 되니 새로운 리듬이 생겨서 모두가 활기를 회복
하였다.

나는 시계와 기동공간이 양호하여 4개 분대 병진, 각 분대 일렬종대
대형으로 비교적 빠른 보속을 유지하며 전진을 하였다. 이동 간 좌측의
2소대가 어디서 행동하는지, 우측의 12중대가 어느 곳에서 진출하고 있

는지 시야에 들어오지 않았고 사실상 잊고 있었다. 이따금 인접부대의 상황을 확인해야 한다는 생각이 있었지만, 시계가 30~40m로 제한되었고 서로가 최대한 은밀하게 이동을 하였기에 실제로 상황이 파악되지 않았다. 그럼에도 불구하고 필요하면 그쪽에서 연락이 오겠지 하는 생각으로 별걱정을 하지 않고 있었다.

저지대의 교목이 우거진 정글은 곤충과 거머리, 뱀 등이 주로 서식하고 짐승들이 살아가는 데 부적합한 환경이었다. 이런 이유로 나는 이 지역은 베트콩의 은거지로서 부적합한 지역이라고 판단하였다. 우리 소대는 오전에 신속히 전진하였기에 오찬 겸 휴식을 조기에 하였다. 그리고 13:00시에 전진을 계속하였다. 평지에서 구릉 지대로 지형이 바뀌어서 관목이 밀생하고 가시덩굴 숲이 서로 맞대어 얽히고설키어 사실상 기동이 불가능하였다. 시계는 5~10m로 극히 제한되었다. 땅바닥은 비교적 건조하고 모기 등 곤충이 보이지 않았다. 나는 직감적으로 이런 지형에 베트콩이 은거지를 인공적으로 만든다면 매우 적합한 요지가 되겠다는 예감이 머리를 스쳤다. 그리하여 즉각 분대장들에게 사주경계를 강조하고 접적에 대비토록 지시하였다.

우리는 바짝 긴장하며 계속 탐색활동을 하였다. 각 분대가 자기 진로를 뚫기 위하여 벌목도로 나뭇가지를 치고 풀숲을 베고 몇 걸음 옮기는 데 1분 이상이 소요되어 점심 후 100m 거리를 이동하는 데 한 시간이 걸렸다. 나는 적의 활동이 예상되는 지역에서 통로개척에 소음이 나면 적으로부터 발견될 것을 우려하여 소대 일렬종대, 침투대형으로 전진토록 지시하였다.

그리고 정글의 밀도가 낮은 우측으로 옮겨서 전진하였다. 수종이 큰 나무로 바뀌었고 땅바닥이 축축해서 습기가 보였다. 벌목도로 나뭇가지 치기를 하지 않고 전진하니 이동속도가 빨라졌다. 주변이 트인 듯 밝아지고 실개천 물 냄새가 코에 닿았다. 14:30분경 하천의 폭이 5m 정도인 냇물이 전진로 상에 나타났다. 이 정도의 하폭이면 1:5만 축적의 군사지도에 표기될 터이고 이것이 제12중대와 전투지경선이 아닐까 하는 생각이 들어서 휴대하고 있던 작전계획 투명지를 지도에 덮고 현 위치를 확인하였다. 확인결과 양개 대대의 전투지경선이 분명했다. 나는 우리 작전지역이 아니므로 이 개울물을 절대로 넘어가서는 안 된다고 분대장들에게 주의를 시켰다. 그러나 제12중대와의 전투지경선인 하천변에 도착한 상황을 중대장에게 보고해야 했거늘 그냥 지나쳤다. 부대 협조 지역을 통과하는 상황보고를 경시했기 때문이다. 그 단순한 보고가 시간을 낭비하고 기도비닉을 유지하는 데 오히려 도움이 되지 않는다고 생각한 것이다. 하지만 이것이 소극적 태도였음을 뒤늦게 알게 되었다. 각 작전 실시 부대는 하루 작전 간 최소한 1회 이상 상호 통보를 해야만 혼선을 미연에 방지할 수 있었다.

나는 답답한 소정글지대를 벗어났다. 물줄기가 좔좔 흐르고 큰 나무 사이로 실바람이 불어와 땀에 젖은 얼굴을 스치고 지나니 기분이 살아났다. 제12중대의 병력은 아직 전혀 낌새를 알 수 없었고 혹시나 하는 예감이 언뜻 뇌리를 스쳐 지났다. 나는 혼자서 말없이 우측 제12중대 전투지경선을 넘어가서 주변 지형을 좀 더 세밀하게 살펴볼 요량으로 냇물 속의 오뚝한 바위를 딛고 우측 천변으로 건너뛰었다.

나의 2보 후방에 무조건 그림자처럼 따라다니는 전령 황 상병이 냇물 바위 위로 발을 딛고 있었고 향도 박 하사는 아직 냇물 좌측 변에서 냇물 속의 오뚝 바위로 한걸음 옮겨 놓을 준비를 하고 있었다. 바로 그 순간, 나의 왼쪽 직 전방 30m 지점 칙칙한 소정글에서 "탕! 탕!" 두 발의 총성이 조용한 숲 속의 공기를 갈라놓았다. 나와 전령은 조건반사적으로 총성이 울린 지점에 연발로 사격을 가했다. 이어서 좌측방에서 연발 총탄이 우리 바로 머리 위를 향하여 날아왔다. 나는 다급한 목소리로 "첨병분대는 좌측방의 적에게 최대한으로 많은 사격을 실시하라!"고 사격명령을 하달, 제3분대를 좌전방에 일제사격을 실시하도록 하였다. 잠시 후 제12중대 작전지역인 우측방에서 다량의 연발총성이 들리며 유탄이 비가 오듯 쏟아졌다. 순간 나는 소대가 적에게 3면으로 포위된 것으로 판단하였다.

우선 우측 적의 화력이 막대한 만큼 "적 주력은 우측이다. 3분대는 좌측에, 나머지 전 소대는 우측에 일제사격을 실시하라!"라고 외쳐댔다. 우리 소대 병력은 시냇물 바닥에 엎드려서 좌우 둑을 은폐·엄폐로 해서 우전방에 사격을 집중 퍼부었다. 우측방 적들은 보이지 않았으나 총구의 불빛과 소리가 불과 30~40m 근거리에서 기관총 연발 총성, 카빈 연발 총성 등 수많은 실탄이 쏟아지고 있었지만 대부분의 유탄은 나무에 맞아 우리 병력이 엎드려 있는 공간에는 이르지 못하였다. 이를 확인하는 순간 마음이 한결 편해졌다. 이때를 이용하여 일단 동남방으로 강압철수를 결심하였다. "3분대장, 김동만! 현 위치를 고수하면서 좌우측 적을 견제하라! 심 중사는 소대를 이끌고 일단 철수하여 좌후방으로 현재의 포위망을 뚫고 나갈 준비를 하라!"고 지시하고 전방과 좌측방을 살펴보았다. 적의 특이 반응이 없었다. 나는 다소의 여유를 찾았기에 중대장에게 상황을 보고하였다. 그리고 우리 1소대가 현 위치에서 견제하고 잔여 중대병력이 우측방 적에게 공격할 것을 건의하였다. 중대장은 현 위치에서 1소대가 적을 고착 견제하라고 명한 뒤 곧장 1소대 우측 지역으로 2, 3소대 병력을 서둘러 이동하도록 명하였다.

이때 2분대장 고원선 하사가 나에게 급하게 보고하였다. "우측방에서 한국군 말소리가 들립니다!" 나는 인접중대로 직감, "우측은 우리 12중대[19] 병력이다."고 화급하게 소리쳤다. 이어서 전 소대 병력이 "12중대! 12중대! 12중대!"라고 목청껏 외쳤다. 우측방에서 "한국군인가?"라고

---

19) 제30연대 제12중대는 막강한 전투력을 자랑하고 있었다. 제12중대는 머지않아 백마 1호 작전에서 혁혁한 공을 세운다.

응답이 날아왔다. 우리는 "그렇다! 그렇다! 사격 중지! 사격 중지!"라고 외쳤다. 양측의 총성은 한순간에 자동으로 멎었다. 정말 이럴 수가? 앞뒤로 꽉 막혔던 가슴을 쓸어내리며 긴 한숨을 토해 냈다. 잠깐 사이 우리 소대와 12중대가 서로 교전 간 쏜 총탄이 이 지역 상공 정찰 임무를 수행하는 미군 무장헬기에 날아가서 유탄이 집중되었다. 헬기 중기관총 사수는 우리 1소대가 하천가에 엎드려 있는 것을 베트콩으로 오인하여 사격을 퍼붓기 시작하였다. 그때 나는 헬기의 굉음과 머리 위로 지나가는 바람 기류를 확인하는 순간 회심의 미소를 지었다. 이제 우측 12중대와 불시 교전도 정리되었고 헬기 공중지원까지 받게 되었으니 좌측의 적을 본격 소탕작전을 할 수 있겠다는 생각에서다.

그러나 숨 돌릴 겨를도 없이 미군의 무장헬기 중기관총 사수는 나의 위치보다 30m 위 실개천 일대부터 하천 흐름에 따라 지역 제압 사격을 집중하였다. 조금 전 12중대병력과 교전 시에는 교목나무 밑 둥지에 의지해서 날아오는 유탄을 피할 수 있었는데, 이번에는 하천으로 인해 탁 트인 빈공간을 공중에서 관측하고 있기에 엎드리면 피탄 면적이 넓어져 더욱 위험해지고, 그렇다고 앉아있으면 하늘에서 지상을 내려다보는 사격선이 형성, 위태로워져 안절부절하며 몸을 최대로 웅크린 고슴도치 자세로 숨만 죽이고 있었다.

나는 하천변 둑 위에서 하상으로 내려오면 다소 안전해질 것 같았으나 내 주변에 워낙 유탄이 급박하게 쏟아져 움직일 틈이 없었다. 많은 유탄이 하천 좌우 둑과 냇물 바닥 일대에 집속 탄우로 떨어져 흙먼지와 물기둥을 만들고 출렁이는 물장구는 물보라를 일으켜서 갑자기 시야가 어두워졌다. 여기에서 나의 생을 마감하는구나! 죽더라도 저 하천 둑 밑에 가서 죽자고 몸을 일으켰으나 몸이 굳어져서 움직여지지 않았다. 있는 힘을 다하여 다시 몸을 일으키는 순간 엄청난 바람이 몰려와서 나의 몸을 위로 띄워 주었다. 헬기가 워낙 낮게 선회했기에 헬기의 날개바람이 나를 도와주었다. 그 여세로 나는 둑 바로 밑으로 날려서 둑의 벽에 몸을 바짝 붙이고 있으니 안전한 엄폐가 되었다.

헬기는 3회에 걸쳐 선회하며 10분간 우리 소대가 엎드려 있는 하천의 100m 거리를 경기관총과 중기관총을 번갈아 가며 집중적으로 지역제압 사격을 가하고 동남방향으로 날아갔다. 미군 헬기의 공중지원이 있다는 사전 연락도 없었고 그들의 무전 주파수도 알 수 없었으며 육성이나 어떤 신호수단도 보낼 수 없어 완전 속수무책이었다. 오직 "하느님 맙소사! 빨리 헬기가 돌아가게 해주소서!"하고 간절히 천지신명님께 빌 뿐이었다. 헬기가 우리 머리 위 10m 상공에서 낮게 저속으로 굉음과 강한 바람을 일으키며 쏟아 내는 중기관총 소사 세례는 천지개벽의 순간과도 같았다. 마지막 세 번째 선회 사격 시에는 미군에 대한 원망과 저주를 퍼부었다.

미군의 공중지원 사격이 우리 소대 첨병에게 처음 사격을 날렸던 전방과 좌측방의 베트콩 은거 초소를 완전히 제압해 주었기에 그로 인한 위협을 받지 않아서 다행이었다. 한편 중대장은 나의 최초 교전 보고를 받은 후 중대병력을 우측에 투입하기 위하여 우리 소대 지역으로 중대 잔여 병력을 급히 이동하도록 지시하고 대대 전투지경선인 소하천을 따라서 이동하였다. 그들도 우리 소대 후미에 이르렀을 때 미군 헬기의 공중 사격에 노출, 심각한 위기를 맞고 하천 둑을 엄폐물로 탄우를 피하였다.

지상의 전·좌·우 그리고 공중까지 4면에서 입체사격을 받고서도 우리는 한 명도 다치지 않고 무사했다. 하느님, 천지신명님께 진심으로 감사하였다. 중대장을 하천 둑에서 만나 '소대원 전원 무사함'을 보고하였다. 그는 무척 기뻐하였다. 그토록 쏟아지는 탄우 속에서 '전원 이상무'라니 그는 독실한 기독교 신앙인으로서 하느님께 마음속 깊이 감사하는 듯했다.

12중대는 우리 측이 발사한 유탄에 의해 1명이 부상하여 조금 전 후송 조치되었다고 중대장이 부언하였다. 나는 부지불식 간에 불상사가 발생한 사건에 마음속 깊이 가책을 느꼈다. 인접부대와의 협조를 그토록 강조하고 강조를 받아 왔지만 이런 어처구니없는 일이 벌어지다니 참으로 한심하였다. 적과 싸우다가 죽는 것도 서러운데 우군 간 싸우다가 부상을 당했다 하니 나 자신을 책망하였다. 사실 월남 정글 속에서 우군 간의 교전은 우리 부대에서만 이루어진 것은 아니었다. 늘 적보다 먼저 보고 먼저 쏜다는 의식이 뇌리에 입력되어 나뭇가지 움직이는 소리만 듣고도 발사를 하다 보니 전우, 상사, 부하를 오인 사격하는 일이 심심찮게 벌어졌다.

이는 한국군뿐만 아니라 미군, 월남군, 월맹군에서도 마찬가지였다. 그리고 1차 세계대전 시 독일군 제8군의 힌덴부르크 장군은 러시아군의 제1군 레넨캄프 장군과 제2군 삼소노프 장군의 군간 전투지경선 상에서 상호 협조가 부실한 취약점을 간파하여 러시아 제2군을 양익으로 포위하여 대승을 거둔 이른 바 '탄넨베르크 섬멸전'을 성공시킨 바 있다. 이 외에도 인접 지휘관과의 협조가 안 되어 전투에서 패배를 자초한 사례는 헤아릴 수 없이 많다. 이러한 일이 발생하는 가장 근본적인 이유는 바로 양측 지휘관의 협조정신 부족이다. 일반적으로 각급 지휘관들은 자기 부대의 책임정면에만 혼신의 노력을 경주하지 인접부대의 상황에 대해서는 태만하거나 방관하는 자세를 보이는 경향이 있다. 나는 그날 오후 내 정면의 정글 속 수색정찰에 과도하게 매달려서 인접부대와 협조를 소홀히 한 씻을 수 없는 과오를 범하였다.

그런데 이번 미군 헬기의 오인 사격은 양국 군 화력지원 참모팀의 무능과 태만에서 빚어진 사고였다. 사전 말단 부대에서 손쉽게 운용할 수 있는 신호규정을 정하고 이를 이행하도록 상시 운영체제를 구비하여야 하나 이것이 미숙하였다. 대대의 화력지원관인 포병관측장교가 중대에 매일 아침에 전파하는 신호전달체제를 운용했다면 상황을 중단시킬 수도 있었다. 이토록 위중한 과오가 있었음에도 한·미군 사이에 심도 있는 사후 논의가 있었다는 전언을 듣지 못했다. 당사자인 소대장과 중대장이 상세한 보고를 하지 않았는데 어느 누가 이 불편했던 순간의 진실을 알았겠는가? 한·미 간의 정보교류와 작전협조가 참으로 아쉬운 대목이었다.

나는 중대장에게 "적은 전방 군청색 능선의 소정글 내에 은거지를 두고 그 입구에 잠복초소를 운영하고 있다가 우리 소대의 진출을 경고하기 위하여 단발사격을 하였고, 이때 좌측의 적들이 견제사격을 함으로써 우리 소대의 진출을 저지코자 한 것입니다. 적들은 우리 소대의 즉각 응사와 미군 헬기의 공중지원 사격으로 충분히 제압되었을 것인바 지금이 적을 소탕할 수 있는 기회로 계속 탐색전을 전개하여야 합니다."라고 의견을 개진하였다. 중대장은 앞에 보이는 소정글의 지근거리에서 적으로부터 최초 사격을 받은 사실을 확인하고 탐색작전을 계속하려고 제2, 3소대에 현 위치에서 좌우로 전개할 것을 명하였다. 이어서 대대장에게 중대의 현 상황을 보고하였다. 전방의 서산마루에 하루를 다해가는 석양의 해가 낮게 걸쳐서 황혼빛이 붉게 물들고 있었다. 대대 지휘부는 이 작전이 야간작전으로 이어질 것을 우려하여 상황을 종료시켰다. 이에 따라 6중대는 광란의 피격지대를 뒤로하고 허탈한 심정으로 200~300m 거리를 뒷걸음질하였다. 당초 탐색작전 진출 대형으로 급편 진지를 점령하고 야간경계에 들어갔다.

- **D+3일** 치고 빠지기(Hit & Run) 전술(1966.12.20.)

중대는 07:00시부터 작전을 서둘렀다. 우리 1소대가 좌측에서 산악 고지대의 5부 능선으로, 2소대가 중대본부와 같이 중앙의 저지대, 그리고 3소대가 우측 산지 3부 능선을 타면서 3개 소대 병진대형을 갖추고 서북방으로 전진하였다.

기상은 구름 한 점 없이 맑았다. 서쪽 산간지대에서 불어오는 아침 바람이 얼굴을 간질이니 기분이 상기되어서 동작이 빨라졌다. 나는 오늘은 어떤 일이 또 일어나려는지, 궁금증에 가까운 호기심이 일어났다. 나는 자신을 자중하자고 굳게 다짐하였다. 좌측지대는 낮은 정글이 빽빽하여 병력의 기동을 극히 제한하였으나 적으로부터 은폐를 제공해 주었고 중앙지역은 교목이 드문드문 산재하고 있어 부대 기동은 양호하나 적으로부터 관측되어서 노출된 상태로 이동하였다.

우리 소대는 출발 이후 소정글을 극복하며 천천히 4개 분대 병진대형으로 수색을 실시하였다. 분대의 진출은 숲의 밀도에 따라서 전진속도에 차이가 있었다. 08:45분쯤 나는 2분대와 함께 전진하다가 산악지대로 연결된 소로를 발견하였다. 제법 큰길로 우마차가 다닐 법한 길이었다. 필시 접적할 것이란 예감이 머리를 스쳐 지났다. 나는 2분대장에게 각별한 주의를 당부하였고 한 발자국을 옮길 때마다 조심스럽게 걷게 하고 좌우 전방 경계의 끈을 최대한으로 당겨서 즉각 조치가 가능토록 하였다. 이어서 다른 분대에게도 접적할 대비 태세를 유지하도록 강조하였다.

우리는 이윽고 고산족들이 살고 있는 제법 큰 마을에 이르렀다. 군사지도에 표기가 없는 마을이 이렇게 큰 터를 잡고 산간오지에 형성, 평화롭게 살고 있다니 신기한 생각마저 들었다. 상급부대는 이런 상황을 전혀 모르고 있는 것인가? 이 마을 주민은 어떤 성향이 있는가? 이들을 만나면 어찌해야 할 것인가? 마을을 수색해야 할 것인가? 갖가지 생각을 하며 마을 안으로 들어갔다. 마을 고샅[20]과 주택 안은 대체로 깨끗하게 정리되었으나 인기척이 전혀 없었다. 이렇게 조용할 수 있을까!

20) 시골 마을의 좁은 골목길 또는 골목 사이를 말한다.

너무 적막감이 들어서 불안감이 들었다. 저돌적인 2분대장이 "소대장님, 저쪽 집안을 한번 뒤져 의심 가는 곳을 찾아보겠습니다."하고 가택수색을 건의하였다. 당장 주민이 적대적 행위를 하지 않고 있으며, 조용하게 아침을 맞이하고 있는 고산족의 가택을 기습 탐색하는 것은 저들이 누리는 조용한 아침의 평화를 깨버리는 것 같아서 내 양심의 교전규칙이 허용하지 않았다. 그래서 나는 진출해야 할 거리가 아직 많이 남아 있다는 이유를 들어 고 하사의 건의를 받아들이지 않고 마을을 조용히 통과하였다.

고샅길은 마을을 벗어나 산으로 계속 들어가는 소로길로 이어져 오르막 경사길을 이루어갔다. 길의 좌우는 소정글과 풀숲이 얽혀서 출입이 불가한 상태였다. 긴장감이 몸에 엄습해 왔다. 소대는 분대별 통로개척이 어려워져서 소대 1열 종대대형을 갖추게 되었다. 어제 오후 시냇가를 이동하다가 베트콩에게 먼저 발견되어서 기습사격을 받았던 기억 때문에 첨병은 2분대의 베테랑 첨병 유 상병이 길을 선도하도록 하였다. 그는 땅바닥에 군화의 먼지라도 떨어질까 걱정하듯 사뿐한 발걸음으로 보행 소음을 죽여서 걸어가다가 갑자기 엎드리곤 했다. 그는 위험한 지역을 지날 때마다 전방과 좌우측방을 오관과 육감을 동원하여 보고 듣고 냄새 맡고 피부로 접촉하고 마음으로 느껴서 이상이 없다고 판단되면 손짓을 보냈다. 그때 첨병분대장이 완수신호를 확인하고 일어나 이동하면 그 뒤를 병력들이 따라가기를 반복하며 소대는 은밀한 주간 침투를 계속하였다.

10:40분 첨병이 30m 전방에 이상 징후가 있다는 완수신호를 보냈다. 나는 소대원을 전원 엎드려서 경계토록 하고 첨병분대장과 함께 낮은 포복으로 첨병이 엎드려 있는 위치까지 전진하였다. 그는 길모퉁이 좌측 상단부의 나뭇가지가 심히 흔들리고 있기에 적의 매복이 있을 것이라 예측하였다. 나는 첨병분대장에게 전방 감시를 철저히 하도록 지시

한 후에 소대위치로 돌아와서 제1, 3분대를 선임하사관이 지휘하여 전방 능선 좌측으로 우회, 이동하고 화기분대의 기관총은 좌측방 능선 상에 사격진지를 점령하여 지원사격을 실시하도록 명령을 하였다. 그리고 나는 2분대장이 위치한 곳에서 지휘하기로 하였다. 2분대장은 첨병 유근영 상병과 함께 소로길을 따라 예상되는 적 은거지역을 향하여 낮은 포복으로 접근하였다.

잠시 후 그들의 15m 앞에서 연발사격이 시작되었다. 총탄이 철모를 스쳐 지나갔으나 두 사람 모두 이상이 없었다. 제2분대는 낮은 관목 정글로 기동로가 막혀서 더 이상 앞으로 나아갈 공간이 없자 그 부근에서 엄폐하며 적과 대치하였다. 화기분대 박정훈 병장은 관목가시나무와 잡풀이 뒤범벅된 소정글을 뚫고 들어가 기관총을 능선 위에 위치시키고 우측 방 2분대 앞을 사격하는 적에게 위협사격을 실시하였다. 이때 화기분대가 점령한 사격진지 150m 앞 능선에서 베트콩 주력으로 보이는 소대 규모가 화기분대의 사격진지에 집중사격을 가해 왔다. 2분대는 그 틈을 이용하여 적의 최초 잠복지점을 점령하고 엄호사격을 하였다. 그러나 앞 능선에 배치된 적의 주력이 우리 2분대 좁은 진지 공간에 집중사격을 해옴으로써 더 이상 앞으로 진출은 어려운 상황이 되었다. 적들은 화기분대와 제2분대의 진출선을 저지하기 위하여 맹렬히 사격을 가해왔다. 그래서 화기분대와 제2분대는 능선의 바로 밑에 일시적으로 엄폐하였다가 다시 올라가 사격하기를 거듭하였다.

이 무렵 적의 주력은 우리 소대의 우측 높은 교목 숲 지대에서 기동하는 제2소대 병력이 그들이 배치된 능선 좌단을 향하여 전진하는 것을 관측하고 제2소대와 후속하는 중대본부를 하향하여 250m 거리에서 기관총을 연발로 집중사격을 퍼부었다. 이로 인하여 제2소대는 분대장 1명이 부상으로 긴급 후송되었고 중대본부 병사는 카빈 소총 위 덮개가 파손되는 등 긴박한 상황에 직면하였다. 중대장은 제2소대에 집중하고 있는 적의 공격을 약화시키기 위해 우리 소대가 좌측에서 적을 신속히 공격하라고 다급하게 명하였다. 나는 전방 능선에 배치된 적진지에 포병사격을 요청하여 적을 제압하고 능선을 공격하는 것이 좋겠다고 건의하였다. 그러자 중대장은 어제 미군 헬기의 기관총 오인사격을 염두에 두고 지금 대치하고 있는 피아의 거리가 불과 300m 이내로 위험하다는 이유를 들며 망설였다.

한편, 선임하사 심 중사가 인솔하는 제1, 3분대가 소대 좌측에서 기동하는 데 많은 시간이 소요되었다. 가시덤불로 우거진 소정글에 막혀서 250m 이동하는 데 1시간 이상 소요되어 13:00시에 겨우 전방 능선에 도착하였다. 심 중사는 능선 동남부 숲지대, 즉 우리 측에 사격을 가하였던 적진지 일대를 수색하였으나 적들은 온데간데없이 사라졌다. 적들은 우리가 접근하면 정글의 어느 바위 틈새, 인공동굴, 자연동굴, 물속, 묘지 등 미리 준비된 곳으로 귀신같이 잠적하곤 하였다. 그들의 은신기술은 참으로 감탄을 금치 못한다. 나와 제2분대는 화기분대의 기관총 지원사격을 받으면서 오후 13:30분에 선임하사 조와 합류하였다. 우리는 닭 쫓던 개와 같이 허탈하였다. 어제 오후부터 오늘 오전까지 적의 탄우 속에서 피 말리는 시간을 보냈지만 소득은 아무것도 없었다. 마치 적으로부터 조롱을 당한 것 같은 기분을 숨길 수가 없었다. 적의 선제에 항상 뒷북을 치는 격이었다. 이제는 적이 계획한 시간과 장소에서 그들이 원하는 방식으로 싸워주는 작전모델을 탈피해야 한다는 생각이 뇌리를 감쌌다.

중대는 적들의 교묘한 기만전술에 값비싼 대가를 지불하지 않고 실전경험을 축적했다는 선에서 자족하고 탐색작전을 마무리하고 병력을 철수시켰다. 우리 소대는 비록 전과를 획득하지는 못했지만, 각종 악조건에서도 전혀 피해를 입지 않고 작전을 마무리할 수 있었다는 점을 위안으로 삼았다. 우리가 전투력을 완벽히 보전할 수 있었던 이유는 첫째, 적의 매복지점을 유능한 첨병이 사전 예측하고 조기 경고를 하였다는 점, 둘째, 주간침투 시 은밀히 행동하였고 개인 전투기술이 우수하였다는 점, 셋째, 제1, 3분대가 좌측방으로 기동하여 적에게 측방 위협을 가중시켰다는 점, 넷째, 제2분대와 화기분대의 기관총 엄호사격이 적들의 사격을 견제하였고 우측 제2소대의 공격기동이 조기에 적들의 철수를 강요하였다는 점, 다섯째, 소대원들이 소대장의 지휘에 능동적으로 따랐다는 점이다.

제30연대는 주마 1호, 2호 작전을 통합하여 1966년 12월 16일부터 20일까지 5일 동안 푸롱 지역을 탐색하며 연대 작전을 실시하였으나 괄목할 만한 성과를 거두지 못하고 복귀하였다. 그러나 연대 지휘부는 미문미답 지대에 연대 병력을 투입하여 대과 없이 실전훈련을 체험했다는 점에 의미를 두고 있었다. 이로부터 1개월 후 우리는 이 경험을 살려서 백마 1호 작전에 투입되어 대부대 작전에 기여하게 되었다.

백마 1호 작전

1. 상황

제9사단은 1966년 10월 22일 한·미 간에 한국군 작전 관할지역에 관한 군사적 합의가 성립되자, 책임지역에 준동하고 있는 적을 섬멸하고자 하였다.

기온은 21~38℃를 유지하였으며 계절적으로 건기인 관계로 강수량이 거의 없었고 청명한 날씨가 계속되었다. 작전지역은 중부 월남 칸호아성 디엔칸의 서북에 자리 잡고 있는 혼바산(1361m), 혼주산(924m), 다박산(734m) 등 500m 이상 고지대로서 서측방은 천연 암석동굴로 형성되어 있었다(요도#2, 백

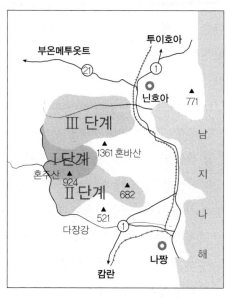

〈요도#2. 백마 1호 작전지역〉

마 1호 작전지역).

적의 주력은 월맹 정규군 제5사단 제18B연대 8대대이고 칸호아성에
는 베트콩 1,200여 명이 준동하고 있었다. 이들은 82mm 박격포 14문,
60mm 박격포 5문, 무반동총 75mm 13정, 경기관총과 소화기 등으로
무장하고 있었다. 적들은 고산지대 카오계곡, 다마이계곡, 닌홍계곡에
은거지를 구축하여 활동하는 것으로 예상되는 가운데 디엔칸-닌호아-
투이호아를 연한 1번 공로와 디엔칸-둑미-부온메투옷트를 연하는 21
번 도로를 차단하고 각종 위해를 가하고 있었다.

2. 백마사단 작전 계획

백마 1호 작전이라고 명명된 이 작전은 제9사단이 월남에 도착, 3개월
만에 실시하는 최초의 사단급 작전으로 1개월이 넘게 진행된 장기작전
이었다. 제9사단은 1월 18일 작전 준비명령을 하달하고 혼바산 지역에
대한 정찰을 실시한 후 작전계획을 완성하였다. 사단이 하달한 작명의
요지는 다음과 같다.

1) 작전목표: 1번 공로(투이호아-판랑)에 대한 안전을 확보하는 것
2) 작전임무: 혼바산 서측방 산악지역 내의 적을 소탕하는 것
3) 작전기간: 1967.1.29.~3.5. (총 36일)
4) 작전개념(요도#3, 백마 1호 작전 단계별 계획)
  ①기동부대는 공중강습한 후에 수색 소탕 작전을 실시한다.
  ②제1단계(D~D+9): 제29연대는 북, 제30연대 제2대대는 남에서 적
    을 포위한 후 포위망을 압축하여 각각 목표#2, 3의 적을 소탕한다.
    이때 제30연대 제3대대는 서측방을 차단한다.

③제2단계(D+10∼D+18): 제30연대는 목표#4의 적을 수색 소탕한다.

이때 제29연대는 남측방을 차단한다.

④제3단계(D+19∼D+35): 제29연대는 목표#1의 적을 수색 소탕한다.

이때 제30연대는 북측방을 차단한다.

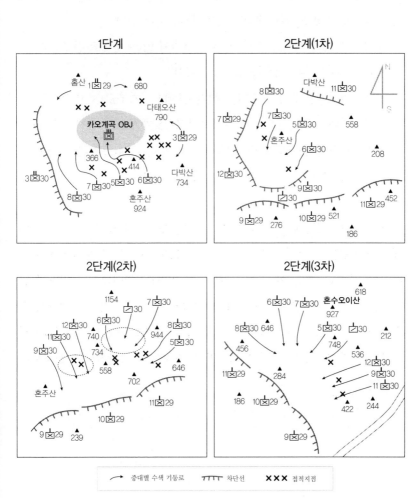

〈요도#3. 백마 1호 작전 단계별 계획〉

5) 화력운용

①D일(1.29) 06:40분부터 06:57분까지 17분간 B52기 12대로 다테오산 538고지 일대 카오 계곡 1,000m×3,000m에 아크라이트 융단 폭격 (52.2만 파운드)을 실시한다.

②D일(1.29) 07:00분부터 07:57분까지 57분간 105mm 20문, 155mm 36문으로 카오 계곡에 공격준비사격을 실시한다.

③포격 시 산악지역 몬타냐 족은 거주하지 않는 것으로 간주한다.

6) 공중강습을 위한 헬기착륙장(LZ) 준비

①제29연대 9중대, 1개 소대는 헬기 LZ#14 개척조로 사전 투입한다.

②제30연대 6중대, 1개 소대는 헬기 LZ#15 개척조로 사전 투입한다.

③미 제7전술 공군의 F100 전폭기는 LZ#14, LZ#15 일대를 공중 폭격하여 밀림수목을 부분 제거한다.

사단의 작전명령에 따라 제30연대는 1월 25일부터 제대별로 예하부대에 작전명령을 하달하였다. 작전단계별 제30연대 및 제2대대의 임무는 다음과 같았다. 제1단계 작전 시에는 제30연대 제2대대가 포위망의 남쪽에서 적을 포위 압축하여 목표#3 지역의 적을 소탕하고, 제2단계 작전 시에는 제30연대가 목표#4 지역의 적을 수색 소탕하며, 제3단계에서는 제30연대가 제29연대의 목표지역 북측방에서 차단작전을 실시하는 것이었다.

3. 제1단계 작전(D~D+8일, 1967.1.29.~2.6.)[21]

* D일 LZ#15 헬기장 개척 실패와 혼주산 침투(1967.1.29.)

제6중대 제2소대는 작전명령에 따라 07:50분에 혼주산(924고지) 정상 일대에 LZ#15를 개척하기 위하여 헬기 4대에 분산 탑승하여 기지를 출발하였다. 제2소대가 혼주산 상공에 도착하여 착륙을 시도하였으나 높이 30m 이상의 교목이 덮여있어 로프 하강이 어려웠다. 이에 제2소대장은 중대장에게 회항을 건의했고, 중대장은 대대의 승인을 받고 LZ#15 개척조를 복귀시켰다. 이로 인하여 제2대대의 제5, 6중대는 LZ#15를 이용하지 못하고 제29연대의 LZ#1를 이용하게 됨으로써 당초 계획에 차질이 발생하게 되었다.

한편 제29연대 LZ#14 개척조는 예정된 지점에 공중강습, 착륙하였다. 그들은 적의 위협이 예상되는 가운데서도 TNT를 폭파시켜 직경 100cm 이상의 교목을 절단하면서 착륙장 설치작업을 강행하였다. 긴박하면서 동시에 자신감과 기대감이 발동, 여유를 찾은 특공대장 김 소위는 임무 수행과정을 보존하는 영상을 취재하다가 폭발물 파편을 맞고 전사하였다. 그럼에도 불구하고 그들은 착륙장 개척 임무를 성공적으로 완수, 제29연대 제3대대는 차질 없이 작전병력을 공중기동시킬 수 있었다.

나는 우연한 기회에 6중대장과 백마 1호 작전 상황을 회고할 시간을 갖게 되었다. 첨병 임무를 1소대에 우선 부여하였는데 헬기장 개척임무를 2소대에 부여한 특별한 이유라도 있었는지 물었다. 그는 1소대에 임무를 부여하려고 생각하다가 2소대가 현장에서 융통성 있게 대처할 것이란 판단에서 결심을 바꾸게 되었다고 술회하였다. 나와 6중대장은 "박 소위가 당시 혼주산 상공에서 착륙불가를 신속하게 판단하고 회항을 건의한 것은 적절했다."고 의견을 모으고 아울러 나는 중대장의 2소

---

21) 실제 작전기간은 최초 작전계획상의 작전기간과 약간의 차이가 있었다.

대 투입 결심이 적절했다고 동감하였다. 만약 1소대에 임무가 부여되었다면 그냥 회항했을까? 나는 당시 무모하리만치 우직스럽게 임무를 완수하려고 했기에 회항 결심은 쉽지 않았으리라. 하강을 강행했을 경우, 어떤 불미스러운 일이 일어날지 모를 일이었다.

손자병법에 장유오위(將有五危)라는 말이 있다. 그것은 장교에게는 다섯 가지의 위험한 사항이 있다는 뜻인데, 그 첫 번째가 필사가살야(必死可殺也)라고 하였다. 장교가 필사적으로 싸우면 결국 죽을 수도 있다는 것이다. 이는 불요불급(不要不急)한 죽음에 함부로 뛰어들지 말며 강요하지 말라는 의미가 있다. 즉, 장교는 상황을 철저히 살펴서 경중완급을 판단, 용의주도하고 자중자애하며 무겁게 행동해야 한다는 뜻이다. 나는 젊은 장교들이 충성심과 용기라는 결벽증에 사로잡혀 또는 공명심으로 인해 분별력 없이 충동적으로 사지에 돌진하다가 죽음을 맞이하는 것은 심히 안타까운 행위라고 말해주고 싶다. 진정한 충성심과 용기는 내 목숨이 아니면 내 부하와 내 조국을 살릴 수 없다고 판단될 때 목숨을 거는 것이다.

6중대는 2대대의 다른 중대들과 더불어 1월 29일 아침 판랑 남단 푹티언 기지를 카고 차량으로 출발하여 캄란의 연대본부 지역에 도착하였다. 제2소대가 헬기 착륙장을 구축할 수 없게 되어서 곧바로 작전지역에 헬기로 투입하지 못하고 11:00시

경 닌호아 사단 사령부 지역에 집결하여 대기하다가 제29연대 작전병력의 투입이 완료된 이후 13:30 LZ#1으로 투입하게 되었다.

2개 보병연대 병력을 한 장소에서 헬기로 투입하는 모습은 가위 장관이었다. 1개 분대를 탑승할 수 있는 UH-1기 수십 대가 동시에 떠서 혼바산 험준한 산악 곳곳으로 기동시켰다. 거대한 까마귀 떼처럼 수많은 헬기가 하늘을 덮으며 산속으로 날아가는 모습은 공상 영화에서 나타나는 장면을 연상케 하였다. CH-47 대형 헬기가 105mm 곡사포를 매달고 날아가 산간오지에 방열하는 장면도 호기심을 부추겼다. 이것이 바로 현대 기동전이라고 생각하며 기동전의 정수에 매료되다 보니 내가 어느새 구경꾼이 되어 버렸다. 미군의 과학 첨단장비와 엄청난 물량전에 스스로 압도되었다. 내가 이럴진 데, 적들은 오죽하겠는가! 나는 우리와 싸울 적이 소총만으로 무장된 게릴라라는 생각에 그들이 너무 가소롭게 느껴졌다. 거기에 어떤 함정이 도사려 있는지를 까맣게 모른 채 우리의 위용을 보고 벌벌 떨고 있을 적을 잡으러 간다는 생각으로 들떠 있었다.

마침내 우리 소대는 헬기장을 이륙하여 LZ#1 상공에 도달했다. 이곳은 다박산(734m) 동측 능선 450m 고지대로서 비교적 평편한 지형에 낮은 관목이 성글게 산재하였고 억새와 갈대가 대부분 자리하고 있었다.

소대원들은 새로운 지형에 어리둥절해 하면서도 무사히 헬기에서 이탈하였다. 이후 소대는 착륙장 서측방으로 이동하여 잠시 대기하다가 중대병력과 합류하여 작전의 출발지점인 924고지를

향하여 종대대형으로 출발하게 되었다(요도#3-1, 1단계 중대별 기동로).

우리는 방탄조끼를 모두 착용하였고 개인 기본휴대 탄약과 수류탄 5발, 크레모아, 조명지뢰, 전투식량 9끼니분, 개인 장구류

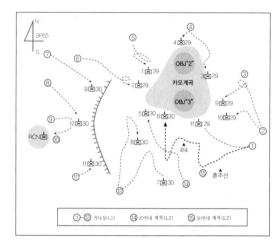

〈요도#3-1. 1단계 중대별 기동로〉

를 휴대하였다. 기본군장에 공용화기 탄약과 사격 기자재, 분대장 휴대 무전기, 지휘용 신호탄이 추가되어서 평균 휴대 중량은 30kg을 상회하였다. 그러다 보니 언제 교전이 발생할지도 모르는 적 활동지역에서 전투병의 거동은 너무나 둔중하였다. 우리는 무거운 등짐을 메고 빽빽한 밀림을 뚫고 높은 산을 향하여 숨을 헐떡이며 걸어야 했다. 아침 기온은 25℃였으나 오후에는 폭염이 대지를 달구어 36℃를 넘어서 온통 한 증탕을 만들어 놓았다. 우리는 LZ#1에서 출발한 후 1시간이 지나서 다박산(734m) 정상에 이르렀다. 중대는 10분간 휴식을 취하고 장비와 군장 결속을 점검하였다. 오늘 처음 착용하고 나온 방탄조끼에 30kg이 넘는 무거운 군장을 메고 36℃가 넘는 찜통더위 속에서 험준한 산악 정글을 뚫고 고지로 올라가는 고산 등정은 고역 그 자체였다. 경계심은 저만큼 가 있었고 군 기강은 느슨해질 대로 느슨해졌다. 일부 병사는 C레이션 속에 포함되어 있는 과자, 코코아, 영양가 낮은 캔을 추려서 슬며시 정글 속에 던지고 있었다. 나는 체력이 있는 병사에게는 호통을 쳤으나 허약해 보이는 병사에게는 모르는 척하면서 지나쳤다.

중대 행군대열은 15:00시 924고지 혼주산을 향하여 이동하기 시작하였다. 출발 후 30분이 경과하면서 대열은 산만해져서 지휘조치가 요망되었다. 사주 경계를 하며 조용한 침투대형을 유지해야 함에도 대열이 흐트러지고 둔중한 발걸음 소리가 밀림 속으로 퍼져 나갔다. 나는 각 분대장들에게 투혼을 발휘할 것을 독려하였다. 체력이 있는 병사가 무거운 장구류를 받아서 힘겨워하는 병사를 지원해 주도록 전우애를 돋웠다. 대열은 깎아지른 듯한 급경사로 길도 없는 숲 속을 뚫어가며 계속 올라가고 있었다. 흡사 물속에 빠졌다가 금방 나온 사람처럼 온몸이 땀으로 젖었다. 수통의 음료수는 이미 바닥났지만, 고산 봉우리 능선인지라 냇물 줄기는 찾을 수도 없었다. 허약한 병사는 물론 대부분의 대원들, 심지어 소대장까지도 밀려오는 갈증과 피곤에 지쳐서 쓰러질 지경이었다.

오후 16:30분경 남국 산악 능선에 이글거릴 만큼 폭염을 작열하던 태양이 서편 하늘 아래로 기울기 시작했다. 얼마 후 어둠이 내리면 지금의 이 고통이 줄어들 것이라는 희망의 끈이 보이는 것 같았다. 그렇지만 한 발자국을 옮길 때마다 느껴지는 고통은 조금도 사라지지 않고 계속되고 있었다.

잔인할 정도로 엄격한 Y중대장은 지휘책임감 때문에 장병들의 어려움에는 아랑곳하지 않았다. 오로지 일몰 전까지 계획된 지역에 병력을 도착시켜야 한다는 일념으로 대열 선두에서 휴식 없이 강행군을 다그쳤다. "첨병은 어서 통로를 개척, 보속을 빨리하라! 젊은 놈이 뭐가 그렇게 힘이 드느냐? 동작을 서둘러라."라고 성화를 냈다.

그러나 지휘자조차 지칠 대로 지친 상태에서 부대의 전술행동은 보이지 않았고 통제하는 간부조차 없었다. 지금 우리가 지나고 있는 여기가 바로 적의 은거지가 아닌가! 이토록 무질서하게 대열이 흩어져서 되겠는가? 머릿속에서는 무엇인가 해야지 하고 의도가 맴돌고 있었지만 몸이 전혀 따라주지 않았다. 나는 어금니를 힘껏 깨물어서 정신을 가다듬고 대열의 한쪽으로 나왔다. 힘들게 지나가는 대원들 한 사람 한 사람 이름을 불러주면서 "힘을 내라, 다 와 간다. 조금만 참아라. 끝까지 참고 가야 돼!"를 연발하며 소대의 후미에서 행군을 계속하였다. 대원을 격려하며 소리쳐서 에너지가 소진됐는지 다리가 더욱 무거워지기 시작하였다. 방금 병사들에게 외쳤던 것처럼 나에게도 최면을 걸어서 발걸음을 옮겼다. 하지만 이따금 정신이 몽롱하고 의식이 가물거렸다. 그래도 오직 대원과 함께 모든 육신의 에너지를 일통(一統)·일관(一貫)시켜 줄 것을 기도, 몸부림치며 정신을 차렸다.

18:30분 드디어 우리 행군 대열은 혼주산 924고지 정상지점에 도달했다. 우리의 수고를 위로하듯이 가벼운 미풍이 시원하게 살갗을 스치며 지났다. 이글거리던 태양은 기세를 다한 듯 카오 계곡 넘어 서편에 솟아오른 봉오리에 걸쳐서 누런 황혼빛으로 바뀌어 가고 있었다.

중대는 혼주산 서측방에 원형진 형태로 급편 방어진지를 편성하고 야간경계에 임하였다. 소대는 산병호선 전방 30m 거리에 크레모아를 설치하고 적 접근 우려지역에 조명지뢰를 매설하였다. 소대 LMG를 서북측방에 주 사격 방향을 두고 적의 야간 습격에 대비하게 하였다. 병사들은 엄체호를 구축하면서 어둠 속에서 C레이션의 캔을 조심스럽게 땄다. 당초 기동계획대로 LZ#15 착륙장을 개척하였더라면 이동을 하느라 그토록 고통받지 않았을 터인데, 우리는 계획변경에 따른 대가를 톡톡히 치르고 말았다. 더욱 힘들었던 것은 처음 지급된 방탄조끼였다. 그럼에도 불구하고 소대원들은 사력을 다하여 무사히 목표지점에 도착하였고 그러한 사실에 대해 누구 하나 불평불만을 표출하는 사람이 없었다. 그들의 충정에 말할 수 없는 고마움과 전우애를 느꼈다.

동녘 바다 쪽에서 둥근 보름달이 탐스럽게 떠올랐다. 산 정상에서 바라보는 하늘에는 벌써 초롱초롱한 별들이 우리의 머리 위를 뒤덮으며 밤을 예찬하듯 전장의 밤을 장식해 주었다. '고향 하늘도 저 달이 똑같이 비추고 있겠지'라고 생각하다가 섣달 밤의 차가운 달이라서 외면받을 거라는 엉뚱한 생각도 하였다. 이런저런 생각이 지나가며 밤은 깊어가고 지친 몸에는 한기가 스며들었다.

그런데 자정쯤에 갑자기 중대 방어지대의 중앙지점에서 꽝하는 파열음이 새벽공기를 갈라놓았다. 신경을 곤두세우고 제2의 폭음을 기다리고 있을 때 중대장으로부터 이동명령이 떨어졌다. 중대장은 폭발음을 적의 박격포 공격으로 판단하고 피탄 지대를 이탈하기 위하여 부대 이동을 지시하였다. 소대는 어둠 속에서 조명지뢰 등을 회수하고 군장을 꾸려서 북측 9부 능선 방향으로 이동을 개시, 교목이 산재하고 있는 숲속을 한참 동안 내려왔다. 지형과 적정을 전혀 감지하지 못하고 300m쯤 이동하다가 그대로 각자 자리에 주저앉아 좌우경계를 취하며 새벽을 맞았다. 고된 행군 후에 우리는 한숨도 자지 못하고 긴장 속에서 첫날을 보냈다. 참으로 지루하고도 긴 하루였다.

- ■ D+1일 ■ 적군 중급부대 지휘부 탐색, 현금 등 노획(1967.1.30.)

백마사단의 공격제대는 07:00시를 기하여 일제히 수색작전을 개시하였다. 제29연대 제1대대가 북에서, 제3대대가 동에서 각각 카오 계곡의 중심부를 향하여 전진하고 우리 제30연대 제2대대는 남에서 북으로 카오 계곡 안으로 전진하여 포위망을 서서히 압축하여 들어갔다. 제30연대 3대대는 작전지역의 서측방을 차단하여 수색부대를 엄호하였다. 우리 제30연대 제2대대는 제5, 6중대를 원시림이 무성하고 가파른 혼주산 북측능선으로, 제7, 8중대를 비교적 평탄한 능선으로 각각 투입하였다.

혼주산 밀림 속에도 아침 햇살이 스며들어 고요한 숲 속이 밝아졌다. 병사들은 좌우로 향하여 엎드려 경계하다가 배낭에서 전투식량을 꺼내 취식을 마치고 출발을 서둘렀다. 어제의 산악 행군 간 힘든 경험을 연상하여 고기 종류의 캔을 비우는 등 각자 단단히 마음의 준비를 하였다. 선임하사가 낮에 일어날 적과의 접전을 예상하여 미리 귀띔을 하고 채근해 주어서 마음이 든든하였다. 나는 분대장들을 소집하여 그들의 지도 위에 오늘의 진출로가 제대로 표시되어 있는지를 확인하고 적과 접촉 시의 행동요령을 강조하였다. 특히 미군의 항공폭격과 포병의 공격준비사격으로 자연환경 변화가 예상되므로 안전에 유의할 것과 칸호아성의 베트콩 대대가 우리 소대 진출로에 위치해 있음을 상기시켰다. 동굴에 진입할 시 먼저 수류탄을 투척하여 동굴 내부의 적을 제압하고 수색할 것을 강조하였다.

6중대는 어제처럼 일렬종대로 북측 능선을 따라 내려가다가 924고지 7부 능선 지형에 이르러 소대별로 분진을 하였다. 이에 따라 우리 1소대는 10:00시경 414고지 좌단을 지나 완만한 경사지역에서 분대별로 분진하여 수색하기 시작했다. 암석지대를 지나가는데 갑자기 수목이 없어 휑한 공간이 앞에 나타나고 수색진로가 자연히 중단되었다. 우리는 촉각을 곤두세워 은밀히 10여 분에 걸쳐 바위 틈새를 이용하여 지나갔다. 동물 썩은 냄새가 콧속을 자극하였다. 검은 바위 사이에 착생한 관목과 풀 위에 흙먼지가 눈 덮이듯 쌓여 있는 모습이 시야를 어지럽게 자극하였다. 천연 자연림에 흙먼지가 잔뜩 쌓여 있다니 이곳이 바로 항공폭격의 현장임을 직감하였다. 미 공군 B-52 전략폭격기의 항공폭탄이 떨어진 곳은 마치 강진으로 지각변동이 생긴 현장처럼 보였다. 미 공군의 항공폭탄은 1발에 500~750파운드 위력으로 너비 20m, 깊이 5m의 구덩이를 만들고 그 흙, 돌멩이, 나무뿌리 및 가지를 절단, 공중에 높이 비상시켰다가 이곳저곳에 흉측스럽게 뿌려놓았다. 이번 작전에 사용된 총 항공폭탄 투하량은 무려 52.2만 파운드였다. 여기에 4개 구경의 포병이 총 1,571발을 쏟아 부었으니 이 강력한 화력이 이렇게 땅을 뒤집어

놓은 것이다.

나는 카오 계곡의 베트콩 예상 은거지에 엄청난 폭탄을 쏟아 부었기에 적의 많은 사상자가 무너진 흙더미에 묻혀있을 터이니 분대장들에게 수색을 철저히 하고 베트콩 부상자 발견 시 생포하여 일단 응급조치로 생명을 구조하라고 지시하였다. 이 상황에서 잔적이 저항할 것이란 생각은 조금도 하지 않았다.

우리는 적의 타격지대 심장부에 이르렀다. 20cm 이상 흙먼지가 바위 위에 쌓여서 보행 자체가 위태로웠다. 폭격 후 30여 시간이 경과, 기온이 35℃에 이르니 폭격지대에 서식하는 야생 동물과 조류, 곤충, 파충류가 부패하기 시작하여 계곡 일대는 악취가 진동하였다. 우리 수색대원들은 오직 폭격에 따른 전과를 찾기 위해 폐허 속을 헤치고 허우적거리며 발걸음을 조금씩 옮겼다. 동굴 입구가 흙더미에 막힌 곳도 많았다. 나는 무전병을 대동하고 동굴 속으로 들어가 보았다. 동굴 안은 흙먼지가 쌓이고 어두워서 연옥 속으로 수색활동이 불가하였다.

자칫 파괴된 암석이 굴러떨어지는 안전사고가 우려되어 나는 이 폐허지대를 일단 이탈하도록 지시하였다. 또한 '과연 어떤 생존자가 이 연옥 속에 그냥 머물러 있겠는가?'라고 자위하였다. 폭격지대를 벗어나 북쪽으로 전진하다가 점심 겸 휴식을 취하였다. 악취가 콧속에 머물고 있지만 소대원들의 C레이션 캔을 따는 소리는 빠르고 힘차게 느껴졌다.

13:00시경 소대는 414고지 좌단 능선을 따라 분대별로 수색을 시작하였다. 낮은 관목 정글이 있고 실개울이 흐르는 계곡이 나타났다. 인적이 활발한 지역일 것 같은 느낌이 들었다. 앞서 전진하던 2분대장이 진로 상에 원두막 형태의 간이 목조건물이 발견되었다고 보고하였다. 나는 소대 향도와 함께 그곳으로 가보았다. 분대 단위 인원을 수용할 수 있는 통나무로 된 임시 건물이 움집처럼 4~5동씩 건축되어서 한 계곡에 집성촌을 이루고 있었다. 규모가 너무 커서 경악하였다. 어떤 건물

앞에서는 깨끗이 비질을 한 자국을 발견하였다. 이들이 탈출 시 의도적으로 모든 흔적과 유물을 없애버린 것이라고 생각하니 적들 나름대로는 견벽청야(堅壁淸野)[22]의 전술을 쓴 것이 아닐까 하는 생각이 들었다.

나의 마음속에는 "이들의 보안의식과 야전군기가 대단하다. 결코 만만한 상대가 아니다. 이들은 우리의 수색대가 훑고 지나면 곧바로 복귀하여 이 병영으로 돌아오겠지!"라는 생각이 자리 잡았다. 그래서 이 병영 막사를 불태워 없애고 가야겠다는 생각을 하였으나 이내 단념하였다. 막사에 불이 붙고 불길이 산등성으로 번질 때 그 뒤의 상황이 걱정되었기 때문이다. 이 무렵 3분대 지역에서 불길이 하늘로 솟구쳤다. 나는 일단 3분대장에게 더 이상 불을 지르지 않도록 지시하였다. 그 임시 막사 가운데 일부는 고산족 주거시설과 이웃하고 있어 혹시 민간 마을 방화라는 인도적 범죄가 적용될 수 있다는 생각이 스쳐 지나갔기 때문이었다.

병장 천승

그 무렵 1분대는 천연동굴에 연이어서 임시 통나무 건물이 혼재하고 있는 지역을 수색하였다. 1분대장 송 하사는 AR사수에게 주변을 경계하도록 지시하고 동굴 속에 수류탄을 투척하여 내부를 제압한 후 동굴 안으로 진입하여 정밀수색을 하였다. 적들의 저항은 없었다. 손전등 불빛을 비추며 깊숙한 곳을 샅샅이 확인하였다. 그윽한 바위 틈새 한곳에서 정갈하게 보관된 상자를 발견하였다. 그 속에는 월맹국기가 정결하게 보관되어 있었고 조금 떨어진 공간에 군용지도 62매가 차곡차곡 담겨있는 상

---

22) 성벽을 견고히 지키고(堅壁) 성안으로 들의 작물을 모조리 거두거나 가옥을 철거하여 쳐들어오는 적에게 양식이나 쉴 곳의 편의를 주지 아니하여(淸野) 공격해 오는 적의 군량미 조달에 타격을 입히는 전법으로 청나라 태조 누르하치의 공격을 영원성에서 패퇴시킨 원숭환의 견벽청야 작전이 유명하다.

자를 발견하였다. 그 바로 옆에 배낭과 유사한 잡낭 한 개가 나뭇가지로 교묘하게 위장, 숨겨져 있었으며, 잡낭 속에는 월남의 화폐가 그득하게 담겨 있었다. 분대장은 여기까지 진행된 상황을 나에게 보고했다.

나는 월맹기와 군용지도를 대량 발견했다는 보고를 접하고 이 지역이 월맹군 중급부대의 지휘부가 위치한 곳이라 판단하였다. 항공폭격지대의 천연동굴과 이곳의 간이 건물 규모로 판단할 때 이곳에 은거하고 있는 다수 병력과 조우할 것에 대비해야 한다고 생각하여 다른 분대의 병력을 이곳에 모이게 하였다. 그리고 화기분대장으로 하여금 적이 접근할 방향에 LMG를 배치하도록 하고 1분대의 우측에 2분대를 그 좌측에 3분대 병력을 투입하여 폭넓게 지역 정밀 수색을 실시하도록 지시하였다. 17:00시까지 수색하였으나 더 이상 적의 흔적을 발견할 수 없었다.

나는 이제까지의 상황을 종합하여 중대장에게 보고하였다. 아울러 금일 밤 이 동굴 일대에서 소대 야간매복을 실시할 것을 건의하여 승인을 받았다. 이 지역이 적의 지휘부라면 잔류인원 또는 연락요원이 출몰할 가능성이 있다고 판단한 것이다. 나는 적의 탈출 방향과 예상 진입 접근로를 예의 분석하여 사격 화망을 구성하고 크레모아를 중첩시켜 설치하고 야간매복을 하였다. 전투부대 지휘관으로서 전투유공을 머리에 그려보지 않은 간부는 없을 것이다. 나는 주간의 정황으로 볼 때 오늘 밤은 좋은 일이 있을 것이란 예감 속에 밤손님을 맞이하기를 학수고대하였다. 그러나 밤새워 기다린 보람도 없이 원하는 손님은 오지 않고 새벽이 다가오고 말았다.

우리 부대의 바로 우측에는 제29연대 제11중대가 병진 수색을 하였다. 동기생 정주작 소위가 제11중대 소속으로 정글 속에서 수색로를 뚫고 있을 것이나 확인할 여유가 없었다. 정글에서 100m 이격된 거리는 탐문이 불가하였으며, 양개부대는 서로 협조를 위한 노력을 하지 않았고 연락조차 없었다.

인접부대의 교전상황은 뒤늦게 알 수 있었다. 우리 중대의 우측 제29연대 제10중대는 금일 17:00시 칸호아성 베트콩 부대의 무기고를 발견하여 60mm 박격포 3문과 각종 소화기 61정을 노획하였다. 월남전의 특징은 적 게릴라가 비무장으로 활동하는 경우가 있어서 무기 1정을 노획할 때 적을 3~5명 사살한 전과를 부여하였다. 제10중대는 무기고에서 많은 무기를 발견함으로써 엄청난 전과를 세우게 된 것이다. 이러한 계산방식은 전투부대가 적과 싸워서 적의 기세를 꺾고 승전의 모멘트를 마련하기보다 숨겨진 무기를 찾는 데 집중시키는 난센스를 자아내었으며, 전투공적에 대한 평가를 문란하게 만들었다. 가령, 용감히 싸워 적 1명을 사살한 전투원보다 접적 없이 총 1자루를 노획한 전투원이 3배 이상 큰 전공자로 대우를 받았으니 그 형평성에 대해서 누가 수긍할 수 있었겠는가? 결국, 이러한 어처구니없는 현상은 전투유공자에 평가절하 또는 불신으로 이어졌고 진급 심사를 할 때 전투유공자를 어떻게 평가할 것인가에 대한 논쟁으로 이어졌으며 인사관리의 부실과 부패로 이어졌다.

- **D+2일** **적 병영 막사 소각(1967.1.31.)**

중대는 어제 수색한 지역인 414고지의 좌단 능선을 다시 수색하였다. 대대지휘부에서는 어제 발견된 적의 병영 막사를 소각하여 차후 적이 재사용을 할 수 없도록 명하였다. 우리는 움집에 불을 붙였다. 사나운 불길이 검은 연기와 함께 하늘 높이 치솟았다. 인간의 심성 한곳에 자리 잡은 광폭성이 발동하여 치솟는 불길은 통쾌감을 던져 주었다. 인도적 죄의식을 느끼기보다 당연하다는 생각마저 들었다.

소각을 마친 우리는 어제 오후에 미처 수색하지 못한 지역을 수색하였다. 산간 소로길이 이어지고 있는 곳곳에 대나무 꼬챙이가 45도 각도

 를 유지해서 땅바닥에 널따랗게 꽂혀 있었다. 꼬챙이 끝을 뾰족하게 깎아서 물소 똥 등 독성 물질을 바르고 인체 피부에 접촉할 시 종기가 생기도록 해 놓은 것이다. 매우 원시적인 방법이나 그들이 잠적할 시간을 얻고자 할 때 상대를 지연시키는 효과가 있어 보였다. 우리는 이 장애물로 인하여 몇 차례 가던 발길을 멈추어 땅바닥 주변을 확인하곤 하였는데, B-52 장거리 폭격기 조종사가 산간오지에 꽂혀 있는 대꼬챙이를 목표로 750파운드 항공폭탄을 투하하려고 태평양 괌 기지에서 출격했다고 생각하니 격세지감이 들고 나의 사고체계가 흔들렸다.

그러나 이는 엄연한 전장의 현실이었다. 이처럼 양측에는 사고의 비대칭이 극명하게 발생하고 있는데 월맹은 상대의 힘을 인정하고 그것을 역이용하려고 하였는데, 미군은 상대의 지혜를 인정하지 않고 오직 첨단전력이라는 힘으로 상대를 밀어붙이고자 하였다. 나는 월맹군 지도부가 전투력이 극히 열세한 상황에서도 전장 환경에 맞는 전략전술을 개발하여 그들이 원하는 방식대로 전투를 전개함으로써 오히려 작전의 주도권을 행사하고 있다고 보았다.

이날 우리는 별다른 성과를 얻지 못했다. 한편, 우리 중대의 좌측에서 기동하던 제5중대 제3소대는 베트콩이 설치한 부비트랩을 건드려서 1명이 전사하고 분대장과 병사 1명이 부상하여 후송되는 일이 발생하였다. 그리고 우리의 우측 414고지 우단에서 병행 공격하던 제29연대 제11

중대는 12:30분 천연동굴에서 적 3명과 교전하여 1명을 사살하고 도주하는 2명을 추격하는 상황이 있었다. 이처럼 작전 지속에 따라 적과의 교전이 빈번해졌고 아군 피해도 발생하였다. 나는 대원들에게 적의 흔적을 찾아내는 데 집중하라고 강조하였다.

• **D+3일** 음용수 소동과 인접부대 전과 조바심(1967.2.1.)

지난밤 매복지점 일대 우리가 머문 지역의 흔적들을 정리하고 아침식사를 C레이션으로 마쳤으나 식수를 정상적으로 공급받지 못한 상태에서 마땅한 계곡 물마저 없어서 갈증이 심각하였다. 한참 후에 조그마한 웅덩이를 발견하고 수통에 물을 담아 정수제를 넣고 흔들어 마셨다. 왠지 정수제 특유의 냄새가 아닌 역겨운 기운이 강하게 느껴졌다. 나는 주변을 돌아보고 아연실색하였다. 지난밤 소대원들이 대소변을 보고 방치한 흔적이 분뇨 냄새와 함께 코를 자극하였다. 바로 그 옆에 내가 마신 물웅덩이가 자리 잡고 있었다. 이런 모습은 전장에서 흔히 발견되는 병사들의 적나라한 실정이지만 나는 그대로 넘길 수 없었다. 나는 작전출발을 늦추고 새롭게 음료수를 획득하도록 지시하고 주변 전장정리를 다시 하도록 조치하였다. 그리고 선임하사관에게 이 같은 전장 군기 이완 현상이 다시는 발생하지 않도록 각별히 지적하였다. 중대는 카오 계곡 깊숙이 들어가 탐색작전을 계속하였으나 오늘도 적과의 접촉이 없었다.

한편, 우리 중대의 우측방 제29연대 제10중대 제2소대는 588고지 서측 무명고지 일대를 수색하던 중 적 동굴을 발견하여 적 4명을 사살하고 장총 12정을 노획하였으며, 이어서 기관단총 6정, 엽총 11정, 장총 4정, 기타 소총 15정 등 총 48정을 노획하였다. 또한, 제29연대 제3중대 제2소대는 11:30분경 동굴 내에서 82mm 박격포 1문, 57mm 무반동총 2정, 경기관총 2정을 노획하였다. 제29연대는 이 과정에서 전사자 2명과 부상자가 다수 발생하였다. 인접 제29연대의 혁혁한 전과에 비해, 우리 제30연대는 성과 미달로 분위기가 위축되고 사기가 저하되었다. 이에 연대 참모진은 철저한 동굴 수색을 강조하는 등 작전성과를 재촉하였는데, 이것은 이후 예하부대로 하여금 전공 경쟁을 일으키고 전투과정을 허위 과장시키는 단초가 되었다.

- **D+4일** 대대급 숙영 시설 소각(1967.2.2.)

전투현장에는 하루도 평온한 날이 없었다. 주간수색활동과 야간매복작전이 이어져서 쉬고 자는 기본적인 신체활동이 중단된 상태이다 보니 세수와 양치질조차 잊은 지 오래되었다. 턱수염이 제법 길어져서 이따금 턱이 커진 듯 야릇한 느낌을 주었다. C레이션을 들고 온 전령의 얼굴에 난 검게 웃자란 수염을 보고는 산적 떼가 따로 없구나 하는 생각이 들어 나도 모르게 피식 웃고 말았다. 전령은 나의 웃음에 놀랐던지 식사종류를 다른 것으로 하겠느냐고 물었다. 그래서 나는 내 턱을 그의 앞으로 쭉 내밀면서 "수염이 1cm는 되겠지?" 하며 웃어주었다. 전령이 세수하겠느냐고 물었다. 나는 선임하사관을 불러 금일 접적이 우려되지 않는 시간을 잡아서 소대원 모두가 세수할 수 있도록 하겠다고 말해주었다.

07:30분경 소대는 북측 능선을 따라서 수색을 개시하였다. 관목 소정글지대를 분대별로 통로를 개척해 가며 200m를 이동하였다. 완만한 경사지대에 이르니 시야가 환하게 들어와서 막힌 숨통이 트였다. 40~50m 너머로 앞을 바라보니 적군 임시막사가 보였다. 시선을 돌려 그 좌우를 돌아보니 엄청난 숫자의 막사가 곳곳에 산재한 채로 거대한 모습을 드러내었다. 좌전방에는 20여 동의 움막집이 집단 촌락을 이루고 있었고 10여 동의 작은 마을 3개소가 자리하고 있었다. 그 규모를 보면서

나는 거의 대대급 규모의 숙영지가 이곳에 편성되어 있다고 계산을 하였다.

나는 각 분대장을 무전으로 불렀다. 현재 진행 중인 수색을 즉시 중단하고 소대본부 지역으로 집결할 것을 명하였다. 화기분대의 LMG는 지역 전체를 제압할 수 있도록 높은 지형에 배치하고, 우측의 막사지대를 먼저 1, 2분대가 수색하고 3분대는 엄호하며 대기하다가 추가로 투입할 수 있도록 조치하였다. 그리고 소대본부는 2분대의 후미에서 서서히 병영막사 수색에 들어갔다. 막사 주변은 불과 수 시간 전에 빗자루로 깨끗이 청소를 하고 떠난 흔적이 역력하였고 사방은 너무나 조용하였다. 인적을 찾으려고 오관과 육감을 총동원하였다. 일단 대원들에게 현장에 엎드려서 주변을 관찰하게 한 후 막사 내외를 수색해보았다. 시쳇말로 개미 새끼 한 마리도 보이지 않았다. 나는 혹시 막사에서 정글로 이어지는 소로를 찾아보면 적의 인공동굴로 이어지는 통로를 발견할 수 있을 것이라고 판단하고 주위 지형을 철저히 수색하라고 지시하였다. 이곳에도 산 능선에 오르는 지형을 중심으로 대나무 꼬챙이를 수없이 박아 놓았다. 그 장애물을 따라서 주변을 샅샅이 살펴보았으나 역시 특이 흔적을 발견할 수 없었다.

병영규모로 볼 때 여기가 월맹군 제5사단 제18B연대 8대대의 병영이 아닐까? 그렇다면 며칠 전까지 머물던 적들은 지금 어디로 이동하였고 이 시간에는 무엇을 하고 있을까? 그들은 잠복 전술에 따라 천연동굴 또는 인공동굴 속에서 은신하고 있을까? 적과 접촉이 안 되고 적의 향방을 알 수 없으니 답답하기가 이루 말할 수가 없었고 명확히 잡혀 오는 예감마저 떠오르지 않아서 불안하기까지 했다.

나는 일단 현 상황을 중대장에게 보고하고 이 지역을 광범하게 정밀 수색하도록 중대병력을 투입할 것을 건의하였다. 중대장은 다른 소대 지역에도 임시막사가 발견되어서 수색 중에 있으며 이쪽으로 이동하는

데 2시간 이상 소요되므로 계획 변동 없이 현재의 수색을 진행하라고 하였다. 아울러 발견된 적의 임시 건물들을 소각하여 베트콩이 사용할 수 없도록 하라고 지시하였다.

이에 소대는 은신하고 있을지도 모르는 잔적들의 탈출에 대비하여 막사에서 능선에 이르는 예상 탈출로를 분대별로 2개소씩 차단한 상태에서 우측지역부터 임시막사에 불을 붙였다. 계절이 건기인지라 마른 나무에 불길이 하늘 높이 치솟았다. 3개 동을 동시에 불태우니 불길이 족히 3~4m를 치솟으며 불꽃 튀는 소리와 열기가 엄청났다. 이 모습이 놀랍기도 했지만 야성이 발동하여 속이 후련해지는 기분을 느꼈다. 주변 산새들이 불길에 놀라 푸두둥 날개짓을 하며 달아났다. 다행히 바람이 불지 않아 산불로 번져 나가지는 않았다. 2시간에 걸쳐 40여 동을 모조리 불태웠더니 처음 봤던 거대한 병영의 모습은 어디론지 사라지고 잿더미만 잔뜩 쌓였다.

이곳은 순식간에 전혀 다른 환경으로 바뀌었다. 나는 전장의 한복판에 서서 타고 남은 연기와 불길을 정리하며 인간의 원초적 본성을 느꼈다. 인간의 내면에는 파괴적 포악성이 은밀히 잠겨있음을! 아무튼, 소대원들은 솟아오르는 불꽃을 바라보며 그간 답답하게 뭉쳐진 가슴속을 뻥 뚫어주는 쾌감을 느끼고 있는 것 같았다. 그들은 마치 개선한 용사가 우쭐대듯이 포만감에 가득 찬 모습을 보였다. 소각을 마친 우리는 적들이 사용했을 임시 병영막사 주변의 개울가에서 1주일 가깝게 세수조차 못 하고 땀에 찌든 몸을 닦아내며 남은 오후 시간을 이용하여 시급한 민생고를 우선 해결하였다. 그것은 불철주야로 수색매복 작전에 동원되어 피로적체가 계속되었음에도 불구하고 불평하지 않고 묵묵히 명령과 지시에 잘 따라준 부하들에 대한 나의 작은 배려이기도 했다.

- **D+5일** 수색작전 활성화(1967.2.3.)

우리는 어제 수색한 지역을 재수색하기 시작하였다. 이것은 상급부대 작전 지침에 따른 것이다. 즉 상급부대에서는 적의 대부대가 숙영하다가 탈출할 때 일부 무기를 은닉하고 갔으리라 예측하고 예하부대에 보물찾기 식의 정밀 수색을 실시하도록 지시했다. 상급부대 참모들은 천연동굴 내부를 철저히 수색할 것을 독려하였고 부대 간 공적 경쟁을 유도하였다. 하급제대 지휘관들은 더욱 초조한 마음으로 베트콩이 남기고 간 흔적을 찾고자 주변을 온통 뒤집고 다녔다. 하지만 6중대장은 서둘지 않고 평소 페이스를 그대로 유지, 오히려 윗선의 오해를 받기도 하였다.

나는 이제 어떤 선택을 해야 할 시점에 이르렀다고 느꼈다. 상급부대의 지침을 적극적으로 이행하여 작전의 성과를 거두어 부대의 명예를 선양하는 것이 지휘자의 책임이라고 생각하였다. 나는 연일 쉴 새 없이 계속되는 작전 때문에 지칠 대로 지쳐 점점 활력을 잃어가고 있는 대원들에게 무엇인가 새로운 동기부여가 필요하다고 판단하고 적의 무기를 발견한 분대는 맥주를 박스 단위로 제공, 회식할 기회를 줄 것이라 공언하였다. 비록 몇 푼밖에 안 되는 맥주지만, 이것이 대원들에게 먹혀서인지 대원들이 어제보다 훨씬 열성적으로 수색에 임하는 모습을 볼 수 있었다. 그들은 혹시나 베트콩의 흔적이 있을까 생각하며 험준한 카오 계곡의 천연동굴과 암반 사이를 샅샅이 뒤졌다. 이런 모습을 보면서 나는 지휘자가 명령과 지시를 내릴 때도 "무기를 노획해 와!"라고 강압적으로 하는 것보다 적절한 동기를 부여하여 자발적으로 이행하도록 하는 것이 훨씬 효과가 있음을 감지하였다.

대원들의 열정적인 수색에도 불구하고 오늘도 베트콩의 흔적을 찾지 못했다. 적들은 숨바꼭질 게임에서 명술래꾼들이었다. 적 게릴라의 은밀한 탈출과 은닉기술에 감탄사가 절로 나왔다. 나는 병사들이 자발적으로 동굴에 들어가서 열성적으로 탐색작전을 수행한 데 만족하면서 오후 수색을 1시간 앞당겨 종료시켰다.

- **D+6일** 인접 중대 작전 쾌거(1967.2.4.)

작전에 투입된 지 벌써 일주일이 되었다. 입맛에 맞지 않는 식사를 비롯하여 개인위생관리가 최악의 상태였기에 대원들 모두가 몰골이 험상궂게 변하였다. 나 자신도 체력이 약화되어 자칫 말라리아와 같은 풍토병에 걸리게 될지도 모른다는 생각이 들었다. 또 고의로 환자가 되어서 병원에 후송을 가고자 하는 병사가 나오지 않을까 염려도 되었다. 앞으로 계속 이어질 장기 작전에 대비하여 대원들에게 개인위생관리에 특별히 주의를 당부하고 분대별 동고동락을 강조하였다.

오늘 소대는 어제 수색한 능선 우단을 정밀 수색하였다. 우리 중대의 좌측방에서 수색하는 제7중대 제3소대는 2일 전에 생포한 포로를 앞세워서 366고지 전(前) 사면을 수색하였다. 그들은 수색 도중 적의 강력한 저항으로 제1분대장과 병사 1명이 전사하였고 4명이 부상을 입었다. 적들은 정글 속 암석지대를 이용하여 아군을 향해 치열한 사격을 가하고 도주, 잠적해버렸다. 이에 제7중대장은 2소대장과 화기소대장에게 그 지역 동굴을 수색하도록 명하였다. 육사 동기인 2소대장 김 소위는 동굴을 수색하여 베트콩 4명을 생포하고 7명을 사살하였으며 화기소대도 2명을 사살하고 중대는 소총 9정을 노획하였다. 중대장의 침착한 전투지휘와 소대장들의 투혼은 타의 귀감이 되었다. 그러나 우리 중대 및 소대 지역은 오늘도 적을 발견하지 못했다. 나는 우리 소대의 가까운 거리에 적이 출몰, 교전이 벌어지고 있음을 유념하여 소대의 전투군기를 더욱 가다듬었다.

- **D+7일** 5중대장 피격(1967.2.5.)

오늘 6중대는 414고지 북측 능선 우단에서 수색을 개시하였다. 그러나 오늘도 우리 중대 지역에는 별다른 일이 벌어지지 않았다. 그러나 우리 중대의 좌측방에서 수색을 하던 제5중대에 교전이 일어났다. 제5중대는 천연동굴 2개소를 발견하고 동굴 내부를 수색하였는데, 이 과정에서 5중대장 정 대위가 위치불명의 적 저격수로부터 피격되어 좌측 어깨 부위에 부상을 입고 후송 조치되었다. 그는 6·25전쟁 시 하사관으로 참전한 바 있고 지리산 공비토벌 전투에 참가한 전투 경험이 풍부한 장교였다.

우리 군에서는 월남파병 자원을 선발할 때 한국전 참전 경험자를 높이 평가하여 우선 선발하였다. 우리 대대에서는 5중대장 외에 8중대장 진 대위, 민사장교 주 대위가 6·25 전투경험자로서 선발된 장교들이었다. 그러나 한국전 참전자들이 그간 월남전에서 보여 준 활동을 보면 기대에 미치지 못했다는 생각이 들었다. 아마도 한국전과 월남전의 전투 환경이 크게 달랐기 때문이리라. 가장 큰 차이점은 한국전의 경우 전선이 뚜렷이 형성된 상태에서 정규군끼리 대칭전의 성격으로 전개된 반면, 월남전의 경우 월남 측 연합군은 정규전 부대 위주로 대부대 작전을 주로 시도하고 월맹 측은 주로 비정규전 부대를 앞세워 정글과 마을에서 치고 빠지기식의 게릴라전을 감행하여 상호 비대칭전 성격으로 상황이 전개되고 있다는 점이다. 그다음으로 큰 차이점은 한국전에서는 한국 정부와 국민들이 일치단결한 가운데 유엔군과 국군에 대해 전폭적인 지원과 지지를 보냈지만, 월남전에서는 정부와 국민들이 분열하고 심지어 연합군에 대해 오히려 비우호적인 태도를 보였다는 점이다.[23]

---

23) 월남전에서 비정규전 실전 경험을 한 파월 분·소대장들이 귀국 후에 익숙한 솜씨로 남한에 침투한 북한의 비정규전 요원을 소탕하는 데 큰 기여를 하였다. 당시 북한 특수부대는 1968년 1월 21일 청와대 습격을 시도하고 1968년 10월 31일 울진 삼척지구에 대규모 무장공비를 침투시켰는데, 이때 월남

아무튼, 같은 대대 5중대장의 피격은 큰 손실이고 충격적이었다. 나는 분대장들에게 베트콩들이 밀림 속 은폐된 곳에서 지근거리인 20~30m에 저격수를 배치하고 아군 지휘자를 골라서 저격함으로써 지휘혼란을 야기시킨다는 사실을 알려주고 각별히 주의할 것을 당부하였다.[24]

- **D+8일** 1단계 마지막 날, 2단계 작전 준비(1967.2.6.)

1단계 작전의 마지막 날이었다. 오전 중 수색작전이 종료되고 다음 단계 작전을 준비하기 위하여 일단 중대본부와 오후에 합류할 계획이었다. 이를 위해 소대는 2단계 작전 예정지역인 혼주산 서남방으로 이동하였다. 오늘 밤에는 중대본부를 비롯하여 모든 중대요원이 한 곳에 임시 집결하여 급편 방어진지를 점령하게 되었다. 나는 모처럼 중대가 함께 방어하게 되어서 마음이 든든해졌다. 지휘 부담이 감소되었기에 군화를 벗고 숙면을 취하였다. 오랜만에 새벽까지 깊은 잠에 빠져서 가벼운 몸으로 2단계 작전을 맞게 되었다. 나는 자신의 체력을 스스로 보존하는 요령을 이렇게 체득하며 전사(戰士)로서 빠르게 성숙해 갔다.

에서 비정규전 정글 전투에서 풍부한 경험을 쌓은 분·소대장 출신들이 앞장서서 이들을 소탕하였다. 나도 제1공수특전단에 보직되어서 정선군 실리에서 무장공비 김정명을 생포하는 데 일익을 담당하였다. 그런 점에서 월남전 파병은 우리 군의 정규전 수행 능력보다는 비정규전 수행능력을 크게 향상시켰다고 볼 수 있다.

24) 베트콩들의 이러한 저격전술 때문에 최일선에서 활동하던 아군 분·소대장은 적의 저격 표적이 되어 많은 희생을 치렀다. 그래서 월남전을 분·소대장의 전쟁터였다고 평가한다.

4. 제2단계 작전(D+9~D+17, 1967.2.7.~2.15.)

* **D+9일** 2단계 작전 개시(1967.2.7.)

오늘부터 2단계 작전이 시작되었다. 작전지역은 혼주산 서남쪽 목 계 곡과 다마이 계곡 사이 5km 정면이었다. 우리 2대대는 주공대대로 좌 로부터 제6, 5, 7, 8중대 순으로 전개하여 정글지대를 전진 탐색할 계획 이었다. 6중대는 1단계 작전지역의 반대편 남측을 향한 공격진로가 잡 혀있었다. 중대의 좌측은 디엔미(DienMy) 계곡으로 폭 2km의 분지가 형 성되었고 그 사이에 다박산에서 흐르는 실개울이 흐르고 있었다. 1단계 작전지역이었던 카오 계곡의 험준한 정글에서 벗어나 전방이 환하게 터 져 주변 산하를 볼 수 있어 기분이 한결 좋았다.

비록 육체적으로 힘이 들지라도 마음을 굳게 먹고 여유로움을 가지려 고 노력하였다. 내 마음의 상태가 얼굴에 나타나고 그 표정이 곧바로 병 사들의 마음으로 전이되어서 병사들의 사기와 직결된다는 사실을 잘 알 고 있기 때문이다.

* **D+10일** 구정휴전, 박 상병의 전사(1967.2.8.)

구정휴전[25]이 오늘 08:00시부터 2월 12일 07:00시까지 4일간 월남군 과 베트콩 수뇌부 간 잠정 합의되었다. 이에 따라 미군과 한국군 등 연 합군까지도 휴전정신을 존중하여 현행 작전을 중지하고 휴식에 들어갔 다. 일반적으로 동족 간 내전이 이민족 간 전투보다 더 치열한 전투를 하게 된다고 하나, 월남전은 달랐다.[26] 그들은 동족 간 전투를 회피하

---

25) 통상 구정휴전이라고 하지만 정확하게 표현하면 일시적인 정전(cease fire)을 말한다.

26) 6·25전쟁 시에도 가장 치열했던 교전은 남·북한군 간의 전투였고, 그다음은 남·북한군과 미군 및 중 공군 간의 전투, 가장 치열성이 떨어진 전투는 미군과 중공군의 전투였다고 한다. 그러므로 6·25전쟁 당시에는 월남의 구정휴전과 같은 협상은 상상할 수도 없었다.

는 경향이 있었으며 특히 월남군 측은 교전에 더욱 소극적인 모습을 보여주었다.[27] 그들은 양측 휴전 간 적성지역을 상호 방문하여 가내 제례 행사에 참여하였으며 형제가 서로 적이라고 해도 친목행사를 함께하였다. 고향방문 시 군인은 소지한 소총을 총구가 아래로 가도록 어깨에 메고 가면 서로 적의가 없는 것으로 간주하여 자유로운 통행이 가능하였다. 이 약속은 철저하게 지켜졌다.

베트콩 입장에서는 휴전을 통한 전략·전술적 이점이 현저하였다. 그들은 산악 동굴 속에서 오랫동안 활동하여 과로와 영양 결핍으로 건강 관리가 극히 불량하였으며 또한 정상적인 휴가 조치가 어려운 여건이라 신상관리에 문제가 있었다. 구정휴전은 이들을 가족에게 보내 육체적 피로를 회복하여 기력을 재충전시킬 수 있는 좋은 기회였다. 휴가는 건강회복뿐만 아니라 개인 피복 및 장구류까지 재보충할 기회가 되었다. 이뿐만 아니라, 그들은 가족 친지를 대상으로 선무 심리전의 기회로 삼았으며 지역 내의 정부활동과 군부대의 동향 정보를 수집하는 기회로 삼았다. 특히 금번 백마 1호 작전에 쫓기던 베트콩들은 휴전 기간을 활용, 안전한 피신처를 확보하여 은신할 수 있었다. 이처럼 구정휴전의 효과는 그들에게 현저한 이익을 제공하였다.

반면 월남군 측에서는 동족이므로 민속 명절을 함께해야 한다는 정치·사회적인 명분을 내세웠으나 허울 좋은 명분일 뿐 군사적인 실리는 전혀 없었다. 오히려 수세에 몰린 베트콩에게 재충전의 기회를 제공해 주었다. 월남군 병사들은 물론 간부들까지도 장기전에 지쳐서 오직 휴식 자체에만 만족하고 있었다. 또한, 월남군의 전반적인 분위기는 전쟁은 미군이 주도하여 잘 해주고 있으니까 우리는 구정을 구실로 쉬는 시간을 효과적으로 활용하자는 분위기였다. 이처럼 구정휴전에 임하는 남북의 분위기는 완전히 상반되었다. 전쟁의 주인의식이 결여된 군대가

---

27) 이것은 전투의지와 관련된 것으로 뒷날 월남이 패전하게 된 근원적 요인이 되었다.

어찌 승리할 수 있겠는가? 월남의 미래가 걱정스러웠다.

한국군 백마부대는 사단급 대부대 작전에 투입되고 10여 일간 본격적인 소탕작전을 진행하던 중에 구정휴전이 성립, 물오른 작전기세가 한풀 꺾이고 말았다. 하지만 중대급 전투병들은 연일 계속되는 전투로 피로가 적체된 상황에서 숨 고를 시간을 갖게 되었다. 이렇게 하여 제30연대 작전부대는 2단계 2차 목표지역으로 이동하여 임시집결지를 점령한 후 4일간 달콤한 휴전 휴식에 들어갔다.

우리 6중대는 잔류 접촉부대로 현 지역에서 계속 1일간 활동하다가 축차적으로 철수하여 다음 날(2월 9일, 설날) 오후에 임시 대대 집결지에 합류하도록 명을 받았다. 오늘(2월 8일) 08:00시부로 구정휴전이 발효되었음에도 중대병력은 소대별로 분산하여 동깡강 상류의 서측방 구릉지대를 느린 속도로 수색하며 이동하였다. 지형은 저지대로 평탄하였으나 망글로브 나무와 억새풀이 뒤엉켜 시계가 제로 상태였다. 좁은 길이 이어져 흔히 베트콩 은거지 일대에서 볼 수 있는 지형이었다.

나는 지난 4개월여 동안 정글을 밟으면서 야전감각이 자리 잡혀 이제 이런 지형에 이르면 불길한 예감이 번개처럼 스쳐 지났다. 나는 즉시 각 분대에 경계를 강화토록 지시하였다. 자칫 여기서 적의 매복에 걸려들면 이곳을 벗어나기 어렵겠다는 생각이 들면서 불안감이 온몸을 감쌌다. 나는 전 소대원에게 현 위치에서 엎드리게 하고 적정을 살펴 적의 기습 시 탈출로를 그려보았다. 주위는 적막한 심해와도 같았다. 일단 지근거리에서 적이 활동하는 낌새는 없었다. 아직 우리는 적에게 노출되지 않은 은폐상태를 유지하고 있다고 판단하였다. 그리하여 차라리 여기에서 점심을 신속히 마치고 이곳을 벗어나는 것이 좋을 듯싶어 향도에게 분대별로 은밀히 식사를 하도록 지시하였다.

그간 전장에서 식사를 할 때면 이번 식사가 최후의 만찬이 아닐까 하는 생각이 들곤 하였었다. 오늘 이 점심도 그런 종류의 불길한 예감이 머리를 스치고 지났다. 전령인 황 상병이 누들 캔을 따서 하얀 플라스틱 스푼을 캔에 넣어 나의 손에 넘겨주었다. "자네도 빨리 식사해야 돼."하며 나는 가벼운 웃음으로 답해 주었다. 그리고 나 자신에게 반복해서 "맛있게 먹자! 즐겁게 먹자!"를 외쳐 최면을 걸고 스푼을 들었다. 누들 캔을 아직 비우지 않았는데 우측방 300~400m 지점에서 자동화기 연발총성과 소총 단발총성이 조용한 정글 내부의 공기를 요란하게 갈라놓았다. 이어서 P-10 무전기의 측음이 칙- 하고 울렸다. 황 상병이 무전기를 귀에 대자마자 나에게 송수화기를 넘겨주었다.

중대장의 긴급 호출이었다. "지금 즉시 중대본부와 2소대가 있는 지역으로 이동하라."고 명령하였다. 조금 전 총성이 일어난 지역이었다. 2소대의 3분대 AR사수가 적이 설치한 부비트랩을 밟아 쓰러질 때 적의 저격수가 다시 사격하여 현장에서 즉사하였고 주변의 불명지점에서 연속적으로 다량의 총격을 받고 있어 매우 위급한 상황에 처해있음을 부언하였다.

현 위치에서 밀림을 헤치고 그곳에 도착하는데 2시간이 소요될 것으로 예측되었다. 나는 '급할수록 돌아가라.'는 격언을 상기하였다. "각자는 현재 취식하고 있는 식사를 완료하고 출발준비를 하도록 하라."고 지시하여 심적 여유를 갖게 하였다. 중대장이 다시 무전을 하여 도착하는데 시간이 얼마나 걸리겠느냐고 물었다. 나는 조금 전 총성이 있었던 지역으로 방향을 잡고 일렬종대 대형으로 발걸음을 재촉하였다. 낮은 관목정글이 밀생하여 벌목도로 통로를 개척해야 한 발자국을 겨우 옮길 수 있었다. 30분이 지났는데도 100m 거리를 전진하지 못했다.

중대장으로부터 또 독촉하는 무전이 왔다. 30여 분이 흘렀으니 1소대가 거의 다 와있다고 판단한 듯하였다. 나는 앞으로 1시간 이상이 소요될 것이라 보고하였다. 잠시 후 다시 무전이 왔다. 무전기 수화기를 들자 다짜고짜 "너 이○○, 왜 빨리 안 와? 상관 명령에 불복해?" 하며 육두 문자가 쏟아져 나왔다. 나는 너무나 어이가 없었다. 이런 정글을 어떻게 뚫고 달려오란 말인가! "최대한 빨리 가려고 행군을 하고 있으니 기다려 주시오! 이상."하고 교신을 끝냈다.

5분이 지나서 또다시 무전이 왔다. "1소대, 다 와 가는가?"하는 중대장의 질문에 나는 "앞으로 1시간은 더 가야 합니다."라고 짧게 응신을 하였다. 중대장은 완전히 절망상태에 이른 듯하였다. 정신이 돌아버릴 지경에 이른 것처럼 아무렇게나 소리쳤다. 온갖 육두문자가 모두 다 흘러나왔다. 수화기의 고음이 나의 고막을 날카롭게 흔들어댔다. 이때 나는 더 이상 무전을 받을 필요가 없다고 결심하였다. "무전병, 중대장 무전 오더라도 나에게 넘기지 말라!"라고 말하고 수화기를 그에게 넘겨주었다. 무전 수화기 속에서는 고주파의 파열음이 계속 터져 나와 주변에 퍼져 나갔다. 하지만 받는 사람은 아무도 없었다. 이러기를 5분쯤 지속하다가 신호음이 멈추었다.

우리 소대는 말없이 우측으로 전진하였고 이따금 벌목도가 나뭇가지를 찍어내는 소리가 치직, 칙, 칙 하고 들렸다. 소대는 15:00시경 예상보다 더 늦은 시간에 낮은 산죽이 빽빽이 들어선 골짜기에서 중대본부와 합류하였다. 중대장은 조금 전에 2소대가 교전했던 지역에서 이탈하여 비교적 안전한 장소를 택해서 중대병력을 집합시키고 있었다. 2소대는 전사한 박 상병의 시신을 2인 1조로 등에 업고 내려오고 있었다. 시신 전투복의 앞가슴에서 선혈이 흘러 업고 온 병사의 등에서도 핏빛이 낭자하였다. 이를 지켜보는 전우들의 눈에서 물기가 감돌았고 부대 분위기는 침통하였다. 오직 침묵만이 장내를 지배하였다.

나는 중대장에게 무거운 발걸음을 옮겨서 "1소대 무사히 전원 도착했음"이라고 이상 유무를 보고하였다. 중대장은 병사의 죽음을 비통해하며 패장처럼 축 처져서 "알았어."라는 말 한마디로 조금 전 있었던 나와의 감정의 질곡을 끝냈다. 그는 정오쯤 적과의 교전으로 흥분했던 격정이 풀리며 냉정을 회복하였다. 심리적으로 안정감을 찾고 조용하게 다음 중대 활동을 명하였다. "동남방향 능선으로 지금 즉시 이동하고 1소대가 첨병소대로 선두에서 출발한다."

중대는 교전지점에서 500m 동남 방향의 관목이 우거진 저지대에 원형방어 진지를 편성하고 야간 경계에 들어갔다. 이 지역은 적이 활동하고 있는 험지로부터 지근거리에 있을 뿐만 아니라 우군 부대가 구정휴전 시작 전에 다른 지역으로 모두 이동, 우리 중대가 고립되어 있었기에 베트콩이 우리의 취약점을 이용하여 대대적으로 야습해온다면 매우 위험에 처할 것이란 불안감을 전 장병이 모두 공유하고 있었다. 음력 섣달 그믐날, 지는 해가 혼바산 능선 마루에 걸려서 황혼빛이 관목숲 사이를 비집고 들어왔다. 동쪽 하늘에서 헬기소리가 바람을 안고 날아왔다. 헬기는 2소대의 전사자 박영일 상병의 시신을 싣고 102 후송병원으로 날아갔다. 비록 죽은 자는 우리 곁을 떠났지만 살아 있는 자는 당장 살아야 하는 생존 본능이 발동하고 있음을 보았다. 야간 경계진지가 지정되자 병사들은 어느 때보다도 열심히 엄폐진지를 구축하기 시작했다. 그들은 저녁식사도 잊고 계속 삽질을 하였다. 어둠이 땅에 깔리고 내가 저녁식사를 하도록 재촉하자 겨우 작업을 멈추었다.

소대원들은 과자류 등으로 허기진 배를 채웠다. 나 역시 초콜릿 한 개로 저녁을 때웠다. 사실 우리 중대는 당초 오늘 15:00시 임시집결지에서 C레이션을 재보급 받을 계획이었는데 오전의 우발적 교전으로 인해 보급 계획에 차질이 생겼다. 당시 소대는 점심식사를 하고 있는 도중에 중대장으로부터 이동명령을 수령하여 식사를 제대로 챙겨 먹지 못하고 기진맥진한 채 이곳에 도착했고, 도착하자마자 야간 경계진지를 점령하여 개인 엄체호를 파며 힘겨운 시간을 보냈다. 대원들은 저녁식사로 과자한 쪽을 입에 넣었지만 누구도 불평 없이 자기 호를 파가며 야간 경계에 신경 줄을 집중하였다.

야간 상황이 엄중했기에 나는 소대원들에게 절대로 개인호 밖으로 나와서 행동하는 일이 없도록 지시하고, 호 밖에서 서성거리는 물체는 무조건 적으로 간주하여 발사하도록 명하였다. 그리고 소대본부 요원 4명은 약간 낮은 지점에 판초우의를 펴서 습기를 차단하고 땅바닥에 바짝 엎드려서 방어 지역을 나누어 경계를 하였다. 모두가 초긴장 상태에서 하얗게 밤을 새웠지만 우려했던 상황은 일어나지 않았다. 베트콩들이 구정휴전 합의를 엄수하도록 지령받아서 도발하지 않을 수 있지만, 우리는 적이 공격할 것이라 예상, 철저히 대비했기 때문이라고 생각했다. 손무가 일찍이 "무시기불공(無恃其不攻), 시오유소불가공야(恃吾有所不可攻也)[28]"라고 하지 않았던가!

설날 아침 해가 동쪽 남지나 해상에서 밝아 왔다. 나는 주변을 잠시 둘러보았다. 나의 시선 안에 들어 와야 할 인접 병사들이 보이지 않았다. 순간, 간밤에 무슨 일이 있었나 잠시 당황하였다. 천천히 관찰해보니 그들은 땅속 깊숙이 파고 들어가서 몸을 완전히 은폐시키고 있었다. 고스란히 온몸을 노출시키고 있는 사람은 소대본부 인원 4명뿐이었다. 경계를 시작할 때만 해도 호가 깊지 않았는데 어찌 된 일인가? 알고 보니 그들은 야간경계를 하면서도 대검으로 땅을 조금씩 쪼아서 밤새워 땅을 파 올렸기에 아침에는 가슴 깊이에 이르렀던 것이다. 이는 옆 전우조차 작업 소리를 듣지 못할 정도로 조용히 진행되었고 소대원 모두가 이렇게 했다니 놀라운 일이었다. 그들은 '살아 있는 자는 언제라도 적과 싸워야 하고 또한 각자는 계속 생존하여 부대전투력을 유지해야 한다.'는 야전군인의 숙명적 근성을 유감없이 발휘하였다. 그들은 전투병으로서 할 일을 다 하였다. 아무튼, 나는 대원들의 생존 및 전투기술 숙

---

28) 적이 침공하지 않을 것이라는 판단을 믿지 말고, 적이 감히 공격할 엄두를 내지 못할 정도로 잘 갖춰진 나의 대비태세를 믿어라.

달에 경탄하였으며 그들이 얼마나 대견스러웠는지 모른다. 은근히 호를 파지 않은 소대본부가 소외된 느낌마저 들었지만 나는 그들의 임전자세를 높게 평가해 주었다.

나는 나대로 지난밤에 판초우의에 엎드려서 현 상황을 어떻게 현명하게 처리할 수 있을 것인지를 궁리하였다. 체구가 왜소한 적들은 관목 소정글의 빽빽한 숲 속에 지하 동굴을 교묘하게 파고 들어가 잠복하는 수법을 사용하였다. 그들은 그 주변에 은폐된 곳에 관측진지와 저격진지를 구축하여 상대를 관찰 또는 저격한 후에 지하 동굴로 금방 은신해버리니 우리 입장에서는 적을 발견하지 못하고 당할 수밖에 없었던 것이다. 오늘 2소대 박 상병은 바로 그 전술에 말려들어 불귀의 혼이 되어버렸다. 특히 그들은 은거지와 외부로 연결하는 소로를 야생 동물의 통로처럼 좁게 만들어서 사용하고 있었다. 어제 우리 소대가 점심식사 직전에 진입한 소로가 적 은거지에 이르는 비밀통로가 분명하였다. 만약 그때 우리가 작전활동을 노출하며 진출속도를 빨리하였다면 우리도 그들의 저격을 받고 조우전이 발생할 수 있었다. 불리한 지형과 미지의 지역에서 적의 유인전술에 말려들면 속수무책일 수밖에 없다. 앞으로도 계속 이런 불리한 상황에 봉착, 싸워야 할 것인데 어떤 현명한 방책은 없는 것인가? 고대 중국의 병서에 언급된 지략도 기억해 보았고 전술교범에서 읽었던 고려사항을 머릿속으로 떠올려서 묘책을 강구해 보았다. 전선의 밤은 깊어가고 있었으나 뾰족한 계책은 떠오르지 않았다. 나 자신의 무능함을 한탄하며 반성을 하였다. 정작 전기전술 연마에 소홀했던 지난날을 회상하고 자만심에 우쭐했던 편견과 치기가 새삼 부끄럽게 여겨졌다.

그래도 방법이 없는 것은 아니었다. 바로 베트콩이 기습하기 전에 우리가 먼저 보고 먼저 쏘아 일발 필살로 적을 제압하는 방식이다. 현 상태에서 그것은 내가 선택할 수 있는 최선의 방책이요, 유일한 방책이었다. 그러나 그것은 절대 쉽지 않은 일이다. 적들이 워낙 은폐하고 잠복하는 기술이 뛰어났기 때문이다. 결국, '먼저 발견하는 싸움'이었다. 그러므로 우리는 '좌에서 우로, 다시 우에서 좌로, 먼 곳에서 가까운 곳으로, 다시 가까운 곳에서 먼 곳으로 반복해가며' 적을 먼저 발견해야 하리라. 그날 섣달그믐날 밤은 내 생애에서 가장 길었던 밤으로 기억된다.

- **D+11일** 엇갈린 운명(1967.2.9.)

정월 초하루 설날의 아침 햇살이 정글의 나뭇가지 사이로 비집고 찾아들었다. 설날이라, 어렸을 때 새로 지은 무명옷에 옥색 조끼를 차려 입고 할머니에게 달려가던 생각이 문득 스치고 지났기에 나 홀로 웃음을 지었다. 그러나 그것은 전설 같은 일, 지금 나와는 전혀 무관한 일이니 빨리 꿈속에서 깨어나라는 자성의 목소리가 내면에서 솟구쳤다. 나는 잠시 옷깃을 추스르고 좌정하였다. "금년 정미년 설날을 맞이하여 부처님, 관세음보살님 그리고 하느님, 천지신명님이시여! 금년 한 해 동안 전장에서 생활하는데 저, 김형석을 비롯하여 백마부대 30연대 6중대원 특히 1소대원들이 무탈해서 누구도 불행한 사람이 생기지 않도록 보살펴 주시옵소서! 간절히 기원하옵니다. 나무 석가모니불! 나무 관세음보살!" 이렇게 기도를 하고 나니 마음이 한결 여유가 생겼다. 나는 눈을 들어 하늘을 응시하며 다짐을 하였다. "힘껏 정글을 누비며 싸우다 보면 덧없이 시간은 흐르고 귀국하는 그때가 오겠지! 반드시 이기고 돌아가자!"

06:30분경 중대장으로부터 무전이 왔다. 그는 "금일 09:00시 동측방 300m 지점에서 전투식량을 공중 재보급을 받는다. 어제 2소대가 교전한 바로 하단지점에 1소대 1개 분대를 투입하여 보급수령 간 적의 기습도발을 저지한다. 그 파견 분견대를 1소대장이 직접 지휘하라."고 명령

하였다. "설날 아침부터 싸움이 시작되었군!" 새해 첫 명령을 받자 나도 모르게 튀어나온 말이다. 올 한해도 언제 총탄이 날아들지 모르는 이 불확실한 전장에서 어떤 돌발적 임무를 수행해야 할까? 또 얼마나 많은 위기를 넘겨야 할까?

하사 김석기

소대장이 분대를 직접 지휘하는 경우는 거의 없는 사례였다. 중대장은 어제 교전상황을 고려, 오늘도 위협이 계속될 것이라고 판단하여 특별한 조치를 취한 것으로 이해했다. 나도 비록 휴전상태이지만 더 신중하게 임무를 수행해야 한다고 생각하고 보병분대장이 아닌 화기분대장을 지명하였다. 화기분대장 김 중사는 평소 용의주도한 성격으로 차분하여 위기를 대처하는데 가장 신뢰할 수 있는 지휘자였다. 출동하지 않은 나머지 잔여 소대 병력은 즉각 출동태세를 갖추고 현 위치에서 대기하도록 심 중사에게 임무를 부여하였다.

나는 화기분대장에게 첨병 2명을 본대 앞 30m 지점에 보내고 대원들이 목표지점에 도착하면 분대 횡대대형으로 경계태세를 갖추라고 지시하였다. 이에 따라 김 중사는 방만봉 병장과 송근섭 상병을 첨병으로 지명하고 적의 동태를 예의 주시하여 이상이 없을 때 완수신호로 본대를 유도하게 하였다. 본대가 전진 간에는 적 활동을 감시하고 위기 시 즉각사격으로 적을 제압하는 임무를 주었다. 이날 07:00시경 특수임무 분견대는 어제의 교전지역을 향하여 숲 속의 은밀한 통로를 이용하여 첨병의 신호를 따라 30m 구간을 반복해서 조심스럽게 전진해 들어갔다. 야간 정숙보행으로 침투자세를 유지하였기에 많은 시간이 소요되었다. 1시간쯤 지나서 어제 2소대가 저격받은 지점으로부터 30m 거리에 첨병이 이르렀을 때 바로 앞에서 2발의 총성이 고요한 아침의 숲 속에

울려 퍼졌다.

2발의 총성이 불길한 예감을 더 해주었다. 총성이 AK소총 소리이고 두 발이 2~3초 간격을 두고 울린 것은 첨병 2명을 향하여 발사한 경우로 생각하니 가슴이 철렁 내려앉았다. 분견대 요원들은 분대장의 사격 명령에 따라 즉각적으로 총성지점에 집중사격을 퍼부었다. 베트콩들은 우리의 총격에 더 이상 응사를 하지 않았다. 우리는 사격을 중지하고 전방을 주시하였다. 우리의 첨병을 찾아보려고 시선을 주목하였으나 발견할 수 없었다. 잠시 고요한 공포가 주변에 흘렀다.

나는 분대장에게 잔여 대원을 첨병이 진출한 지점까지 낮은 포복으로 전진하도록 명하였다. 이어서 중대장에게 현 상황을 보고하고 1소대 잔여 병력의 투입을 건의하였다. 중대장은 1소대 잔여 병력의 추가투입을 지시하고 중대 전 병력에 출동준비를 명하였다. 그리고 대대장에게 현 작전 상황을 보고하였다.

같은 시각 화기분대장은 잔여 대원과 함께 낮은 포복으로 첨병 진출 지점까지 기어들어가 첨병을 확인하였다. 첨병 방만봉과 송근섭은 소로의 좌우로 분산해서 적의 동태를 감시하고 있었다. 죽지 않으면 중상을 당했을 것이라고 예상한 두 명의 병사가 생생한 몸으로 엎드려서 자기 임무를 충실히 수행하고 있는 모습을 보고 대원들은 가슴을 쓸어내렸다. 뒤에 들은 바에 의하면, 최선두에서 이동하던 첨병 방만봉 병장은 엎드려 전방을 관측하다가 10여m 전방의 적 은폐 진지로부터 첫발의 총격을 받았다. 순간 좌측 공간으로 몸을 회전하여 은폐와 엄폐로 위기를 면하였다. 베트콩이 쏜 1탄은 방 병장이 낮은 자세를 취하였기에 명중시키지 못했고 2탄은 방 병장이 재빠르게 피신을 하였기에 빗나간 것이다. 이때 3보 뒤에 엎드려 있던 송근섭 상병이 총성지점에 응사를 실시하자 적은 더 이상 공격하지 못하고 도주하였다.

그곳은 바로 2소대 박 상병이 저격당한 장소였다. 생사의 운명이 이렇게 경각 간에 달리 진행되고 있었다. 행운의 여신이 방 병장을 도와준 것이리라. 그는 평소 말수가 적은 경상도 사나이로 3.5 로켓포 사수라 첨병 임무를 수행하지 않았다. 그런데 분대장이 첨병 자원자를 찾았을 때 가장 먼저 나갔고 송근섭이 그 뒤를 따라서 첨병조가 이루어졌다. 분대장은 평시 그답지 않게 신속히 행동하였으나 선임이고 믿음직한 병사이기에 그대로 실시하도록 하였다. 그는 죽음의 문턱으로 스스로 먼저 걸어나간 것이었다. 오늘 설날은 그의 24세 생일이기도 하였다. 그는 침착한 성격에 숙달된 전투병이었기에 위기를 잘 넘겼다. 다른 동료가 그 장소에 있었다면 어찌 되었을까? 나는 놀란 가슴으로 그에게 많은 격려를 아끼지 않았다. 전투 중에는 보편적인 사고로 이해가 되지 않는 영적 현상이 지근에서 일어나는 조짐을 느끼곤 하였다. 방 병장은 생일과 설날의 중첩된 축복 때문에 저승사자를 빈손으로 돌아가게 한 것인가!

이 무렵 소대 선임하사관 심 중사가 잔여 소대원을 인솔하고 와서 소대본부와 합류하였다. 나는 1, 2분대를 선임하사관 지휘 하에 우측방으로, 3분대를 좌측방으로 은밀 침투하고 화기분대가 현 위치에서 견제, 엄호사격을 실시하도록 준비명령을 하달하고 중대장에게 공격을 건의하였다. 그러나 중대장은 "모든 전선이 구정휴전 중에 있음을 감안, 휴전합의를 존중하여 공격행동을 중단하였다. 적의 동태를 예의 주시하고 적이 도발할 경우 즉각 응징한다."는 대대의 작전 지침을 하달하면서 공격 전투를 승인하지 않았다.

소대는 적 은거지 문턱에서 적을 소탕하지 못하고 오히려 적의 도발을 초조하게 기다리는 형국이 되었다. 주변을 살펴보니 어제 2소대 박영일 상병이 적의 총탄에 맞아 흘린 핏자국이 바위 틈새로 선연하였다. 대원들은 "박 상병을 쏜 적을 잡아서 원수를 갚아 주고 말겠다."며 전의를 불태웠다. 08:40분경 중대장으로부터 단편명령이 하달되었다. "중대는 이 시간부로 현 위치를 이탈, 동캉강 동안의 평탄지에 임시집결지를 점령한다. 1소대는 현 위치에서 적을 견제하다가 차후 명에 따라 자체 철수 계획을 수립, 중대와 합류하라."는 내용이었다.

적을 지근거리에 두고서 다시 발길을 돌리다니 참으로 어처구니가 없었다. 휴전상황이라고는 하지만 총을 먼저 쏜 측은 적이 아닌가! 소대가 공격태세를 갖추고 대기하고 있는 터에 자의적인 철수를 하다니, 나는 대원들에게 지휘 권위가 저상되어 직접 철수지시를 할 수 없었다. 심 중사를 불러서 중대장의 명령을 알려주고 접적지 이탈 계획을 지시하였다. 그리고 유명을 달리한 2소대의 박 상병의 영혼에게 불가피하게 떠난다고 사죄하였다. 우리는 박 상병의 고혼을 밀림지의 바위틈에 남겨둔 채 발걸음을 뒤로하였다. 구정 아침 디엔미 계곡에서의 총격전은 베트콩의 치고 빠지는 잠적전술과 한국군의 휴전합의 존중에 따라서 더 이상 확대되지 않았다.

소대는 다박산과 혼주산 계곡에서 흐른 물줄기가 이어져 디엔미 계곡을 거쳐 흐르는 동캉강 둑길을 따라서 휴식 없이 6시간 동안 강행군을 계속하였다. 건기 낮 기온은 35℃를 상회하여 등줄기에서 굵직한 땀이 흘러 온몸이 젖었다. 15:00시경 소대는 계획된 대대 임시집결지에 도착하였다.

우리 소대는 어제 11:40분경 중대장의 긴급 명령을 받고 전투 활동에 들어간 후로 27시간 동안 긴장 속에서 식사시간을 망각하고 지내왔다. 기본 신진대사 기능이 헝클어져서인지 피로와 배고픔조차 느끼지 못했다. '내가 왜 이럴까?'하는 생각이 들 정도로 오히려 정신이 또렷해지고 머릿속이 맑아졌다. 나는 중대장에게 소대의 작전결과를 종합하여 보고하였다.

중대장은 동일한 장소에서 두 번째 희생자를 보게 될 것으로 걱정하다가 무사히 적탄을 피했다는 보고를 접하고 몹시 기뻐하였다. 평소 냉정한 성격이지만 그답지 않게 노고를 치하하고 흡족해하였다. 중대장과 소대장의 전우애가 적진을 헤쳐가며 깊어진다는 사실을 실감하였다. 옆에 있던 포병 관측장교 이 소위가 나의 손을 잡아주면서 올해의 안녕과 행운을 빌어 주었다.

나와 이 소위는 중대장 텐트 밖으로 나와서 집결지 옆으로 흐르는 동캉강 물속에 지친 육신을 던졌다. 그간 정글 속에서 알몸으로 몸을 씻지 못해서 구석에 찌든 때와 먼지를 한 겹이나 벗겨냈다. 당번병이 안전면도기를 가져와서 모처럼 면도를 하였다. 몸을 씻고 나니 배고픔이 시작되었다. 우리는 개인천막으로 옮겨서 연대장이 구정 선물로 보내준 OB맥주로 갈증과 허기진 목을 축였다. 지친 몸속으로 맥주 한 캔을 마시자 취기가 들었다. 나와 이 소위는 전장에서 겪은 초급장교의 애환을 가감 없이 속 깊은 내용까지 털어놓았다. 전투 스트레스가 풀리고 속이 후련해졌다.

그러나 1단계 작전 초기에 적지에 들어가 LZ#14 헬기 착륙장 개척 임무를 수행하다가 희생된 제29연대 제9중대 김호경 소위를 생각할 때는 눈물이 앞을 가렸다. 육사 생도시절 1중대에서 함께 생활한 절친한 동기생이었기에 가슴이 더욱 아팠다. 나와 이 소위는 직업군인으로 전장에서 엄중한 장교의 자세를 견지하되 조신한 몸가짐으로 월남에서의 전선생활을 이어가기로 굳게 다짐하였다.

6중대는 동캉강변 대대 임시집결지에서 3일간의 잔여 구정 휴전기간을 지친 몸을 회복하며 부대를 재정비하는 시간으로 활용하였다. 고국에서 보낸 구정 선물이 이곳 야전 숙영지에도 도착하여 모처럼 먹고 마실 각종 식음료가 풍성하였다. 휴전기간 동안 쌍방은 휴전 약속을 철저히 지켜서 말단 장병들은 전투에 대한 스트레스를 받지 않고 고국에서 보내준 음식을 먹으며 맘껏 휴식을 취할 수 있었다.

- **D+13일** 휴전 종료 1일 전, 작전재개 준비(1967.2.11.)

이대로 시간이 멈춰버리거나 시간이 좀 더 천천히 지나가면, 아니면 천지개벽하여 구정휴전이 항구적인 종전협정으로 대체된다면 얼마나 좋을까? 하지만 시간은 결코 멈추는 법이 없고 종전은 허황된 꿈에 불과하였다. 일장춘몽이랄까, 아쉬운 시간이 감쪽같이 흘렀다. 벌써 내일 07:00시가 되면 휴전 4일이 모두 끝나고 다시 전투가 시작된다. 우리는 또다시 전투를 준비해야 했다. 6중대는 2단계 2차 작전을 수행하기 위하여 오늘 15:00시에 다박산 북쪽 588고지 좌단 능선에 헬기로 착륙하여 야간 숙영지로 이동하였다. 베트콩들도 고향의 부모 형제와 명절을 보내고 다시 산중 험지로 복귀하고 있었다. 이렇게 전선이 서서히 형성되고 있는 상황에서는 아군과 베트콩과의 조우 가능성도 우려되어 이에 대한 대비도 필요했다.

사실 전장에서 지휘자는 매 순간 선택을 강요받는다. 식사시간 선택과 같은 간단한 것부터 전진과 후퇴라든지 교전개시와 중지와 같은 중대한 결심에 이르기까지 거의 모든 것이 지휘자가 내리는 순간순간의 선택에서 비롯되는 것이다. 이러한 선택은 비교적 여유로운 가운데 이루어질 수도 있지만, 상황이 급박하여 생각할 겨를조차 없는 상태에서 이루어지는 경우가 적지 않다. 또 피아에 대한 정보가 없는 깜깜한 상태에서 결심해야 하는 경우도 많고, 상급부대 지침이나 지휘관의 도움이 없는 상태에서 오직 내가 판단하고 내가 책임져야 하는 경우도 있다. 그러므로 전투 지휘자는 상급지휘관의 의도와 지침을 이해하는 가운데 피아의 상황을 면밀히 파악하고 있다가 어떤 상황이 발생하면 즉각적인 결심을 할 수 있도록 항상 준비가 되어 있어야 한다. 나는 월남전선에 투입한 이후 그러한 현실을 뼈저리게 느껴왔으며 스스로 이를 체질화하려고 노력해 왔다.

상급부대는 구정을 보내고 은신처로 떠나는 베트콩과 상호 교전을 금지할 것을 전통문으로 하달하였다. 그럼에도 불구하고 나는 당장 오늘 우리가 적과 조우한다면 어떻게 조치할 것인가를 곰곰이 생각해보았다. 많은 변수가 존재함에도 불구하고 상급부대의 지침대로 교전을 피하는 것만이 상책이 아닐 수도 있다고 보았기 때문이다. 내가 생각한 대처방안은 세 가지였다. 첫 번째 방안은 적을 모두 사살하는 것이었다. 이는 휴전협정 위반으로 베트콩들에게 한국군에 대한 불신과 불법성을 부각시킬 것이므로 불씨를 만들 필요가 없다고 생각하였다. 두 번째 방안은 통행하는 베트콩을 직접 확인한 후에 우군지역 통과를 허용하는 것이었다. 그러나 그들을 직접 확인하는 과정에서 의도하지 않은 우발적인 교전이 발생할 수 있기 때문에 특수목적을 달성해야 할 경우에만 가용한 방책으로 생각하였다. 세 번째는 우리의 은밀한 감시하에 우군지역을 통과토록 하는 방안으로 이는 휴전협정을 준수하고 적의 활동을 확인하여 차후 작전에 첩보로 활용할 수 있는 방책이라고 생각하였다. 나는 이 3가지 방안 중에서 세 번째 방안을 선택하였다. 이를 위해서 우리가 적에게 노출되지 않도록 은폐를 철저히 유지한 상태에서 복귀하는 베트콩의 동태와 행적을 면밀히 관찰할 것을 지시하였다. 그러나 실제 적과의 접촉은 없었다. 휴전의 마지막 밤은 이렇게 무료하게 흘러갔다.

- **D+14일** 2단계 2차 작전재개와 허술한 전장정리(1967.2.12.)

마침내 08:00시부로 제30연대가 주도하는 2단계의 2차 작전이 개시되었다. 대대는 "연대의 일부로 제2대대는 다박산의 남쪽 방향으로 전진하면서 적을 탐색, 소탕한다. 제6중대의 우측은 제30연대 제3대대 제12중대가, 좌측은 연대 수색중대가 병진한다."는 명령을 하달하였다. 이에 따라, 제6중대는 588고지-740고지-다박산-558고지로 연하는 좌단

5~8부 능선을 따라 탐색 작전을 펼칠 계획으로 소대별로 분진을 하였다. 인접중대와 협조가 중요하지만 험준한 정글 속에서 상호 확인이 되지 않았을 뿐만 아니라 새로운 길을 개척하느라 그럴만한 마음의 여유가 없었다(요도#3-2, 2단계(2차) 중대별 기동로). 그러다 보니 인접부대와 간격이 어디까지인지 궁금하고 그 사이로 적들이 탈출하지 않을까 염려도 되었다. 분명 이토록 험준한 산악 정글에 베트콩의 은거지가 건설, 활동하고 있을 것이나 우리는 아무런 정보도 없이 적과 조우해 보아야 안다는 식으로 생각하며 막연히 수색하고 있었다.

우리는 오전 내내 적이 은거하리라고 예상되는 지형을 중심으로 수색을 실시하였다. 그러한 지형은 통상 천연암석과 자연동굴이 형성된 지대로 계곡에 물 흐름이 있고 외부 연결통로가 발견되는 곳이다. 우리는 며칠간 휴식을 취하였기에 수색을 하는 동안 몸이 부드럽게 풀리고 기분도 상승되어 점심을 조금 일찍 먹고 서둘러 수색작전을 재개하였다. 나는 우측방 조금 경사도가 낮은 지역으로 수색 진로를 잡고 출발하였는데, 낮은 정글에서 높은 나무 정글로 지형이 바뀌어서 진출속도가 빨라졌다. 큰 나무 사이로 공기가 소통되어서 한결 신선감을 주었다.

그런데 자연석이 무더기로 모여 있는 한구석을 보니 C레이션 캔이 싸여 있었다. 대부분 빈 캔이었고 과자봉지와 따지 않은 땅콩 캔들이 섞여 있었다. 그 옆 돌부리 언저리에는 담배꽁초, 성냥, 껌, 종이 등이 나뒹굴고 있어 한국군이 쉬어 간 장소임을 확연했다. '혹시 인접부대가 부근에 있지 않을까'라는 생각이 들기도 했지만, 사실은 지난 구정휴전 전에 백마 전투부대가 머문 곳이었다. 백마용사의 흔적이기에 순간적으로 친근감이 들기도 했지만, 베트콩들이 이 유기물에서 우리를 공격할 첩보를 얻어 그 공격표적이 지금 우리를 지향할지도 모른다는 생각에 이르니 그들의 무질서한 행동에 울화통이 치밀었다.

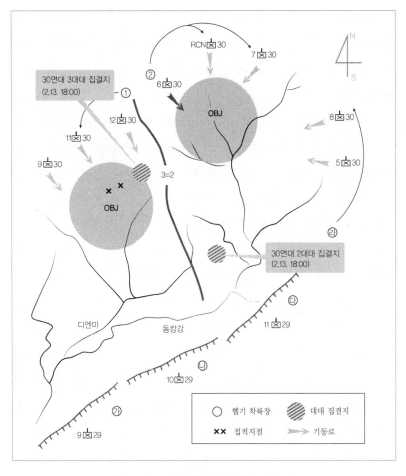

<figure>

RCN⊠30   7⊠30

② 6⊠30

30연대 3대대 집결지
(2.13, 18:00) ──①

12⊠30

8⊠30

11⊠30

OBJ

9⊠30

5⊠30

××
OBJ

3=2

㉔

30연대 2대대 집결지
(2.13, 18:00)

㉕

디엔미   동캉강   11⊠29

㉓
10⊠29

㉒
9⊠29

| ○ 헬기 착륙장 | 대대 집결지 |
| ×× 접적지점 | 기동로 |

</figure>

〈요도#3-2. 2단계(2차) 중대별 기동로〉

　사실 베트콩들은 한국군 작전부대가 수색을 하고 지나간 뒤 그 후방 200~300m 지점에서 서서히 한국군을 후속함으로써 한국군 포병의 교란사격을 회피하고 유기한 전투식량을 습득하여 취식하곤 했다. 한국군의 취약점을 교묘히 이용한 웃지 못할 촌극이었다. 이러한 한국군의 허술한 전장정리를 빗대어 "한국군은 전투 간에 떠들어서 적을 쫓아 버리고, 버린 캔으로 굶주린 적을 즐겁게 해준다."고 한국군을 조소하는 말들이 떠돌아다니기도 했다.[29] 그러한 현상은 우리 소대에서도 가끔 발견되곤 하였다. 작전 중 짧은 시간에 C레이션을 급하게 꺼내 먹다 보니 병사들은 자기도 모르게 캔을 휙 집어 던져버리곤 했다. 계곡에서 캔이 바위에 떨어지면 부딪치는 소리가 제법 요란한데, 그것은 '한국군이 여기 있노라.'고 적에게 알려주는 이적행위와 다를 바가 없었다. 그때마다 선임하사관이 나섰지만, 근절이 안 되었다. 그렇게 된 데에는 나의 잘못도 있었다. 나는 그동안 그러한 행위를 보면서도 '그런 것조차 소대장이 통제할 필요가 있나?'라는 생각이 들어 강하게 질책하지 않았다. 나는 우리 소대를 되돌아보며 깊이 반성하였다.

알고 보면 이러한 전장정리 문제는 눈감아 지나치거나 한순간 호통치고 넘어갈 그리 간단한 문제가 아니었다. 전장군기는 곧 그 부대의 군기와 전투의지의 실상을 나타내주기 때문이다. 세계의 어떤 강군 또는 선진국 군대가 전투현장에서 아무렇게나 음식물과 휴대품을 버리는가? 전장정리를 잘한다고 해서 무조건 강한 군대라고 볼 수는 없지만, 전장정리를 못하는 군대가 강한 군대일 수는 없다. 월맹군과 베트콩 게릴라들은 은거지 임시막사를 철수할 때마다 쓰레기 한 점 남기지 않았다. 마치 '부대 철수는 이렇게 하는 것이다.'를 우리에게 한 수 알려주는 듯하였다. 또 적들이 얼마나 은밀하게 행동하는지, 적과 교전 시 그들의 목소리를 들어 본 적이 없었다. 총성이 울린 후 주변이 너무 조용하여 그 자체가 공포가 되기도 했다.[30] 그들이 보여준 일련의 전장군기는 '지피지기(知彼知己) 백전불태(百戰不殆)'를 철저히 믿고 실행에 옮기는 증거였으며 프랑스 군대를 물리친 강군으로서의 면모를 여지없이 보여주는

---

29) 이러한 현상이 발생한 데는 간부들의 책임이 컸다. 일부 초급 간부들은 전장정리 내지 전장군기에 대한 경각심이 희박했을 뿐만 아니라 솔선수범은커녕 간부답지 못한 언행과 태도를 보이는 경우도 있었다. 병사들의 태도는 초급간부들의 태도를 닮아가는 법이다.

30) 모르긴 몰라도, 적들은 우리의 요란한 지휘 소리, 무전기 통화 소리, 발걸음 소리 등을 똑똑히 들었을 것이다.

것이 아닐까?[31]

- **D+15일** 최초 포로획득, 그리고 교전 자작극(1967.2.13.)

어제 중대는 558고지 동측방 일대에서 베트콩의 병영막사와 취사도구를 발견하였기에 오늘은 그 지역 일대를 다시 정밀수색하도록 하였다. 이에 우리 소대는 4개분대가 병진대형을 유지하여 분대장의 통제하에 수색에 돌입하였다. 분대장의 성격에 따라 수색의 질도 다르고 전진속도가 달라서 나는 이를 조종하는 역할을 했다. 2분대장 고 중사가 항상 전진 속도가 빨라서 말썽을 부렸는데, 이번에도 그가 역시나 어디론지 사라져서 육감으로 주변을 두리번거리며 찾고 있었다. 그 순간 가까운 곳에서 수류탄 폭음이 연이어 터졌다. 연속 3발이 4~5초 간격을 두고 터졌기에 우리 측에서 투척한 것으로 예상했다. 궁금증이 폭발하여 견딜 수가 없었다. 마침 고중사로부터 무전이 왔다. 그는 내가 있는 위치에서 100m 농남방의 천연동굴에서 베트콩 2명을 생포하고 소총 2정을 노획하였으며 계속 수색을 진행 중이라고 보고하였다.

나는 2분대 좌측방에서 수색 중인 3분대를 호출하여 2분대를 엄호하도록 하였다. 우측에 있는 1분대를 확인한 결과 암석동굴지대를 수색하고 있다고 하였으므로 계속 수색하도록 지시하고 화기분대로 하여금 1분대와 2분대 전 지역을 엄호하도록 조치하였다. 그 후 나와 소대본부 요원은 2분대로 신속히 이동하였다. 2분대장과 대원들은 2명의 포로에게 포승줄로 묶지도 않고 매우 편안한 자세로 앉아서 간단한 현장 신문을 하고 있었다. 나는 즉시 향도를 시켜서 로프로 양손을 묶고 바지 혁대를 제거시켜서 개인행동을 제한하였다. 아울러 2명의 포로를 분리시켜 놓으

---

31) 당시 월남군의 민병대가 전투에 투입하는데, 그들은 가족과 아기들까지도 대동하여 이부자리, 취사도구, 주·부식, 개인피복, 장구류, 위생도구 등을 등에 메고 다니며 작전임무를 수행하였다. 군기나 전투의지면에서 베트콩과 비교할 수 없었다. 그들의 미래는 불을 보듯 뻔했다.

면서 각자에게 경계병을 한 사람씩 지정하여 감시를 강화하였다.

고참병으로 보이는 포로를 불러서 몇 명의 동료가 함께 있었는지, 무기가 추가로 있었는지를 질문해서 작전에 필요한 정보를 먼저 캐내려고 했다. 이어서 소속부대와 이름, 계급, 직책, 소속부대의 현 위치 및 적 상황을 손짓과 발짓을 하며 물었다. 그러나 그들은 "꽁비엣(모른다), 꽁비엣"을 연발하며 수색에 도움이 될 수 있는 첩보제공을 완강하게 거부하였다. 언어가 소통하는 전문 포로 신문관이 절실하였으나 이것이 불가한 상황에서 말마저 통하지 않아서 답답할 뿐이다. 옆에 있던 선임하사관이 답답함을 참지 못하고 큰소리를 버럭 질러댔다. "저놈 당장 처치해 버리는 것이 어떻겠습니까?" 이어서 선임하사가 육두문자를 사용하며 그 특유의 험상한 표정을 지으며 겁박하였다. 그들은 약간 겁먹은 얼굴로 체념한 듯 어눌한 표정을 짓고 있었다.

하사 **고원선**

그사이에 나는 2분대장으로부터 포로 생포 과정을 보고받았다. 고 중사는 10:30분경 이곳 천연동굴지역을 발견하고 이곳에 은밀히 접근하였다. 주변을 살펴보던 중 가느다란 인기척 소리를 천연동굴 안에서 청취하였다. 그는 즉시 굴 안으로 수류탄 3발을 투척하여 동굴 속을 제압하고 "베트콩 라이 라이(나와라)!"를 연발하며 소리쳤다. 3분 후 한 명이 먼저 장총을 휴대하고 나왔고 그 포로가 소리쳐서 나머지 한 명이 굴속에서 손을 들고 나왔다고 보고하였다. 나는 비교적 손쉽게 포로를 획득한 데 의문이 일었다. 이들이 다른 목적으로 투항한 것은 아닐까를 생각하며 포로의 몰골을 훑어보았다. 그들은 월맹군 부대의 20세 젊은 병사로 정글과 동굴에서 장기간 생활해서인지 얼굴이 창백하였고 우리의 중학생 수준으로 왜소하였다. 신발은 타이어 바퀴를 절단하여 제작한 호지명 샌들을 착용하고 검정 무명옷 상·하의를 착용하였다. 그들은 우리 대원들과 외모부터 확연히 대비되었으며 총을 소지하지 않았다면 군인으로 보이지 않을 정도로 보잘것없었다. 나는 적들의 보급지원 능력 결여로 전의를 상실한 낙오병이 아닐까 추측하였다.

이때 누군가 한마디 거들었다. "이자들을 혹독하게 잡도리해서 무기 숨긴 곳을 자백하게 합시다. 우선 한 놈을 죽도록 족치면 옆에 있는 놈이 겁을 먹고 이것저것 불 게 아닙니까?" 나는 솔깃한 생각이 들었다. '우리가 금번 작전에 투입하여 보름 동안 주야로 엄청난 고생을 했다. 그 대가를 이놈 입을 통해서 받아낼 수 있다면 굳이 마다할 이유가 없지 않은가. 인접부대들은 적 무기고를 발견하여 많은 전과를 올리고 있지 않은가? 이 상황에서 우리 부대 지휘관과 참모들이 간절하게 전과를 기대하고 있는데, 이참에 나도 전공을 세워보자!'하는 생각을 하니 뇌압이 점차 높아가고 있었다.

하지만 나는 그 포로의 얼굴에서 고향에 있는 집안 형제들이 떠올랐다. 또한, 군인으로서 최악의 상황에 처하게 된 포로들에게 측은지심(惻隱之心)이 동하였다. 더구나 그들이 자발적으로 동굴에서 나오지 않았던가! 예로부터 강한 적은 강하게 맞서고 약한 적은 온유하게 포용하여 그들의 마음을 얻어야 한다고 하였다. 나는 이 포로들을 전시 국제법규에 따라 후송, 포로 대우를 받을 수 있도록 해주어야 한다는 결심을 하고 중대장에게 상황을 보고하였다. 중대장은 곧장 대대로 보고하였다.

13:00시경 포로후송 헬기가 바람을 일으키며 날아왔다. 사전 연락도 없이 건장한 대대 정보관 민 대위가 정보병 1명을 대동하고 현장으로 달려온 것이다. 나는 한참 동안 그를 바라보며 대대가 살아 움직이고 있는 정보를 얼마나 간절히 기대하고 있는지를 느낄 수 있었다. 그는 물건을 낚아채듯이 화급히 2명의 포로를 간단히 인수하고 금세 사라졌다. 전투현장 심문을 통해서 그들 포로로부터 분명히 전장에서 가용한 정

보를 캐낼 수 있었건만, 신병만 인수하여 가버린 것이다. 나는 그 무엇을 당장 놓치고 있다는 생각이 들어 못내 아쉬웠다.

소대는 포로를 후송시킨 뒤 주변의 동굴지대를 계속 수색하였으나 더 이상 접적이 없어 잠시 휴식을 취하고 있었다. 15:50분경 인사계가 중대본부 보급계, M하사를 대동하고 나타났다. 나는 인사계가 소대 수색 현장에까지 올 일이 없기에 "무슨 일로 여기까지 왔느냐?"고 의아하게 물었다. 그는 태연하게 "선임하사 심 중사와 이미 통화를 하였고 2분대 지역에 고 중사를 만나서 잠시 얘기를 하고 가겠다."고 말하면서 선임하사관과 함께 그곳으로 내려갔다. 그런데 10여 분 후에 바로 그곳에서 분대 단위 일제사격 총성이 들렸다. 나는 신속하게 고 중사에게 무전을 하였다. 그는 도주하는 적을 발견하고 사격을 하여 소총 2정과 권총 1정을 노획하였다고 보고하였다. 마침 인사계가 와서 총은 인사계가 가지고 중대에 복귀하였고 상황은 종료되었다고 보고하였다. 이 과정에서 나는 석연찮은 느낌이 들었지만 확실한 정황을 포착하지 못했다. 나는 그저 인사계가 오전에 포획한 포로의 유품을 추가로 회수하고 포로 진술에 관련한 조치로 2분대에 왔다 간 것으로 미루어 짐작하고 주변 일대 천연동굴 부근에서 계속 야간매복을 하며 밤을 새웠다. 그런데 훗날 이것이 조작된 것이었음을 알게 되었다. 이날 오후 인사계와 중대 보급계가 미리 소총 3정을 가지고 와서 2분대 고 중사에게 분대 일제사격을 실시케 하고 적으로부터 노획한 것으로 허위보고를 한 것이다. 이를 계기로 중대 보급계 M하사는 인헌무공훈장을 받았다.

- **D+16일** 포로 대동 동굴수색, 포로 분실 소동(1967.2.14.)

인접부대에서 생포한 포로 진술에 의하면, 다박산과 혼종산 남쪽 계곡 일대에 대대급 부대가 은신 중에 있었다고 했다. 어제 우리 소대에서 생포한 포로는 400고지 남방 능선과 암석동굴에 중대 규모 100여 명이 은신하고 있었다고 토설하였다. 그렇다면 우리 소대는 수색을 철저히 하지 않은 것으로 추궁을 받아야 하는가? 또한, 포로를 잡자마자 가혹하게 다루어서 곧바로 토설을 받았다면 즉각적인 작전이 가능했는데 우리가 실기해버린 책임을 져야 하는가? 다른 한편으로 즉각 가용한 첩보를 획득하려고 말단 소대는 포로를 가혹하게 취급해도 되는 것인가? 등 잡다한 생각으로 착잡하기 그지없었다.

오늘도 우리는 어제 수색한 지역 일대를 수색하였다. 오전 수색작전을 하고 있는데 대대정보관이 예고도 없이 포로와 함께 소대를 찾아왔다. 09:30분경이었다. 그는 송풍풀무(Might Mighty)와 최루가스탄을 휴대하고 현장에 와서 천연동굴 속에 최루탄을 터뜨려 넣고 송풍기로 바람을 불어넣은 뒤 탐색작전을 실시토록 지시하였다. 나는 그의 말에 따라 천연동굴 속에 5발의 최루탄을 투척하고 송풍풀무에 긴 고무호스를 연결하여 동굴 깊숙이 집어넣고 풀무를 작동시켰다. 우리는 최루가스가 동굴 깊숙이 밀려 들어가면 지하에 잠복한 게릴라들이 눈물을 흘리며 밖으로 기어 나올 것이라 기대하였다. 그러나 베트콩은 한 사람도 나오지 않았다. 성과를 기다리던 대원들은 허탈감에 빠졌다. 우리는 혹시 적들이 동굴 속에서 가스로 인하여 혼몽상태에 빠져있지 않을까 생각하고 방독면을 착용하고 동굴 속으로 들어갔다. 적 포로는 방독면이 없어서 민낯으로 행동하였다.

동굴 내부는 엄청나게 큰 공간으로 이루어졌고 복잡한 미로가 형성되어 있었다. 우리는 큰 굴길을 따라 30m쯤 포로를 앞에 세우고 전진하였다. 굴속의 차가운 공기가 송풍기 압력에 밀려온 최루가스와 엉켜서 방독면 안으로 스며들었다. 대원들은 동굴 내 형성된 가스 지대를 더 이상 전진할 수 없었다. 최루가스에 노출된 병사는 무작정 밖으로 나갈 태세이고 모두가 엉거주춤하였다. 나 자신도 견디기가 힘들었다. 파월 이후 수개월 동안 휴대만 하고 사용한 실적이 없었기에 정화통의 기능 저하로 방독면이 제대로 역할을 하지 못한 것이다. 나는 적을 잡기는커녕 자칫 대원들을 굴속에서 질식사시킬 수 있겠다는 생각이 들었다. 그래서 나는 즉시 굴 밖으로 탈출하라고 고함을 쳤다. 동굴 밖에 나오니 굴속 찬 공기가 아침 햇볕에 바위틈으로 새어 나와 동굴지역 일대가 온통 가스로 덮여 있었다. 굴속에서 벗어난 소대원들은 매캐한 가스로 인하여 동굴 부근에 머물지 못하고 능선 하단까지 정신없이 뛰어 내려갔다.

나는 가스가 없는 곳에서 대열을 정리하고 분대별 인원을 파악하였다. 우리 대원은 모두 따라왔으나 포로가 사라졌다. 그때까지 포로를 챙긴 사람은 아무도 없었다. 포로를 잡은 고 중사가 동굴 안에 들어갈 때 동행을 하였기에 고 중사에게 다그쳐 물어보았다. 그는 가스의 통증을 느껴서 나올 때부터 포로를 챙기지 않았다는 것이었다. 한심한 일이 이렇게 일어나고 말았다. 벌써 시간이 한참 지나지 않았는가? 포로가 도망쳐서 눈에서 멀어진 것이 아닌가? 각 분대장에게 주변을 샅샅이 찾아보도록 하였다. 그때 검은 옷차림의 월남인이 양손으로 눈을 닦으며 능선 아래로 비실거리며 내려오고 있었다. 우리가 찾던 바로 그 포로였다. 나는 가슴을 쓸어내렸다. 그가 그렇게 반가울 수가 없었다. 마치 잃어버린 전우를 찾은 것 같았다.

그는 "동굴 안으로 들어가자마자 가슴이 막히고 눈이 따가워서 입구 부근에서 엎드려 혼몽상태로 있다가 한국군이 동굴 밖으로 나가는 것을 확인한 다음 한국군의 꽁무니를 쫓아가면 살 수 있을 것이라 생각하고 우리의 뒤를 사력을 다해 쫓아 여기까지 왔다."고 털어놓았다. 그는 우리를 만나는 순간 가스의 공포에서 벗어나는 기쁨을 격렬하게 표출하였고 마치 전우들을 대하듯 즐거워하였다. 전장에서 피아의 관계는 상대를 죽여야 내가 사는 최악의 관계인데, 그러나 오늘만큼은 피차가 서로 기뻐하게 된 좋은 만남이 되었다.

적과 만남이 이렇게 반가울 수가 있는가! 그가 만약 우리와 반대 방향으로 달려갔더라면 자기 부대로 무사 귀환이 가능했을 터인데, 포로로 잡힌 한국군의 뒤를 따라오다니, 있을 수 없는 웃지 못할 일이 벌어진 것이다. 나는 '어제 그가 포로로 잡힌 뒤부터 그가 한국군 부대에서 받았던 포로 대우와 그에 따른 느낌이 그에게 상당한 신뢰를 주었다.'고 미루어 짐작하였다.

아침부터 적 포로를 앞세워 적을 뒤쫓아 가는 상황에 기대를 갖고 부산스럽게 설쳐댔으나 아무런 성과가 없었다. 우리는 12:00시에 포로를 활용한 탐색작전을 종결시켰다. 대대 정보관은 포로를 대동하고 송풍풀무를 회수하여 대대 전술본부로 돌아갔다.

나는 헬기가 정보관을 태우고 떠날 때 씁쓸한 뒷맛을 삼키며 생각에 잠겼다. 가장 아쉬웠던 부분은 어제 우리가 이곳에서 적을 생포할 당시 이 주변 동굴 속에 상당한 적이 은신하고 있었음이 분명해 보였는데, 접적할 드문 기회를 놓치고 말았다는 사실이다. 포로 획득, 심문, 활용과 관련하여 아쉬웠던 몇 가지를 지적하지 않을 수 없었다.

첫째, 포로를 데려갈 것이 아니라, 포로 신문관이 곧바로 헬기로 와서 현장에서 심문하여 적에 관한 실시간 정보를 파악해서 우리에게 제공했더라면 작전성과를 증진할 수 있었다는 점이다. 전투현장에서 은폐 기술이 뛰어난 베트콩에 대한 정보를 획득한다는 것은 천재일우의 기회이다. 모처럼 귀중하고 생생한 정보를 획득할 기회가 왔음에도 불구하고 포로를 상급부대로 데려가 뒤늦게 은신정보를 제공함으로써 포로 첩보를 적시에 효과적으로 활용하지 못하고 골든타임이라고 할 수 있는 초기의 귀중한 시간을 놓쳐버린 것이다.

둘째, 송풍풀무의 활용에 관한 문제이다. 나는 이 장비에 관해서 전혀 알지 못했다. 정보관조차 제대로 사용법을 숙지하지 못하고 일단 우선 가지고 와서 사용하도록 하였다. 어떻게 사용하라는 설명 대신, 동굴 속에 고무호스를 넣고 송풍기를 작동시켜 바람을 넣어보라는 것이 전부였다. 나는 화기분대장 김 중사를 시켜서 송풍기 작동 스위치를 ON으로 놓고 기기를 가동시켜 보았다. 무난하게 가동되는 상태를 확인한 다음, 2분대장 고 중사에게 최루탄을 투척게 하였다. 그리고 풀무를 작동해서 가스를 동굴 안으로 들어가도록 가압하였다. 하지만 이는 인공동굴의 일정한 공간 내에 출입구를 완전히 봉쇄한 후에 사용하는 것이었다. 이렇게 엄청나게 큰 천연동굴 입구에서는 사실상 사용할 수 없었던 것이다. 또한, 오전에는 동굴 속과 밖의 온도 차이가 커서 풀무로 따뜻한 외부 공기를 삽입한 결과 동굴 안 찬 공기가 따뜻한 외부 공기를 밀어내 가스가 밖으로 밀려 나와서 동굴 외부에 가스 지대를 만들고만 것이었다. 이로 인해 우군 병사가 오히려 질식사할 지경에 이르렀다. 새로운 무기와 장비를 갑자기 전장에서 사용할 경우, 주의사항을 포함한 운용요령을 충분히 교육하는 것을 잊지 말아야 할 것이다.

셋째, 적군 포로 관리에 관한 문제이다. 동굴에 최루탄을 투척하고 포로에게 안내를 시킬 계획이라면 당연히 포로용 방독면도 준비해 와야 했지만, 정보관은 전혀 조치를 취하지 않았다. 이렇게 하여 포로는 방독면을 착용하지 못해 동굴 안으로 들어가지도 못했고 포로를 한동안 아군 통제 밖에 두는 큰 실책을 범하고 말았다.[32]

---

32) 정보관은 포로를 데려오면서 포로용 방독면을 조치하지 않은 채 현장에 와서 무턱대고 소대장에게 방독면을 조치하라고 했다. 나는 이러한 엄중한 상황에서 개인 전투 장비를 포로에게 제공하라는 정보관의 태도가 도무지 이해가 되지 않았다. 생사가 걸린 전투현장에서는 털끝 하나 건드리는 것도 민감해 하는 마당에, 그것도 앞으로 어떤 상황이 벌어질지도 모르는 긴박한 상황에서 개인의 소중한 전투 장비를 포로에게 제공하라니, 상급부대에서 현장 전투지휘자를 도와주지는 못할망정 오히려 부담을 안기다니 말이 안 된다고 생각했다. 그리고 현 상황에서는 포로의 역할이 더 이상 필요하지 않을 것이라고 생각했다. 결국 포로는 방독면 없이 현장에 투입되었고 결과적으로 큰 문제를 야기할 뻔 했다. 당시에 나는 전투지휘자로서 불가피한 선택이라고 생각했지만, 시간이 흐르면서 정보관의 잘못과는 무관하게 어떻게든지 포로에게 방독면을 제공했어야 했다고 생각하게 되었다. 가령, 당시에는 동굴 안에 있는 백여 명의 대규모 적을 소탕하기 위해서는 소대원 1명이라도 더 투입해야 한다는 조급한 생각으로 착안을 못 했지만, 소대원 중 일부를 동굴 밖에 잔류시키고 잔류인원 중 1명의 방독면을 포로에게 제공하는 방법도 있었을 것이다.

나는 최근에 우리 소대 포로획득 관련 사실이 국방부 군사자료실 『파월 한국군 전쟁사료 제8집(전투상보)』의 371쪽과 513쪽에 소상하게 기술되어 있음을 확인하였다.

『파월 한국군 전쟁사료 제8집(전투상보)』
소대 포로 관련 내용 요약

• 포로 인적사항
  - 월맹군 C-2 중대 분대장 May The Hoa(24세)
  - 월맹군 C-2 중대 정찰원 Luang Duy Thai(20세)

• 포로 획득 경위: 백마부대 제30연대 제2대대 제6중대 제1소대(김형석 소위)가 1967년 2월 13일 10:20분경 다박산 지역을 수색하던 중 생포. 중대는 포로와 의사소통이 불가하여 즉시 후송을 하였음.

• 1소대는 작전계획에 따라 2일간 다른 지역으로 이동하여 작전을 계속하다가 2일 후 포로 생포지점에서 5.5km 떨어진 지역을 수색하였음. 그러나 포로는 생포지점 동굴에 1개 중대가 은신하고 있었다고 신문관에게 진술함.

• 백마 1호 작전 간 32명의 포로를 획득하였으나 포로 후송과정의 업무 부적절, 무성의, 규정무시(습득물 사물화, 포로학대) 등으로 정보화하지 못했음. 따라서 대부대 작전 시 대대 지역에 포로 신문관을 파견하여 즉각적이고 효율적인 운영이 요망되었음.

• **D+17일** 2단계 작전 종결, 쓰다 버린 전투수기(1967.2.15.)

사단은 금일 10:00시를 기하여 2단계 작전을 종료하였다. 2대대는 다음 3단계 작전에 대비하여 닌호아 북방 반딘트엉 지역으로 공수되어서 2일간 부대정비와 휴식에 들어갔다.

대원들은 장기간의 작전으로 환자에 버금갈 정도로 심신이 허약해진 상태였다. 원인 모르는 발열 등으로 몸을 가누기 힘든 병사 3명은 후송 조치하였다. 나도 지치기는 마찬가지였다. 나는 지휘자라는 책임감으로 기력을 유지하고 활동하고 있었을 뿐 특별한 정력가는 아니었다. 2일간의 정비기간에 충분히 휴식해서 다음 작전에 임하는 것이 최상의 길이라고 여기고 나부터 푹 쉬고 대원들에게도 경계부담을 최소화하면서 진중 개인휴식을 취하도록 하였다.

중대 작전계 박 병장이 유선전화로 나를 찾았다. 백마 1호 작전에 참전한 전투수기를 작성하여 앞으로 교훈으로 삼기 위해 수집하고 있으니 협조해 달라는 요청을 하였다. 나는 글재주도 없고 우리 소대는 교훈이 될 만한 치열한 전투가 아직 없었기에 "다른 부대에서 작성하도록 건의하라."고 전한 뒤 전화를 서둘러 끊고 개인천막 속에서 지친 몸을 뒤척이며 누워있었다. 사실 여느 때라면 전투수기를 작성해 보고 싶은 욕심이 있었지만, 이 시간만은 너무 피곤해서 아무것도 하고 싶은 생각이 없었다. 그런데 오후 다시 중대본부 박 병장에게서 전화가 왔다. 그는 대대에서 중대별로 1편이 할당되어서 6중대는 1소대가 필히 제출해야 한다고 독촉했다. 1소대는 지난 2월 13일 포로를 2명 생포하고 소총 4정, 권총 1정을 노획한 전과가 있으니 그 상황을 기술하여 수기를 작성해 달라는 내용이었다. 나는 당시 2분대가 단독으로 포로를 생포하고 총을 노획하였기에 2분대장이 지휘한 내용을 수기로 써서 제출하면 더 확실한 내용을 기술할 것이라 말하고 2분대장 고 중사를 중대 작전계에게 보냈다.

고 중사는 그가 포로를 생포하고 동굴을 수색하며 총기를 노획한 과정에다 평시 해오던 전투활동을 첨부, 군데기 살을 붙여서 수기를 작성하였다. 중대 작전계는 "고 중사의 수기를 앞부분으로 하고 그 뒷부분에 이어서 내가 지휘한 사항을 추가해 달라."고 끈질기게 요청하였다. 나는 제대로 작성하려면 고 중사의 작성내용을 대폭 수정해야 하고 여기에 앞뒤가 연계되게끔 나의 글이 추가되어야 하는데, 지금 상황에서 곧바로 작성하는 것은 전혀 마음에 내키지 않았다. 나는 난감한 심정으로 "이것을 꼭 해야 하는가?"하고 그에게 확인 질문을 하였다. 그 역시 일개 병사로서 난감한 표정을 지으며 대대에서 워낙 강하게 요구하고 있어 형식상이라도 제출을 해야 한다고 우겨댔다.

나는 일단 박 병장을 내보내고 종이를 꺼냈다. 어디서 어떻게 시작을 해야 할지 참으로 난감하였다. 특히 포로 생포하던 날 오후 인사계가 2분대에 찾아온 뒤 소총 2정과 권총 1정을 추가로 노획한 과정이 앞뒤가 안 맞고 내용도 상세히 몰랐기 때문에 글쓰기 진도가 나가지 않았다. 전투 과정을 과대하게 포장하기 위하여 인위적인 상황을 만들어 낼 수는 없지 않은가! 나는 2시간을 종이에 긁적이다가 그만 던져버렸다. 다음날 당번병이 중대본부에서 수기를 제출하라는 연락이 왔다고 말하면서 수기 초안을 달라고 하였다. 나는 아직 완성이 안 되었다고 말하고, 작전계에게는 유선전화로 '제출하지 않겠음'을 통보하였다. 나는 이것으로 수기에 관한 사항은 까맣게 잊어버렸다.

그런데 수십 년이 흐른 후에 내가 국방부 군사자료실에서 『파월 한국군 전쟁사료 제8집(전투상보)』(p.429~431)을 넘겨보다가 나의 수기가 포함되어 있는 것을 보고 깜짝 놀라서 큰 충격을 받았다. 내가 제출하지 않은 수기가 어떻게 해서 내 이름으로 여기에 포함되어 이렇게 영구보관되고 있단 말인가? 나는 숨을 죽이며 혼자서 수기내용을 읽고 또 읽어보았다. 너무나 내용이 조잡하고 문맥의 일관성도 없고 실제로 하지 않은 부분마저 있어서 스스로 낯이 뜨거워졌다. 동료 또는 후배들이 이를 읽어본다면 얼마나 '소위 김형석'을 힐책할까 생각하니 모골이 송연하였다. 수기의 제목은 「혼바산에서 맞은 구정」이었다. 당시 나는 이 제목으로 수기를 쓰기 시작하였다. 그러나 인사계와 보급계가 왔을 때 갑작스러운 상황이 발생하였고 그에 따른 전과 부분이 이해할 수 없었다. 이를 규명하는 데 너무 피곤하고 귀찮은 나머지 집필을 중단하고 초안을 내던져 버렸었다. 그런데 이 버려진 습작을 중대에서 일부 수정, 전투상 보로 상급부대에 보고하였다. 육군본부에서 오랫동안 3급 비밀로 보관되어 오다가 30년이 지나 평문으로 해제된 후 영구보관용 파월전투사료에 실려 3쪽을 점하고 있는 것을 45년 지난 뒤 당사자인 내가 다시 읽어 보게 된 것이다.

아무튼, 박 병장이 대충 작성한 전투 수기를 읽으면서 젊은 시절 정글에서 주야로 긴장과 불안을 감내하며 영육양면으로 초월적인 하루하루를 보냈던 기억들이 재생되었다. 극한적인 고통으로 얼룩진 수많은 흔적이 뇌세포에 들러붙어 트라우마가 생긴 듯 번개처럼 나에게 찾아왔다. 그 수기에 동굴에서 적과 싸웠던 상황이 실제보다 과다하게 묘사되었고 총기 노획이 2정에서 5정으로 부풀려졌기 때문이다. 인사계와 중대 보급계가 소총 3정을 갖고 왔고 2분대장은 전과를 확대하여 수기에 기록하였다. 이제 와서 무슨 의미가 있을까 마는 따지고 보면 이 사건에 대해 소대장 자신도 석연찮은 부분을 규명하지 않고 묵인, 전장 군기를 문란케 하는 데 공조한 셈이고 청렴의 상징인 Y중대장은 본부요원 관리를 태만히 한 책임을 져야 할 입장이 되었다. 비록 개인에게 불명예스럽거나 부끄러운 일이라 해도 진실한 역사를 알리기 위해 잘못된 기록내용을 바로잡아 여기에 밝혀 놓는다. 그래야만 군의 후배들과 후손들이 역사를 통해서 올바른 교훈을 얻지 않겠는가!

5. 3단계 작전(D+20~D+29일, 1967.2.18.~2.27.)

• **D+20일** 3단계 작전 개시(1967.2.18.)

제30연대가 주축이 되어 실시한 2단계 작전이 종료되고, 제29연대가 주축이 된 마지막 3단계 작전이 시작되었다. 제29연대는 혼바산 정상 좌우에서 북방을 향하여 탐색작전을 개시하였다. 우리 제30연대는 제 29연대 목표지역 일대를 점령하여 제29연대를 엄호해주는 동시에 목표 지역에서 이탈하는 적을 차단하는 역할을 하였다. 이에 따라 우리는 혼 바산(1361고지) 북방의 저지대, 혼옹산(336고지) 남측 와지선-냐짜이(Nha Chay) 천에 연하여 배치, 차단작전을 실시하였다. 사단은 이 지역에 월 맹 정규군 제18B연대가 주둔하고 있을 것을 예상하였으나 정밀수색을 실시한 결과 첫날은 예상과 달리 특이사항이 없었다.

- **D+21일** 독충을 이용하는 비겁자(1967.2.19.)

고국은 설 뒤끝으로 아직 차가운 삭풍이 살갗을 저미어 옷깃을 여미 게 할 것이나 이곳 남국의 한낮 기온은 36℃를 나타내 태양 볕이 저지 대의 지열까지 복사시켜 개인호 속에 웅크리고 앉아 있는 것 자체가 고 통스러웠다.

저지대 풀숲과 낮은 관목지대이기에 밤에는 모기가 기승을 부렸다. 적과의 싸움보다 독충과의 생존투쟁이 더 가열 찬 한판 승부가 되었다. 이것은 새삼스러운 일이 아니었다. 1,000m 고지의 험준한 산악, 천연동 굴과 저지대, 소택지를 넘나들다 보면 모기는 물론 진드기, 나뭇잎거머 리, 전갈, 독사 등 독충들이 밤낮을 가리지 않고 우리를 공격해 왔다. 어느 병사는 총도 맞지 않았는데 전투복에 핏자국을 짙게 묻히고 다녔 다. 정글을 지날 때 나뭇잎에서 때를 기다리던 거머리가 소리 없이 병사 의 등에 낙하하여 인혈을 흡수하고 포만 상태에 이르면 조용히 땅으로 사라져 갔다. 피의 주인은 아무런 감각을 못 느끼다가 피 묻은 전투복 을 확인하고서야 피를 무참히 털렸음을 감지하였다. 그 뒤 혈흔 부위에 가려움증이 시작되고 그 시달림이 며칠 동안 계속되었다. 물론 나도 몇 차례 거머리에게 피를 털린 적이 있다.

이보다 훨씬 더 많은 세금을 지불한 것은 진드기였다. 진드기가 나의 좌측 어깨 밑으로 파고 들어와 가려움증을 알려왔다. 워낙 작아서 보이지 않아 가려운 감각만 느낄 뿐 대책 없이 10여 일을 가려움 속에서 보냈다. 가려운 증세가 장기간 계속되었기에 전령에게 어깨 밑을 보여 주었다. 그가 자세히 살펴보더니 찰싹 달라붙어 있는 작은 점 하나를 떼어냈다. 진드기가 살 속에 깊게 뿌리를 박고 있었던 것이다. 고약스럽고 지독한 놈이었다. 그 자리에 피의 포말이 솟았다. 나는 그것으로 진드기와의 전쟁이 끝난 것이라 생각하였으나 귀국 후 10여 년이 지난 이후에도 이따금 가려운 증세를 느끼는 독충 트라우마가 생겼다.

하지만 일반적으로 모기와 얽힌 사연이 가장 많았다. 하얀 날밤을 부릅뜬 눈으로 지새우는 매복 작전은 노출된 얼굴과 피부에 모기약을 바르는 시간으로 땜질하였다. 새벽 모기는 독이 올라서 약을 발랐는데도 아랑곳하지 않고 달려드는 강성을 지지고 있었다. 그놈들에게는 할 수 없이 귀중한 신체의 일부를 넘겨주는 수밖에 없었다. 이 독충들은 피를 얻어먹고 대가로 말라리아 열병까지 옮겨 주었다.

그런데 소대 극소수 인원이 작전투입 15일이 경과하자 야간매복 시 모기약을 바르지 않았다. 그들은 오히려 얼굴에 기름진 버터를 발라서 굳센 모기가 찾아오기를 기다렸다. "모기들아, 나의 피를 양껏 빨아 가다오. 그리고 나에게 열병을 전해다오."라는 심정으로 모기를 쫓지 않았다. 그들은 며칠 후 신체적 발열을 느꼈지만, 분대원과 말없이 행동을 함께하였다. 그러나 체온이 38℃에 이르면 소대 위생병과 신상면담을 하고 39℃에 이르면 위생병이 소대장에게 급히 보고하는 것이었다. 더 이상 야전생활은 무리가 된다는 내용이다. 부대는 우선 병원에 후송 조치해서 열병을 치료해주고, 고열이 내려서 치료를 마치면 부대에 곧바로 복귀하였다. 부대생활은 역시 고달픈 전투 활동의 연속이다. 그들은 또

다시 열이 오른다. 고열을 방치할 수 없어 다시 후송을 보낸다. 이처럼 병원과 부대를 습관성 열병환자로 왕복하다가 귀국선을 타고 개선한 용사가 소대마다 2~3명은 될 것으로 생각한다.

심지어 극소수의 소대장도 그와 유사한 환자생활을 한 사례가 풍문으로 오갔다. 그들은 작전지역에서 불안과 육체적 고충을 이기지 못하고 자해 일보 직전에서 그런 비열한 꼼수를 터득한 것이다. 주변의 따가운 시선에 고개를 숙였던 그들이지만 그것도 잠시, 귀국 후에는 오히려 자신들이 사지에서 살아나는 지혜를 발휘한 것처럼 자랑하거나, 때로는 인접 병사의 무용담을 마치 자기가 한 것으로 도용하여 자기가 누구보다도 용감했던 개선용사로 행세하였다.

나는 인간군상의 다양성을 발견하고 인간의 추악함에 서글픔을 느꼈다. 분명히 그들이 아부와 뒷거래를 잘하고 편법과 술수에 능하여 유능한 인간으로 평가받고 크게 출세한다고 생각하니 왠지 씁쓰레한 기분을 떨쳐버릴 수 없었다. 그런데 한참 세월이 지나서 '오죽했으면 그들이 그렇게 했겠는가! 그들도 마음속으로는 늘 양심의 가책을 받고 있겠지. 그래도 한때 고생을 함께한 전우 아닌가?'라고 그들의 편에서 자꾸 이해하려는 나 자신을 발견하였다. 그때마다 나는 변덕스러운 자신을 자책하였다. 불의를 불의라고 말 못하고 죄를 죄라고 말하지 않으면 어찌 불의와 죄악 앞에 당당히 맞설 수 있겠는가!

- **D+22일** 1967.2.20.

소대는 주야로 한곳에 머물며 민물 참게 잠적하듯 땅바닥에 납작 엎드려 적의 은밀한 탈출을 기다렸으나 나타나지 않았다. 인접부대인 제29연대 제9, 10중대에서는 소수의 적을 사살하고 장총 3정을 노획하였다.

- D+23일 1967.2.21.

대대는 저지대에서 지루한 차단작전을 실시하다가 15:00시에 닌호아 남방 5km 지점 혼쌍(Hon Xang)산 서측방에 집결하였다. 인접 제29연대 제11중대는 13:00시경 974고지에서 적과 조우하여 분대장이 전사하고 병사 1명이 부상을 당한 가운데 적 4명을 사살하였다. 또한 11중대의 유탄을 맞아서 인접해 있던 제12중대 분대장과 위생병이 부상을 입었다.

- D+24일 1967.2.22.

대대는 집결지에서 다시 이동을 개시하여 374고지 기옥모(Gioc Mo)산에 이르는 능선에 배치하여 적의 남측방 퇴로를 차단하였다. 중대는 164고지 북방 저지대에서 차단작전을 계속하였다. 탐색부대인 인접 제29연대는 캄쎄(Cam Xe) 계곡 212고지로부터 1번 도로에 접근할 수 있는 베트콩 활동 루트를 탐색하고 있었다. 제29연대 제10중대는 10:45분 212고지 우측 계곡에서 적의 임시 건물 14동과 개인호를 발견, 적 3명을 사살하였으며 제11중대는 적의 저격으로 2명이 부상을 입었다. 수색간 치열한 전투가 계속되고 있음을 알 수 있었다.

- D+25일 전투 현장에서 만난 동기생(1967.2.23.)

동일지역에서 동일한 임무를 계속 수행하면 나태해진다. 이는 군기 이완을 수반한다. 각자 자의적 행동을 하기 쉽고 총기오발 등 사고가 우려된다. 차단작전이 바로 그랬다. 따라서 위협이 낮은 주간에는 약실에서 탄약을 제거하도록 조치하였다.

제29연대 1대대가 1소대 차단진지의 전방에서 우리를 향하여 접근해

오고 있었다. 서로 연락이 없어서 그들이 어디에 언제쯤 어떤 활동을 하는지 알지 못했다. 기계획이 자주 수정되고 인접부대 작전상황이 즉각 전달되지 않았던 터라 당황스러웠다. 수색작전부대와 차단부대는 긴밀한 협조가 이루어져야 하나 말로는 중요하다고 강조하면서 실제로 협조가 되지 않았던 것이다.

오전 11:00시경 소대 우측방 3분대장 김동만 하사로부터 보고를 받았다. 전방 가까운 지점에서 한국말 소리가 청취되었다는 내용이었다. 나는 즉시 대원들에게 오인사격을 하지 않도록 지시하고 중대에 보고하였다. 중대는 대대에 보고하여 불시 쌍방부대 간 접촉 상황을 보고함으로써 오인 충돌의 위기를 모면할 수 있었다.

3분대장은 제29연대 제2중대 소대장을 대동하고 소대본부에 도착하였다. 그 소대장은 동기생 이상의 소위였다. 야전 정글 속에서 전혀 예기치 못한 동기생과의 만남이 이루어진 것이다. 헤어진 형제를 만난 기쁨이었다. 눈시울이 뜨거워졌다. 서로 파월한 사실조차 모르고 있었다. 인연은 이런 곳에서도 만나야 할 사람을 만나게 해주는가 보다. 그는 제29연대 제9중대의 김호경 소위가 이번 작전에 투입되었다가 전사한 비보를 소상하게 알려 주었다. 우리 둘은 잠시 고인의 명복을 빌었다. 그리고 파월 근무기간 매사 조신하는 마음으로 행동하며 건투할 것을 다짐하고 아쉽게도 곧바로 헤어졌다. 이상의 소위는 그 후 백마 2호 작전에 참가하여 적으로부터 근거리 저격을 받았다. 복부 관통상을 입었으나 신속히 후송 조치되어서 적절한 응급치료를 받고 곧바로 귀국하였고 병원에서 치료를 받은 후에는 보안부대로 보직, 전역 시까지 그곳에서 열심히 근무하였다.

- **D+26일** 긴급 음용수 획득 작전(1967.2.24.)

  어제에 이어서 우리는 저지대 개인호 속에서 진땀을 흘리며 제발 적들이 와주기를 바라면서 시간을 보냈다. 사단 군수지원 부서는 작전계획수립단계에서 1인당 1일 5갤런의 식수를 지원토록 소요량을 책정하여 급수 준비를 하였으나 중대급 전투요원에게 지급할 수송대책이 미흡하고 전투상황이 유동적이어서 정작 지원이 되지 않았다. 대신 정수제를 공급하여 현지의 자연수를 획득, 음용하도록 지시하였다. 그러나 현지에서 자연수를 발견할 수 없을 때는 속수무책이었다.

  우리가 땅바닥에 밀착, 작전을 수행하고 있는 저지대에는 억새풀이 2~3m 높이로 자라 드넓게 밀생하고 있어 통풍이 안 되고 흐르는 물줄기를 찾을 수 없었다. 오전 10:00시를 지나면서 강렬한 태양에 달구어진 지면의 열이 갈대숲에 갇혀서 섭씨 40℃를 상회하는 찜통 속이 되었다. 대원들은 갈증에 목이 타는데 음용수를 구할 수 없어 아우성을 쳤다. 곧 집단갈증현상이 일어나 패닉현상처럼 번져갔다. 갈증현상이 단기적으로는 배고픈 허기증세보다 더욱 참기 어려운 증세임을 알게 되었다. 사태가 이쯤 되니 베트콩과 조우하는 것보다 먹는 물을 찾는 일이 더욱 화급해졌다.

  나는 13:00시 3분대장을 식수원 탐색대장으로 명하고 각 분대에서 2명을 차출하였다. 이들에게 소대 작전지역에서 가장 고지대인 336고지에 이르는 계곡을 거슬러 올라가 물줄기를 정찰하도록 지시하였다. 그들이 출발한 후 2시간이 경과할 무렵 3분대장은 "계곡이 간헐천으로 이어져 5부 능선까지 올라왔는데 물웅덩이를 발견할 수 없습니다."라고 절망적인 보고를 해왔다. 자신들이 소대로부터 너무 멀리 떨어지자 음용수 탐색을 중단하고 복귀할 것을 건의하였다. 참으로 난감하였다. 대원들은 곧 물을 구해 올 것으로 학수고대하고 있지 않은가! 그들 정찰대는 고지대를 수색하고 있어 갈증이 우심할 터이다. 또한 적과 조우할 수도 있고 우군과의 협조가 없는 상태라 자칫 우군의 오인사격을 받을 수도 있는 터, 상급부대에 보고도 없이 이런 지경에 이르렀으니 난감하기 짝이 없었다. 갖가지 궁리를 해보았으나 해결책이 보이지 않았다.

나는 조금 전 3분대장의 보고내용에서 간헐천이 정찰로에 있었다는 데 생각이 와 닿았다. 간헐천 주변에 풀무더기가 무성한 곳 또는 응달지의 축축한 곳에 모래를 파고 웅덩이를 만들어 물이 고인 후까지 기다렸다가 취수할 수 있지 않을까? 나는 즉시 분대장에게 이 생각을 통보해 주었다.

1시간이 지나서 3분대장으로부터 무전보고가 들어왔다. 젖어 있는 개울 바닥에 판 웅덩이에 물이 고이고 부근에서 작은 물구덩이도 발견되어 10개의 수통에 물을 가득 채워서 출발한다는 내용이었다. 나는 이 반가운 소식을 전 대원에게 신속히 알려 주었다. 소대원들은 물을 구했다는 말에 이미 갈증이 해소되었다고 입을 모았다. 취수 정찰대는 18:00시경 무사히 복귀하여 대원들의 갈증을 해소하였다. 3분대장 김동만 하사는 문세호 상병이 336고지 7부 능선의 골짜기 실개울에서 고인 물을 찾았다는 소리를 듣는 순간, 금광을 발견했다는 말보다 더 기뻤다고 당시의 심경을 토로하였다.

나는 이번 일을 겪으면서 인간은 무엇이 고갈되어 결핍증을 느끼는 순간에 그것을 더욱 갖고 싶어 하는 욕동(欲動)[33]이 작용, 심리적 집단 욕구현상까지 일으킨다는 사실을 확인하였다. 그리고 인간은 물 없이는 못 산다는 평범한 진리를 다시 한번 깨달았다. 그동안 너무나 가까이서 너무나 쉽게 얻어 고마움을 모르다가 전투라는 특수상황에서 물길이

---

33) 욕동은 생물학적이나 유전적으로 고정된 행동양식을 의미하는 본능과 달리 보다 심리학적 개념인 욕구의 의미를 지닌다. 그것은 사람의 마음을 휘몰아치는 역동 과정으로 생체 내부에 욕구 긴장을 초래하는 힘을 의미한다(간호학대사전).

막혀버리자 그 소중함을 새삼 느끼게 된 것이다. 나는 어떤 작전에서도 가장 먼저 식수문제를 고려해야겠다고 다짐했다. 그리고 베트콩들도 먹는 물 획득이 어려워 결국 취수 가능 지역에서 활동할 수밖에 없을 테니 조금 전 식수를 구한 그 지역으로 매복지역을 옮길까도 생각해보았지만, 그 지역이 소대작전지역을 이탈한 지역이고 사단 포병의 교란포격이 우려되는 지역이라 실행을 단념하였다.

- **D+27일** 월맹군과 12중대의 교전(1967.2.25.)

우리는 답답한 저지대에서 4일째 엎드려서 시간을 보내고 있었다. 대대 전술작전본부는 무료하게 시간을 보내고 있는 우리에게 가까운 지역에 소규모 정찰대를 보내 수색활동을 실시하도록 지시하였다. 나는 제2, 3분대를 보내 수색정찰 임무를 부여하였다. 인접부대인 제29연대 제12중대는 202고지 일대 저지대를 재수색하여 베트콩 1명을 생포하고 수명을 사살하는 전과를 올렸다. 우리의 동측방에 위치하고 있던 제30연대 3대대 지역에는 더욱 치열한 교전이 있었다.

제30연대 제3대대는 혼바산-1192고지-974고지-202고지로 연하는 거대한 산줄기 하단을 차단하고 있었다. 이때 제12중대는 동측방 천연동굴과 암석으로 형성된 974고지와 652고지로 연하는 능선의 4부 능선을 차단하여 적의 탈출을 감시하고 있었다. 제30연대는 지난 23일부터 예하 12중대에게 암석지대 내 천연동굴 탐색작전을 병행하도록 지시하였다. 이에 제30연대 제12중대는 2월 23일 08:40분부터 202고지 우측방인 닌흥 계곡 일부를 수색하기 위해 부대 이동을 하였다. 제12중대의 첨병은 09:15분에 칼빈 소총의 격발장치를 안전에 놓고 전방을 경계하며 암석동굴지역을 통과하고 있었다. 바로 그때 그는 산에서 적 3명이 걸어오는 것을 먼저 발견하였다. 첨병은 소총의 방아쇠를 황급히 당겼다. 안전장치에 놓은 격발장치가 작동될 리가 없었다. 순간 당황한 첨병은 노리쇠를 후퇴전진하고 격발하였으나 또다시 불발이었다. 이 순간 적이 알아차리고 먼저 발사하여 분대장이 전사하였고 첨병도 부상을 입었다. 결정적인 순간에 자물쇠 푸는 동작을 챙기지 못해서 생사의 운명이 서로 뒤바뀐 것이다.[34] 제12중대는 30연대 최강을 자랑하는 중대였고 그들 중에서 첨병분대장과 첨병은 가장 용맹하고 전투기술이 빼어난 전투원이었는데도 불구하고 이렇게 어이없는 실수를 범하고 말았던 것이다.[35] 이러한 안타까운 상황에서도 첨병소대는 적을 추격하여 전우를 죽인 적 2명을 사살하였다. 이를 확인한 결과 적은 월맹 정규군 제18B연대 제8대대로 판명되었다. 당시 작전부대가 월맹군 정규군을 맞는 것은 흔한 일이 아니었다.

제30연대 제12중대장 현기동 대위는 월맹군 정규군을 맞아 즉시 2개 소대로 접적지역을 포위하고 제2소대를 과감하게 동굴 안으로 투입시켜 적을 색출, 격멸하도록 하였다. 제2소대는 동굴탐색작전을 실시하다가 또다시 2명의 병사가 부상을 입었지만, 중대장은 굴하지 않고 좌측 1소대를 추가로 투입하여 적 4명을 사살하였다. 이 과정에서 1소대는 분대장 외 2명이 부상을 당하였다. 당시 제12중대장은 겹겹이 쌓인 암석 동굴지대에서 피아가 혼재된 상태에서 치열한 교전이 전개됨으로써 상황을 분별할 수 없었다. 그는 잠시 전열을 정비하고 상황을 파악한 결과, 적들은 동굴 밖에서 2~3명씩의 조 단위로 은폐진지를 점령하고 계속 응전을 하고 있었고 그 뒤 7부 능선에서 자동화기를 배치하여 엄호

---

34) 나는 미군의 월남전 인명손실통계를 본 적이 있는데, 사상자의 20%가 전투행동 미숙과 총기관리 부실로 인하여 발생한 사고였고, 그 가운데 오인, 오발, 부주의로 인한 사고가 많았고 고의에 의한 살해와 상해도 있었다. 월남전에서 한국군의 각급 제대 지휘관들은 사고예방을 위해 위험이 적은 지역에서는 작전 간에도 안전장치를 하였다. 유사시 안전장치를 풀고 사격하는 것은 당연하지만, 막상 대적하다 보면 12중대의 경우처럼 순간적으로 당황하여 안전을 풀지도 않고 사격하려는 우를 범하게 된다. 이를 방지하려면 숙달훈련과 더불어 선임하사관 등이 현장에서 안전풀기를 외쳐야 한다.

35) 전투 간 전투원의 각종 실수와 시행착오들에 대해서는 제6장 제2절 「담론」 부분에서 기록하였다.

사격을 실시하고 있음을 확인하고 특공조 3명을 선발하여 적 엄호진지를 우선 파괴하도록 명하였다. 이들은 은밀히 접근하여 수류탄을 투척해서 적 3명을 사살하고 자동화기를 노획하였다. 특공조는 이 전투에서 1명이 전사하였다. 이로써 일단 적을 제압하였다.

제30연대 제12중대는 그날의 산발적인 전투로 분대장 1명과 병사 2명이 전사하고 11명이 부상을 당하였으며 월맹 정규군 6명을 사살하였다. 중대장은 이곳 암석지대에 형성된 3층 천연동굴에 24일과 25일에도 계속 병력을 투입해서 동굴 속 깊숙이 탐색작전을 실시하였다. 그 결과 천연동굴에서 저항하던 적 1개 분대 규모를 사살하고 자동화기 2정 등을 노획하였다.

적들은 본대를 철수하면서 잔류부대를 운영하여 한국군의 작전상황을 감시하고 추격을 방해해 왔다. 제12중대가 만난 적도 잔류분견대로 판단되었다. 그들은 거대한 암석들이 3, 4층으로 형성되어 생긴 거미줄과 같은 미로와 외부 출입구를 사전에 충분히 숙지한 채 바위 틈새에 교묘하게 잠복하여 조준사격으로 사격을 가한 후에 감쪽같이 사라졌다. 그렇기 때문에 적들이 아직 잠적해있는지, 아니면 철수했는지조차 알 수 없었으며 교전을 위한 최소의 조건인 적의 꼬리물기도 어려웠다. 그 후 제12중대와 교전한 적은 슬그머니 사라지고 없었다.

제12중대는 월맹 정규군을 맞아 어느 정도의 피해를 감수하며 과감한 공격작전을 전개하여 치열한 교전 끝에 큰 전과를 올렸다. 제12중대는 1966년 12월 18일 연대 주마 1호 작전 시 우리 6중대와 협조 미흡으로 교전 사격을 벌인 악연을 가지고 있었지만, 그들은 이번 적을 끈질기게 물고 늘어져서 적을 끝까지 괴롭힌 매우 용감한 전투 중대원이었다.

그런데 제12중대의 이 작전은 백마 1호 작전 초기에 적의 숨겨진 무기와 장비를 찾는 방식의 일방적인 작전이 아니라 월맹 정규군의 완강하고도 조직적인 저항에 직면하여 치열한 교전으로 점철되었다는 점에서 특징이 있었다. 그것은 적의 대범한 저항으로 앞으로 더 많은 아군의 출혈을 요구하는 예시이기도 했다. 그러나 사단은 이번 작전에서 이같은 중요한 의미가 있는 전투가 있었는데도 불구하고 이를 예의 주시하지 않았으며 그 교훈을 소홀히 하였다. 자고로 '유능한 지휘관은 타부대의 패배 경험을 자기 것으로 여긴다.'는 말이 있지 않은가? 하물며 예하부대 전투상황을 교훈조차 도출하지 않고 그냥 흘려보내서야 되겠는가? 12중대 전투 이후에도 사단은 종전과 같이 소부대 작전은 예하부대에서 알아서 하는 것이라는 생각을 끝내 고쳐먹지 않았다. 전장에서 도대체 상급부대 지휘관과 참모의 역할이 무엇인가? 행정지원인가, 아니면 작전지원인가? 상급부대는 전투부대가 가장 유리한 환경에서 가장 현명한 방법으로 싸울 수 있도록 적의 동향과 전략전술을 수시로 분석하여 그 정보와 대응 작전지침을 하달하고 예하부대가 필요한 것을 적극적으로 지원해 주어야 하지 않는가?[36]

- **D+28일** **3단계 작전 종료(1967.2.26.)**

백마 1호 작전 3단계 전반기가 끝나면서 제30연대 2대대는 임무 종료를 앞두고 있었다. 나는 마음속으로 무사히 유종의 미를 거두게 되기를 기도하였다. 병사들도 이심전심으로 분위기가 살아나서 활기차 보였다.

중대는 07:00시부터 차단지역 일대를 재수색하였다. 그러나 1주일 동안 우리가 짓뭉개고 있었기에 적의 흔적조차 발견할 수 없었다. 우리의 작전활동은 여기까지였다. 사단은 이 작전이 종료되면서 적들이 이 지역에 재진입할 것에 대비하여 3단계 후반기 작전계획을 추진하였다. 이에 따라 제30연대 11중대와 연대 수색중대가 3월 5일까지 현 지역에서

---

36) 나는 이 작전 종료 5개월 후 홍길동 작전에서 천연동굴로 형성된 암적산을 공격할 때 상급부대의 무대책으로 인하여 적에게 매우 불리한 상황에서 전투해야 했다. 그 내용은 제7절에서 상세히 다루었다.

잔류하여 매복하였지만, 교활한 적들이 이를 인지하였는지 잔류부대는 별다른 성과 없이 부대로 복귀하였다.

- **D+29일** 중대기지 복귀, 피아 전투결산(1967.2.27.)

이날 07:00시 중대는 164고지 남방 저지대 갈대숲에서 도보로 이동을 개시하였다. 1개월 만에 정글 속 부시맨 생활에서 기본적 인간생활이 가능한 중대기지로 복귀한다는 것이 믿기지 않았다. 심신이 지친 대원들은 1번 도로를 향하여 강행군했지만, 무거운 배낭에도 불구하고 대오에서 처지는 사람은 아무도 없었다. 오히려 그들의 발걸음은 경쾌했고 빨랐다. 이게 바로 희망을 가진 인간 심리에서 나와서 스스로 발산되는 신기한 에너지이리라!

6중대는 혼쌍산 서측방에서 1번 도로로 연결되는 지점에서 카고 차량을 탑승하였다. 우리는 남방으로 6시간을 이동하여 15:30분경 판랑 푹티언 마을 옆 중대전술기지로 복귀하였다. 기지에 도착한 대원들은 긴장이 풀려서인지 마치 넋이 빠진 사람들처럼 기백이 없고 멍해 보였다. 그동안 오죽이나 육체적으로 힘들고 정신적으로 고통스러웠으면 살아서 돌아온 지금까지 저러고 있을까! 부하들이 안쓰러웠다.

기지 환경은 임시 개인 천막일지라도 반지하 토굴로 되어 제법 근사한 삶의 터전 같았다. 푹티언 마을 사람들의 표정이 오늘따라 유난히 밝고 평화롭게 보였고 마치 고향 사람들을 보는 듯 친숙하게 느껴졌다. 우리는 기지경계 임무를 당장 인수하는 한편 전투 간 사용한 장비의 정비와 손질에 들어갔다. 해가 서산에 빠져들어 갈 무렵에 우리는 저녁식사로 안남미 쌀밥을 먹었다. 한 달 만에 먹는 쌀밥이니 반찬이 없어도 진수성찬 같았다.

석식 후 각 분대요원은 전·후반야로 구분해서 곧바로 야간근무에 임하였다. 심 중사에게 전반야 순찰을 부탁하고 나는 후반야 순찰을 할 것이라 생각하며 실로 1개월 만에 신발을 벗고 잠자리에 들었다. 그 포근함이 호텔이 따로 없었다. 어찌나 곤하게 잠을 잤는지 후반야 순찰을 위한 기상을 정시에 하지 못했다. 나는 새벽이 되어서야 기침을 하였다. 스스로 수범하지 못한 것을 자책하였다. 천막의 덮개 문을 열고 나오니 서녘 하늘 머리 위에 가깝게 떠 있는 커다란 달빛이 나를 맞이해 주었다. 정글 숲 속에서는 보지 못했던 달빛이 기지 주변을 밝게 해주는 가운데 후반야 근무자들은 편안한 마음을 갖고 나름대로 경계군기를 유지하며 근무에 열중하였다. 그들은 작전 출발 전에 옆에 함께했던 전우가 부상과 질병 등 각종 사유로 자리를 떴음에도 전혀 괘념치 않고 흔들리지 않았다. 엄청난 피로 속에서도 엄정한 근무태도를 유지하여 자기 본연의 임무를 충실히 하는 대원들에게 어느 때보다도 유별나게 신뢰가 갔고 고마움을 느꼈다. 나는 그들의 모습을 멀찌감치 바라보면서 나 혼자 행복에 겨운 미소를 지었다. 아, 이런 종류의 행복은 도대체 어떤 행복인가? 무슨 행복인지는 모르겠지만, 적어도 지금 나는 이 특별한 행복감에 젖어서 나만의 특권을 누리고 있는 것이다.

상병 유근영

나는 그 기분을 그대로 간직한 채 천막에 돌아와서 지난 1개월간의 작전사항들을 반추해 보았다. 우리 중대는 2소대 박영일 상병이 함께 돌아오지 못하고 불귀의 객이 되었고, 부상자와 발열환자 등 십수 명이 후송되었다. 우리 소대는 39명이 작전에 출동하여 전투 중 부득이하게 대열을 떠난 열병환자 3명을 제외하고는 모두가 건재하였다. 그리고 우리는 적 사살 2명, 포로 2명, 소총 2정과 실탄, 그리고 월남화폐, 국기와 군사지도 다수를 노획하였다. 이로 인하여 2분대 고원선 중사가 화랑무공훈장, 유근영 상병이 인헌무공훈장을 받았고, 나는 월남 정부로부터 은성무공훈장을 받았다. 나는 이번 작전을 통해 앞으로 남아 있는 잔여 파월 기간에 이번처럼 성실하게 임무를 수행한다면 대원들 모두를 무사히 개선 귀국시킬 수 있다는 자신감을 갖게 되었다.

사단은 아군 전사자 19명과 부상자 35명이 발생하였고 열병환자 등 기타 환자 76명이 발생하였다. 그리고 사단은 적 사살 393명, 포로 31명, 소화기 271정, 공용화기 33문(정)과 많은 군수품을 노획하였다. 그런데 적 사살과 무기노획 수량은 허수가 있음을 유념해야 한다. 적의 감추어 둔 무기창고에서 무더기로 노획한 병기에 전사자를 연계한 숫자이기 때문이다. 보병의 근접전투는 대부분 동굴 속에서 진행되었는데 그러한 조건에서 피아의 손실 비율이 비슷할 수밖에 없다. 어느 한쪽이 일방적인 피해를 입을 수가 없다는 것이다. 따라서 우리 한국군의 피해 19명 대비 적 393명 사살은 맞지 않는 비율이다. 이러한 현상에 대해 어떤 지휘관은 '부풀리기 공적보고는 부대의 명예와 사기를 고려한 것'이라면서 도덕적 죄책감마저도 느끼지 않고 있었다. 그러나 공적 부풀리기는 그 자체가 불법적이고 불의한 것이다. 더구나 부풀리기를 한 당사자들은 그것을 단순히 부대의 명예심을 고취시키기 위한 목적으로만 한 것이 아니라, 개인의 출세와 공명심을 채우려고 악용한 측면도 부인하지 못한다. 결국, 이것들은 군의 상벌제도를 문란케 하고 탈법과 불법을 저지른 사람이 오히려 출세하는 불합리한 현상을 초래하였다.

그리고 백마 1호 작전 간 장비 및 보급품의 상당량이 훼손되고 망실되었다. 사단에서는 책임을 묻지 않고 대부분 손·망실 처리를 하여 전투병의 고충을 경감해 주었다. 이 또한 문제가 있었다. 일부 병사가 고통스러운 산악 행군 때 고의로 장비와 탄약을 유기시킨 사례가 있었는데도 군수계통에서는 이를 문제시하지 않았고 오히려 미군에게 추가로 요청하여 신품을 획득함으로써 병사들은 새것을 확보하기 위해 고의로 장비를 유기하는 경우도 있었다. 따라서 이러한 선처는 문제가 있었다. 물자유기 행위로 다른 야전 기강을 문란케 하는 단초가 될 수 있을 뿐만 아니라 작전 중 중요한 물자를 유기할 경우, 결정적인 순간에 이를 사용할 수가 없어 작전을 망칠 수도 있었기 때문이다.

백마 1호 작전에서는 한국군이 최초로 대규모 첨단 장비를 지원받아 막강한 미 공군의 항공폭격 후에 전투부대가 공중기동헬기로 작전지역에 직접 공중강습작전을 감행하여 정글에서 수직 포위하는 새로운 형태의 전투를 경험하였다. 이러한 작전을 수행하면서 전투부대는 첨단무기의 위용에 흥분하며 첨단무기를 과신하였다. 그러나 보병이 정글에 접지하는 순간부터 첨단전력의 효율성은 급감하고 피아의 싸움은 보병과 보병의 1대1 싸움으로 다시 되돌아갔다. 정글 숲, 암석지대, 천연동굴의 지형적 특성은 적들에게 안방효과를 제공하였다. 적들은 지형과 기상을 활용하여 작전의 선제를 확보하였고 그들의 의지에 따른 작전을 전개하였다. 첨단 무기와는 아무런 상관이 없었다. 적들은 미 공군의 가공할 공중폭격 시간에 천연동굴 깊숙이 은신하여 병력의 손실을 최소화하였고, 대부대 한국군 보병이 탐색작전을 할 때 적 주력은 타지역으로 이동, 성동격서로 대응하였으며 우리 대부대 앞에는 잔류 분견대와 같은 잔적 일부만 남겨 한국군 대부대를 고착 및 교란시켰다. 적들은 상당 인원이 죽고 31명이 포로로 잡혀 약간의 인력손실을 입었고 병기를 노획당하여 재무장에 다소 어려움이 예상되었지만 1개월간 실시한 사단작전에도 불구하고 그들의 피해는 사실상 크지 않을 것으로 생각되었다.

6. 백마 1호 작전 그 후

• 휴양대책 대신 술판(1967.2.28.)

전술기지에서 야전 병영생활이 다시 시작되었다. 그러나 사지의 긴 터널을 벗어나온 후에 느껴지는 공허함과 허탈감 때문인지 생기를 잃어버린 병든 병아리처럼 비실거리는 대원들의 동작을 보면서 기력을 회복할 수 있는 묘책이 없을까 궁리해보았다.

우선 휴식시간을 부여해 주었다. 하지만 전선에서 무작정 휴식만을 줄 수는 없다. 각자의 장구류 손질시간을 주는 한편 이발, 목욕, 세탁 등 사적인 정비시간을 허용하는 선에서 휴식이 이루어지도록 하였다. 대원들은 모처럼 살맛 나는 시간을 누리고 있었다. 이따금 크게 웃고 떠드는 소리가 들리고 생기가 일어나는 것 같았다.

나는 중대의 급수시설로 임시 샤워기를 장착한 간이목욕실에서 전진에 찌든 때를 비눗물로 닦으면서 스트레스를 날려 보냈다. 목욕 후 고슬고슬한 전투복으로 갈아입으니 이제야 보통 사람으로 새로 태어난 기분이 들었다. 사람 사는 세상 속으로 오랜만에 돌아오니 그동안 무심코 지나간 고국과 고향소식이 생각나서 때 지난 일간지를 큰 제목 위주로 일별해보고 한가한 시간을 즐겼다.

워낙 피로적체가 누적되어 뼛속에서부터 원기가 빠져나갔기에 하룻밤 사이에 회복되기를 기대할 수는 없었다. 터닝 포인트랄까, 뭔가 획기적인 전환점이 필요했다. 이러한 상황에 대비하여 상급부대는 장기작전을 마치고 돌아온 전투부대 장병들에게 휼병(恤兵)[37]계획을 수립하여 시행했어야 했다. 그러나 상급부대에서는 '전투부대로서 당연히 할 일을 한 것뿐인데 뭐 특별히 조치할 필요가 있는가?'라는 생각으로 쉽게 생각하고 보상과 위로는커녕 전투 스트레스쯤은 시간이 흐르면 곧 해소될 터,

---

37) 물품·금품을 보내어 전장(戰場)의 병사를 위로하는 것을 말한다.

개인이 스스로 자연 발산시키라는 식이었다.

중대에서도 마찬가지였다. 나는 '장기간 전투를 했으니 고생했다. 전사한 전우에게 애도를 표한다.' 등 최소한 격려사 한마디쯤은 있을 것이라고 기대했지만, 아무 말 없이 시간이 지났다. 언제나 그랬던 대로 경직된 분위기에서 상명하복의 건조한 바람이 숨길을 답답하게 가로막았다. 중대장은 전장에서 모진 고난의 동반자로 전우가 거듭 태어난다는 평범한 진리를 모르고 있었다. 그는 이 엄청난 고통을 함께하고도 전우애를 확대 재생산하는 기회를 놓치고 있었다.

병사들은 저녁식사를 마치고 삼삼오오 천막 밖에 나와서 PX에서 사온 맥주를 한 캔씩을 따서 마시고 이야기꽃을 피웠다. 비록 낮은 도수이나 기운이 빠져나간 몸속에 알코올이 들어가니 취기가 빠르게 돌기 시작하는 것 같았다. 긴장이 풀리는 가운데 갈증을 느끼던 차, 한 잔씩을 더 마시다가 술이 술을 들이키며 자제력을 잃은 사람들이 생기기 시작했다. 선임하사관, 분대장, 고참병, 신참병 구분 없이 취기가 과한 상태에서 맘껏 떠들고 회포를 풀었다. 역시 작전 간 무용담이 주요 화제였다. "그때 내 덕에 너 간신히 살았지?", "그래 죽을 뻔했었지! 네 덕에 내가 살았어. 고맙다, 전우야!"라는 취중 발언이 귀에 유난히 또렷하게 들려왔다.

나는 이렇게 거칠고 소란스럽게 시간을 보내야 깊은 마음의 상처가 아물어 질 것이라 생각하고 자유로운 대화 분위기를 간섭하지 않았다. 이런 술판 분위기는 평소 불만 관계를 느낀 인사계로 인해 중대본부 요원들이 더욱 거칠었다. 그래도 각 소대는 소대장이 자리하고 있어 어지러운 난장판은 아니었다.

그러나 자제력을 상실한 몇 병사들이 사적인 감정을 노골적으로 표출하면서 험상한 분위기로 변하기 시작했다. 병사 중에는 전투 시 숨겨진 비화를 노출, 그들의 입으로 용감한 자와 비겁한 자를 구분하기도 했다. 위기에서 전우를 도운 자와 무관심한 자, 그리고 비협조자도 나왔고 무능한 상사와 유능한 부하도 등장하였다. 고성 속에 직위와 계급의 구분이 점차 흐려지고 반말 호칭이 남발되었다. 이어서 육두문자도 터져 나왔다. 드디어 장내는 막가는 분위기로 급변하였고 혼란은 걷잡을 수 없게 되었다. 그런데 바로 곁에 소총과 탄약이 있지 않은가? 잠깐 사이에 욱하는 성격을 가진 병사가 총기를 상사, 동료, 전우에게 들이대며 무소불위의 난동을 부리며 활극을 연출하였다. 전투에 용감했던 병사가 더 많은 스트레스를 받았음인지 더 많이 취하고 더 거친 행동을 하였다. 그들은 유공 장병으로 그들의 상사나 전우에게는 더없이 온순하였다. 따라서 혼몽한 정신으로 제멋대로 행동하던 그들도 난폭한 강기(剛氣)를 접고 난동의 총부리를 소대장에게 순순히 내주었다. 이렇게 해서 장내는 점차 정리되어 갔다.

그러나 14명의 중대본부 요원들은 소대장의 통제에 순응하지 않아서 소란행위는 더 길어졌다. 그들은 행정, 보급 업무를 수행하면서 인사계와 얽힌 사연이 한으로 맺혀서 불만을 토로하였고 특히 사적인 이해관계가 얽힌 경우에 평소 생긴 앙금 때문에 길길이 날뛰며 폭언을 쏟아냈다. 어둠이 짙게 깔려서 각 소대 병력은 이미 야간경계에 들어갔는데도 큰 소리가 천막 밖으로 새어 나왔다. 과연 이 무질서가 오늘 하루로 끝날 것인가? 불안이 엄습해오기 시작했다. 나는 '난동자를 무조건 처벌하고 징계처리 할 수는 없지 않은가? 그들은 서로 목숨을 지켜준 전우요, 전투유공자가 아니던가? 그리고 당장 함께 싸워야 할 전우가 아닌가?'라고 이해하면서도 극한상황에서 탈출한 인간의 심리적 상처를 아물게 하는 근본적인 처방이 작전 후에 긴요하다고 생각하였다.

장기 전투 후 장병은 단기적 처방으로 휴식, 수면, 충분한 급식, 위문공연, 기타 본능적인 욕구를 충족시켜서 체내에 축적된 악한 기운을 발산하게 함으로써 심신을 회복할 기회를 부여해야 한다. 또한, 장기적으로는 국가에서 전투 참가자에게 잠재하고 있는 심리장애, 외상 트라우마를 극복할 수 있도록 치유대책을 모색하고 보훈정책에 적극적으로 반영해야 한다. 그래야 장병들로부터 국가를 위한 충정심을 강하게 이끌어낼 수 있다.[38]

• 중위로 진급(1967.3.1.)

나는 임관 후 2년 만에 중위로 진급하였다. 진급신고는 연대에서 대대로 위임되어 대대에 근무하는 동기들(이상인, 김완곤, 유재열)과 포병 동기생 관측장교 2명 총 6명이 함께 대대장에게 신고하였다. 대대장 김 중령은 매우 좋은 분위기에서 진급자에게 중위 계급장을 달아주었다. 그 순간 나는 항상 어설프게 느껴지던 다이아몬드 1개가 2개로 바뀌다 보니 초임장교의 모습을 벗어나는 기분이 들어 다소 우쭐함을 느꼈다.

대대장은 백마 1호 작전을 성공적으로 수행한 노고를 치하해 주었다. 그리고 판랑시로 우리를 안내하여 맥주를 함께하는 즐거움을 베풀어 주었다. 평소에 엄격하였으나 술자리에서 소탈한 형님 같이 대해주니 이야기들이 허심탄회하게 오갔다. 우리는 대대장이 직접 술을 권해 주는 바람에 사양할 수 없어 어느덧 취기가 무르익었다. 이 시점에서 추가로 선물이 나왔다. 자고로 전쟁터에서 군대가 주둔하는 곳에는 술과 야화들이 모여들었다. 역시 여기 판랑 지역에도 미군 대규모 병력이 주둔, 맥줏집이 속속 즐비하게 자리 잡고 있었다. 정글 속 싸움터에서 익숙해

---

38) 만성 과로 적체현상의 경우, 전공의는 주당 100시간(14h/1일), 경찰파출소장은 매일 야간근무로 인하여 쓰러질 때 비로소 과로사로 평가해 준다. 노동법규에 의하면, 3개월간 주당 평균 60시간(8.6h/1일)을 초과 근무할 경우, 만성 과로사로 인정하여 산재처리 하게 되어 있다. 그런데 백마 1호 작전에 참가한 장병들은 1개월 동안 거의 무휴 불면으로 주간수색, 야간매복작전을 수행하였으며 극도의 긴장과 과격한 육체적 활동을 하였기에 기본적인 생리 대사기능을 회복하지 못하였다. 그럼에도 엄격한 군율을 지키며 가열 찬 전투행위를 계속하는 등 초인적인 활동을 해왔다. 따라서 작전을 마친 장병들은 사실상 입원해야 할 환자들이었다. 그럼에도 중대 병영 천막에는 환자만 가득하고 의사는 없었다.

진 풍광과는 너무 다른 모습에 인식 편차를 극복하지 못하여 잠시 어리둥절하였다. 다만 인간 삶의 단면에서 불가피한 상황에 직면할 때마다 '격정의 옥타브'를 높이며 살아가는 고단한 삶의 현장을 실감하였다. 우리는 그런 인간군상에 합류, 호흡을 함께한 것이다. 각자에게 무향화가 한 송이씩 안겨졌다. 잠시 꽃 냄새를 맡아 보았다. 짙은 인공 화장수가 역겹게 느껴졌지만 야전에서 쌓인 영적 상처를 치유하는 데 약간은 도움이 되었으리라.

진급을 한 후 일상생활에는 변화가 없었다. 다음날 나는 천막 속에서 그동안 모아놓은 가정통신문과 군사우편을 뒤적이며 시간을 보내고 있었다. 그때 심 중사가 분대장들을 인솔하여 천막으로 비집고 들어오더니 "김 중위님, 진급을 축하합니다."라고 큰 소리로 합창하였다. 기분이 좋았고 고마웠다. 어제의 기분이 다시 일었다. 사실 나는 진급 후에도 직책의 변동이 없는 터라 나의 진급으로 인해 대원들에게 혹시라도 부담을 주지 않을까 하여 부작위(不作爲)로 지나가려고 했다. 그러나 이들의 깜짝 방문으로 내 생각이 짧았음을 알게 되었다. 내가 먼저 이들을 초청하여 기쁨을 함께하며 병영생활에 활력을 주어야 했다.

우리는 좁은 천막 안에서 가깝게 끼어 앉아 맥주를 마시기 시작하였다. 나는 이번 작전 간 느끼고 경험한 각자의 생각을 속 시원하게 털어놓도록 분위기를 만들었다. 처음은 어색하였지만 술기운이 도니 너도나도 마음을 털어놓기 시작했다. 특히 2분대장이 극적으로 포로를 생포할 때의 아찔함, 불안함, 그리고 통쾌감을 생생한 현장의 목소리로 들려줄 때 모두가 내일처럼 환호작약하였다. 이러한 전투 경험담은 전투를 함께한 자들만이 느낄 수 있는 특별한 기쁨이며 자꾸만 반복해도 언제나처럼 다가오는 마르지 않는 감동과 쾌감의 원천이었다.

― 내가 포로가 된다면?

이번 작전에서 우리가 얻은 가장 큰 성과는 포로 획득이었다. 포로 획
득 이후 우리의 주된 관심사는 포로로부터 첩보를 획득하는 것과 포로
에 대한 취급이었다. 그런데 나는 포로를 보면서 나를 되돌아보는 시간
을 가졌다. 이번에 우리가 생포한 포로의 표정을 보면 아직 어려서 강인
하다는 느낌을 받을 수가 없었다. 그들은 비교적 쉽게 그들이 알고 있는
첩보사항을 털어놓아 군인으로서 완성도가 부족한 것처럼 보였다.

나는 평소 내가 적에게 피포되었을 경우에 내가 어떻게 행동하고 무
슨 말을 할 것인가를 마음에 정리해 두곤 했다. 나는 우리가 획득한 포
로의 모습에서 내가 만약 포로가 된다면 저렇게 행동하지 않아야 한다
고 다짐하였다. 우선 한국군의 장교답게 태도가 당당해야 한다고 생각
하였다. 그리고 할 말과 금해야 할 행동을 머릿속에 입력해 두었다. 아
울러 온갖 기만책과 궤책을 강구, 도주할 기회를 포착해야 한다고 마음
에 새겼다. 그렇지 않으면 생(生)보다 사(死)의 길을 선택함으로써 책임
을 다할 것을 하늘에 맹세해 두었다.

― 적 장교 포로 진술, 베트콩 지휘부의 작전 평가

상급부대로부터 접수한 전문에 의하면, 적 장교 포로는 베트콩 지휘
부가 이번 작전결과에 대해서 다음과 같이 자평한다고 진술했다. ①백
마부대가 접근해 오기 전에 주둔지역을 깨끗하게 청소하고, 은거지를
초토화시킨 다음에 지하에 잠입하거나 타지역으로 이동한다. ②작전종
료 후 그들의 은거지로 다시 복귀하기 위해 철수 전에 긴요한 군수물자
를 은닉한다. ③신중한 계획을 수립하여 신속한 상황판단으로 한국군
을 기습적으로 공격한다. ④한국군이 동일 지역에서 장기간 반복 수색
을 할 경우, 한국군 후미 1~2km 지점에서 은밀하게 후속함으로써 포
병교란사격을 회피한다. ⑤미군이 항공폭격을 할 경우에 천연동굴 깊숙

이 들어가 피해를 최소화한다. ⑥지형과 한국군의 작전 특성을 파악하여 치밀한 계획을 수립하여 기습을 실시한다. ⑦소규모 병력 규모로 피해를 줄이는 대신 작전성과를 높인다. ⑧한국군 복귀 시 취약지점을 선정, 전후측방에서 출몰하여 지휘 혼란을 야기, 적 피해를 확대한다. ⑨ 자군의 생존성을 유지하고 한국군에게 피해를 강요함으로써 사기와 전의를 고취하면서 지역주민에게 항전의지를 보여 준다.

— 작전성과 분석, 교훈

이는 그들의 관점에서 분석, 그들 나름대로 미군의 항공폭격과 한국군의 대부대 소탕작전에 맞서 적은 병력으로 효율적으로 대응했다는 점을 강조하는 내용이다. 그렇다면 객관적인 입장에서 평가할 때 이번 작전은 과연 어느 편이 승전을 한 것인가? 어느 측도 항복하거나 병력을 크게 손실한 결과가 없었기 때문에 승패를 가름하기 어렵다고 생각했다. 물론 쌍방의 피해규모나 투자 대비 효율성을 가지고 따져볼 수도 있겠지만, 정확히 말하면 그것은 손익의 차이이지 승패의 결과는 아니다. 그래서 나는 적 포로 진술을 토대로 작전과정을 살펴보면서 교훈을 얻고자 했다.

첫째, 그들이 분석한 대로 우리가 만났던 적들의 주둔지는 늘 깨끗하게 정리되어 있었다. 전장정리에 대한 철저한 실행은 인정해 주어야 한다고 생각했다. 반면, 우리의 전장정리는 그들을 따라가지 못했다.

둘째, 그들은 한국군이 접근하면 소규모 병력을 남겨 한국군을 교란시키고 본대는 은밀한 통로를 따라 다른 지역으로 이동하였다고 했는데, 실제로 우리가 만났던 적들은 모두 소규모 잔류인원이었으며 주력부대 대부분은 감쪽같이 어디론가 사라져 알 수 없었다. 이러한 은폐전술을 인정해주어야 한다고 생각했다. 반면, 우리의 경우, 대부대가 이동하였고 적을 찾아 기동해야 하는 수색작전을 해왔기 때문에 적에게 노출되지 않을 수 없었지만, 그런 점을 감안하더라도 소음이 너무 심했음을 인정하지 않을 수 없다. 얼마나 노출이 심각했기에 베트콩들이 포병교란사격을 피하기 위해 한국군 후미를 근접해서 따라다녔을까?

셋째, 그들이 분석한 대로 그들은 기상조건과 지형특성을 잘 활용하고 한국군의 전장 활동을 정확하게 감시하고 있다가 선제기습 사격을 감행했다. 이렇게 하여 선두에서 작전하던 아군이 적지 않게 희생되었다. 이것 역시 인정하지 않을 수 없다. 반면 우리는 적을 미리 찾을 수 없어 뒷북을 치거나 헛발질을 하는 경우가 많았다. 이것은 비대칭적인 작전을 수행하는 적들을 상대로 할 때 발생하는 불가피한 상황이기도 하지만, 아무튼 그들이 지피(知彼)한 상태에서 작전을 수행했고 우리는 부지피(不知彼)한 상태에서 작전을 수행했다. 하지만 불리한 상황에서도 상황을 주도하여 전과를 올린 경우도 있다. 백마부대가 월맹군 정규군에게 따끔한 맛을 보여준 사례가 바로 혼바산 천연동굴에서 이루어진 제30연대 제12중대의 전투였다. 이 전투에서 제12중대는 최초 기습을 받아 사상자가 생겼지만, 이에 굴하지 않고 곧바로 적을 추격하여 적을 사살하고 적의 암석동굴에서 3일 동안이나 과감한 소탕전을 전개하여 월맹군 제18B-8대대 잔류부대를 경악게 하였다.

넷째, 그들은 미군이 항공폭격을 할 경우에 천연동굴 깊숙이 들어가 피해를 최소화하고 한국군이 수색해 올 때 긴요한 군수물자를 은닉시키고 지역을 이탈했다가 미군의 항공폭격과 한국군의 수색작전이 종료되면 원대복귀 했다고 하였다. 우리가 직접 피폭현장을 확인해 본 결과 지형을 변형시킬 만큼 강력한 미군의 항공폭격에도 적들의 피해는 보이지 않았다. 한국군의 작전은 36일간이나 계속되었지만 어디까지나 한시적인 것이었다. 아군의 작전이 종료된 후 며칠 지나면 적들은 대부분 회복할 수 있었다. 결국, 아군은 대부대를 투입, 요란한 작전을 펼쳤지만 그들의 장기 지구전 수행에 큰 영향을 주지 못했다. 그들의 분석이 결코 허황된 것이 아니었음을 말해 준다.

다섯째, 베트콩들은 숨어서 우리를 향해 정확히 조준사격을 실시했다. 그들은 이미 노련한 전사였다. 그런데 한국군 병사들은 접적 시 적을 직접 눈으로 겨누어 보지 않고 대충 격발을 해버렸다. 사실 가늠쇠 상단에 사람을 올려놓고 격발하는 것은 제정신이라면 쉽게 할 수 없는 일이다. 그것을 가능케 하는 것이 바로 적개심이다. 그런데 한국군은 베트콩에 대한 적개심이 크지 않았다. 그래서 병사 대부분은 지향 사격 자세를 취한 채 급작사격을 하였고, 어떤 초년병은 적을 바라보지 않고 머리를 땅에 처박고 45도 방향으로 총을 쏘기도 했다. 그런데 인접 전우가 피해를 입고 자기가 직접 위협을 체험하는 순간부터 뇌의 회로에 적을 죽여야 내가 산다는 인식이 입력되어 비로소 적을 향해 조준 사격할 수 있는 전사로 다시 태어났다.[39]

나는 이렇게 분석한 내용을 토대로 소대 간부들을 교육했다. 특히 적의 특성과 전술을 이해시키고 공허한 자신감, 오만, 편견을 경계, 항상 조심하여 전장 활동에 임할 것을 강조하였다. 아울러 교활한 적과 조우할 시에 대비한 소대 전투모형을 고안, 숙달해 둘 것이라 결심하였다. 다음번에는 좀 더 잘하리라!

---

39) 전사로 거듭난 그들의 눈 동공 부근에는 핏빛이 맺히고 광기의 안광이 나타났고, 언어폭력과 총기난동을 가볍게 여기기 시작하였다. 그러므로 지휘자는 부하들이 조기에 전사로 거듭날 수 있도록 도와주는 한편, 전사가 되었을 때 그들을 순화시키는 또 다른 조치가 필요하다는 것을 알아야 한다.

특수매복작전

1. 제1소대 특수매복작전(1967.3.15.~3.17.)

• 상황과 배경

주월 한국군사령부는 파월 이후 최초로 1967년 3월 8일부터 맹호사단과 백마사단을 투입하여 남북에서 협공으로 1번 공로 관통을 위한 '오작교 작전'을 전개하고 있었다. 내가 소속된 백마사단 제30연대는 백마 1호 작전 후 부대정비를 계속하고 있었다. 2월 28일 기지에 돌아온 6중대는 작전 후유증으로 사소한 갈등이 있었으나 부대의 사기가 점차 회복되어 갔다. 상급부대에서 백마 1호 작전의 성과가 상당하였다고 평가되어 대원들도 사기가 오른 상태였다. 사상자의 빈자리는 곧 새로 전입해 온 보충병으로 채워지고 전승의 벅찬 감격과 동료를 잃어버린 슬픔은 상쇄되었다. 지휘관은 물론 병사에 이르기까지 모든 부대원은 죽은 자에 대한 회상을 삼가했고 반추하기를 꺼렸다. 오히려 앞으로 다가올 싸움을 위해서 재충전하려고 노력하였다.

3월 11일에는 대대에서 위문공연이 있었다. 유명 연예인이 출연한 위문공연은 백마 1호 작전 간에 쌓였던 스트레스를 풀고 사기를 높이는

데 큰 힘이 되었다. 그리고 3월 13일에는 상급부대 지침에 따라 6중대는 소대별로 대민지원을 하였다. 우리 소대는 판랑 서남쪽 산간지대에 있는 화뜽 마을을 찾아가 촌장을 비롯하여 많은 남녀노소 주민들을 대상으로 태권도 시범, 의료지원, C레이션 제공 등 대민지원 활동을 펼쳐 큰 호응을 얻었다.

한편, 2대대는 중부 월남의 서부 산악지역에 은거하면서 판랑에 주둔하고 있는 미 공군과 군수지원시설을 직접 위협하는 베트콩의 활동상황을 판단하고자 적진 깊숙한 곳에 장기 매복작전을 계획하고 있었다. 이에 따라 제6중대는 1개 소대 규모로 2박 3일간 적 예상 은거지에 장기 매복을 실시하여 베트콩 1명을 생포하도록 구체적인 계획을 수립하였다.

• 매복작전 명령수령(1967.3.10.)

6중대장은 3월 10일 오후 나를 불렀다. 그는 평소와 다르게 심각한 표정을 지으며 "1소대가 어려운 임무를 하나 수행해야겠어."라고 말문을 열었다. 나는 무언가 심상치 않음을 느끼고 다소 긴장하면서 중대장의 지시를 기다렸다.

그는 책상 한쪽에 있는 군용지도를 내 앞으로 밀어 놓았다. 군용지도의 서측은 산악지대로서 등고선이 조밀하게 표시되어서 표면이 매우 칙칙하게 보였다. 그 부근에 빨간 색연필로 적의 부대 단대호가 덜렁 그려져 있었다. 적 부대에 부속된 시설이나 경계실태, 장애물 설치 등은 보이지 않았다. 그는 최근 월남군으로부터 적 활동 상황을 입수한 첩보자료라고 하면서 베트콩이 출몰한 지점 2개소를 지도상에 표기하였다. 빨간색의 적 부대 단대호가 표시된 곳은 산간 소로길이 이어진 부근이었다. 바로 그 지역에 2박 3일간 매복을 실시하여 적을 생포해 오라는 것이다. 적에 관한 정보는 단대호 외에는 아무것도 없었다. 이어서 중대장은 상급부대에서는 이번 작전을 극비로 추진하고 있어 화력지원을 비롯하여 그곳으로 이동하는 수송지원과 별도 물자 지원이 없을 것이니, 오로지 소대가 단독으로 임무를 수행해야 한다고 언급하며 약간 난감한 표정을 지었다.

나는 중대장의 지시를 받고 중대장이 왜 어두운 표정을 하고 있었는지를 이해할 수 있었다. 이 작전은 어렵기도 하지만 결과도 크게 기대할 수 없을 것이란 예감이 머리를 스쳤다. 특수 임무일수록 확실한 정보를 가지고 주도면밀한 계획과 준비 그리고 철저한 예행연습을 해야 함에도 불구하고 확실한 적정조차 모르는 상태이다 보니 어떻게 세부계획을 수립해야 할지조차 막연하였다.

나는 난감해 하면서 임무 수행과정에서 일어날 수 있는 사항을 중대장에게 질문하였다. 특히 주간에 거동이 수상한 사람이 도주할 경우에 사살해도 되는지를 물었다. 당시에 농촌에서는 주민들이 출입금지 지역을 18:00시 이후 출입하다가 사살되어 양민학살 시비가 자주 발생하고 있었고 이와 관련하여 주월 한국군사령부에서 "100명의 베트콩을 놓치더라도 1명의 양민을 살상하지 말라."는 엄격한 지침을 내린 상태였기 때문이다. 나의 질문에 대해 중대장은 산악지대 오지는 월남주민통제법에 규제되어 출입이 금지된 지역이므로 문제시되지는 않겠지만 그래도 신중하게 판단하라고 답변하였다. 그리고 당시 한국군의 분위기는 적으로부터 위협을 감지한 후에 총기를 사용해야 정당성을 인정하는 분위기였다. 그래서 나는 중대장에게 주간은 적의 결정적인 단서가 없으면 활동을 자제하고 야간 위주로 작전을 하겠다고 했다. 이 작전은 중대장의 지시로 소대 단독으로 적지에서 수행하는 임무인 만큼 더 많은 준비가 필요하다고 생각하며 자리를 빠져나왔다.

• 매복작전 구상(1967.3.10.)

나는 천막으로 무거운 발걸음을 옮기며 여러 가지를 생각해 보았다. 특수부대도 아닌 보병소대가 적의 소굴에 잠입해 들어가 적의 인원, 그것도 가급적 고위 간부를 산 채로 잡아오는 일이 가당한 일인가? 더구나 포획하려는 자들에 관한 정보도 전혀 없는 상태가 아닌가? 혹 상급부대는 전쟁영화에서 드라마틱한 상황을 연상하고 단순 공명심에서 이를 시도해 보겠다는 것은 아닌가? 나는 허황된 지시를 받은듯하여 머릿속이 매우 혼란스러웠다. 그러나 고민을 오래 할 처지가 못 되었다. 이미 임무가 부여된 것인 만큼 어떻게든 성공시켜야 했기 때문이다.

나는 이번 작전을 적지에서 단독으로 수행하는 만큼, 소대 능력에 맞게 인원을 제한할 필요가 있다고 생각했다. 소대 능력 범위를 초과하여 무리한 작전을 수행할 경우 큰 피해가 발생할 수도 있음을 감안한 것이다. 아울러 이번 작전은 적 상황을 전혀 모르는 상태에서 이루어지는 만큼 출현하는 적의 규모에 따라 대응하는 방식을 달리해야 한다고 생각했다. 그래서 다수의 적이 출현 시에는 사살에 초점을 맞춘 정상적인 매복 작전을 실시하고 소수의 적이 출현 시에는 적을 부상시킨 후 포획하는 데 중점을 두기로 하였다.

이런 방식으로 대략적인 작전 구상을 마치고 나는 분대장들을 집합시켰다. 그들에게 작전배경과 목적을 이해시키고 소대에 부여된 특수 임무를 설명한 후 어떻게 작전을 수행할 것인지에 대해 토의를 시작했다. 먼저 제1공수 특전단에서 다년간 근무한 소대 선임하사관 심 중사가 의견을 개진하였다. 그는 작전요원을 소수 정예화하여 2개 분대 규모로 편성하는 것이 바람직하다고 하였다. 또 적의 은거지로 야간에 직접 침투하여 적을 발견하면 실신시킨 후 납치하고, 납치에 성공하면 헬기를 지원받아서 신속히 현장을 이탈하는 방안을 제안하였다. 그가 특전부대의 전투 프로답게 간명하면서도 확신에 찬 제안을 하자 다른 간부들도 수긍하였다. 하지만 화기분대 김 중사는 다른 의견을 제시하였다. 적의 은거지에 침투하는 과정은 어느 정도 실행 가능하더라도 적의 주요 시설과 숙영장소를 전혀 모르는데 어두운 밤에 적을 어떻게 발견하여 실신시킬 수 있는가, 또 우리의 전투기량으로 그것이 과연 가능한 일인가? 라며 비판적인 견해를 내놓았다. 이 말에 다른 간부 일부가 동조하였다. 나는 소대 간부들에게 두 가지 견해에 대해 각자의 의견을 제시하도록 하였다. 그랬더니 찬반 의견이 반분되었다.

나는 소대 간부들의 의견을 모두 청취한 뒤에 "손자병법에 '지피지기(知彼知己)이면 백전불태(百戰不殆)'라는 말이 있다. 그런데 우리는 적의 소재를 전혀 모르고 있다. 적을 모르니 우리에게 위태로움이 생길 것이다. 더구나 우리의 능력이 그런 특수작전을 수행할 기량이 있는지조차 불확실하다. 상급부대는 극비를 강조하며 지원을 주저하고 있다. 이러한 상황에서 우리가 마치 영화의 한 장면처럼 공명심에 들떠서 무리하게 작전을 계획하는 것은 현명하지 못하다. 그러하니까 우리의 능력 범위 내에서 적의 출현 규모에 따라 대응 범위를 정할 수밖에 없다."라고 결론을 내리고 실현 가능한 계획을 수립하기로 중지를 모았다. 간부들은 내 말을 이해하고 전의를 굳게 다짐하였다.

• 매복작전 준비(1967.3.10.~3.15)

나는 우선 특수임무 수행에 적합하지 않은 체력 허약자, 야맹증 환자, 주의력이 결핍된 자 등을 제외하여 분대별 인원을 7명으로 정예화시켰다. 잔류인원은 기지에서 진지와 교통호를 정비하고 별도 임무를 부여, 자부심이 손상되지 않도록 배려하였다. 그리고 각 분대는 포로 획득에 대비, 분대별로 포승줄을 준비하고 사용법을 숙달하도록 하였다.

아울러 개인별로 C레이션 7끼니분, 탄약 1기수, 수류탄 2발, 모기약 3병, 정수제 및 수통 2병을 휴대하도록 하고, 분대 단위로는 크레모아 2발, 조명탄 2발, 예비 배터리 1개를 휴대하도록 하였다.

이어서 사전교육과 예행연습을 실시하였다. 나는 매복지역을 실 지역과 유사하게 모래판으로 만들어서 미리 구상해 놓은 병력과 화기배치, 사격지대 등을 명시하였다. 나는 이 사판을 이용하여 상황별 조치 요령을 알기 쉽게 설명해 주었다. 상황은 다음과 같이 세 가지로 단순화시켰다.

상황1: 적이 소대-분대 규모로 출현 시 전 소대 화력을 집중하여 적을 살상하고 가능할 경우에 한해 부상자를 포로로 포획한다.

상황2: 적이 5~7명 규모로 출현 시 적 첨병 통과 지점에 배치된 좌 또는 우단 분대장이 최초 사격으로 적 첨병을 부상케 하여 포획하고 최초 사격 총성을 신호로 소대 주력병력은 크레모아 등 모든 화력을 집중하여 살상지대에 들어온 적 잔여인원을 살상한다.

상황3: 적이 2~3명 이하 소규모로 출현 시 소대 중앙에 위치한 2분대가 소총사격으로만 적의 신체 하단을 지향사격하여 부상시키고 좌·우의 1, 3분대는 앞으로 전진하여 적의 퇴로를 차단, 적을 포획한다. 이때 1, 3분대장은 소대장이 발사하는 오성 신호탄을 확인한 후에 매복진지 앞으로 나가서 적을 포획하고 중앙 2분대 요원은 사격을 필히 중지해야 한다.

아울러 나는 적이 화기로 응사하면서 저항할 경우 무리하게 포획하려고 하지 말고 그대로 사살하라고 강조했다. 또 적지에서의 작전인 만큼, 야전 군기를 엄수하고 보안활동을 거듭 강조하고, 음용수 절제와 인분 방뇨, 불빛, 담배연기, 기침소리, 기타 말소리 등을 억제하도록 특별히 강조하였다. 아울러 우리의 작전계획이 밖으로 새지 않도록 함구령을 내렸다. 마지막으로 나는 확신에 찬 어조로 "이번 작전의 성공은 첫째, 인내와 기도비닉, 둘째, 우리가 먼저 적을 보고 먼저 사격하는가에 달려 있다."고 강조하면서 마무리하였다. 각 분대는 분대별로 작전 준비에 들어갔다.

─ 소대 매복작전계획 백 브리핑

나는 간부들의 의견을 듣고 홀로 고민하면서 작전계획을 만들었다. 그리고 교육과 예행연습을 하는 과정에서 그 계획을 조금씩 수정·보완했다. 다행히 며칠간 시간적 여유가 있어서 계획을 발전시키는 데 큰 도움이 되었다. 나는 소대원들이 보는 앞에서 완성된 소대 작전계획을 중대장에게 다음과 같이 브리핑하였다.

소대는 3월 15일 13:00시 중대기지를 출발, 13km를 도보로 이동하여 적 출현지점인 소로 3거리의 동남방에 임시집결지를 점령합니다. 그곳에서 석식 후 분대장들을 대동하고 목표지 정찰을 실시한 다음, 19:00시 실제 매복진지로 이동하여 야간매복을 실시합니다. 정확한 매복지점은 현지에서 정찰한 후에 결정하겠습니다. 특이 사항이 없으면 다음 날 05:00시 매복지역을 이탈하여 서남측방 2km 떨어진 주간 잠복지에서 매복 겸 가면 상태를 유지하겠습니다. 그 후 1일 차 매복지역에서 서북으로 1.5km 이동하여 산간 소로 변에서 2일 차 매복을 실시합니다. 적과 접적이 없을 시 다음날 06:00시 매복지역을 이탈, 서북방 산악지대 적의 예상 은거지 일대를 주간수색하고 17:00시 부대에 복귀하겠습니다. 이상.

중대장은 보고를 받은 후 계획에 대해 만족스러워하면서도 근심 어린 표정을 지었다. 그러면서도 대원들에게 시선을 좌우로 돌려 쭉 살펴보고 이 작전이 결코 쉽지 않을 것이니 전투군기와 작전보안을 특별히 유의해 주기 바란다고 당부하였다. 겉으로 표현은 하지 않았지만 그는 이번에 1

소대가 큰일을 해주기를 바라면서도 위험한 지역으로 소대를 단독으로 보내는 데 대해 심히 우려하고 있었다. 나는 중대장에게 포로를 획득하거나 긴급 상황 발생에 대비, 헬기 공중지원과 추가 병력증원과 화력지원을 요청하였다. 그는 예비계획으로 대비해 두겠다고 약속하였다.

• 매복지역 이동 및 매복진지 편성(1967.3.15.)

3월 15일 13:00시 소대원 31명과 위생병 1명 등 33명으로 편성, 우리 소대는 도보로 중대기지를 출발하여 매복지역으로 이동하였다. 소대는 종대대형을 유지하며 서부 산악 도시 달라트로 이어지는 11번 공로를 경유하며 행군을 하였다. 11번 공로 주변 넓은 들녘 마른 논배미[40]에서는 노랗게 익은 볏단을 거두어들이는 농부의 환한 미소가 보였다. 그런데 바로 옆 무논[41]에서는 2모작을 위한 모심기가 한창이어서 무척 이색적이었다. 들에서 농사일을 하는 주민 대다수는 여인들이었다. 전쟁을 하는 나라임이 실감 났다.

소대는 8km쯤 걸어서 15:00시 정글 숲이 이어지는 소로길을 통해서 소대가 계획한 임시집결지를 점령하였다. 그곳에서 각 분대에서 2명이 경계를 하고 잔여 인원은 휴식과 가면을 취하도록 하였다(요도#4, 1소대 특수매복계획).

17:00시 석식을 마치고 1분대를 선두로 하여 소로길을 따라서 침투대형을 갖추어 매복지역으로 이동하였다. 이동 간 발소리, 소총과 탄입대, 수통과 부딪치는 소리, 철모와 나뭇가지 마찰소리 등 일체의 소음을 없게 하고, 주변 경계를 철저히 감시하여 적과 조우 시 적보다 먼저 사격할 태세를 유지하였다. 가다가 서고 앉기를 거듭하며 목표의 지근거리

---

40) 논두렁으로 둘러싸인 논의 하나하나의 구역을 말한다.
41) 물이 괴어 있는 논을 말한다.

에 있는 300m 등고선 고산지대에서 이동을 멈추고 병력을 숲 속에 대
피토록 하였다.

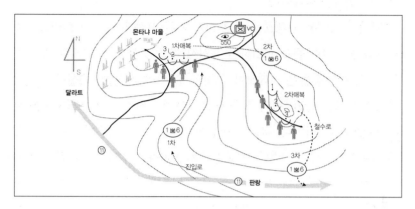

〈요도#4. 1소대 특수매복계획〉

나는 분대장과 무전병을 대동하고 매복 예정지점인 소로 삼거리 지점
으로 이동하여 정찰을 한 다음, 병력 및 화기배치 지점을 확정하였다.
소대는 서북 산악 550m 고지대 적 은거지역에 이르는 소로 변에 1분대,
소로 삼거리에 2분대 및 화기분대 LMG, 몬타냐 마을 방향으로 3분대
를 배치하도록 하였다. 나는 2분대의 좌단에 위치하여 적 접근을 조기
에 판단, 작전지휘가 용이한 지점에 자리를 잡았다. 각 분대는 배치계획
에 따라 병력을 이동시켜 매복준비에 들어갔다.

작전지역은 주간에도 이곳을 내왕하는 주민은 베트콩 용의자로 간주
하여 검색이 가능하고 우군의 자유포격지대로 설정되어 있을 정도로 적
성이 강한 지역이다. 그런데 매복지점은 소나무가 산재하고 있어 관측과
사계가 양호한 반면, 은폐와 엄폐의 효과가 감소하여 더욱 은밀한 행동
이 요망되었다. 각 분대는 우군이 포격 시 대피할 엄체호를 구축하는
한편 경계의 끈을 놓지 않았다. 솔직히 나는 1명의 포로를 획득하는 것
보다 다수의 적이 불시 기습적인 매복작전에 걸려들어서 이 기회에 전

공을 세우는 데 더 큰 흥미를 느끼고 있었다. 이런 와중에 적 부상자를 포획하여 귀대한다면 일거양득이요, 금상첨화가 될 것이라고 기대하고 스스로 전의를 불태웠다.

대원들은 2인용 엄체호를 파고 화기의 주 사향을 정하여 화력효과를 극대화하고 신호 줄을 연결하여 유사시 긴급 상황을 통보할 수 있게 하였다. 각 분대장들은 크레모아를 적의 출현 예상지점에 매설하여 살상지대를 만드는 한편, 적의 접근을 조기에 발견하기 위해 조명지뢰를 분대 후방에 설치하였다. 우리는 어둠이 깔려서 인접 전우가 겨우 확인될 때 매복진지를 완성시켰다. 매복진지를 준비하는 취약시간이 무사히 지나서 한시름을 놓았다. 나는 오성 신호탄의 탄통을 왼손으로 가볍게 만져보았다. 오늘 밤 이 신호탄을 제대로 한 번 사용할 것이라고 마음으로 다짐하였다. 19:00시 중대 P-10 무전기의 축음이 "푸, 푸"하고 2회 짧게 들어왔다. 이에 소대 무전병이 "푸-"하고 길게 1회를 불어서 '매복준비 완료'를 보고하였다. 중대기지에서는 "푸-, 푸-" 2회의 긴 축음으로 '수신완료' 신호를 보내왔다.

• 1일 차 매복작전 실시(1967.3.15. 19:00~3.16. 07:00)

매복 준비 보고를 마친 우리 소대는 본격적인 매복 경계에 들어갔다. 매복 중에도 대원들은 개인호 속에 주저앉아 계속 땅을 파고 있었다. 그들은 몸을 움직이지 않고 전방 경계를 하면서도 대검을 든 우측 손동작만으로 흙을 아주 조금씩 쪼아 퍼 올렸다. 이렇게 조금씩 계속 파다 보면 새벽녘에는 1m 정도 깊이까지 이른다. 인접호에서도 작업하는 소리를 들을 수 없으며 이처럼 은밀하게 진행되는 굴토작업은 숙달된 전투병이 위험지역에서 잠복할 때 습성처럼 해오고 있었다. 이는 자신을 숨겨 줄 뿐만 아니라 긴 밤 무료함을 달래며 수마(睡魔)[42]를 쫓을 수 있는 부수적인 이점이 있었다.

청정한 숲 사이로 반딧불이 떼를 지어서 공중 군무를 연출하며 어둠을 밝혔다. 그들은 나름대로 목적이 있을 터이나 삼엄한 경계의 시선을 빼앗아 우리를 한눈팔게 하였다. 계곡에서 불어오는 실바람에 나뭇잎이 흔들리거나 야행성 동물의 발소리가 들릴 때마다 베트콩의 발소리로 착각하여 수없이 귀를 쫑긋하였다. 그러나 우리가 초청한 적은 나타날 조짐조차 보이지 않고 대신에 불청객인 모기떼가 왱하고 날아와서 나를 괴롭혔다.

자정이 막 지날 때, 중대 무전기에서 "푸-, 푸-, 푸-" 3회의 긴 축음이 들어왔다. 소대 무전병이 "푸-, 푸-"하고 2회 긴 축음을 보내주었다. 중대와의 '이상 유무' 신호 교환이었다. 아무런 상황이 일어나지 않는 가운데 밤은 더 깊어져 갔다. 사방이 고요하고 어두우니 나의 육신도 이 자연의 제전에 한 배를 타야 하는지 수마가 몰려왔다. 중대와 심야 교신이 끝나자 그나마 조이고 있던 긴장감이 더욱 풀려가고 있었던 것이다. 내려오는 눈꺼풀을 억지로 위로 올리지만 오래가지 못했다. 바로 옆에 있는 향도 박 하사에게 한마디 말을 건네면 수마도 쫓고 시간도 보낼 수 있지만, 내 입으로 잡담을 엄금하도록 지시했기에 그럴 수도 없었다. 이때 일련의 모기떼들이 나타나 나를 무차별 공격하기 시작했다. 한참 동안 모기떼와 열전을 치르다 보니 수마가 순식간에 사라졌다. 나를 괴롭히던 모기가 또 다른 방식으로 나를 괴롭히던 수마를 쫓았으니 이게 이이제이(以夷制夷)란 건가?

자정이 한참 지나고 나니 이른 새벽의 기운이 숲 속에 충만하기 시작했다. 또다시 수마와의 전쟁이 시작되었다. 이번에는 지난 21번 도로 작전에서 베트콩으로부터 기습을 받고 혼쭐이 빠져나갔던 일을 곱씹으며

---

42) 견딜 수 없는 졸음을 악마에 비유한 말이다.

다시 한 번 절치부심함으로써 수마를 쫓고 해이한 정신을 가다듬었다.

새벽이 가까워져 오니 가스 냄새가 콧속을 자극하였다. 대원들이 자신의 개인호에서 용변을 처리하면서 생긴 냄새였다. 매복지역에서는 움직이거나 버스럭하면 무조건 발사를 해야 하는 관계로 개인호 밖으로 이탈이 일체 허용되지 않았기 때문에 생긴 현상이다. 사실 아무리 강조를 해도 잘 지켜지지 않는 것이 방뇨 야전 군기인데, 이 고약한 냄새야말로 오늘 우리 대원들이 얼마나 지시를 철저히 지키고 있는지 말해 주고 있었다. 고약한 냄새라 할지라도 그리 싫지만은 않았다. 전장에서 부하들의 지시 이행이 이 정도라면 무엇이든지 할 수 있다는 생각을 하면서 회심의 미소를 지었다. 이렇게 된 데에는 지휘자의 솔선수범이 큰 영향을 미쳤다고 평가하며 더욱 솔선수범하리라, 내가 솔선하지 않는 것은 부하들에게 지시하지도 않겠노라고 다짐하였다.

이제 여명의 빛이 숲 안에 스미어왔다. 어젯밤의 사연들은 여기에 묻어놓고 철수 준비에 들어갔다. 혹시라도 게릴라 요원들이 야간 공작을 하고 은거지에 늦게 돌아올 것에 대비하여 07:00시까지 철수를 보류하고 기다렸으나 그림자 하나 나타나지 않았다. 우리는 결국 적을 발견하지 못한 가운데 1일 차 매복을 종료하게 되었다.

• 2일 차 매복작전 준비(1967.3.16.)

우리는 서북방향 600m 거리까지 이동, 몬타냐 마을과 550고지의 중간지대 숲 속으로 임시집결지를 정하고 아침식사 후 오전 휴식을 취하였다. 나는 선임하사관에게 음용수를 점검하도록 하였다. 내일 오전까지 마셔야 할 물을 확보해야 함으로 철저한 이행을 강조하였다.

우리는 14:00시 임시집결지에서 전장을 정리하고 550고지 방향으로 이동을 개시하였다. 이 지역은 베트콩과 주간에도 조우할 수 있어 발걸음을 옮길 때마다 소리가 나지 않도록 온 신경을 곤두세우고 이동하였다. 방아쇠의 격발 장치를 풀어서 적을 발견하는 즉시 사격이 가능하도록 만반의 태세를 갖추었다. 16:00시에 550고지 8부 능선에 도착하여 정글 속에 임시집결지를 점령하고 분대장들과 함께 야간매복지역을 정찰하였다. 몬타냐 족 마을에 이르는 소로가 550고지와 연해져서 근간 자주 사용한 인적이 뚜렷하였다. 고산족들이 길 우측 완만한 경사지에 경작한 흑갈색 벼 이삭이 여물어서 수수 이삭이 고개를 숙인 듯 한국의 가을 풍경을 연상케 하였다. 나는 이 일대가 베트콩이 장악하고 있는 지역으로 평소 적 부대 또는 그들의 협력자들이 사용하고 있는 길목이라고 확신하고 이 길을 오늘 밤에 차단하여 반드시 잡고야 말겠다고 다짐하였다.

우리는 지형정찰을 마친 후 다시 임시집결지에 돌아와 저녁을 먹고 매복지역으로 들어갔다. 550고지 뒤로 해가 넘어가 일몰시간보다 빠르게 어둠이 산간 능선에 내려앉았다. 우리는 어둠을 최대한 활용하려고 19:00시에 매복진지를 점령, 진지를 편성하였다. 서북향이 배후가 되도록 매복한 상태에서 좌로부터 제1, 화기, 2, 3분대 순으로 병력을 배치하고 적을 공격하는 요령은 어제와 같게 하였다. 20:00시 중대본부와 무선 통신으로 '매복 준비 완료' 보고를 하였다.

• 2일 차 매복작전 실시(1967.3.16. 20:00~3.17. 07:00)

중부산악 550고지 초저녁 계곡 바람이 이마의 땀방울을 식혀주는 가운데, 작전 준비를 모두 마친 우리는 몸을 바짝 낮추고 책임구역 감시에 들어갔다. 나는 오늘 밤 어떤 일이 일어날지, 과연 훈련한 대로 잘 진행될 것인지, 혹시라도 불상사가 생기지 않을지 기대와 불안이 교차하는 가운데 다가올 상황을 대비하였다.

나는 지금 당장 적이 출현하면 어떤 순서대로 어떻게 지휘조치를 할 것인지 미리 머릿속으로 그려 보았다. 3가지 상황별로  워게임을 해보다가 그중에서 가장 우려되는 상황이 바로 적이 대규모로 접근하는 경우라고 생각하여 '만약 적의 규모가 분대 이상이면 최대한 화력을 퍼부어서 적 주력을 사살하고 즉시 현 위치를 이탈하여 우군의 피해를 최소화할 것'이라고 머릿속을 명확히 정리하였다.

나는 위험하거나 힘든 상황에 직면할 때마다 늘 어머니를 생각하였다. 어머니는 6·25전쟁 당시 우리 집에 찾아온 공산당 검색 요원을 침착하게 응대, 돌려보냄으로써 가족을 살리셨던 분이고 지금도 나를 위해 기도를 하시는 분이다. 내가 어머니를 생각할 때마다 어머니로부터 지혜를 배우고 알 수 없는 기운을 받아서, 마음은 편해지고 행동에 여유가 생기곤 했다. 오늘도 마찬가지이다. 한결 걱정 근심이 많이 사라졌다. 머릿속이 맑아져서 나는 머리를 들어 밤하늘을 보았다. 오늘따라 반짝이는 별빛이 유난스럽게 크고 빛나 보였다. 아마 적들도 어디선가 저 별빛을 바라보고 있으리라. 적들의 눈에 비친 별들도 저렇게 아름다울까?

상병 황도상

마침 멀리서 유성이 빠르게 흐르며 사라졌다. 나도 모르는 사이에 '이 밤도 평화스러운 밤이 되게 하소서!'라고 소원을 빌었다. 밤이 깊어 갈수록 한가한 잡념이 기승을 부렸다. 나는 '도대체 내가 지금 왜 이러지?'하고 고개를 절레절레 흔들며 내 마음을 제 위치로 돌려놓았다. 일부러 고개를 오른쪽으로 돌려서 무전병의 야간 근무 자세를 확인하였다. 역시 성실한 병사였다. 그는 열심히 전방 좌우를 살펴보면서 무전기 수화기에 귀를 기울이고 있었다. 든든하고 고마웠다. 그와 나는 전투현장에서 늘 나와 가장 가까운 공간에서 호흡을 함께하며 서로를 보호하고 위로해주고 있다. 이 특별한 인연은 어디에서 온 것일까, 언제까지 이어질까?

온갖 잡상을 하며 베트콩들이 나타나기를 학수고대하는 가운데 벌써 새벽이 찾아왔다. 혹시 늦은 귀대를 재촉하는 불운의 베트콩이 있으리라 기대하고 07:00시까지 조용하게 기다렸다. 그러나 우리와 악연을 가진 베트콩은 나타나지 않았다. 우리는 어망을 치고 물때를 기다리다가 허탕을 치고 돌아오는 어부의 심정으로 서둘러 철수를 시작했다. 이로써 2일 차 매복도 아무런 성과 없이 끝났다.

우리는 550고지 남부 능선 산길을 따라 4km를 내려와서 비교적 안전지대를 선택하여 자리 잡고 아침식사를 하였다. 이 지대는 프랑스 식민지 시대 파인애플 농장을 대규모로 설치, 운영하다가 주민이 철수하여 폐기된 농장이었다. 작전이 끝나 홀가분하기도 하련만, 대원들 모습이 그리 밝아 보이지 않았다. 나는 각 분대장을 집합시켜서 지난 2박 3일 최선을 다해준 소대원들을 위로하고 노고를 치하해 주며, 작전 성과가 없었던 것은 내가 매복지점을 잘못 선정했기 때문이라고 말해주었다. 그러면서 만약 적이 왔더라면 우리는 완벽한 작전으로 큰 공을 세울 수 있었을 테니 자신감과 자부심을 가지라고 격려하였다. 이 자리에서 분대장들은 작전간 음용수 부족으로 인한 갈증과 대소변 처리로 인한 고충이 가장 힘들었다고 토로하였다. 그들이 얼마나 인고(忍苦)했는지 진실을 말해 주었다.

— 작전 시 전투모형 훈련(1967.3.17. 주간)

나는 식사 후에 바로 중대로 복귀하지 않고 백마 1호 작전 시 염두에 두었던 조우전에서의 '즉각 조치 전투모형'을 이곳에서 연습해 보기로 마음을 정하였다. 지난 반년 동안 우리는 마치 모래밭에서 사금을 줍고자 하는 광부의 심정으로 적을 찾아 나섰지만, 만나기가 쉽지 않았고 우연히 조우하더라도 번번이 기습을 허용하고 희생을 당해야 했다. 나는 이런 현상을 극복하고자 고민해왔다.

이 정글 속 주인은 사실상 적들이다. 그들은 지형, 기상, 인문환경에 숙달, 우리보다 늘 유리한 상황에 있다. 우리는 조우하는 형태이지만 한발 늦게 적을 대하게 된다. 그들은 유리한 환경을 활용, 숲 속의 방문자들에게 갑자기 나타나 기습을 가해왔다. 불확실한 조우전에서라도 우리가 얼마나 정확하고 민첩하게 반응하는가에 따라 결과가 달라질 수 있다. 내가 2박 3일간 장기 매복을 종료한 이후 중대로 곧바로 복귀하지 않고 전투모형 숙달훈련을 하려고 했던 것도 바로 이 때문이었다. 우리는 이미 조우전에서 낭패를 경험하지 않았던가!

나는 다시 그런 치욕을 당하지 않겠노라고 다짐하며 조우전 시 소대 전투모형을 연구하고 시간이 날 때마다 방안을 다듬었다.[43] 내가 구상한 전투모형은 적이 어떤 지형에서 어떻게 기습 공격하는가를 기준으로

---

43) 오죽했으면 내가 작전 후 극도로 피곤한 상태에서도 훈련하려고 했겠는가? 나는 몇 번의 시행착오를 거치면서 나와 우리 소대가 아직도 준비가 미흡하다는 것을 뼈저리게 느꼈다. 다시는 그런 수치를 느끼지 않겠다는 절치부심한 끝에 생각해 낸 것이 바로 네 가지 전투모형이다.

만들었으며 빈번하게 발생할 수 있는 상황, 네 가지 형태를 최종 선정하였다.[44] 나는 정글 속에서 이 4개의 전투모형을 숙달하면 소대가 불리한 상황에서 즉각적인 조치를 취할 것이라 판단했다.

〈요도#4-1. 경사지형이동〉

전투모형1: 분대 규모의 적이 높은 지형에서 소대종대 측면 전반부를 공격하는 경우를 상정한 것으로(요도#4-1) 이때 선두 첨병분대는 진행방향으로 신속히 전진하여 우측방에 사격을 실시하고, 중앙 2개 분대는 은폐 후 견제사격을 실시하며, 후위 분대는 적의 측후방을 공격한다. 선두분대와 후미분대는 가능한 고지대 지형을 선점한다. 견제분대는 적의 진지에 다량의 사격을 집중, 화력으로 기선을 제압해야 한다. 이상의 조치가 분대별 선 진행되고 이후 소대장이 종합하여 지휘한다.

전투모형2: 분대 규모의 적이 소대종대의 선두 분대를 정면에서 기습

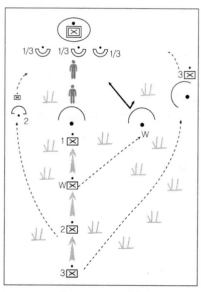

〈요도#4-2. 평지이동〉

---

44) 아마도 독자들은 전투사례도 아닌 전투모형을 요도로 만들어서까지 기록해 둔 것을 의아해 할 것이다. 부대 전투력은 전투경험만 쌓는다고 향상되는 것은 아니다. 마치 운동선수들이 시즌 기간에도 틈틈이 훈련하는 것과 같이 부대는 전쟁 중에도 연구하고 훈련해야 강해진다. 그러므로 전쟁 중 훈련은 전투와 다를 바 없는 것이다. 그리고 전투모형은 실제로 내가 그렇게 전투지휘를 하겠다는 복안이었기에 훈련을 위한 훈련이 아니라 실전을 위한 훈련이었음을 이해할 필요가 있다.

하는 경우를 상정한 것으로(요도#4-2) 이때 선두 첨병은 지향사격으로 적을 먼저 사격으로 제압함과 동시에 엎드려서 은폐하고 적의 동태를 관찰한다. 첨병분대는 횡대대형으로 전개하여 적을 견제하고 후미분대는 우측방으로 적의 우측방을 공격할 태세로 기동하고 중간분대는 대열의 좌측방으로 이동하여 적의 좌측방을 공격하기 위해 기동한다. 화기분대는 최대한 다량의 사격으로 적의 사격진지를 신속히 제압한다.

전투모형3: 분대 규모의 적이 은밀히 땅굴 진지를 구축하여 우리를 유인, 기습하고자 할 경우를 상정한 것이다(요도#4-3). 이는 정글에서 베트콩들이 가장 많이 사용하던 전술이다. 요도에서 보듯이, 최초 기습한 적이 지하에 잠적 후 곧바로 반대편에 출현, 사격함으로써 우리에게 신출귀몰한 적과 싸우는 것으로 착각을 일으켰다. 적이 이런 방식으로 기습을 하면, 첨병 및 중간분대는 즉각 적측으로 응사하여 적 사격을 제압하고 적 공격을 차단하며 후미분대는 후퇴, 엄호사격을 실시한다. 중간분대가 후미분대의 엄호 하에 이탈하여 엄호 준비를 하고, 이어서 첨병분대는 후미분대의 엄호 하에 신속히 후방으로 철수, 또는 전방지역으로 이탈하여 차후 명에 따른다. 이 과정에서 아군 측의 피해가 우려되므로 특단의 조치가 필요하며 소대장은 즉각 중대에 보고, 병력증원을 요청하고 적 지역에 포병사격을 요청하여 적의 추가 공격을 저지한다. 지휘자 유고에 대비, 차 순위 지휘자는 전투 지휘개념을 숙지해야 한다.

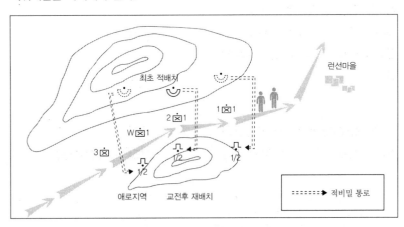

〈요도#4-3. VC 지하 통로 교란 작전〉

전투모형4: 소대가 종대 또는 횡대로 수색하던 중 적의 동굴을 발견하여 인공 또는 천연동굴에서 적과 교전하는 경우로(요도#4-4, 4-5) 이때에는 적의 동굴을 처음 발견한 병사는 동굴 입구에 주의를 집중하여 정황을 판단하면서 분대장에게 보고한다. 분대장은 은밀히 접근하여 적의 잠복여부를 평가한 후, 적이 동굴에 은 신하고 있는 것으로 판단할 시 일단 대원을 분산시키고 주변 경계를 강화토록 한 다. 이어서 과감한 병사는 동굴 입구 깊숙이 수류탄 3발을 연속 투척하고 적의 기 척이 있을 시에는 동굴 밖으로 나오도록 명한다. 불응하면 다시 수류탄을 추가로 투입하여 적을 제압하고 필요시 동굴 내에 진입, 잔적을 소탕한다. 적 은닉 무기, 군수물자, 기타 보급 물품을 포함하여 적의 시신 또는 전상병 유무를 확인한다. 적의 노획품은 목록을 작성하여 향후 중대에 보고한다.

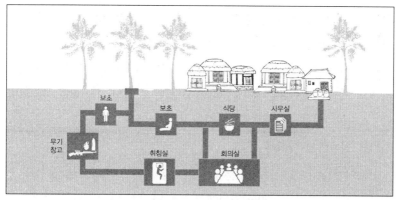

〈요도#4-4. 구찌 땅굴 모형①〉

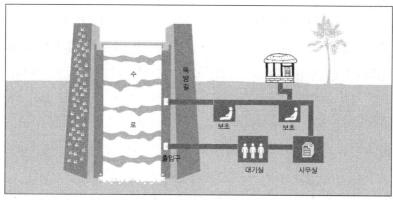

〈요도#4-5. 수중동굴 모형②〉

나는 1시간 동안 전투모형을 설명해주고 실습을 통한 숙달을 위해 점심식사를 서둘러 마치고 파인애플 농장 폐경지로 이동하였다. 그곳은 나무가 없고 키 작은 잡초가 우거져 관측이 가능하고 인원 통제가 용이하여 전투대형 연습장으로 최적지였다. 소대원들에게 훈련 간에 개인별로 실탄을 장전하도록 하여 훈련 중에 적이 나타나면 즉각 실전 상황으로 전환할 수 있도록 하였다. 소대는 분대 단위로 30분간 부분 실습을 한 다음, 소대 종합훈련에 들어갔다.

전투모형1과 전투모형2를 차례로 실습하고 15:30분에는 서측방 표고 200~300m 구릉지에 접근하여 전투모형3을 실습하고자 종대대형으로 서서히 이동하였다. 나는 첨병분대와 동행하면서 200m 능선 하단에 예광탄 1발을 발사하고 이를 적 발견신호로 하여 대원들에게 즉각 조치하도록 지시하였다. 1분대는 횡대로 전개하여 전방에 견제사격을 실시하고 2분대와 화기분대도 전방을 향하여 화력을 지원, 1분대를 엄호하였다. 후미의 3분대는 선임하사의 지휘 하에 철수를 개시하여 후방 엄호 진지를 점령하고 있었다.

10분이 지날 무렵이었다. 2분대가 엄호를 마치고 후방으로 철수를 개시하던 중, 우측 능선 70m 지점에서 "탕, 탕, 타, 타, 탕"하고 연발총성에 이어서 "따르륵, 따르륵"하는 자동화 사격 총성과 함께 유탄이 우리 1분대 지역 상공으로 날아왔다. 그 순간 당연히 적이라고 생각했지만, 적의 AK총소리가 아니었기 때문에 의아해하고 있을 때, 둔탁한 영어 말소리가 산 능선 쪽에서 들려왔다. 나는 즉시 "사격중지, 미군이다!"라고 사격 중지명령을 내렸다. 아울러 1분대 대원이 목소리를 모아 "코리아 화이트호스(Korea White Horse)"라고 외치게 하였다. 다행히 미군도 우리의 목소리를 듣고 사격을 멈췄다. 천우신조로 양측의 불상사는 없었다. 자칫 양측의 오인사격으로 무고한 사상자가 발생할 뻔했다. 나무 관세음보살! 부처님의 자비에 감사하였다. 그리고 나는 미군 음성이 들리는 곳으로 다가갔다. 능선에서는 우리의 사격을 받고 즉각 응사를 한 미군 병사 2명이 놀라운 모습으로 경계근무 중에 있었다. 그들은 11번 도로를 보강할 목적으로 교량을 설치하던 중이었다. 나는 공사감독관인 미군 중사에게 자초지종을 간단히 설명하였다. 그는 이곳에 베트콩이 준동하고 있어 염려하고 있던 터에 한국군이 탐색을 실시하였기에 더욱 안심하게 되었다고 오히려 "Thank you!"를 연발하였다. 나는 웃으며 "We are good luck."이라고 응대했다.

아찔한 순간을 넘긴 나는 너무 의욕에 넘쳐 과욕을 부렸다고 자책하였다. 만약 사상자라도 생겼더라면 나는 지휘책임을 면치 못했을 것이라고 생각했다. 베트콩들이 언제 출몰할지도 모르는 지역에서 독단적인 훈련을 했다는 점이나 계획된 수색정찰을 실탄사격 훈련으로 전환했다는 점이 문책 사유가 되었다. 특히 사전 협조 없이 미군의 공사 지역에서 실탄사격 훈련을 하다가 오인사격으로 인명피해가 발생했다면 한·미군 간 충돌사고가 되었을 것이라 생각하니 식은땀이 흘러내렸다. 나는 바람직한 업무 열정도 때로는 큰 위험을 일으킬 수도 있다고 느끼며 앞으로 보다 신중하리라 다짐하였다.

• 매복작전 복귀(1967.3.17. 18:00)

소대는 17:00시에 전투모형 훈련현장을 떠나 전술기지로 향했다. 2박 3일간 연속된 장기매복으로 모두가 지쳐있었으나 귀대 속도는 빨랐다. 18:30분경 날아가는 새들도 석양빛에 둥지를 찾는 시각에 소대는 부대에 무사히 복귀하였다. 나는 귀대와 동시에 중대장에게 구두로 매복 결과를 보고하였다. 중대장은 침울한 표정으로 보고를 접수하고 이내 천막에 들어갔다. 매복 출발할 때 오늘은 반드시 '한 건'을 할 것이라고 기대했다가 이렇게 헛걸음으로 돌아오니 힘이 쪽 빠지고 말았다. 포로를 묶기 위해 준비했던 포승줄이 싱겁게 보였다. 적의 규모에 따라 어떻게 사격을 하고 어떻게 부상자를 포획할 것인가에 대해 고민했던 일이나 중대장에게 포로를 후송하기 위한 헬기를 준비해달라고 했던 일들이 허황된 일이었던 것처럼 보였다. 나는 소대원들에게 "대단히 수고했다."고 위로하고는 힘없이 천막으로 들어갔다. 그리고는 석도 자신의 투혼을 다독거려 주었다.

'김 중위, 넌 최선을 다했어. 모든 준비가 되어 있었어. 다만 적이 눈앞에 나타나지 않았을 뿐이야. 아마 준비된 네가 무서워서 그랬을 거야. 김 중위, 잘했어!'

2. 제3소대 특수매복작전(1967.4.28.~4.30.)

• 상황 및 배경

3월 중순 6중대는 내부적으로 위기를 맞고 있었다. 3월 16일 중대장이 소대장 3명을 불러들여서 중대 군기가 해이해졌다는 이유로 곤장을 때렸고, 이에 분개한 소대장들이 대대장을 찾아가 자신들을 다른 중대로 전속해주거나 중대장을 교체하도록 건의하는 초유의 사태가 벌어졌다. 이 문제는 대대장이 개입하여 일단 봉합되었지만, 중대는 두 가지 심각한 문제를 안고 있었다. 첫째는 중대가 기지에 오래 머물면서 군 기강이 크게 해이해지고 있다는 점이다. 군 기강이 해이해진 대표적인 현상이 바로 월남 여성들과의 빈번한 접촉과 도박 행위였다. 조그마한 보병중대에서 여자와 돈 문제로 군기가 이완되고 있었던 것이다. 두 번째 문제는 중대장과 소대장과의 관계가 원만하지 못했다는 점이다. 중대장은 일방적이고 억압적인 지휘와 통제를 하고 소대장들은 이러한 중대장의 경직된 리더십에 큰 불만을 가지고 있었다. 이러한 군기이완과 지휘계통의 불신은 앞으로 중대가 임무를 수행하면서 단합된 전투력을 발휘하는 데 심각한 문제였다.

4월 들어 중대의 어수선한 상황이 점차 안정을 찾아가고 있을 때, 제2대대 정보과는 마을주민으로부터 판랑 남서쪽 리우손 마을 일대, 6중대 책임지역에 베트콩이 빈번하게 출몰, 식량과 생필품을 구입하여 야간에 입산한다는 첩보를 입수하였다. 이에 대대는 6중대에 2박 3일간의 특수 매복작전을 실시하도록 명하였다. 6중대장은 중대의 특수매복 순위에 따라 이번은 3소대에 임무를 부여하였다.

• 매복작전 준비

3소대장은 1, 2소대가 실시한 특수 매복작전 경험을 살려서 철저하게 준비를 하였으며 이번에는 비교적 정확한 첩보를 제공, 작전 성과에 대한 기대감을 숨기지 않았다. 3소대장 노 소위는 충청도 사나이로 온후한 성격에 대원들의 애로사항을 경청하고 각별히 염려해주는 자상함이 있어 대원들과 소통이 잘 되었다.

소위 **노번웅**

민주적 리더십을 발휘하다 보니 이따금 사소한 군기사고가 발생하는 어려움을 겪곤 하였는데 바로 그 점 때문에 노 소위는 엄격한 군기강을 요구하는 중대장으로부터 이따금 질책을 받았다. 소대원들은 자기들로 인해 소대장이 추궁을 받는다고 생각, 소대장에게 마음의 빚이 있다고 여기고 있던 터에 이번 기회에 적과 한판 승부를 결하여 소대장의 위신을 보란 듯이 살려주고자 칼날을 세웠다.

• 매복작전 투입(1967.4.28.)

건기에 음력 보름이 며칠 지나 하늘에 구름 한 점 없이 화창한 날 늦은 오후였다. 3소대는 대대에서 알려준 적 출몰지역으로 이동을 개시하였다. 병력들의 발걸음은 더없이 가볍게 보였다. 대원들의 자신감을 보고 행운이라도 따라올 것 같은 예감이 들었다. 그들은 매복지점 부근 임시집결지에서 대기하다가 어둠이 산자락에 내릴 때 소로길 삼차로 지점에서 서북방을 향하여 매복진지를 점령하였다.

나는 노 소위의 심덕을 생각하며 3소대의 출진을 마음속으로 빌어 주었다. 1소대는 3소대가 출동함에 따라 좌측 인접 3소대 경계구역 일부를 인수하였다. 나는 석식 후 20:00시 중대본부 상황실에 들러 3소대 야간 배치상황과 인접부대의 활동상황을 간단히 확인하였다. 그 후 3소대로부터 인수한 경계지역으로 이동하여 우리 소대원들의 경계상태를 점검하였다. 순찰 시 발견한 경계상 문제점을 수첩에 기록하는 동시에 병사들의 심리적 동향도 함께 체크해 두었다. 나는 순찰을 마치고 P-10 무전기 배터리에 연결한 희미한 전등불이 밝혀주는 소대장 천막 속으로 기어들어갔다.

— 야간매복 중 입산자 5명 사살(1967.4.28.)

22:00시경 천막의 덮개 문을 열고 나와서 어둑한 산병호를 살펴보다가 동녘 하늘을 쳐다보았다. 하현달이 밝게 떠올라 강한 음기(陰氣)를 느꼈다. 소대의 교통호를 따라서 서서히 발걸음을 옮기며 순찰을 재개하였다. 그런데 갑자기 포탄이 서남방향으로 날아가는 소리가 들리고 2~3km 상공에서 조명탄이 터지면서 주변을 대낮처럼 밝혀 놓았다. 곧이어 조명탄이 다시 터지며 계속 서남방 하늘을 집중, 밝혀 주었다. 뒤이어 연발 총성과 폭발음이 들려왔다. 그곳은 3소대의 매복지역 일대였

다. 나는 조금 전 울린 총성이 우군의 것이었으므로 3소대가 적을 상대로 집중적인 공격을 하고 있다고 생각하며 중대본부로 신속히 발걸음을 옮겼다. 중대본부에서는 중대장이 3소대장과 급박하게 무전을 교신하고 있었다.

접수된 상황에 의하면, 3소대장은 22:20분 좌측 화기분대장으로부터 거동수상자 5명이 손수레를 끌고 도산(287고지) 방향으로 이동하고 있다는 보고를 받았다. 3소대장은 그 지역이 주민출입 금지구역인 데다가 야밤에 수명이 무리를 지어 수레를 끌고 입산하는 것은 분명 보급물자를 싣고 적 은거지를 찾아가는 상황이라고 판단, 크레모아를 터트리고 소대 화력을 집중하여 거동수상자 5명 전원을 사살하였다. 그런데 수레에 총은 없었고 벌목도구와 식재료, 음료수만 있었다. 주변을 수색하다가 소총 2정을 발견하였다. 이 과정에서 3소대 피해는 없었다고 보고하였다. 그때 대대 상황실에서는 매복작전 결과를 접수하고 입산자 시신에서 귀를 잘라오도록 지시하였다. 이에 3소대는 그대로 실행을 하였다. 대대에서 누가 이런 지시를 했는지는 아는 바가 없지만, 이런 지시를 한 것은 전투 간 허위보고가 빈번하여 확실한 증거를 확보하기 위해서였다고 여겨진다.

이런 비인도적인 행위는 미군 부대나 한국군의 다른 부대에서도 부분적으로 발생하였다. 어떤 부대에서는 전의를 고취한다는 뜻에서 적의 시신 머리를 탄대에 휴대한다거나 타국 군에서도 월남인 베트콩의 귀를 잘라 오면 대신 돈을 지불하는 소위 '시체장사'까지 한다는 소문이 있었다. 왜 이런 현상이 일어났을까? 전투는 늘 결과로 말해 주고, 결과만이 역사에 기록되기 때문이 아닐까? 물론 극히 일부 부대에서 일부 몰지각한 사람들에 의해 이루어진 것이지만, 지극히 잘못된 현상이라고 아니할 수 없다. 특히 임진왜란 시 왜적들이 우리 조상들의 귀와 코를 베어다가 귀무덤과 코무덤을 만들어놓은 역사적 사실도 있는 만큼, 이러한 시신 훼손은 절대로 해서는 안 될 일이었다. 전장에서 시신을 훼손하거나 포로를 극단적으로 학대하는 행위는 전쟁범죄에 해당하는 것으로 지탄받아 마땅한 일이다. 나는 전투에 나가는 군인들에게 싸움하는 방법만 가르칠 것이 아니라 준법정신, 전시 행동규칙 그리고 전장무덕에 대해서 확실하게 교육해야 한다고 생각하였다.

• 개선한 3소대(1967.4.29.)

그날 저녁 3소대는 시체 5구의 귀를 회수하여 부식을 방지하려고 소금을 섞어서 부대로 가져왔다. 6중대가 파월 이후 6개월 동안 무수히 실시한 소부대 매복작전에서 가시적 성과를 얻은 것은 이번이 처음이었다. 중대 간부들은 기지 정문에 나가서 3소대의 전승, 귀영을 축하해 주었다. 노 소위는 중대원들의 환대를 한몸에 받고 쑥스러운 표정을 지으며 마음속으로 한껏 기쁨을 즐기는 것 같았다.

3소대 선임하사관 백 중사는 피살자 5명의 귀를 잘라서 C레이션 캔에 넣어 정중하게 관리하다가 중대본부에 반납하였다. 본부요원 박 병장은 캔 속에 들어 있는 귓바퀴의 수를 헤아리며 한참을 신기하게 바라보았다. 잘린 귓바퀴가 벌써 부식되기 시작해 쿵쿵 코로 냄새를 맡으며 부패 상태를 확인한 다음 캔에 다시 담아 신문지에 둘둘 싸서 책상 서랍에 밀어 넣었다. 나는 역겨운 느낌을 지울 수 없었다. 어딘지 모르게 어둡고 불길한 기운을 느꼈다.

중대장과 간부들은 본부 행정반에 모여 앉았다. 중대장은 "3소대장, 어젯밤 수고가 많았어. 특히 우리 병사가 모두 무사하여 참으로 다행이야. 노 소위가 침착하게 지휘조치를 잘해서 출현한 적 전원을 사살할 수 있었네."라고 격려의 말문을 열었다. 부하에게 인색하기만 하던 중대장의 칭찬에 더욱 고무된 3소대장은 "중대장님이 첩보를 정확히 주시고 요청 즉시 조명탄을 지원해주신 덕분입니다."라고 공(功)을 중대장에게 돌렸다. 이어서 3소대장은 적이 최초 접근부터 사격개시 후 매복 작전을 마칠 때까지 일련의 과정을 상세히 보고하였다. 보고가 끝나자 중대 간부들은 이런저런 이야기를 나눴다. 가장 큰 관심은 과연 입산자가 적성요원이 맞는가에 있었다. 중대 간부들은 그 늦은 시각에 5명이 떼를 지어 산으로 이동한 것은 적의 군수보급요원이거나 동굴진지 굴착을 위한 노무자와 연락요원이 합류하여 입산한 것으로 양민일 가능성은 없다는 데 의견을 모았다. 아울러 부근에서 발견된 소총은 베트콩이 마을을 출입하면서 임시로 숨겨 둔 것이라고 판단하였다.

이런 결론에 이르자, 혹시라도 베트콩이 아닐까 걱정했던 중대장과 3소대장은 안심을 하는 듯했다. 중대 간부들도 이 일이 앞으로 어떻게 전개될 것인지 상상조차 하지 못한 채 3소대장에게 선망의 눈빛을 보내며 각자의 천막으로 돌아갔다.

• 월남 정부와 주민의 항의(1967.4.29.~4.30.)

그날 늦은 오후 월남 지방정부 공무원이 대대를 방문하였다. 그는 한국군이 무고한 나무꾼들을 죽였다면서 항의하였다. 이에 대대 민사 담당관 주 대위는 다음날 오전 지방행정책임자 부성 군수에게 전시 주민통제규정을 제시하고 피살자들이 법규를 위반, 입산하였기에 사살되었으며 그들은 나무꾼으로 신분을 위장한 적성요원이 틀림없다고 따졌다. 한편 그들 피해자 유족들은 적성주민 판별보다 우선 3일장을 치러야 하니 잘린 귀만이라도 돌려달라고 요구하였다. 이로 인하여 주 대위의 목소리는 낮아졌다. 그들이 적성요원인가, 순수한 양민인가를 떠나 시체를 훼손했다는 반인륜적 행위에 대해서 마땅히 항변할 말이 없었기 때문이다. 시체가 활동할 것도 아닌데 시체를 훼손할 이유가 어디 있겠는가!

사실 월남전에서는 양민학살에 대한 논란이 끊임없이 일어났다. 월맹과 베트콩 군인은 명확한 제복이 없었다. 소총도 없는 병사가 많았다. 인민전쟁을 하고 있는 월맹 공산군은 민간과 군인의 신분 구분도 모호하다. 군사 작전에 임하던 군인도 수시로 민간인복으로 위장하는 경우가 많았고, 그들은 민간인, 심지어 부녀자와 어린이들까지 전투 현장에 끌어들여서 전투를 지원하게 하였다. 그들은 비무장으로 활동하다가 전장에서 피살될 경우, 순수 민간인으로 또는 베트콩들에게 강압적으로 끌려가는 민간인이라고 주장, 연합군이 무고한 양민을 학살하였다고 강변하였다. 이를 선전에 이용해 월남 정부와 연합군 사이를 이간질하는 데 활용하였다.[45] 그리고 그들의 주장을 정당화시키기 위하여 주민과 유족이 힘을 합쳐 죽은 자가 '양민'이라고 강력히 우기게 한 뒤, '양민'인지 여부를 최종 판단하는 월남 정부 공무원에게 접근, 양민으로 판정받아 피해유족이 될 수 있도록 협박하거나 회유하였다. 이때 대부분의 월남 공무원은 자국민을 위하는 것처럼 슬며시 주민과 피해유족의 손을 들어주었다. 이번의 경우도 마찬가지였다. 현역 대위인 담당 공무원은 사살된 사람들이 더위를 피해서 나무를 하려고 심야에 입산했다가 참변을 당했다고 주장하고 있다. 깊어가는 밤에 나무를 가지고 마을로 복귀하는 것도 아니고 산으로 나무를 하러 가다니 말이 되는가? 주민들이 전시규정을 지키도록 지도 및 통제해야 할 관리로서 이처럼 일방적으로 주민들 편에 서 있는 그들의 행태는 참으로 이해하기 힘들었으며 후일 망국의 근원이 되었다.

----

45) 한국의 일부 인사들은 월맹의 자료와 주장을 토대로 한국군이 양민학살을 일삼았다고 주장하고 있으나 이것은 사실과 다르다. 한국 군인들이 왜 선량한 양민들을 아무 이유 없이 살해했겠는가? 이념이나 원한문제도 없는데 그들을 살해할 아무런 이유가 없다. 하나의 사실을 두고 월맹의 관점 또는 자료만 가지고 한국군의 양민 학살을 기정사실로 하는 것은 무책임한 일이다.

— 시신 훼손 부위 돌려주기

대대에서는 일단 귀를 돌려주기로 결정하고 아울러 피살자들의 마을을 방문하여 유족들에게 애도를 표시하고 사건을 무마할 생각으로 부성 군수와 대화를 진행하였다. 여기에 피살자 1인당 피해 보상금까지 추가로 지불하기로 결정하고 그 내용을 15:00시 중대에 전문으로 하달하였다. 이로써 중대의 승전 분위기는 자취 없이 사라지고 모두가 난감한 지경에 이르렀다.

장례는 훼손한 시신의 귀를 원위치로 회복하여 3일장으로 치르기로 결정되었다. 중대장은 16:00시 1소대에서 2개 분대를 차출하여 2.5톤 카고 차량에 탑승하고 소금에 절여진 귀가 담긴 캔을 휴대, 피해자 마을로 향하였다. 중대장은 나에게 2개 분대를 직접 지휘하여 현장 방문 간 긴급사태에 대비, 엄호하도록 명하였다. 나는 귀 절단 사건에 직접 개입한 것처럼 느껴져서 문제를 야기한 당사자인 3소대가 귀를 돌려주라고 건의하였다. 중대장은 지시를 거부하는 것처럼 느꼈는지 불편한 심기를 드러냈다. 나는 일단 중대의 위급한 상황을 극복해야 하고 자칫 업무를 회피하는 것으로 오해받을 수 있으며, 사건 당사자는 현장에서 감정이 격해져 불의의 사건이 일어날 수도 있겠다 싶어 중대장의 뜻을 수용하였다.

카고 차량은 25km 속도로 남서쪽을 향하여 달렸다. 모두가 긴장된 표정으로 굳어져서 옆 전우와 대화조차 단절되었다. 나는 상황이 어떻게 전개될 것인지 우려하며 신속히 귀를 전달, 최대한 빨리 마을을 벗어나기로 계획하고 마을의 좌측 반을 2분대, 우측 반을 화기분대가 경계를 담당하라고 명하였다. 그리고 각 분대에서 3명을 차출하여 총 6명으로 예비를 편성, 마을 중앙지역에서 내가 직접 운용하기로 하였다. 우리는 1번 공로로 이동하다가 좌회전, 단차로 길로 접어들어서 30분이 경과한 시각에 마을 입구에 당도하였다. 제2분대장과 화기분대장은 신속하게 마을 좌측과 우측에 병력을 배치하였다.

마을의 규모는 한 곳에 집중적으로 30여 가구가 모여있었다. 마을 광장에는 합동 장례식장이 마련되었고 10여 명의 유족이 모여 있었다. 그들은 혼절상태로 무기력하게 우리 일행을 맞았다. 향도 박 하사가 마을 어른으로 보이는 노인에게 귀를 전달하였다. 격앙된 유족 분위기가 다소 누그러졌다. 그는 유족들에게 갖고 온 귀를 돌려주고 시신의 머리 옆에 놓을 수 있도록 해주었다.

중대장은 마을 합동 분향소 앞에 7명의 병력을 일렬횡대로 배치하고 받들어총으로 경례를 한 뒤 고인에게 묵념하고 예포처럼 실탄 3발씩을 발사시켜서 조의를 표하였다. 총성이 울려 퍼져서 분위기가 한결 엄숙해졌다. 이는 유족들의 성난 민심을 잠시 위축시키는 효과가 있었다. 갑작스러운 총성을 들은 주민들이 마을 분향소로 모여들기 시작하였다. 그들은 분향소 앞에 엎드려서 유족들과 함께 울어 온통 울음바다가 되었다. 이 광경을 보며 나 역시 숙연한 감정이 일어나 눈시울이 뜨거워졌다. 죽음 앞에서 일어나는 인간의 공통적인 심리가 발동한 것이다. 여기에는 적과 아군의 구분 없이 그가 누구의 죽음이든지 슬픔만이 지배하고 있을 뿐이다.

내가 현장 이탈의 적기가 도래하였다고 직감하고 있던 순간, 중대장이 나에게 눈빛으로 신호를 보냈다. 우리는 현장 이탈과 동시에 병력을 신속히 탑승시켰다. 마을 중앙에 있던 중대장을 포함한 9명도 신속하게 탑승하였다. 그 순간 마을 사람들이 갑자기 모여들어서 차량을 에워싸고, 일부는 트럭 앞에 엎드려서 울부짖고 차에 매달리며 차를 가지 못하도록 막았다. 조금 전까지 침통했던 현장 분위기는 갑자기 극도로 험악한 모습으로 돌변했다. 그러나 나는 주민을 자극하지 않기 위해 그들에게 총으로 위협을 가하지 않았다. 나는 2분대 병력으로 차를 가로막는 인원을 몸으로 밀쳐내고 매달린 사람들을 분리해 차량을 급히 발진

시켰다. 그리고 급히 따라오는 2분대 인원을 신속히 탑승시켜 마을을 재빠르게 빠져나왔다. 마치 적지로부터 강압철수를 하는 것과 같았다. 이렇게 하여 우리는 불상사 없이 유족들에게 귀를 돌려주고 무사히 부대로 돌아올 수 있었다. 유가족들의 오열과 성난 주민의 저주하는 목소리가 한참이나 귓가에서 맴돌았다.

• 시체훼손 사건 이후

마을을 다녀온 이후에도 지방정부 행정당국과 대대 민사 담당관은 피해보상 협상을 계속하고 있었고 유족의 피해 보상요구액은 점점 커지고 있었다. 담당 공무원들은 죽은 사람들이 선량한 나무꾼이라고 계속 우겼다. 그는 내전의 적인 베트콩과 싸우지 않고 오히려 자유월남을 도우러 온 우리와 싸우고 있었다. 월남의 지방 관료들은 자유와 공산주의라는 이념의 프레임과 무관하게 동족을 제1순위에 두고 연합국은 2, 3순위로 여기는 것 같았다.[46] 정부 관료들이 그러니 월남 정부의 국민들은 말할 필요도 없었다. 그들 중 많은 사람이 연합군의 우군이 아니라 베트콩을 돕고 있었다.

그렇다면 지금 우리는 무엇을 위해 싸우고 있는 것인가? 우리는 왜 우리에게 협조하지 않고 우리의 적에게 협조하는 그들을 위해 싸워야 하는가? 나는 지금까지 신봉해 온 우리가 자유의 십자군으로 자유세계를 지킨다거나 반공전선에서 공산주의의 팽창을 저지한다거나 하는 고상한 명분과 가치가 뇌리에서 한꺼번에 사라지는 것을 느낄 수 있었다.

---

46) 현역 장교들이었던 당시 월남의 지방 행정관들은 나라를 공산당에게 빼앗긴 후 비로소 베트콩들이 그동안 얼마나 은밀하고도 집요하게 공작을 하고 있었는지, 그들이 얼마나 어리석게도 값싼 동정심을 발휘하여 자유월남의 기둥뿌리를 뽑게 했는지를 깨달았다. 그러나 망국의 군인과 공무원이 된 후 참회한들 무슨 소용이 있었겠는가? 이번 사건을 담당했던 군인은 공산화 이후 어떤 운명을 겪게 되었을까?

사실 미국과 서방에서는 월남전을 6·25전쟁처럼 자유주의와 공산주의라는 이념의 대결전이라고 여겼지만, 그것은 그들이 만들어 낸 프레임이었을 뿐이다. 사실 월남인들은 이념 프레임에 소홀하였다. 그들은 공산주의에 대한 거부감이 별로 없었기 때문에 자유를 수호해야 한다는 의지도 결여되어 있었다. 그들의 가장 큰 관심은 그들의 땅에서 외세를 몰아내어 진정한 민족 해방과 민족 통일을 이룩하는 데 있었다. 그래서 상당수 월남인은 프랑스를 몰아냈듯이 그들을 도우러 온 미국조차 몰아내어야 할 외세로 보았던 것이다. 내가 혼란을 겪은 것은 바로 이러한 모순과 인식의 간격 때문에 일어났다.

3소대에서 일어난 이 사건은 훗날 월남 정부의 주민과 주월 한국군사령부 간의 민사 분쟁사건으로 보고되어서 「파월 한국군 전사 2권 전투상보 제29호」에 수록되었다. 또한, 파월 참전자의 증언록 2권에는 전과 조작을 의심하는 의견도 제시되어 있다. 그러나 인접 소대장으로서 현장에서 사건을 목격한 나는 '피해자들은 민간인으로 위장한 베트콩이거나 그들의 동조자였다.'고 명백히 밝혀 두는 바이다.

홍길동 작전

1. 상황

주월 한국군은 1965년 맹호사단에 이어서 1966년 백마사단으로 증강되어 2개 전투사단을 중부 월남에 배치하게 되었다. 특히 맹호사단과 백마사단이 만나는 경계지대 일대는 민족해방전선이 장악, 자유월남 정부의 행정통제력이 미치지 못했기에 1번 도로의 남북 간 교통이 두절되어 있는 상황이었다. 남부 자유월남 내에 또 하나의 분단선이 형성되어 있었던 셈이다.

이에 한국군은 월남 정부의 통제력을 회복하고 작전책임지역 내의 주민 안전통행보장과 자유로운 군사작전을 보장하기 위해 지대 내 1번 도로를 개통하기 위한 작전을 전개하였다. 제1차로 1967년 3월 15일부터 5월 31일까지 맹호·백마 양개사단이 남북에서 협공하여 남북을 연결 짓는 오작교 작전을 실시한 바 있었다. 그러나 지대 내의 적들은 교묘한 잠복전술로 한국군의 공격을 피해 다니다가 천험의 요새지대로 다시 복귀하였고 그 여세는 변함이 없었다.

오작교 작전에도 불구하고 1번 도로 상의 위협이 계속되자 주월사령부는 1967년 7월 9일부터 8월 26일까지 제2차로 맹호·백마 양개사단을 투입하여 대대적인 소탕작전을 개시 하였다. 주월사령 부는 이를 '홍길동 작전'이라고 명명 하고 적이 대비할 시간을 불허하고 심대한 타격을 가 하고자 서둘러 작 전을 실시하였다.

작전지역은 중 부 월남 빈딩성, 푸엔성, 푸본성, 칸호아성 4개의 성 이 아우르는 10개 군 지역이었으며

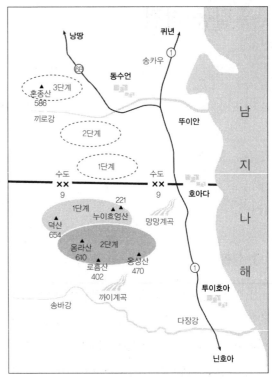

〈요도#5. 홍길동 작전지역〉

투이호아 서쪽 30km, 해발 400m 고원지대는 무성한 잡목과 초원지대 를 이루고 있었다.(요도#5, 홍길동 작전지역) 기간 중 기온은 최고 39.7℃, 최저 23℃, 평균 29℃를 보였고 이따금 소나기가 내렸으나 대체로 건조 한 편이었다.

당시 작전지역 내에는 월맹군 5사단 사령부를 비롯하여 95연대(4·5·6 대대)와 지방 베트콩 85대대가 마채익 일대에서 준동하고 있었다. 9사단 작전책임지역에는 월맹정규군 5사단 예하 제95연대의 일부가 투이호아 군 일대, 제18B연대 제8대대의 일부가 닌호아 남부, 혼바산 북부 산악 지대의 닌홍 계곡에서 활동하고 있었다. 이들 월맹군은 지난 오작교 작 전 말기에 맹호 제26연대 제2중대와 월남군 제47연대 제2대대를 야간

에 기습하여 심대한 피해를 준 바 있다.

월맹군은 행정조직과 연계하여 민간에서 최대한 전력을 동원할 수 있는 구조로 만들어져 있었으며 게릴라전을 병행할 수 있도록 편성되어 있었다. 이들은 우리가 적정을 파악할 수 없도록 은밀히 활동하다가 갑자기 나타나 우리를 타격하고 급히 도주하는 신출귀몰한 행태를 보였다. 그들의 이 같은 전술은 손자병법 「구지(九地)」편의 "시여처녀(始如處女) 적인개호(敵人開戶) 후여탈토(後如脫兎)"[47]라는 구절과 같았고 육도삼략에서 "매가 서 있을 때 졸고 있는 것처럼, 범이 다닐 때 병이 들어있는 것처럼 하다가 먹잇감이 보이면 전광석화로 낚아챈다."는 내용과 일맥상통하였다. 한편 그들의 지도자 호찌민은 "피를 아낌없이 흘리겠다는 의지에 의해 전투 결과가 결정된다."고 역설한 레닌의 교시를 신봉하며 "결전! 또 결전!"을 외치며 군을 독려하고 있었다.

2. 아군 작전계획 및 준비

• 주월사 작전계획

홍길동 작전은 2개 사단이 투입된 주월사의 작전이었다. 작전에 참가한 부대는 수도사단의 기갑연대 및 제26연대, 9사단의 제28연대, 30연대 2대대, 29연대였다. 주월사는 이들을 투입하여 우세한 기동 전력으로 병력과 화력을 이용하여 적 1개 사단을 포위하고 포위된 적을 장기간 탐색작전을 실시하여 섬멸하고자 하였다(요도#5-1, 홍길동 작전 계획).

그리고 주월사는 다음과 같은 작전 지침을 예하부대에 하달하였다. ①조직적인 저항을 시도하는 적에게 근접전투를 지양할 것, ②적과 조

---

47) 처음에는 처녀처럼 나약하게 있다가 적이 방심하면 덫에서 벗어나는 토끼처럼 날쌔게 행동하여 적이 막을 수 없게 활동한다는 뜻이다.

우할 경우 즉각 우군병력을 철수시킨 후 화력을 집중할 것, ③적 동굴 내 병력 투입을 금지하며 적이 동굴 내에서 저항할 경우 일단 철수 후 포위 섬멸할 것, ④전투 병력의 1/3을 예비로 하고 예비대는 진내 전을 각오할 것, ⑤대민 심리전에 유의할 것, ⑥작전지역 내 몬타냐 족을 철수시키지 말고 적으로 만들지 말며 그들과 소통할 통역 요원을 확보할 것, ⑦작전개시 전 분야별 전투준비를 완료할 것. 이러한 작전지침은 한마디로 인명피해를 최소화하면서 작전목표를 달성하라는 내용을 담고 있었다.

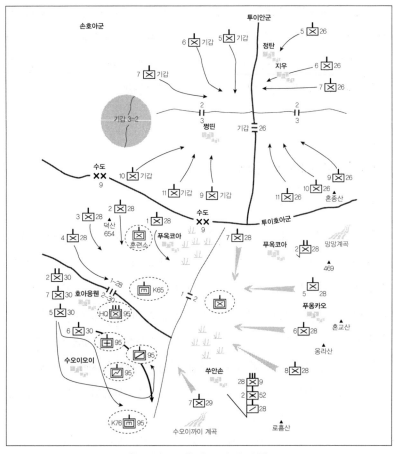

〈요도#5-1. 홍길동 작전 계획〉

• 9사단 작전계획

백마 제9사단은 1967년 6월 30일부로 주월사로부터 작전명령을 수령하였다. 이에 따라 제9사단은 월맹군 5사단 예하 제95연대와 제18B연대 8대대의 잔적을 소탕하기 위해 작전계획을 수립하였다. 사단은 우세한 화력지원하에 적을 수직 포위하여 탐색 격멸하겠다는 기본 개념을 설정하고 제1단계(7월9일~7월25일)는 제28연대장 지휘하에 제28연대, 제30연대 2대대, 제29연대 7중대를 투입하여 덕산 일대의 적을 격멸하고, 제2단계(7월26일~8월9일)는 같은 지휘체제와 부대로 망망 계곡 일대의 적을 격멸하며, 제3단계(8월16일~8월26일)는 제29연대장 지휘하에 제29연대와 제30연대 3대대를 투입하기로 하였다. 그리고 사단은 장거리 정찰대 운용을 계획하였으며 적정수집 노력과 부대 이동 및 공격 개시에 관해 보안유지와 기도비닉을 유지할 것을 특별히 강조하였다.

이러한 사단 작전계획은 7월 2일부로 각 연대에 하달되었다. 작전지휘관인 제28연대장은 7월 4일 제30연대 2대대에 연대 작전명령을 하달하였다. 그리고 제30연대 제2대대는 7월 5일 각 중대에 대대 작전명령을 하달하였다. 이에 제6중대는 7월 6일 각 소대에 명령을 하달하였다.

• 작전준비(1967. 7. 6.~7. 7.)

중대가 작전계획을 수립하고 준비할 수 있었던 기간은 7월 6일부터 7월 7일까지 이틀간이었다. 그런데 7월 6일 갑자기 중대장이 13개월간의 중대장 보직을 마치고 이임한 후 9사단 작전처 작전장교로 근무해 온 K대위가 새로 부임하여 이번 작전을 지휘하게 되었다. 중대장 교체 이유는 Y중대장의 신병 때문이라고 하나 석연치 않았다. 들은 바로는 6중대장 자리가 공석이 되자, 사단 작전처에서 10개월간 근무하고 귀국이 임박했던 K대위가 전투를 직접 지휘해 보고 싶다는 의사를 피력하여 이를 가상히 여긴 사단지휘부가 Y대위의 후임으로 보임시켰다고 한다.

　나는 대부대 작전을 앞두고 이루어진 이번 인사에 대해서 실망과 불안을 감추지 못했다. 파병 이래 가장 큰 작전을 앞두고 이제까지 호흡을 맞추어 온 직속상관이 경질되다니 이럴 수가 있는가! 참으로 황당하고 한심한 생각이 들었다. 그동안 Y중대장은 소통 문제로 소대장과 갈등이 있었지만, 점차 제자리를 찾아가고 있었고 전투 현장에서는 늘 대대의 선봉 역할을 맡아왔던 터였다. 과연 전투경험이 없는 신임 중대장이 전투지휘를 제대로 할 수 있을까? 대부대 작전을 앞두고는 늘 긴장되고 전열이 흔들리는 법인데, 이렇게 지휘관 교체까지 겹쳐 더욱 뒤숭숭하였다. 중대원들은 새로운 상황에 따른 불안과 함께 전투서열 선두중대가 꼴찌로 밀려나는 위축감 속에서 출동준비를 하게 되었다.

　출동 1일 전 7월 7일 1·2·3소대장은 중대장 교체로 분위기가 어수선하였기에 중앙에 위치한 2소대장 천막에 모여 점심을 함께하며 출동에 따른 심정을 토로하고 전승을 다짐하였다. 3소대장 노번웅 중위는 귀국 1제대에 편성되어서 이번 3단계 작전 중에 귀국할 예정이기에 작전 투입을 면할 수도 있는 상황이었다. 그는 파월 전 고향 아가씨와 약혼을 하고 출정을 하였기에 조기 귀국하는 영광을 얻게 되었다. 귀국을 앞둔 모든 사람이 그러하듯이 노 중위도 신변안전을 걱정하여 "과연 새로 부임한 중대장이 전투경험이 많은 소대장을 대부대 작전에서 빼줄까?"라고 말하면서 작전에 불참하고 싶은 마음을 에둘러 표현하였다. 나는 아직도 8개월을 더 싸워야 할 처지에서 "중대장도 바뀌고 소대장마저 불참한다면 중대가 크게 흔들릴 수 있다고 판단, 역지사지하면 답이 나올 거다. 신임 중대장은 오히려 노 중위의 귀국제대를 2제대로 연장시키기를 원하고 있지 않을까?"라고 조언해 주었다. 이에 노 중위는 잠시 흐트러진 마음을 깨닫고 겸연쩍은 표정으로 이번 작전에 참가할 뜻을 밝히고 전의를 다짐하였다. 그러나 왠지 불길한 예감이 들었다.

3. 제1단계 작전(1967.7.8.~7.25.)

- **D-1일** 작전지역으로 이동(1967.7.8.)

대대는 7월 8일 06:00시 각 중대의 정문에서 카고트럭으로 출발하여 판랑 입구의 1번 도로에서 합류하였다. 대대 차량대열은 월남의 대동맥인 1번 도로를 따라 작전지역인 투이호아를 향하여 서서히 이동하였다. 6중대는 지금까지 늘 도맡아 왔던 첨병중대의 임무를 7중대에 넘겼다. 이에 첨병 단골이었던 우리 소대도 첨병소대의 무거운 짐을 벗어 던졌다. 우리는 아침의 산뜻한 공기를 마음껏 마시며 가벼운 마음으로 차량 행군을 즐겼다. 차량대열의 왼쪽에는 험준한 안남산맥이 뻗쳐 내려 흑청색 산하로 정글을 휘감고 있어 공포감마저 자아내었고 오른쪽에는 남지나해의 쪽빛 파도가 일렁이고 있었다. 무심한 갈매기는 격전을 앞둔 다이한 용사의 불안한 심사를 알고 있는지 가볍게 날갯짓을 더 해주었다.

12:00시 제30연대 책임지역 최북단인 디엔 칸 입구에서 차량대열이 잠시 정차하였다. 열대의 폭양이 5시간 동안 카고 차량에 직사로 작열하였기에 차량의 쇠붙이들은 불덩이 같았고 병사들은 화물칸 사우나 안에서 비지땀을 흘리며 안간힘으로 버티고 앉아 있었다. 그나마 동쪽 바닷바람이 이따금 살갗을 스치고 지나니 삼복더위에 암캐처럼 겨우 헐떡거리는 숨길만은 유지할 수 있었다. 이곳에서 대대는 C레이션으로 중식을 대신한 후 차량 행군을 계속하였다.

1번 도로의 좌측으로 21번 도로가 시작되는 지점, 낯이 익은 삼거리 길이 보였다. 바로 8개월 전 역마 1호 작전 시 혼바산 줄기 고개 마루턱을 오르다가 베트콩의 기습을 받고 혼쭐이 빠져나갔던 곳이다. 나는 그날의 수치를 되씹어 보며 이제는 그렇게 당하진 않을 것이라고 자신하였다. 이제 나도 정글 생활로 발바닥에 굳은살이 한자리를 차지하고 있지 않은가!

15:30분 중부 월남의 아름다운 해변인 봉로만 고개에 이르고 있었다. 나는 해안의 풍광과 백사장이 너무 아름다워 '이곳에 평화가 온다면 꼭 한번 찾아와 저 은파가 가물거리는 맑은 남지나해의 물속에 이 땀에 젖은 몸을 풍덩 담아 보리라.'고 다짐하였다. 그때 중대로부터 무전이 날아왔다. 이곳 좌측의 작은 혼바산은 베트콩의 상주 은거지로 적의 기습이 우려되므로 각별히 주의하라는 경계 강화 지시였다. 나는 소대 향도를 불러서 좌우측방 경계를 강조하였다. 투이호아 지역은 주야로 적이 출몰하여 적정이 많은 지역이기에 이후에도 계속 좌우 숲 속을 살피면서 강행군을 계속하였다.

17:00시 제30연대 2대대의 차량 행군대열은 마침내 투이호아의 남부 해안평야에 자리 잡은 미군 간이 비행장 활주로에 진입하였다. 대대는 이곳을 행군 최종목표(RP#3)로 정하고 중대별로 분산하여 임시숙영지를 점령하였다. 그런데 대대 행군제대의 후미에서 이동하던 수송부 8톤 구난차가 임시집결지의 최종 도착지에 진입하면서 "꽝"하는 단발 폭음과 함께 뒷바퀴가 날아갔다. 비행장 일대 잠복 게릴라 요원이 한국군의 이동 상황을 어느 틈에 알고 대전차 지뢰를 매설한 것이다. 다행히 구난차 운전병은 죽지 않고 부상을 입었다. 이로 인하여 2대대 전투 사기는 전반적으로 위축된 모습을 보였다. 이것이 바로 그들이 노린 것이 아닐까? 나는 우리의 목숨을 노리는 마수들이 곳곳에 있음을 실감하였다. 그리고 이것은 내일부터 시작되는 홍길동 작전의 서곡이라고 생각했다. 그렇다면 앞으로 어떤 일이 우리를 기다리고 있을까?

소대는 제각기 야간경계를 위한 엄체호 구축에 정신이 없었다. 이미 해안지대 집결지에 땅거미가 일고 청천 하늘에 별들이 하나둘 모습을 드러내었다. 구난차 폭파 상황이 발생했지만, 나는 어느 때보다도 마음이 편했다. 이곳에 적들이 설사 공격을 해도 중대장과 대대장이 먼저 챙겨서 조치할 터이고 나는 그저 소대 앞에 출현하는 적들만 처치하면 되었기 때문이다. 소대 단독으로 작전을 수행하는 경우와 상급부대의 일부로 작전을 수행할 경우 이같이 엄청난 차이가 있음을 느꼈다. 나는 소대 선임하사관에게 전반야까지 소대 지휘를 당부하고 개인천막을 땅바닥에 깔고 지친 몸을 뉘었다. 남지나해의 파도소리가 철썩이며 자장가처럼 들렸다. 주간 장거리 행군 때문인지 금세 깊은 잠에 곯아떨어졌다.

- **D일** 3소대장의 비운(1967.7.9.)

전령 황 병장이 나를 깨웠다. 새벽 바닷바람이 갯벌 냄새를 싣고 와서 나의 콧구멍에 부었다. 내겐 익숙한 냄새라 싫지 않았다. 하늘을 바라보니 주먹 같은 별들이 반짝이며 손에 잡힐 듯 가깝게 와 있었다. 왠지 무엇인가 불길한 생각이 들었다. 나는 별들을 바라보며 이번 작전에서 한 사람도 다치거나 죽는 대원이 없기를 하나님에게 기도하였다. 그리고 나는 이번 작전에서 책임, 믿음, 용기를 가지고 작전에 임할 것과 적을 만나면 피하지 않고 정면 돌파할 것을 다짐하며 여명을 맞이하였다.

대원들은 미군 비행장에서 추진해 준 급수로 세수하고 수통에 물을 채웠다. 전령은 이전과 같이 과일 캔 등 가벼운 식단을 꺼내 놓았다. 나는 혹시 접적이 있을지도 모른다는 생각이 들어 달걀이 들어있는 캔을 추가로 먹어두었다. 아무래도 뱃심이 있어야 할 것 같은 생각이 들었기 때문이다.

제30연대 2대대는 오늘 09:00시부로 제28연대에 배속되어서 제28연대장의 지휘를 받게 되었다. 제2대대는 09:20분에 투이호아 공항 활주로에서 헬기에 탑승하여 호아 응우엔(Hoa Nguyen)마을(3) 서측 무명고지 일대에 착륙할 계획이었다. 그 지역에서 제6중대를 우, 제7중대를 좌, 제5중대를 중앙으로 전개하여 동측방으로 진격하여 17:00시에 누이바(NuiBa)산 동쪽 2km 지점까지 진출한 뒤 그 지역에서 야간매복을 실시할 예정이었다.

이에 따라 6중대장 K대위는 소대장들을 불러 명령을 하달하였다. 그는 실전 경험이 전혀 없었을 뿐만 아니라, 홍길동 작전 2일 전 급히 부임하여 중대 인원 파악조차 안 된 상태였지만, 사단 작전처에서의 경험을 토대로 지형과 적정에 대하여 능숙한 언변으로 이번 작전계획을 자세히 설명하고 소대에 임무를 주었다. 적어도 형식적으로는 전투지휘에 하자가 없는 것처럼 보였다. 그러나 어쩐지 입에 달린 말처럼 들려 불안한 마음을 숨길 수 없었다. 전장은 그리 만만치 않다. 시시각각 변하는 상황은 신임 중대장을 그대로 놔두지 않을 것이다. 전장에서 1년여를 보내며 온몸으로 전투감각을 익힌 내가 볼 때 그는 상황을 너무 낙관하거나 쉽게 판단하며 말하는 것 같았다. 나는 명령을 수령하고 돌아오면서 제발 불행한 상황이 없기를 간절히 빌며 불안한 마음을 달랬다.

우리는 헬기를 탑승할 준비를 마치고 대기하고 있었다. 탑승 직전에 중대로부터 연락이 왔다. "착륙지역(LZ)에 도착 즉시 소대장들은 중대장의 위치로 집결하라."는 내용이었다. 그러나 헬기로 적지에 착륙하는 지점은 적의 거부활동이 예상되는 곳으로 도착 즉시 신속히 이탈해야 하는데 그곳에서 집합하라니 말도 안 되는 지시였다. 나는 헬기 탑승 시간에 너무 임박하여 중대장에게 이 문제를 제기할 틈을 찾지 못했다. 그러면서 긴급한 지시를 내리려고 어쩔 수 없이 그렇게 명한 것이라 생각하면서 헬기 탑승을 서둘렀다.

UH-1D 헬기 날개가 육중한 굉음을 토하며 돌풍을 일으켜 무장한 보병들의 접근을 어렵게 하였다. 대원들이 둔중한 배낭을 어깨로 가누며 헬기 안으로 발걸음을 힘차게 들여놓자 미군 헬기조종사가 긴장한 눈으로 상봉인사를 하였다. 그 순간 동맹군으로서의 일체감을 느낄 수 있었다. 탑승이 완료된 지 1분도 안 되어 헬기는 더 크게 굉음을 내며 상공으로 올랐다.

헬기는 남지나해의 반대편 서쪽 산악을 향하여 날기 시작하였다. 아침 시간 산악지대의 신선한 공기가 청량감을 한껏 안겨주었다. 산봉우리 사이로 둥실 떠 있는 하얀 구름조각들은 잠시 우리를 자연의 아름다움에 젖도록 하였다. 이렇게 불안한 생각을 잊고 있는데, 선무방송이 들려왔다. 소리를 쫓아 고개를 돌아보니 도깨비 1호기 표시가 뚜렷이 쓰인 헬기가 선회하고 있었다.

"오늘 09:00시부로 백마 30연대 2대대가 우리 도깨비부대에 배속된 것을 환영하고 본인과 함께 싸우게 되어 기쁘게 생각한다. 용감무쌍한 백마부대 장병 여러분! 이번 홍길동 작전에서 베트콩들은 우리 백마부대 용사들에 의해서 완전 포위되어 있다. 정글 속에 갇혀서 숨어 있는 베트콩들을 모조리 섬멸하라! 나, 왕 도깨비 1호는 이 전장에서 여러분과 함께 싸울 것이며 여러분들의 성공적인 작전을 지켜보고 축하할 것이다."

목소리의 주인공은 바로 제28연대장 최명제 대령이었다. 연대장이 직접 지휘 헬기에 탑승하여 육성으로 선무방송을 하고 있었던 것이다. 나는 관중들의 함성을 들으며 경기장에 들어서는 운동선수와 같은 기분이었다. 마침내 우리를 태운 헬기가 서서히 속도를 줄여 공중을 한 바퀴 선회하더니 착륙할 준비를 하고 있었다. 그러나 이 지역은 낮은 능선으로 키 작은 관목이 드문드문 서 있어 헬기가 지상에 접지할 수 없었다. 헬기는 최대한 하강하여 공중에서 정지자세를 취했다. 헬기 문에서 아래를 보니 땅바닥이 어른거렸다. 고도가 높아서 그냥 뛰어도 될까 싶었으나 밖으로 몸을 날리지 않을 수 없었다. 우리는 차례로 헬기에서 뛰어내렸다. 다행히 30kg의 중무장을 안고 뛰었지만 모두가 안착하였다. 헬기가 굉음을 내며 사라진 후 대원들은 기계획된 방향으로 이동하여 은폐가 가능한 지역에서 산개하였다.

나는 중대장이 지시한 대로 전령 황 병장을 대동하고 중대장이 있는 곳으로 이동하였다. 잠깐 사이 4명의 소대장이 집결하여 도착 완료보고를 하였다. 중대장은 다소 긴장한 표정으로 1소대장부터 화기소대장까지 '이상 유무'를 교과서 식으로 보고받았다. 그는 "모두들 무사히 도착하였군."이라는 한마디를 건넨 뒤 잠시 머뭇거리다가 "각자 소대로 돌아가서 계획대로 소대를 지휘하시오."라고 말하였다. 이것이 그가 전투 현장에서 행한 최초의 지휘조치였다. 나는 속으로 '참으로 싱거운 중대장이다! 이 시간 여기에서 겨우 그 소리를 하려고 이렇게 모이라고 한 것인가?'라고 생각하면서 50m 떨어진 소대 임시집결지로 발걸음을 돌렸다.

그때 갑자기 "쾅!"하는 소리가 능선 골짜기의 공기를 갈라놓았다. 폭발소리는 내가 위치한 곳에서 오른쪽으로 불과 30m 지점에서 일어났다. 워낙 가까운 거리라 고막이 파열할 것처럼 귀청을 흔들어 놓았다. 나는 반사적으로 땅바닥에 바짝 엎드려서 주변 동태를 살폈다. 나는 적의 박격포 공격이라 판단하고 엄폐지점을 찾아서 몸을 일으키려다가 더 이상 포탄 작렬 소리가 없어서 혹시 지뢰를 밟은 것이 아닐까 생각하며 이동을 망설이고 있었다. 이때 무전기에서 3소대 전령이 중대장에게 "3소대장이 지뢰를 밟아서 쓰러졌고, 아직 살아있으나 다리 하단부가 보이지 않습니다. 이상!"하며 다급한 목소리로 보고하는 내용이 들려왔다. 3소대장이 중대장을 만나고 소대로 돌아가던 중에 베트콩이 설치한 지뢰를 밟아 버린 것이다. 나는 그 순간 3소대장이 작전 출발 전부터 이번 작전에 참가하는 것을 불안해하며 걱정하던 모습이 떠올랐다. 아울러 조금 전 신임 중대장의 갑작스러운 소대장 집합 지시가 오버랩 되었다. 귀국과 결혼을 바로 앞에 두고 이런 일이 생기다니 마음이 아렸다. 3소대장 노 중위는 즉시 후송용 헬기로 후송되었다. 사고 발생 10분 만에 이루어진 신속한 조치였다.

나는 지뢰가 묻혀 있을 것으로 느껴지는 땅을 살피기 위하여 발걸음을 살포시 그리고 천천히 걷기 시작하였다. 땅바닥 어디에나 지뢰가 묻혀 있을 것이라고 생각하니 발걸음이 앞으로 나가지 않았다. 불과 40여 m 떨어진 소대 집결지까지 오는 데 10분이나 걸렸다. 나는 소대에 도착한 후 대원들에게 3소대장의 적 지뢰 피해상황을 설명하고 앞으로 수색 진출로는 적이 사용하고 있는 산간 소로를 이용하지 말고 새로운 숲속 전진로를 개척하라고 지시하였다. 이후부터 소대의 진출 속도는 매우 느려져서 한 시간에 200~300m 정도로 전진하였다. 전장에서 지뢰가 기동을 지연시킨다는 것이 바로 이런 것이라는 것을 체감했다. 우리는 소로가 아닌 원시림 같은 정글을 뚫고 나갔기에 접적도 없었고 적의 흔적도 발견하지 못했다. 소대는 밀림 속에서 조용히 C레이션으로 점심을 먹고 오후 수색을 이어갔다. 3소대장의 부상으로 인해 시작된 심리적 부담이 조금씩 사라지기 시작했다.

한편, 맹호 제26연대 제5중대 제2소대는 타이룽(4) 마을 수색 중 적과 지근거리에서 피습을 받아서 소대장과 병사 1명이 전사하고 1명이 부상을 입었다. 반면, 제26연대 제7중대는 쾅두안(2) 마을 서편의 동굴에서 적 3명을 사살하고 1명을 생포하였으며 장총 2정을 노획하였다.

- **D+1일** 지뢰사고 후유증(1967.7.10.)

06:30분 아침식사를 하고 곧바로 수오이오이(Suoi Oi) 마을 부근 지역을 수색하였다. 어제 지뢰 사고의 여파가 계속되어서 아직도 땅을 밟을

때마다 등골이 오싹하였다. 대원들에게 발걸음을 옮길 때마다 주의할 것을 거듭 당부하였다. 자연히 작전 활동은 소극적이고 성과가 나타나지 않았다. 하지만 나는 작전성과에 대해서는 크게 신경 쓰지 않았다.

한편, 백마 제28연대 제5중대는 22:00시 덕산(654m) 동측방 퐁카오(Phong Cao) 마을 옆 산속에서 중대 쪽으로 내려오는 적을 발견하여 1명을 사살하고 1명을 생포하였다.

- **D+2일** 지뢰사고 후유증은 이어지고(1967.7.11.)

07:30분부터 수오이오이 마을 동쪽 정글에서 은밀히 수색을 진행하였다. 중대장은 어떤 작전지침도 내리지 않았다. 노 소위의 다리를 앗아간 폭풍지뢰의 폭음이 아직도 귓가에서 맴돌아 땅에 발을 딛는 순간마다 오금이 저렸다. 작전이 위축되어서 나 스스로도 답답함을 느꼈다. 게릴라전에서 적의 소규모 테러 행위가 실효를 발휘하고 있음을 느끼면서도 이 분위기에서 벗어날 수가 없었다. 한편, 대대에서는 6중대 부중대장인 박성희 대위가 지휘하는 대대의 장거리정찰대를 적 은거지에 먼저 투입시켜서 적의 활동사항을 포착하고자 했으나 특이사항을 발견하지 못했기에 헬기로 철수하였다.

- **D+3** 지뢰사고에서 탈출(1967.7.12.)

오늘도 어제처럼 수오이오이 마을 동측방 구릉지대를 수색하였다. 여전히 적과 접촉하거나 적의 은거 흔적을 발견하지 못했다. 적을 발견하지 못한 것은 수색진출로 선정과 무관하지 않았다. 적을 발견하기 위해서는 소로를 따라 수색해야 하는데, 우리는 지뢰를 피해 사람의 발길이 닿지 않은 원시 정글을 따라 수색하고 있었기 때문이다. 인적조차 없는 태고의 정글에 베트콩들이 머물고 있을 리가 없었다.

적이 발견되지 않아 수색활동은 활기가 크게 떨어졌다. 심지어 대원들은 수색작전을 매우 지루하게 여기고 있었다. 선임하사관이 넌지시 "소대장님, 새로운 길을 개척하는 것보다 사람이 다닌 흔적이 있는 통로를 이용하여 수색하자는 소대원들의 의견이 많습니다. 수색 진로를 바꿔 보시지요."라고 건의하였다. 사실 대원들은 정글 개척에 어려움을 겪고 있었고 적의 지뢰를 피해 소극적으로 임하는 소대의 수색방식을 식상해 하고 있었다. 나 자신도 정글 길을 개척하여 수색하는 방식은 적을 찾는 작전이 아니라 적을 피하는 작전 같다는 생각이 들어 거부감이 있었다. 그렇지만 나는 소로길을 따라 수색한다면 우리 중 누군가는 3소대장과 같은 불상사를 당할 수도 있었기 때문에 쉽게 결정을 내리지 못했다. 한참을 고민하다가 나는 '군인에게 전장에서의 위험은 늘 따라다닌다. 이것을 피하는 데만 급급하면 전투를 회피하는 것과 다를 바 없다. 그러므로 군인은 위험을 피하기만 할 것이 아니라 감수하거나 극복해야 한다.'는 생각에 이르렀다. 나는 최대한 지뢰를 조심하는 가운데 내일부터 적이 있을 가능성이 높은 소로를 따라 수색하기로 결심하였다. 한편 이러한 조치로 대원들의 사기와 전투의지가 높아지기를 내심 기대했다.

백마 제29연대 제2대대 제7중대는 쑤안손(Xuan Son) 마을 서북쪽 1.5km 정글지역을 수색하여 적 5명을 사살하였다. 맹호 기갑연대 제11중대 제1소대는 야간매복 간에 적 7명을 사살하고 권총 5정을 노획하였다.

• `D+4일` 작전 첫 전과(1967.7.13.)

우리는 C레이션으로 아침식사를 마치고 수오이오이 마을 동편의 정

글을 수색하기 시작하였다. 어제까지 수색활동과 다르게 적의 활동흔
적을 발견하기 위하여 산간 소로 위주로 접근하며 의심지역을 탐색하였
다. 그런데 1분대가 암석지대에서 천연동굴 하나를 발견, 동굴 입구 가
까이에 접근하였다. 그때 동굴 내에서 사람의 말소리가 들렸다. 이에 큰
소리로 투항을 권유하였다. 그러나 아무런 반응이 없자 분대장이 전투
모형에 따라 수류탄 3발을 투척한 뒤 동굴 안을 수색하여 적 3명을 사
살하고 소총 1정과 문서 30여 건, 의류 등을 노획하였다. 홍길동 작전에
서 우리 소대가 처음 전과를 올리는 순간이었다. 1분대의 전과에 고무
된 대원들은 서로 동굴 속으로 들어가 수색을 하려고 하였다. 나는 적
들의 역습에 대비하여 분대장들에게 동굴 입구 주변에 경계병을 배치
하고 동굴 안을 정밀 탐색하도록 지시하였다. 추가적인 전과는 없었다.
1분대의 쾌거에 나는 기쁨을 감추지 못했다. 대원들의 사기도 크게 진
작, 어제까지 소극적인 활동과 완전히 딴 판이 되었다.

- **D+5일** 재수색(1967.7.14.)

중대는 어제 수색지역을 재수색하였다. 우리 인접 7중대는 09:05분
호아 응우엔(Hoa Nguyen) 마을 남쪽 500m 지점 천연동굴에서 적을 발
견, 10명을 사살하고 무반동총 3정을 노획하였다. 2대대는 전술지휘소
를 수오이오이 마을 북쪽 1km 지점에서 363고지로 이동하였다.

- **D+6일** 베트콩 생포(1967.7.15.)

작전 개시 후 일주일째 되는 날이다. 도망치는 적을 쫓고 있는 우리도
서서히 지치기 시작했지만, 발바닥에 옹이가 붙어서 정글 생활에도 점
차 적응이 되었다. 우리는 산악 부족처럼 얼굴에 수염이 자라 원시인을

방불케 하였다. 이런 원시인과 같은 생활을 하면서도 나름 재미와 리듬이 있었다. 가장 활기찬 시간은 역시 식사 시간이었다. 이때 익살맞은 병사들은 유머를 쏟아내어 좌중을 한바탕 웃기곤 하였다.

나는 내 몸을 지탱해 주고 있는 나의 양쪽 다리와 발이 내 고유의 신체가 아니고 잠시 빌려 쓰는 물건이라는 느낌을 지울 수가 없었다. 그리고 나의 대뇌에 '너의 다리를 너의 것으로 하려거든 반질반질한 길목을 조심하라!'고 입력되어 있어서 인적이 지나간 길 위로 발걸음을 옮길 때마다 발바닥을 저리게 하였다. 하지만 전장에서 죽고 부상하는 것은 피할 수 없는 군인들의 숙명이 아니던가! 나는 모든 것을 운명에 맡기고 적의 흔적을 찾아서 수색을 계속했다.

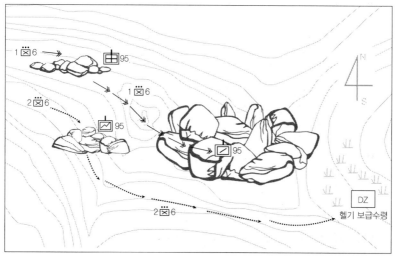

〈요도#6. 6중대 탐색기동로〉

13:50분 1소대는 수오이오이 마을 동측방 2km 지점에 있는 천연동굴 지대를 발견하고 그 일대를 정밀수색하고 있었다. 잠시 후 2분대장 고원선 중사로부터 "조금 전에 베트콩 1명을 생포했다가 놓쳐서 인접 동굴을 수색 중에 있습니다."라는 긴급보고가 들어왔다. 나는 자체 경계를 철

저히 하고 동굴 내부를 정밀하게 수색하라고 명하였다. 아울러 1분대를 그 인접 동굴에 투입시켜서 수색하도록 명하고 3분대와 화기분대는 동굴 밖으로 탈출하는 적을 제압할 수 있도록 주변 경계를 강화하면서 대기하도록 하였다.

잠시 후 다시 2분대장으로부터 보고가 들어왔다. 그는 베트콩 한 명이 바위 틈새에 숨고 있어서 나오라고 해도 나오지 않고 있으니 처치해도 되는지 물었다. 나는 "그가 무기를 사용할 수 없다면 살해하지 말고 생포하라."고 하면서 그곳에 적들이 추가로 은신, 저항할지도 모르니 철저히 확인하라고 주의를 시켰다. 그리고 곧바로 동굴 쪽으로 달려갔다.

동굴에 도착해서 보니, 부분대장 양병천 하사와 곽계선 상병이 베트콩을 바위틈에서 끌어내고 있었다. 곽계선 상병은 이 베트콩을 최초 발견한 병사였다. 포로는 중학생 정도의 왜소한 체구였다.[48] 의료지원과 보급이 부실한 정글 속에서 장기간 생활해서인지 환자처럼 얼굴이 창백하였다. 나는 그의 초라한 모습을 보면서 '저게 어떻게 군인이라 할 수 있는가? 저렇게 빈약한 베트콩에게 우리가 당할 수 있는가?'라는 생각이 스쳐 지나갔다. 그가 숨었던 곳은 직경 30cm, 깊이 50cm밖에 안 되는 작은 토끼굴 구멍 속이었다. 평소에는 들어갈 수 없는 협소한 공간이지만 워낙 위급하다 보니 몸을 구겨서 그 속으로 비집고 들어간 것이다. 그가 곽 상병에 발각당한 것은 하얀 발바닥 때문이었다. 신발을 신지 않은 채 쪼그려 앉아 있는 바람에 발바닥이 밖으로 노출되어 있었던 것이다.

방금까지 나는 2분대 대원들의 안전을 고려하여 사살할까 생각했으나 막상 군복도 입지 않고 총기도 휴대하지 않은 유약한 소년의 모습을 본

---

48) 월맹군 수뇌부에서는 한·미군의 증파로 전투가 치열해짐에 따라 인명피해가 폭증하여 남부전선의 손실 병력 소요를 맞추기 위하여 월맹의 고등학교 2년(17세)을 마친 학생을 징집하였다. 이들은 입대 후 기본근무 기간을 마치고 장교 또는 하사관으로 진출한 후 월맹군의 간부로서 통일전선에서 크게 활약하였다.

순간, 죽이지 않기를 잘했다는 생각이 들었다. 나는 측은지심이 들어서 담배 한 개비에 불을 붙여서 그에게 주었다. 그는 고맙다고 인사 할 여유도 없이 냉큼 받아서 담배를 연거푸 빨았다. 담배 연기를 몸속 깊이 들이킨 후에야 그는 굳어진 표정을 풀면서 여유를 찾기 시작했다. 그러나 그는 주변에 모인 우리 소대원들을 둘러보며 불안한 마음을 감추지 못했다. 나는 그에게 수통을 내주면서 물을 마시게 하였다. 그는 오른손으로 수통을 들고 꿀꺽꿀꺽 수통에 들어 있는 물을 다 들이켰다.

포로는 그의 인생에서 최악의 순간을 맞았지만, 모름지기 '군인'인 만큼 적을 이롭게 하는 정보를 발설해서는 안 된다고 머릿속에서 외치고 있으리라. 나는 역지사지로 생각하면서 포로의 이름과 소속부대, 나이, 계급, 직책 등을 물어보았다. 그는 이 동굴지역은 월맹군 95연대 의무대이고 자기는 이곳에 수용된 환자라는 사실만 얘기하고 다른 질문은 부답(不答)으로 응대하였다. 나는 중요한 현장 첩보를 확실히 얻어서 수색을 효과적으로 실시해야 한다고 생각하고, 선임하사관에게 심문을 시켰다. 지난 백마 1호 작전 시 획득한 포로를 너무 소홀하게 취급하여 중대 규모의 적을 놓쳤기에 엄중한 질책을 받았던 기억이 떠올라 선임하사관에게 "좀 강하게 다루어 첩보를 얻어 내시오!"라고 힘주어 말하였다.

심 중사가 험악한 표정을 지으며 "숭 어다우(총 어디 있나)?"하고 눈을 부라렸다. 그는 환자이므로 총이 없다고 주장하였다. 이어서 심 중사는 오른 주먹을 허공에 휘두르며 "베트콩 어다우(동료 어디 있나)?"라고 협박하며 다그쳤다. 포로는 겁에 질려서 벌벌 떨고 있었다. 이때 향도가 부드러운 자세로 신문을 계속하였다. 포로는 붙잡힐 당시 그와 함께 있었던 동료들의 이름을 말하기 시작하였다. 의무대장, 여성 간호원 4명이 그 동굴을 탈출하여 피신하고 있다고 토설하였다. 이어서 그는 환자이기에 총기가 없었다고 거듭 주장하였다. 여기까지 나는 그를 신뢰할수 있다고 판단하고 지금 탈출 중인 의무요원들을 당장 수색, 포획해야겠다고 결심하였다. 이어서 분대장들을 긴급히 소집시켜 분대별로 외부 경계병을 3명씩 배치하고 나머지 모두를 동굴에 투입, 수색하라고 명하였다. 대원들에게 이 숲 속에 여성이 있다고 하니까 모두 호기심이 발동했는지 은근히 흥분된 분위기가 조성되고 서로 먼저 잡아 오겠다는 표정을 지었다. 지루한 정글작전을 계속하고 있는 터에 나는 새로운 활력소가 되는 것 같아서 그대로 묵인하였다.

각 분대는 50여 분간 동굴을 정밀 수색하였다. 대원들은 50×70×40cm 크기의 의무 장비 세트와 여성용 구급낭 4개를 찾아내었고 그 외 그들의 유류품 다수를 수거하였다. 하지만 의무요원들의 소재지는 찾지 못했다. 나는 꼭 잡을 수 있을 것 같은 예감이 들어 선임하사관에게 3분대를 직접 인솔하여 배낭을 발견한 동굴로 다시 들어가 그 지역을 재수색하도록 명하였다. 심 중사는 30분간 그 동굴에 들어가 재수색을 하였으나 역시 빈손으로 나왔다. 혹시나 해서 한 차례 더 수색했으나 모두 헛수고였다. 정글 안으로 어둠이 밀려와 수색을 멈추었다.

나는 중대장에게 이제까지의 상황을 종합하여 보고하였다. 중대장은 포로취급에 대하여 궁금해했다. 나는 붙잡힌 현장에서 간단한 신문을 하고 그 진술에 따라 재수색을 하였고 포로에게 C레이션을 취식하도록 조치해 주었다고 보고하였다.

이 내용은 신속히 대대와 연대로 보고되어 포로 후송용 헬기가 소대 수색 현장에 곧바로 도착하였다. 지상 착륙이 불가능하여 헬기에서 그물형 로프를 내려서 포로를 실어 보냈다. 대원들은 떠나는 포로에게 손을 흔들어 주었고 그도 우리에게 왼손을 흔들며 응답해 주었다. 나도 포로에게 앞으로 인간으로서 행복을 느끼며 잘 살기를 진심으로 빌어 주었다.

나는 흡사 전우를 떠나보낼 때 환송해주는 것과 같은 묘한 장면을 보면서 우리가 왜 서로 생사를 걸고 싸우는 적군 병사에게 손을 흔들어

주었으며, 그는 왜 우리에게 손을 흔들며 응대해주었을까 생각해보았다. 우리가 손을 흔들어준 것은 모든 인간에게 존재하는 원초적인 감성인 영원한 헤어짐에 대한 아쉬움의 표현, 아니면 어리고 병약한 포로에 대한 측은지심과 행복을 비는 마음의 표현, 또는 정글에서 피땀 흘리는 군인으로서의 동질의식이나 동병상련의 표현이 아닐까? 한편 월맹군 포로가 손을 흔든 것은 우리가 그를 향해 손을 흔들어준 것에 대한 답례의 표시이기도 하겠지만, 이제 지긋지긋한 정글 생활을 마감할 수 있다는 기대감과 자신을 겁박하지 않고 친절하게 대우해 준 한국군에 대하여 감사의 마음이 표현된 것은 아닐까? 사실 우리는 그에게 식사, 음료수, 담배까지 지원하며 부드러운 분위기에서 국제 법규에 따라 포로 대우를 해 주었다.[49]

— 월맹 군의관 일기 수첩

이때 나는 월맹군의 유류품을 수거하는 과정에서 수첩 하나를 발견하였다. 혹시 중요한 군사 첩보가 들어 있지 않을까 하여 유심히 살펴보았는데, 그것은 예쁜 꽃과 귀여운 동물, 산새들을 사이사이에 그려 넣은 진중일기였다. 어떤 페이지에는 아름다운 아가씨와 천진난만한 아기 얼굴 그리고 여인의 입술을 예쁘게 그려 넣어서 야릇한 정감을 주었다. 볼펜으로 쓴 글자 모양도 예뻤고 색깔 있는 볼펜으로 요소요소를 색칠하여 아름다움을 더했다. 문학과 예술을 사랑한 어느 월맹군 군의관이 진중생활에서 자신의 심정을 담아놓은 시화첩 같았다. 사연이 많아 보이는 이 작품에 이끌린 나는 이것을 내가 직접 보관했다가 언젠가 본인에게 돌려주리라 생각하고 내 배낭 속에 깊숙이 넣었다. 그것은 명백한

---

49) 이후에 확인된 바는 없지만, 그 포로는 한국군에 대한 좋은 인식을 가지고 우리에게 유리한 포로 진술을 해 주었을 것이며, 나중에 포로교환을 통해 부모 형제를 만나 지금도 한국군에 감사하며 행복하게 살고 있으리라고 믿어본다.

정보지침 위반 행위였다. 나는 비록 전투 중에 있지만 진실의 길, 정의의 길, 사랑의 길 같은 인간 근본문제에 천착하다 보니 이처럼 부질없는 행동을 하였다.

나는 월맹군 군의관의 시화 일기 수첩을 월남 전선에서 촬영한 다른 사진첩과 함께 별도의 상자에 넣어서 특별히 관리를 해왔다. 1993년 전역하던 날까지 25년간 수차례에 걸쳐 이삿짐을 챙길 때마다 혹시라도 잃어버리지 않을까 걱정하며 내가 직접 챙기곤 했다. 나는 전역할 때 근무 부서 요원에게 신신당부하면서 이 귀중품을 당분간 내가 쓰던 사무실에 그대로 보관해 주도록 부탁했다. 며칠 후 나는 사무실에 보관해 둔 유류품을 가져오기 위해서 전역부서를 방문했다. 그런데 각별한 사연이 담긴 박스가 눈에 보이지 않았다. 시화첩은 월남전에서 찍은 수많은 사진과 함께 한 줌의 재가 되어 버린 것이다. 내 후임 부서장이 사무실을 정리하던 중 내가 버리고 간 유기품이라 생각하고 소각장 불 속에 넣어버린 것이다. 나는 허탈감으로 머릿속이 하얗게 되어 말을 잇지 못했다. 그렇게 신신당부하며 잘 보관해 두라고 부탁을 했건만 그 귀중한 자료가 이렇게 허무하게 사라져버리다니 극단의 상실감에서 원망의 변조차 나오지 않았다. 신임 부서장은 형언할 수 없는 말로 사과를 하였으나 소용없는 일이었다.

그동안 물건을 잃어버리고 이렇게 큰 상실감을 느껴본 적이 없다. 마치 사랑하는 사람이 내 곁을 떠났거나 내 영혼의 반쪽이 날아가 버린 것 같았다. 그것을 생각하면 지금까지도 가슴이 아린다. 2010년 4월 12일 월남 전적지 답사를 위해 사이공을 방문했을 때에는 더욱 마음이 아팠다. 시화첩의 주인공은 그때 우리의 추적을 피해, 도주에 성공하였으니 아직 생존해 있을 가능성이 있는 터, 마땅히 그를 찾아 그 시화첩을 돌려주었어야 했건만, 내가 관리를 제대로 못 하여 영원히 소멸되고 말았으니, 참으로 안타깝기 그지없었다. 나는 여행 귀로에 아직도 시화첩을 잃어버리고 아쉬워할지 모를 또는 시화첩이 돌아오기를 막연히 꿈꾸고 있을지 모를 미지의 월맹군 군의관에게 진심 어린 사과의 마음을 전하고 싶었다.

- `D+7일` 2소대 천연동굴 탐색 작전(1967.7.16.)

우리 중대는 어제 수색한 지역을 재수색하였다. 인접 2소대에서 긴박한 상황이 벌어지고 있었다. 2소대는 우리 소대의 우측방에서 적 제95연대의 통신 중대 지역을 수색하였다. 그들은 야전 통신선을 발견하고 그 통신선을 따라 조심스럽게 접근하던 중 적의 소규모 훈련장과 은거지를 발견하고 정밀수색을 해갔다. 적들은 이미 주변 정리를 하고 자취를 감춘 상태였다. 그래서 2소대는 계속 통신선을 따라가다가 600m 고지대 능선에 펼쳐진 천연동굴을 발견하였다. 14:00시 8부 능선의 암석 틈새에서 보초를 서고 있는 적 경계병을 발견하였다.

소위 **박강조**

2소대장은 적 보초 근무자가 정위치에서 감시하고 있고 천연동굴의 규모가 커서 상당 규모의 적이 있을 거라 판단하고 중대장에게 보고하였다. 중대장은 각 소대가 이격되어서 조기에 지원이 불가하니 2소대가 우선 단독으로 적의 은거지를 공격하고 1·3소대를 2소대 지역으로 투입시키겠다고 하였다.

이에 2소대장 박강조 중위는 흥분을 억제하면서 침착하게 분대장들에게 작전을 지시하였다. 적들이 상대적으로 높은 지형을 점유하고 있어 1·2분대를 좌·우로 이동 접근하게 하고 3분대는 현 위치에서 전개하여 적의 동태를 주시하게 하였다. 그 후 1·2분대장이 적의 50m 부근까지 접근할 때 소대의 저격병에게 적 보초를 사살케 함과 동시에 그것을 신호로 하여 1·2·3분대가 동시에 적 지역을 사격으로 제압하고 적을 소탕하도록 하였다.

30분 경과 후 2소대 특등사수 최 병장이 적의 보초를 겨냥하여 1발을 발사하였다. 적 보초는 수시로 자세를 바꾸어 막상 정조준이 쉽지 않았다. 최 병장은 호흡을 고르며 몇 차례 재조준하여 겨우 상체를 명중시켰다. 적은 엄폐한 바위 뒤편으로 쓰러졌다. 이와 동시에 정면의 3분대는 집중사격을 가한 다음 함성과 함께 앞으로 전진하였다. 보초가 서 있던 위치에 선혈이 낭자하였으나 적병은 부상을 입은 채로 동굴 속으로 도망쳤다. 동굴 앞에 도착한 소대장은 동굴의 규모가 엄청나게 크다는 사실을 확인하고 중대장에게 재보고를 했다. 그러나 중대장은 1소대에 현 능선 북측을 탐색하게 할 것이니 동굴지대는 2소대가 계속 수색하라고 지시하였다.

2소대는 중대장의 명에 따라 천연동굴 지역을 정밀수색하였다. 정글과 동굴로 연결되는 소로 변에서 움집 막사 3동과 소와 돼지를 발견하였고 야전선이 막사에서 동굴로 연결되어 있는 것을 확인하였다. 동굴 안으로 이어진 핏자국을 발견하고 그 일대를 탐색하여 P-10 무전기 5대, P-6 무전기 1대, 라디오 4대, 전화기 7대, 야전선과 같은 각종 통신 장비를 노획하였다. 그곳에는 적이 사용한 간이 책상과 의자까지 있어 월맹 정규군 제95연대 통신 중대본부였을 것으로 추정하였다. 해가 넘어가서 더 이상 수색이 어려워지자 2소대는 천연동굴 일대에 최루탄 3발을 깊숙이 던져 넣은 후 동굴 입구에서 매복을 실시하였다. 우리 1소대는 15:00시경 중대장으로부터 2소대가 수색하는 지역에 투입할 준비를 하라는 지시를 받았으나 실제로 투입명령은 내려오지 않았다(요도#6, 6중대 탐색기동로).

한편, 맹호사단 전술지휘소는 앞 공터에서 영화 상영을 준비하던 중

19:30분 베트콩이 발사한 박격포탄 3발이 떨어졌고 이어서 5분간 13발이 장교식당과 숙소, 헬기장에 떨어졌다. 나는 이 소식을 듣고 상급부대가 한심하다는 생각이 들었다. 박격포 사거리까지 적의 접근을 허용했다는 사실도 이해하기 어려웠지만, 전술지휘소에서 영화를 상영한다는 사실은 더더욱 이해할 수 없었다. 보병 전투중대 장병들은 양치질조차 못 한 채 매일 매순간 극한 상황 속에서 전투에 임하고 있는데 도대체 상급부대 요원들은 지금 어떤 태도로 작전에 임하고 있는가?

— 월맹군 고급사령부 임전 태세

월맹군 고급사령부의 임전 자세는 한국군 고급사령부의 임전 자세와는 확연히 달랐다.[50] 그들은 '인민은 모두가 평등한 것인바, 월남 민족이 외세로부터 해방하고 노동자 계급의 사회 혁명 과업을 완수하는 데 모든 장병에게 책임과 의무가 동일하게 부여되어 있다. 그러므로 모든 장병이 다 함께 고생해야 한다."는 확고한 생각을 가지고 있었다. 이것은 어떤 목표를 달성하는 데 각자의 역할이 중요한 것이지 신분관계와 상하관계는 중요하지 않으며 상급 지휘관일수록 더욱 솔선수범해야 한다는 것을 의미한다. 실제로 월맹군 사단장들은 동굴 속 한 모퉁이에 통나무를 잘라서 바닥에 깔고 풀뿌리를 엮어서 야전침대로 활용하였다. 그들은 한가한 시간에 병사들과 더불어 장기, 바둑 등 오락을 함께 하고 상황이 허용되면 동굴 밖으로 나와서 배구, 족구 등을 하며 장병들과 어울렸다. 바로 이러한 리더십이 무서운 단결력을 이끌어냈다. 이는 월맹군이 비록 유약한 신체, 보잘것없는 장비와 보급물자를 가진 삼류 국가 군대임에도 불구하고 세계 강대국 군대와 상대할 수 있었던 힘

---

50) 월맹군과 한국군 고급사령부의 임전 태세를 단순 비교하는 것은 무리가 있다. 월맹군과 한국군의 문화, 입장, 여건, 편성구조, 전략전술 등이 다르기 때문이다. 다만, 월맹군 고급사령부가 현장 및 예하부대를 중시하여 생사고락을 함께하고 그들에게 시선을 집중하고 있었다는 점에서 한국군 고급사령부가 배워야 할 부분이 있다는 뜻으로 문제를 제기하는 것이다.

의 원천(월맹군의 투혼)이 되었다.

월맹군 고급사령부 지휘관들의 리더십은 그들이 존경해온 지도자 호찌민의 리더십에서 비롯된 것이다. 말하자면 호찌민의 솔선수범하는 리더십이 월맹군 고급장교의 뇌리에 DNA로 승계되고 있었던 것이다. 1940년 5월 이후 호찌민은 팜반동(Pham Van Dong), 보구엔지압(Vo Nguyen Giap) 등과 더불어 천연동굴에서 초기 혁명 은거지 생활을 하였는데, 그 삶을 살펴보면 그가 악조건하에서 얼마나 솔선수범을 하였는지를 가늠해 볼 수 있다. 지압 장군이 쓴 『인민 전쟁 예술론』에 기술된 호찌민의 솔선수범에 관한 내용을 몇 가지만 소개한다.

동굴 속의 공기는 차가웠고 지하에는 맑은 물이 굽이치며 흐르고 있었다. 숙소는 나무토막을 놓아서 침대로 사용하였다. 추울 때는 동틀 시기에 불을 피워서 몸을 녹였고 비가 몹시 내릴 때는 뱀과 곤충이 몰려와서 같이 지냈다. 식사는 밥, 절인고기 한 점, 또는 물고기 한 마리였고 어떤 경우는 한 달간 내내 옥수수, 야생 바나나로 연명하면서도 다른 사람에게 불편을 느끼지 못하도록 대하였다. 납작한 돌덩이를 책상으로 삼아 책을 보고 신문을 발행하였다. 아침 일찍 일어나 신체단련을 하고 추운 일기에도 목욕을 하였다. 일과는 나무하기와 장작패기, 모임주선, 공부하기, 고산족 방문, 월남 민족 및 세계역사 강의, 중·소 게릴라 전술 책자 만들기 등이었다. 프랑스 토벌군이 기지를 급습할 경우 험준한 산악 지형에서 목숨 걸고 넓은 냇물을 건너고 바위 절벽을 넘어 접근이 불가능한 음습한 지역으로 피신을 하였다.

• D+8일 암적산 천연동굴 공격명령(1967.7.17.)

6중대는 어제 작전지역을 계속 수색하였다. 2소대는 어제 적 통신중대본부가 있는 동굴 속을 깊숙이 들어가 재수색하였다. 2소대는 1·2분대가 외곽을 경계하고 3분대를 동굴에 투입시켰다. 3분대는 3명을 1개조, 모두 3개조로 재편성하여 소대 선임하사 박 중사가 1·2조를 지휘하고, 3분대장이 3조를 지휘하여 동굴내부 탐색 작전을 시작했다.

각 조는 방탄조끼를 착용하고 대·소형 플래시, 로프, 단검, 수류탄 등을 휴대하여 동굴 깊숙이 들어갔다. 외곽 경계요원들은 로프에 플래시 불을 매달아 동굴에 삽입, 침투요원으로 적을 기만하도록 만들었다. 수색조는 의심나는 곳에 몇 차례 수류탄을 투척하며 계속 전진하였다. 그런데 갑자기 숨어 있던 적이 연발 사격을 가해왔고, 선두에서 들어가던 선임하사관 박 중사가 쓰러졌다. 조원 3명은 총성이 난 곳에 플래시를 비추며 연발로 사격을 실시하며 적을 공격하였다. 밖에 있는 경계요원은 선임하사관을 로프에 매달고 끌어당겨서 동굴 밖으로 나오게 하였으며, 박 중사는 어깨를 부상 당하여 긴급 후송되었다.

2소대장은 동굴에 들어가서 도주하는 적을 추격, 수류탄을 연거푸 3발을 던져서 적을 제압하고 육박전으로 베트콩 2명을 사로잡았다. 그중 1명은 어제 보초 근무하다가 저격을 받은 병사로 다리에 관통상을 입고 있었다. 그들은 총기를 감추고 비무장이라고 우겨댔다. 2소대장은 선임하사관이 부상을 당한 터에 가해자가 뻔뻔스럽게 무기가 없다고 하자 흥분해서 뺨을 수차례 때렸다.[51] 두 포로는 그 위협에 굴복하여 총을 숨긴 곳으로 안내하여 교묘히 숨겨 둔 소총 1정을 찾아냈다.

16:00시경 2소대는 수색작전을 종료하였다. 소대장은 중대장에게 전투결과를 보고하고 소모한 탄약과 식량을 청구하였다. 중대장은 2소대장에게 헬기 착륙지역을 선정하고 헬기로 탄약과 C레이션 등 보급품을

---

51) 2소대장은 파월 이후 소대원 2명이 전사하고 5명이 부상을 입어 베트콩 포로들을 증오하던 차에 포로들이 최후까지 발악하며 거짓말을 하자 포로를 구타했다. 그런데 포로가 후송되어서 이를 신문관에게 통보하였고 며칠 후 2소대장은 포로 구타문제로 대대로부터 문책을 받았다.

수령하라고 지시하였다. 이에 2소대장은 능선 하단 계곡으로 800m 내려와 몬타냐 족의 농장과 갈대숲이 우거진 능선 지대를 헬기착륙장으로 선정하여 보급 수령위치를 통보해 주었다(요도#6 참조). 잠시 후 보급 지원 헬기가 요란한 소리를 내며 상공에 나타났다. 소대 향도가 즉시 연막탄을 터뜨리고 헬기를 유도하였다. 3개 분대는 주변 경계에 임하고 1개 분대는 헬기에서 공중 투하할 보급품을 수령할 준비를 갖추고 있었다. 마침내 헬기는 향도의 안내에 따라 착륙지역 3~4m 상공에 머문 상태로 보급품을 공중투하하였고 1분대는 열심히 보급품을 수습하고 있었다.

이때 갑자기 서측방 200~300m 떨어진 암적산 천연동굴 일대에서 적들이 소총과 자동화기로 집중사격을 가해왔다. 헬기는 황급히 날아갔고 보급을 수령하던 병력들은 C레이션 박스에 은폐·엄폐를 하며 응사하였다. 2소대장은 소대의 LMG와 소총으로 천연동굴에 집중사격을 가하는 한편, 보급수령 장소를 연막으로 차장하여 병력을 안전한 곳으로 철수시켰다. 아울러 수령한 보급품을 적에게 피탈 당하지 않도록 M79 유탄발사기를 발사, 보급품을 파괴시켰다. 산간 계곡에 탄약 냄새가 뒤덮일 정도로 치열했던 교전은 어둠이 깔리면서 멈췄다. 2소대는 곧바로 야간매복에 들어갔다. 이때 월맹군은 야간에 2소대 병사가 졸고 있는 사이 야간조명 지뢰를 수거해 가는 대담성을 보였는데, 이것은 적이 야간공격을 감행할 것으로 예측할 수 있는 대목이었다.

2소대장은 암적산 천연동굴 일대 적의 규모가 크고 지형이 험준하므로 중대장에게 병력증원을 강력하게 건의하였다. 이에 중대장은 1소대가 곧바로 2소대를 지원할 테니 2소대는 현 위치에서 차단선을 유지하고 경계를 강화하도록 지시하였다. 당시 우리 1소대는 중대본부와 400m 이격된 수오이오이 마을 동측방에서 수색작전을 하고 있었는데 16:00시 중대장으로부터 우측 2소대 지역으로 투입하도록 명을 받고

17:30분 중대장이 위치한 곳에 당도하였다.

소대의 도착을 보고하자, 중대장은 오늘 주간수색작전이 종료되었으므로 대대에서 내일 작전계획을 확정할 때까지 대기하라고 명하였다. 아울러 2소대의 상황을 설명해주고 2소대장의 침착한 전투지휘로 인명 피해가 경미한 점을 다행스럽게 생각한다고 말하였다. 나는 2소대장에게 달려갔다. 그는 몸살을 크게 앓고 난 사람처럼 어눌하게 보였으며 멍한 표정을 지었다. 온종일 긴장하고 흥분된 상태로 전투를 하였으니 그럴 수밖에 없을 터였다. 나는 그에게 고생 많았다고 격려해주며 우군 피해가 경미하여 다행이라고 말해 주었다.

2소대장은 잠시 후 여유를 되찾고 무겁게 말문을 열었다. 이제까지의 베트콩들은 치고 도망치는 전술이었는데 오늘은 전투방식이 전혀 달랐다고 했다. 오히려 적들이 유리한 천연동굴 암석 지형을 활용하여 공격적으로 도발해 오니 더욱 당황하게 되었고 어찌해 볼 수가 없었다고 말하며 당시의 치열한 교전 장면을 떠올렸다.

나는 2소대에 20여 분 동안 집중사격을 퍼부었던 천연동굴 암적산, 적 은거지를 살펴보았다. 표면은 검은색 고색창연한 바위들이 켜켜이 쌓여 봉우리를 이루고 바위 사이로 낮은 가시덩굴이 성글게 작은 군락을 만들어서 불모지대를 연상케 하였다. 이 오묘한 자연은 이를 이용하려는 인간에게는 천연의 요새가 되어 주었다. 이 천혜의 험지를 이용하여 적들은 지금껏 활용한 '치고 빠지는 회피 전술'을 바꾸어서 감히 우리에게 정면 도전을 한 것이다. 내가 베트콩이라도 이토

록 유리한 조건에서는 싸움을 회피하지 않겠다는 생각이 들었다. 아무튼, 오늘은 2소대와 맞대결을 했지만, 아마도 내일은 우리가 맞대응 상대가 될 것이다.

암적산 암석지대는 바윗덩이가 쌓인 사이로 은폐와 엄폐가 가능하고 그 밑으로 미로 같은 지하통로가 형성되어 도주와 증원이 용이하여 공격과 방어 시 자유롭게 출입할 수 있는 천험(天險)의 은거 기지였다. 내일 우리 소대가 이 기지를 어떻게 공략할 것인가? 나는 왠지 불길한 예감이 들었다. 우리 소대 분대장과 병사들도 2소대원들에게 오늘 경험한 전투상황을 실제보다 부풀려 전해 들으면서 점차 패닉 상태로 빠져들고 있었다.[52] 나는 중대의 간부이고 지휘자임을 상기하여 간부마저 이런 분위기에 빠져들어서는 안 된다고 작심하며 평정심을 찾고자 노력했다.

이때 명령수령 차 중대본부에 출두하라는 무전이 왔다. 나는 '이제 올 것이 왔구나!'라고 생각하며 19:00시 어둠을 헤치며 중대장실로 갔다. 중대장은 1인용 천막 속 희미한 조명 밑에서 나를 기다리고 있었다. 나는 중대 작전명령 하달 장소에 혼자 오게 되어 괴이한 기분이 들었다. 잠시 적막감이 흐르다가 중대장이 말문을 열어 "내일 05:00시에 1소대 단독으로 암적산 동굴로 은밀하게 침투해 들어가 고지 정상을 점령한 뒤 날이 밝으면 천연동굴을 수색하여 적을 소탕하라."는 작전명령을 하달하였다. 아울러 그는 어려운 적과 험준한 지형에서의 작전이므로 단단한 각오로 전투에 임하라고 강조했다.

나는 어안이 벙벙해서 잠시 말문을 잃었다. 2소대가 기습공격을 받고 겨우 탈출했던 천연동굴의 적을 화력지원과 병력증원 없이 소대 단독으로 소탕하라니 도무지 이해가 되지 않았다. 최소한 지형 및 피아 전력만이라도 분석하였다면 이런 무모한 계획은 나올 수 없었을 것이라는

---

52) 전투부대 말단 병사들은 치기 어린 무용담으로 당시 상황을 부풀려 으스스한 공포감을 불러일으켰다. 그들의 부풀려진 공포심리가 우리 소대로 고스란히 전이되어 소대원들을 겁먹게 하였다.

생각이 들었다. 나는 이러한 무모한 계획은 중대장이 장병들의 안위보다는 공적을 더 중시했기 때문에 나왔다고 생각하였다.

나는 심사가 심히 뒤틀려 "중대장님, 지금까지 알고 있는 바에 의하면 적 병력은 1개 소대 이상의 규모이고 지형은 바위가 층층 겹겹으로 쌓여서 도보기동마저 어려운데 1개 소대가 침투해 들어가서 지원 없이 공격하는 것은 무리입니다. 일단 화력으로 적을 제압한 후에 전 중대병력을 투입해야 합니다."라고 거침없이 내 생각을 피력했다. 이에 대해 중대장은 포병사격을 할 경우 우리가 현 접촉선에서 2km 이상 뒤로 철수해야 하고 그렇게 되면 적이 도주할 우려가 있으니 중대가 적과 가까이에서 접적된 현재의 기회를 활용하여 적이 도주하기 전에 적을 섬멸하여 부대의 명예를 고양하고자 한다고 하였다.

이에 나는 "부대의 명예도 중요하지만 우리 병력의 생명도 소중합니다. 만약 화력지원이 안 되면 중대병력이라도 추가로 투입해야 합니다."라고 이의를 제기하였다. 그도 물러서지 않았다. 그는 "오늘 전투로 2소대는 너무 지쳤고 3소대는 신임소대장이 전투경험이 없으니 경험 있는 1소대가 은밀히 적 동굴지대에 침투하여 적을 소탕하라."고 반복하여 명하였다. 중대장은 자신이 직접 지휘하여 중대병력을 과감하게 운용할 자신감이 없어 보였다. 끝내 중대장은 작전복안을 기정사실화하면서 "내일 12:00시부로 5중대가 6중대 지역으로, 우리는 7중대 지역으로, 다음은 7중대가 5중대 지역에 투입되어 작전할 계획이니 우리 중대에 부여된 시한은 내일 12시까지이다. 암적산 무명고지(BQ886526)에 은거 중인 적을 명일 12:00까지 소탕, 임무를 완수하라! 이것이 중대장의 최종명령이다. 알겠나? 김 중위!"라고 하면서 나를 쳐다보았다.

나는 마음이 무거웠고 두렵기도 하였다. 중대장은 공을 세우고 싶은 조급한 마음으로 가득 차 있는 것처럼 보였다. 중대장은 우리가 발견한 황금어장을 5중대에 내 줄 수 없으니 내일 5중대에 작전지역을 인계하기 전에 우리가 먼저 공을 세우자는 생각을 하고 있었다. 나도 모르게 분통이 터져서 "만약 이번 작전에서 사상자가 크게 나오면 전적으로 중대장님의 책임입니다. 알아서 하십시오."라고 쏘아붙이며 자리에서 벌떡 일어났다.

나는 천막에 돌아오자마자 아직 몸에 익숙하지 않은 담배 한 개비를 꺼내 물고 힘껏 빨아들였다. 입술에 물려있는 담배가 타기도 전에 또 한 개비를 꺼내 물었다. 인생은 자기에게 정해진 운명 곡선을 따라간다고 하지 않는가! 내일 나를 비롯하여 소대원 중 누군가 자기 운명 곡선을 따라 이승을 달리할 사람이 나오겠구나! 하나님과 부처님이 진정 계신다면 지금 당장이라도 귀의하겠다고 고개 숙여 외치고 싶었다. 하지만 어느 신도 나를 구원해 줄 것 같지 않았다. 마음 한구석에는 어머니께서 지극 정성으로 나의 안위를 위하여 부처님과 조상님께 정화수를 떠놓고 빌어 주시니까 이번에도 운명의 수호신이 감응해 주시지 않을까 스스로 위안을 삼았다.

시간은 한가하게 고민할 여유를 주지 않았다. 곧바로 나는 분대장을 소집시켰다. 초긴장 상태에서 기다리고 있던 분대장들은 재빨리 내 주변에 모여들었다. 그들에게 비친 내 모습도 그랬을지 모르지만, 그들은 모두가 넋이 반이 나간 것처럼 멀거니 앉아 있었다. 나는 애써 당당함을 보여주기 위해 배에 힘을 실어 별것 아니라는 듯이 고 중사에게 "고 중사, 평소 고 중사답지 않게 오늘은 얼굴에 활기가 없어 보이는군! 무서운가? 겁이 나는가?"라고 말을 걸었다. 이에 고 중사는 얼굴을 들면서 특유의 낙천적인 표정으로 "아닌데요?"라며 자존심을 살렸다.

나는 "우리가 월남 정글을 누빈지도 어언 10개월째다. 우리는 산전수전을 다 겪으면서 전투에 숙달된 전사가 되었다. 드디어 내일 우리의 실력을 발휘할 기회가 왔다. 우리 모두 일심동체가 되어 백마용사답게 용감히 싸워 보자! 1분대장 송 중사, 자신 있지!"하고 치켜세웠다. 불끈같이 둔중한 송 중사가 웃음을 띠며 "소대장님, 한판 해 보시지요."하며 맞장구를 쳤다. 침체되었던 분위기는 점차 결의를 다지는 분위기로 변하기 시작하였다. 나는 이때를 이용하여 "나의 작전계획 복안을 말하고 토의해서 안을 확정 지은 다음 금번 작전에 임한다."고 강조하고 지형설명과 작전 복안을 다음과 같이 설명하였다(요도#7, 암적산 동굴전투①).

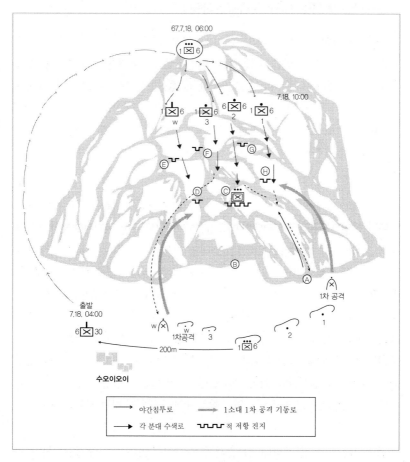

〈요도#7. 암적산 동굴전투①〉

그간 우리는 숨어 있다가 도망치는 적과 상대하였다. 그런데 내일 드디어 도망치지 않는 적과 싸우게 되었다. 우리가 상대할 적은 월맹군 95연대의 수색중대이며 증강된 1개 소대 규모로 예상된다. 이들은 오늘 오후 우리 2소대를 선제공격한 바 있다. 적이 현재 은신하고 있는 곳은 250m 고지 일대 바위가 다층으로 쌓인 천연 암석동굴이다. 출입구와 통로가 미로로 얽혀 있어서 우리 보병들의 도보접근이 매우 어렵고 한번 잘못 들어가면 미로에 빠질 수 있다. 반면 적은 지상과 지하 출입구, 굴속 통로를 이용, 접근과 탈출이 용이하다.

이러한 요새진지는 매우 강력한 듯이 보이지만, 상호지원이 잘되지 않아 각개격파를 당하기 쉽다. 우리는 야음을 이용하여 암적산 동굴 후방 서북측 능선 하단에 도착하여 대기하다가 여명이 밝아올 때 산 정상을 선점한 뒤 고지대부터 동굴을 수색하면 적은 기습을 허용, 허둥댈 것이므로 그때를 이용하여 과감히 소탕해야 한다. 기습을 달성하기 위해 정상에 올라갈 때까지 적에게 발견되지 않아야 한다. 이를 위해서 바위와 바위 틈새로 낮은 자세로 이동해야 하고 보행 소음을 없애야 한다.

내일 04:00시 방어 시설물을 철거하고 C레이션으로 조식을 마친 후 04:30분 1분대를 선두로 2분대·화기분대·3분대 순으로 암적산 후방 와지선으로 이동한다. 이때 소대본부가 첨병분대 후미에서 소대를 지휘한다. 05:30분까지 암적산 동굴지대 하단에 도착함과 동시에 좌로부터 1·2·화기·3분대 병진대형으로 소대장이 지정해 준 침투 경로를 따라 분대 종대대형으로 고지 정상에 침투한다. 이때 각 분대는 최정예병을 선두에 배치하여 낮은 포복자세로 전진한다. 이동 간에 적을 발견하더라도 사격을 받기 전에는 사격하지 말고 최대한 은밀히 정상을 향하여 이동한다. 정상점령 후 동굴을 수색하다가 적의 기척을 느끼면 즉시 수류탄으로 제압한 후 수색을 실시한다. 접적 없이 전진한다면 10:00시경 정상에 도착, 동남방향으로 탐색작전을 실시한다. 그 이후 동굴 수색은 종전에 하는 방식을 적용한다.

설명이 끝나자 화기분대 김 중사가 말문을 열었다. "소대장님, 이번 작전은 강력한 적과 맞붙어 싸울 것인데 포병 등 화력지원을 받아서 적을 제압하고 보병을 투입해야 전술적으로 맞는 것 아닙니까?"라고 볼멘 어투로 질문하였다. 너무도 당연한 질문이었다. 이번에는 내가 중대장의 입장에서 변명해야 할 형편이 되었다. 하지만 그를 변명하고 싶지 않았다. 나는 솔직히 소대원들에게 말해주었다. 나는 바로 그 문제로 중대장과 격한 설전을 하다가 그대로 뛰쳐나왔다고 이실직고하고 소대원들은 나의 명에 따르라고 지시하였다. 분대장들은 말없이 돌아갔다.

정글 속은 어둠이 깊게 덮었다. 몇 시간 전 치열했던 총성은 멎고 무서운 적막감이 칙칙한 숲 사이로 흘렀다. 전령 황 상병이 전투식량 3일분을 내 배낭에 채워 넣었다. '2소대원들이 이번 전투식량을 공중 보급받다가 베트콩의 기습사격으로 크게 혼쭐이 났었지.' 매우 각별한 식량이라는 생각이 들었다.

내일 새벽 행동개시까지 아직 8시간이 남았다. 소대는 적의 활동이 공세적으로 나오고 있었기 때문에 어느 때보다도 야간 기습을 우려하여 경계의 끈을 확실히 유지하였다. 나는 엄체호에 지친 몸을 기대고 앉았다. 갖가지 생각들이 머릿속에 비집고 들어와 심히 혼란스러웠다. 마음을 안정시키려고 불교 육자 대명왕 진언 '옴 마니 반메 훔'을 세 차례 암송하였다. 한결 마음이 정리되는 것 같았다. 곧이어 이따금 암송하는 참회 발원문을 암송하며 내일의 전투를 기원하였다.

나무아미타불! 나무 관세음보살!

백마부대 제30연대 제6중대 제1소대장 김도성(법명)이 부처님께 기도드립니다. 저 도성은 1941년 10월 9일 태어날 때부터 오늘 이 시간에 이르기까지 지은 모든 악업이 탐(貪), 진(瞋), 치(癡)의 3독(毒)에 연유하여 생겼나이다. 저의 몸과 입과 뜻에 따라 무명에서 악업이 지어졌는바 진심으로 참회하고 업보가 사하게 되옵기를 간절히 비옵니다.

오늘 이 시간까지 저 도성과 함께 있는 소대원들이 무사히 열대의 땅, 정글 속에서 살아 숨 쉴 수 있도록 보살펴 주신 부처님의 가피에 깊이 감사드립니다. 부처님은 우리 소대가 1966년 10월 8일 월남 땅에 도착한 이후 대소 작전, 전투, 부대 활동을 해오던 중 어렵고 힘든 난관에 봉착할 때마다 이를 극복할 수 있는 지혜와 용기 그리고 힘을 주시고 과업을 수행하는 과정에서 장애를 만날 때마다 희망의 빛을 밝혀서 인도해 주셨습니다. 특히 전능하신 부처님께서는 주어진 과업이 너무나 힘들어서 마지막 실패의 길로 접어들어 가고 있을 때 절망의 나락에서 탈출할 수 있도록 무량 가피력을 아무도 모르게 불초 도성에게 내려주셨음을 항상 가슴에 새겨 상기하고 있나이다.

앞으로 부처님의 가르침을 더욱 지극 정성으로 따르고 실천하여 부처님께 더욱 가깝게 다가선 불제자가 되도록 노력하겠사옵니다. 내일 우리 소대가 암적산 여명공격을 함에 있어, 아무리 극악무도한 적들일지라도 우리가 먼저 적을 발견하고 모두 섬멸할 수 있도록 굽어 살펴주소서! 또한 소대원 모두의 생명을 꼭 지켜주시옵소서! 불제자 김도성은 불(佛), 법(法), 승(僧) 삼보(三寶)에 귀의하옵고, 삼악도(三惡道)를 벗어나 부처님의 지혜로운 깨달음을 궁행(躬行) 실천하여 전생과 이생에서 지은 업장이 모두 소멸되도록 진심으로 합장하여 간절히 기원 하나이다!

나무아미타불! 나무 관세음보살! 나무 석가모니불!

기도문을 암송하고 나니 한결 마음이 안정되었다. 한편 불제자로서 지난날 좀 더 돈독한 신앙심을 갖고 철저한 신앙생활을 하지 못했던 점이 몹시 후회되었다. 각 분대장들이 대원들에게 내일의 전투에 대비, 제반 지시사항을 전달하고 설명하는 말소리가 적막한 숲 속에 흩어져 나갔다. 이 소음이 야습을 기도하는 적에게 노출될까 봐 심히 염려될 정도였다. 22:00시경 정글 속은 어둠과 적막이 뒤섞여서 온 세상 만물을 심연으로 인도하였다. 나는 조용히 고국에 계시는 부모님을 상기해 보았다. 고향집 동편 우물가에 어머니께서 소복으로 단정히 앉아서 불초소자의 안위를 염려하시고 치성을 드리고 계시는 모습이 아련히 연상되었다. 마치 어머니가 옆에 계시는 것만 같았다. 나는 조용히 "어머니! 저, 형석이에요. 제 말 들리세요?"라고 어머니를 불러보았다. "응! 나 어미다. 그래 들린다. 모두 괜찮을 터이니 너무 걱정하지 마라!"고 어머니께서 부드럽게 말씀해주시는 것 같았다.

"아! 어머니, 감사합니다. 용감히 싸우겠습니다. 그리고 꼭 이기겠습니다." 마지막일지도 모르는 어머니를 되뇌다가 이번에는 나의 영혼을 향하여 "형석아, 힘내자. 반드시 이기자. 반드시!"라고 외쳤다. 나는 홀가분해진 이 기분을 그대로 경건하게 유지하면서 행동개시 시간을 기다렸다.

• D+9일 암적산 천연동굴기지 공격(1967.7.18.)

둔중하면서도 조심성 많은 1분대장의 발소리가 가늘게 들여왔다. 이제 행동이 시작되었다. 대원들은 야간경계 시설물을 회수하고 간단히 아침식사를 한 다음 04:40분 한곳에 집결하였다. 나는 낮지만 힘을 실은 목소리로 "우리가 싸워 이기는 길은 첫째도, 둘째도, 셋째도 은밀하게 행동하여 적을 기습하는 것이다."라고 강조하고 이를 위해서는 "몸을 낮추고 천천히 조용하게 부복과 정숙보행을 거듭하여 10:00시까지 바위산 정상을 선점해야 한다."고 지시하고 출발을 명하였다.

1분대 첨병 천승 병장이 최선두에 서고 분대장 송 중사가 분대를 지휘하여 암적산 서북편 와지선 방향으로 이동을 개시하였다. 나는 첨병분대의 후미에서 이동하였고 2, 화기, 3분대 순으로 소대 종대대형을 취하였다. 대열은 동이 터서 밝아질 무렵 예정된 시간에 차질 없이 계획된 지점에 도착 후 4개분대로 분진하여 은밀 침투를 시작하였다.

나는 소대의 중앙인 2분대 후미에 위치하였다. 2분대는 노련한 유근영 병장이 첨병으로 선두에 섰다. 그는 파병 준비 기간 중 대검을 분대장 목에 들이대며 말썽을 피웠던 병사였다. 그는 평편한 지형은 야간 정숙보행으로 이동하였는데 한 발자국을 옮길 때마다 전방과 좌우를 살펴보고 나아갔다. 그는 나뭇가지 밟는 소리나 돌덩이 구르는 소리가 날까 봐 땅바닥을 확인하고 발걸음을 디뎠다. 나뭇잎 스치는 바람 소리, 산새 날아가는 소리, 야생동물이 부스럭대는 소리 등 어느 것 하나 놓치지 않고 베트콩의 활동과 연관하여 판단하고 몸 전체로 느끼며 육감적 감각으로 적들의 동정을 탐지하였다. 나무가 없는 바위와 바위 사이에는 낮은 포복자세로 기어서 전진하여 10m 가는 데 5분이나 걸렸다. 나는 답답함도 있었지만 오히려 서둘지 않는 그의 행동에 믿음이 갔다. 그 뒤 30m 후방에 고 중사가 유 병장의 전진 완수신호를 확인하고 따라갔으며 나는 2분대 후미 10m 지점에서 천천히 정숙보행을 하였다. 다른 분대들도 같은 요령으로 침투대형을 유지해서 정상을 향하여 접근해 갔다.

적에 관한 특이동향을 발견하기 전까지 무선침묵을 지시하였기에 소대 작전 지휘망은 일체 교신이 없었다. 기상은 쾌청하여 관측과 사계는 양호하였고 기온은 동굴 속의 냉기가 올라와서 아직 더위가 느껴지지는 않았다. 2분대는 10:00시 조금 지나서 암적산 정상을 기습적으로 점령하였고 곧바로 산 정상 동측 방면으로 넘어가서 횡대대형으로 산개하여 은밀히 대기상태를 유지하였다. 10:20분경 4개 분대 모두 암적산 정상에 당도하여 각 분대 책임지역에 산개하였고 분대장들은 건제 순서대로 P-6 무전기 측음을 이용하여 도착보고를 해왔다. 나는 일단 무사히 고지를 무혈로 점령한 것에 크게 안도하였다. 주변은 죽은 듯 고요하였다. 왠지 적들이 이미 도망쳤으리라는 예감이 들었다. '월맹정규군 수색대도 불리하면 도망칠 수밖에 없겠지.'라는 생각도 들었다. 나도 모르게 긴장이 풀리고 행동이 가벼워졌다.

암적산 정상은 벌써 따가운 태양 볕이 검은 바위에 작열하며 대지를 덥혀가고 있었다. 나는 중대장에게 P-25 무전기로 "암적산 정상에 접적 없이 도착하였음"이라고 보고하였다. 중대장은 적과 교전이 있을 것이란 예감으로 긴장하고 있다가 무사히 점령했다는 보고를 접수하고 안도하는 목소리로 "1소대원들 수고 많았다. 계획대로 동굴을 수색하라! 이상."하고 탐색명령을 하달하였다.

나는 각 분대에 계획된 전진로를 따라 천연동굴 속을 수색하도록 지시하였다. 각 분대는 동굴 속 미로가 워낙 복잡하여 수색과 전진을 반복하면서 천천히 동남방향으로 내려왔다. 소대본부는 11:00시경 암적산 4~5부 능선, 바위로 덮인 지표면의 끝자락까지 접적 없이 진출하여 동남쪽으로 내려왔다.

나는 적 출현 상황을 파악하고 유사시 긴급 상황에 대비하고자 바위 표면을 따라 이동하여 내려왔으므로 동굴 속을 수색하는 분대보다 빨리 하산한 편이었다. 바위투성이 암석지형이 끝나고 좌우측에 관목정글이 보이고 전면은 아래 계곡과 함께 툭 터져있는 지형이 새롭게 나타났기에 긴장감이 들었다. 다섯 시간 동안 암반 위로 걷는 침투보행을 마치고 모처럼 흙바닥을 밟게 되니 발걸음이 무척이나 편안했다. 바로 그때 20m 좌전방 숲(A지점)에서 검정물체가 쉬익- 소리를 내며 좌측방 10m 천연동굴 틈새(B지점) 위쪽으로 쏜살같이 사라졌다(요도#7 참조). 저것이 적의 경계병일까, 야생동물일까? 너무나 동작이 빨라서 사람은 아닐 거라고 생각되면서도 짐승은 아닌 것 같았다. 나는 순간 분별할 겨를이 없었으나 이상한 물체가 갑자기 잠적하였기에 섬뜩한 느낌으로 이상 물체 출현지점을 향하여 2~3보 걸어갔다. 바로 그때 10m 정도 떨어진 B지점에서 "탕!"하고 단발 총성이 나의 고막을 찢을 듯 파열음을 내었다. 그 찰라 나는 조건반사적으로 땅에 엎드렸다. 마침 엎드린 부근에 30cm 높이 돌부리가 박혀 있어서 그 작은 돌덩이에 나의 온몸을 맡겼다. 나의 2~3보 후방에 따라오던 향도와 전령도 엎드리는 동시에 총성이 난 지점을 향하여 대응사격을 하였다. 적의 총탄이 나를 명중시켰다면 나는 즉사하였을 터인데 초탄은 나의 머리 위로 1m 이상 공중으로 날아갔다. 1분쯤 지나서 나와 전령과 향도의 머리 위 20~30cm 상단으로 B지점의 동굴 입구에서 적 3~4명이 연발로 집중사격을 퍼부었다. 나는 몸을 땅바닥에 납작 엎드려서 적의 직사를 피하며 고개를 오른쪽으로 돌려서 위를 흘겨보았다. 그들은 우리의 위치를 주시하고 조준사격을 해왔다. 예광탄이 불꽃 다발을 형성, 나의 철모 바로 위를 스치고 지났다. 나는 '이 순간 고개를 들고 일어서면 영원의 세계로 가겠구나! 우선 총성이 멎을 때까지 기다리자!'고 생각하며 침착하게 엎드려 있었다. 그들은 여기가 평시 생활 근거지이므로 교묘하게 바위틈새를 이용하여 은·엄폐를 하고 있어 우리에게 노출되지 않았다.

적의 총성이 멎는 순간 B지점의 적 사격진지를 향하여 소대본부 3명이 집중사격을 하였다. 다행히 B지점의 동굴 출입구를 제압하여 적의 관측구멍을 봉쇄할 수 있었다. 이렇게 되자 적들도 우리를 찾기 위해 바위 표면까지 올라와서 사격하였다. 그러나 우리도 적진지를 향해 즉각 응사함으로써 오히려 우리가 전투의 주도권을 갖게 되었다. 나는 전령과 향도에게 전방감시를 맡기고 각 분대장을 무전기로 호출하였다. "갈매기 하나, 둘, 셋, 넷은 모두 들어라! 갈매기는 방금 총성 지점에서 적 3~4명과 20m 거리에서 교전 중에 있다. 갈매기들이 내려오고 있는 능선 하단, 바위지대 끝단으로 경계를 철저히 하고 신속히 이동하라! 갈매기들은 건제순으로 응신하라!" 잠시 후 각 분대장들로부터 '이동 중'에 있다고 보고가 들어왔다.

이때 적들은 나의 지휘음성을 청취하고 나의 머리 위로 또다시 집중사격을 가해왔다. 그들은 B지점 동굴 출입구까지 나와서 또다시 최저표적사격을 하였다. 불빛이 볏 짚단처럼 하나의 무더기로 형성되어 내 머리 위로 지나가는 것이 보였다. 나는 돌부리 밑에 바짝 엎드려 있었다. 어찌 된 일인지 어젯밤 이후부터 생사를 초월한 심리상태가 계속되어 두렵지 않고 평정심을 유지할 수 있었다. 화기분대가 가장 먼저 소대본부와 합류하게 되었다. 마침 김 중사는 내 머리 위로 총탄이 날아가는 것을 확인하고 경악하며 "소대장님, 머리 위로 적 총탄이 집중되고 있습니다. 엎드려야 삽니다. 빨리 피하십시오!"라고 고함을 쳤다. 나는 화기분대의 도착을 알게 되었다. "김 중사, 여기는 위험하니까 자세를 낮추고 그 자리에서 서북방향, 동굴 쪽 적 방향으로 병력을 전개시켜!"라고 급히 명하였다. 나는 이어서 "B지점 위쪽 바위지대로 LMG자동화기탄을 퍼부어서 적을 제압하라."고 지시하였다. 화기분대장은 즉시 자동화기 연발사격을 실시하여 적의 활동을 위축시켰다. 이로써 번갈아 가며 적과 주고받던 총탄 교환전은 잠시 소강상태에 들어갔다.

10분쯤 지나서 1·2·3분대가 도착하였다. 바위지대의 끝자락을 좌우로 연하여 우측에서 1·2·소대본부, 좌로 3·화기분대 순 횡대대형으로 전개하여 적과 대치하게 되었다(요도#7 참조). 적들은 은신하고 있는 동굴 속으로부터 바위 표면까지 일단 나와야 우리 소대가 점령하고 있는 피아 접촉선 일대 엎드려 있는 우리를 관측할 수 있었다. 20~30m의 사이로 피아 대치하고 있지만 상호 접적선 사이에 거대한 바위(40m×10m×5m)가 가로막고 있어 서로를 완전히 격리시켰다. 큰 바위 중앙 하단에 직경 1m 높이의 관통구가 있어, 적들이 천연동굴 출입구로 평시 활용하고 있었으나 우리가 그 출입구를 철저히 장악하였기에 적은 활동이 매우 제한되었다. 결국 그들도 우리에게 노출되어야 우리를 보고 전투를 할 수 있게 되었다. 그러나 우리가 여명 시간에 적의 배후로 은밀히 기동, 능선 정상을 선점한 후 이제는 3~4부 능선까지 하산하였기에 적들이 오히려 상대적으로 높은 곳을 점령, 우리가 불리한 상황에 놓였다(요도#7 참조).

나는 상대적으로 저지대를 점령한 취약점을 만회하려고 M79 유탄발사기를 운용하여 40~50m 이격된 암석지대로 적 은거지역에 교란사격을 실시하고 소대가 일제 사격을 하며 화력을 집중하였다. 우리의 사격이 끝나자 기다렸다는 듯 적들의 반격사격이 이어졌다. 적들은 전열을 정비, 암석동굴 틈새에 수 개의 방호진지를 점령하고 조직적으로 사격을 해왔다. 특히 큰 바위 하단 B지점 출입 통로 안쪽까지 기어 와서 자동화기로 나와 2분대가 배치된 저지대에 집중적으로 사격을 해왔다.

유탄이 20cm 상단으로 흘러서 고개를 들 수가 없었다. 내가 엄폐물로 엎드린 돌부리 일대에 병력이 밀집된 것을 확인하고 적들은 연사로 집중사격을 하였고 발사한 실탄들이 무더기로 지나며 흙먼지를 자욱하게 일으켰다. 나의 좌측에 엎드려 있는 황화선 상병이 고함을 질렀다. "소대장님, 어서 피하십시오. 옆에 총탄이 마구 쏟아지고 있습니다." 이에 나는 "그래 알았다. 황 상병! 더욱 몸을 낮추어야 산다. 고개를 더 숙여라!"라고 하면서 황 상병의 위해를 걱정해주었다. 그런데 그 옆에 엎드린 박홍렬 상병이 바로 옆에 적탄이 쏟아지는 찰라, 그 연이은 총탄 기세에 밀려서 자신도 모르게 뒤쪽으로 2m쯤 물러났다. 그 순간 소대가 집단 공포에 빠져 갑자기 전열이 흐트러질까 우려되었다. 나는 다급한 목소리로 "박홍렬, 이놈! 도망가지 마! 임전무퇴야! 당장 앞으로 포복, 전진하라! 전 소대원은 총탄이 날아오는 바위 구멍으로 총을 쏴라! 2분대는 앞에 있는 동굴통로 구멍에 집중사격하라!"라고 고함쳤다. 소대의 일제사격으로 암적산 수오이오이 계곡에 총성이 가득하였다. 우리의 기세에 눌렸는지 적들은 사격을 중단하였고 우리도 이내 사격을 중지하여 계곡은 언제 그랬느냐는 듯이 조용해졌다.

적들의 공격 기세는 우리 소대와 비교했을 때 전혀 부족하지 않았다. 적 병력은 소대 규모 이상이고 종전의 '치고 빠지는 적'이 아니었다. 이 싸움이 용호상박으로 진행되어 쉽게 끝나게 될 것 같지 않았다. 적들은 우리 소대원들에게 기필코 피를 요구하는 흡혈귀 같은 악랄한 놈들이란 생각이 들었다. 그렇다면 나는 도대체 어찌해야 하는가? 중앙 정면은 큰 바위 덩이가 가로막아서 전방을 볼 수도 없고 보병의 기동마저 어렵게 하고 있으니 진퇴양난이었다. 적도 답답하기는 마찬가지였던 것 같다. 적들의 지휘자도 우리를 확인하고자 바위 표면으로 나와서 상황을 파악하였다. 우연히 나와 시선이 마주쳤다. 그의 형형한 눈빛이 가슴을 싸늘하게 하였다.

그자의 머리가 노출되는 순간 우리 병사들이 총격을 가했다. 그자는 간발의 차이로 고개를 숙여서 총알을 피하고 굴 아래로 들어가 버렸다. 상황 변화 없이 아슬아슬한 상황이 오랫동안 팽팽하게 이어지고 있었다. 어찌해야 할지 막막하였다. 우측 분대 천승 병장이 나에게 기어와 "소대장님! 저 큰 바위의 하단 통로를 장악하고 들어가서 적 동굴 안을 수색하면 어떻겠습니까?"라고 제안하였다. 나는 잠시 궁리를 해보았다. 동굴통로 속이 좁고 깊어 수류탄을 멀리 던져 넣을 수도 없고, 우리 병사가 안으로 들어가다가 통로 길이가 10여m 되는데 중간 지점에서 적의 사격을 받을 경우 엄청난 위험이 따를 수도 있어 결심하기가 쉽지 않았다. 하지만 현 상황을 타개하기 위해서 우리가 먼저 적 아지트를 선제공격해야 한다고 판단하고 우측 송 중사에게 "1분대에서 특공병 2명을 차출하여 동굴 출입 통로에 투입, 동굴 안으로 깊숙이 침투하라. 이것이 성공하면 즉시 잔여 병력을 추가로 투입하라."고 명하였다. 아울러 2분대 고 중사에게 긴 장대를 구하여 끝에 크레모아를 묶어서 동굴통로에 깊숙이 삽입하고 폭파할 수 있도록 준비하라고 명하였다.

이때 1분대의 이용근 병장과 이남근 상병이 특공대원을 자원하였다. 선두에서 이용근 병장이 포복으로 은밀히 동굴통로 속을 기어들어가고 필요시 M79 유탄발사기로 적을 제압해 나가며 그 뒤에서 이남근 상병이 2m 후미에서 소총으로 이 병장을 엄호하며 포복으로 진입해 갔다. 특공대 투입과 동시에 좌우측 분대병력은 적 방향으로 일제사격을 실시하여 적을 교란하고 특공대원을 엄호하였다. 투입 후 3분쯤 지날 무렵 동굴 내에서 "쾅!"하는 둔탁한 폭발음이 흘러나왔고 이어서 유탄발사기탄이 바위에 부딪혀서 떨어지는 "탱그랑"하는 강한 마찰음이 들렸다. 곧이어 동굴 안에서 검은 연기가 흙먼지를 안고 가득하게 쏟아져 나왔다. 순간 불길한 예감이 스쳐 지났다. 이용근 병장은 기혼자인데, 그를 특공대로 투입한 것을 후회하며 전사자 처리를 어찌해야 할 것인지 걱정하였다.

침통한 분위기가 2~3분 흐르고 있을 때 검은 연기 속에서 무엇인가 아련한 물체가 보였다. 이용근 병장이 마치 죽은 사람이 살아오는 것처럼 눈앞에 나타났다. 세상에 이렇게 반가울 수 있을까? 나는 너무 흥분해서 그를 덥석 끌어안으며 "용근아! 미안하다. 자칫 죽은 줄로 알았다. 정말로 수고했다. 잠시 안전한 곳에서 쉬어라!" 그런데 또 한 명이 굴속에서 기어 나오고 있었다. 이남근 상병이 온몸이 흙먼지로 뒤덮인 채 나타났다. 얼굴이 까맣게 그을리고 여기저기에 핏발이 서려 있었지만 두 사람 모두 약간의 외상을 입었을 뿐 무탈하였다. 두 병사가 모두 무사히 귀환하니 그 기쁨을 표현할 길이 없어서 그저 하나님께 감사하였다. 나는 소대 위생병에게 그들의 외상을 치료케 하고 그늘 밑에서 안정을 취하도록 하였다.[53]

적들은 우리에게 틈을 주지 않았다. 그들은 우리가 지휘조치하는 과정에서 발생하는 음성을 청취하고 개략적인 우리의 배치를 짐작하고 있었다. 이따금 지휘자 또는 조장이 고개를 쳐들어서 우리와 눈길이 마주치면 곧바로 총격전이 벌어졌다. 이처럼 우리와 대치하고 있는 적들은 우리를 빤히 보면서 조준사격을 실시하는 무서운 놈들이었다. 우리 소

---

53) 두 사람이 살아 돌아온 경위는 다음과 같다. 이용근 병장은 통로 속을 5m쯤 기어들어가다가 7~8m 전방에 검은 물체가 움직이고 있는 것을 확인하고 M79 유탄을 발사기에 삽입하고 발사하는 순간, 무슨 검은 물체가 앞으로 날아와서 적의 수류탄으로 생각하여 바짝 엎드렸는데 바로 앞에서 적의 수류탄이 터졌다고 한다. 특공대 두 사람은 그들 앞 1m 지점에서 수류탄이 폭발하였기에 죽었다고 생각하여 엎드려 있다가 몸을 움직여도 이상이 없자 천천히 기어 나왔다고 토로하였다.

대는 상대적으로 아래에 배치되어서 상향사격을 함으로써 불리하였으나 M79 유탄발사기로 고각사격을 하며 적의 진지를 위협하였다. 적 지휘자는 요도 C지점인 큰 바위 뒤편 중앙에 자리를 잡고 고개를 들어 우리 측을 넘겨보다가 두 번째로 나와 눈길이 마주쳤다. 나는 그의 얼굴을 금세 알아볼 수 있었다. 등골이 오싹해졌다. "너 이놈! 끈질기게 덤벼드는군! 네놈이 죽든지, 내가 죽든지 끝까지 한번 해보자!" 나는 독기를 재충전하며 전의를 가다듬었다.

적의 지휘관은 전투를 지휘하는 중 음성지휘를 안 하고 철저히 완수 신호를 하였다. 적 지휘자가 이따금 좌우 손을 높이 들어서 손바닥 상단을 보여주면 그 신호를 보고 적 진지에서 일제히 총격을 가해 왔다. 그만큼 소부대 전투기술이 숙달된 부대라는 것을 단번에 알 수 있었다. 하지만 나는 마음속으로 '오늘은 우리 백마부대에게 한번 당해보라.'고 외쳐댔다.

그래도 인정할 것은 인정해야 했다. 이 암적산 천연요새에서 버티고 있는 적들은 수십 년간 이곳에 은거하면서 강대국 군대와 수없이 싸운 베테랑들이었다. 나는 좀 더 지혜롭고 과감하게 싸우지 않으면 안 되겠다고 생각했다. 이럴 경우 포병사격을 지원받아서 화력으로 제압하고 보병이 공격한다면 쉽게 목표를 공격할 수 있으리라 생각하였다. 그러나 피아 배치가 20~30m 거리에 불과하여 포병사격이 불가능하였다. 우리가 사탄산포를 고려하여 뒤로 물러난다면 지금껏 어렵게 확보한 이곳을 그대로 포기해야 하는 문제가 있었다. 더구나 중대장이 포병지원을 별로 탐탁스럽지 않게 생각하고 있어 마음에 걸렸다. 이 전투 현장에는 강력한 추가조치가 필요하다고 판단하였다.

나는 우선 중대장에게 전투상황 보고를 하려고 무전병을 불렀다. 마침 그때 옆에 고 중사가 장대를 2개 가지고 와 이를 연결하여 크레모아 2발을 묶어서 동굴에 넣겠다고 보고하였다. 나는 접적 후 2시간 동안 있었던 상황을 중대장에게 종합하여 보고하려다가 최초상황만 보고하였다. 2분대장과 유근영 병장이 동굴통로(B지점) 깊숙한 곳에 장대를 집어넣고 충전기를 눌렀다. 순간 "콰—과쾅"하는 폭음이 동굴 속에 깊숙하게 울려 퍼졌다. 그 메아리는 산골을 흔들어 놓듯이 요란하였다. 나는 마음속으로 '제발 이 폭음이 공격의 전환점이 되게 하여 주시옵소서!'하고 하나님께 빌었다. 동굴 안에서 "꽤—익"하는 생명체의 신음소리가 나의 귓전을 울려 놓았다. 돼지의 멱을 따는 소리같이 들렸다. 잠시 후 어미 돼지 두 마리가 꿀꿀대며 통로를 따라서 굴 밖으로 기어 나왔다. 돼지는 창자를 뱃가죽 밖으로 길게 드러내 놓고 피를 철철 흘리며 비실거렸다. 나는 이때를 이용하여 좌우에 있는 화기분대와 1분대를 측방에서 공격하도록 명하고 2·3분대가 중앙에서 5분간 전방을 향하여 일제사격을 실시, 기동분대를 엄호하도록 하였다. 이에 따라 1분대는 우측방으로 암석지대를 올라타고 동굴(H지점)에 진입하였고 화기분대는 LMG사수와 부사수를 사격진지에 배치해 두고 잔여 분대원들을 분대장이 지휘하여 좌측방에서 암석동굴(D지점)에 진입하였다(요도#7 참조). D, H의 두 침투지점은 우리에게 사격을 가하던 적의 사격진지였다. 정면으로 3분대를 기동시키려고 공격진로를 확인하였으나 4~5m의 절벽바위를 올라갈 수 없어서 다른 돌격진로를 찾고 있었다.

잠시 후 화기분대 기동로 쪽에서 피아의 총성이 귀청을 찢어 놓았다. 이어서 1분대 쪽에서도 "쾅! 쾅!" 수류탄 터지는 소리가 연달아서 들렸다. 격전이 동굴에서 벌어지고 있음을 알 수 있었다. 어찌 될까? 전령 황 상병이 화기분대장의 화급한 전화라며 무전기를 나의 손에 던져주었다. "여기 소대장, 이상." "여기 화기분대장, 화기분대는 지금 철수하지 않으면 전멸할 것임. 3~4m 전방과 좌우에서 맹렬하게 사격을 받고 있어 적에게 완전히 포위되었음. 신속히 철수명령을 내려 주기 바람! 이상." "여기 소대장, 현 위치에서 한발이라도 물러서면 내가 총격을 가하겠다. 현 위치를 고수하라! 각자 자세를 낮추고 움직이는 적을 사살하라! 이상." "여기 화기분대장, 현 위치를 끝까지 사수하겠음. 교신 끝." 통화를 마친 화기분대장은 동굴의 틈새에 엄폐하다가 동굴 사이 적이 총을 쏘던 곳에 수류탄 3발을 까 넣었다. 이에 적들은 제압되고 도주하여 더 이상 저항하지 않았다. 일단 급한 위기를 넘기고 동굴 내에서 적을 계속해서 감시하였다.

한편 1분대는 송 중사 지휘하에 암석 사이로 동굴 속 깊숙이 진입해 들어갔다. 그들은 갑자기 동굴 속으로 들어가는 바람에 어둠 속에서 잠시 시력을 잃었다. 잠시 동굴 내 공간에서 주변을 살피며 시력을 회복 후 수색을 시작하려는 찰나, 적이 1분대 병력 바로 위층에서 은밀히 동태를 살피다가 우리 병력이 모여 있는 것을 확인하고 방망이 수류탄을 슬쩍 던졌다. 송 중사는 검은 물체가 날아오는 것을 보고 적의 수류탄이라고 직감하여 이를 받아서 다시 그쪽으로 던졌다. 수류탄은 옆에서 "꽝"하고 터졌다. 다행스럽게 우리 대원은 이상이 없었다. 적병은 두 번째 수류탄을 다시 던졌다. 이번에도 송 중사가 손으로 받으려 했지만, 놓치고 말았다. 순간 송 중사는 "수류탄이다!"라고 고함을 쳤고 대원들은 모두가 바짝 바닥에 엎드렸다. 적의 방망이 수류탄이 송 중사와 박만복 상병 사이에서 꽝하고 터졌다. 이때 박만복 상병이 우측 다리를 펴지 않고 세운 채 엎드려서 수류탄 파편이 우측 다리 종아리를 쳤다. 한편 옆에 있던 이남근 상병은 엉겁결에 놓친 M16소총이 바위 틈새 밑으로 굴러떨어져 보이지 않았다. 분대장은 침착하게 집중사격으로 전방에 있는 적을 제압하였다. 그리고 나에게 상황을 보고하였다. "여기, 1분대장! 이상." "여기, 소대장, 이상." "여기, 1분대장, 박 상병이 다리 부상을 당하고 이남근 상병이 M16소총을 분실하여 현 위치를 고수할 수 없음. 박 상병을 밖으로 후송하려면 동굴 밖으로 병력이 나가야 하겠음. 이상." "여기, 소대장, 박 상병은 응급조치를 취하고 부분대장이 후송토록 하라. M16소총은 적에게 노획 당하면 안 되니까 플래시 불을 바위 틈새로 비추어서 찾아야 한다. 이상!" "여기, 분대장, 우선 박 상병을 후송하고 M16은 탐색하여 회수하도록 하겠음. 송신 끝." 교신 후 얼마 지나지 않아 부분대장 정규환 하사가 박 상병을 부추기며 동굴 밖으로 나오고 있었다. 한편, 1분대장 송 중사는 동굴 내 주변 감시를 하며 바위 틈새를 플래시 불로 샅샅이 확인, 바위 틈새 깊이 박혀 있는 M16소총을 찾았다.

나는 2개 분대를 동굴에 투입하고 잔여 1개 분대를 추가로 투입할 것인지를 고민하였다. 자칫 천연동굴 속에 무리하게 병력을 투입하여 독전을 감행하다가 적의 함정에 빠져 인명피해가 크게 날 것이 우려되었다. 일단 중대장에게 박 상병의 부상과 현재의 접적 상황을 보고하고 후속 지원조치를 기다려 보기로 하였다. 아울러 병원 후송헬기 지원을 요청하고 적의 방어인력에 비해 우리 소대의 병력이 부족하므로 병력증원을 건의하기로 하였다. 중대장은 나로부터 200~300m 후방지점에서 나와 분대장의 교신망과 총성 등을 듣고 대략적인 전투상황을 파악하고 있었다.

한편 대대장은 소대장과 중대장의 작전 지휘망을 통해서 상황을 파악하고 있다가 교전이 길어지자 13:40분 6중대 OP지점까지 나와서 중대장과 함께 우리의 전투상황을 지켜보고 있었다. 중대장은 나의 헬기지원 건의를 접하고 대대에 병원 헬기를 요청함과 동시에 내가 있는 곳까지 직접 달려왔다. 그는 나를 보는 순간 빨리 돌격해서 적의 진지를 탈취하지 않고 왜 머뭇거리느냐고 강하게 질책하였다. 너희 1소대가 여기서 돈좌 상태에 있으니 연대 전 작전이 지연되고 차질을 빚고 있다고 호통을 쳤다. 나는 중대장에게 "앞에 가로 놓여 있는 저 거대한 암석 바위를 어떻게 기어 올라가 돌격할 수 있습니까? 앞에 있는 암적산 틈새마다 적병이 배치되어 있는데 무조건 병력을 앞으로 내몰고 올라갈 수는 없습니다. 현재 적들이 운용하는 사격진지가 무려 5~6개소이고 우리 병력이 노출되는 즉시 맹렬한 사격을 해오고 있습니다. 이런 상황에서 1개 소대로 전투를 종결시키는 것은 무리이니까 전 중대병력을 투입하여 중대장이 직접 전투지휘를 해야 합니다."라고 강하게 건의하였다.

이에 중대장은 흥분하여 자제력을 잃고 혼란스런 표현을 하며 "1소대장, 이놈! 전장에서 군인이 전투하다가 죽는 것은 부지기수인데 왜 돌격을 하지 않느냐! 당장 돌격 앞으로 명령을 내리고 너부터 앞으로 나가라."고 소리를 질렀다. 나는 너무나 황당한 어조로 명령하는 중대장을 망연자실로 바라보았다. 이때 환자 후송헬기가 나의 직후방 50m 상공에 날아와 엄청난 굉음과 바람을 일으키며 현장 주변을 어지럽게 하였다. 지상착륙이 불가능하여 헬기가 환자 후송용 그물을 내리고 있는 바로 그때 적들이 기다렸다는 듯이 일제사격을 가해왔다. 적은 D·E·F·G 4개 진지에서 동시에 연발로 사격하였고 4개의 불꽃 다발이 헬기에 집중되었다. 이에 놀란 헬기는 동체에 피탄되면서 곧바로 회항하였다. 적들의 규모가 완전히 노출되었고 그 위세가 대단함을 우리에게 보여주었다.

이런 긴박한 상황에서도 부상 당한 박 상병은 후송을 단호히 거부하였다. 자존심이 강했던 그는 낙오병처럼 로프에 매달려서 후송되는 자신의 비참한 모습을 동료들에게 보이지 않겠다고 했다. 그리고 그는 자신을 부상 입힌 베트콩을 그대로 두고는 억울해서 갈 수 없다고 하면서 "내 손으로 베트콩을 반드시 죽여 버리겠다."며 고래고래 소리를 질러댔다. 나는 "너의 원한을 모두가 잘 알고 있고 우리가 철저하게 갚아 줄 터이니 우리를 믿고 후송을 가서 치료부터 받아라."고 설득하였다. 그제야 그는 고집을 꺾고 "꼭 원수를 갚아 달라."는 애끓는 표정을 지으며 고개를 끄덕였다. 나는 후송헬기를 다시 요청하였다.

박 상병과 실랑이를 마친 후 주변을 살펴보니 나에게 즉각 돌격하라고 다그치던 중대장은 현장에서 보이지 않았다. 나는 중대장에게 무전으로 헬기를 재요청하였고 곧바로 후송헬기가 날아왔다. 나는 헬기의 안전을 위해 조금 전에 노출되었던 적의 사격진지를 분대별로 할당하여 M79 유탄으로 제압하도록 명하였다. 헬기가 가까이 다가오면서 화기들은 적진지를 향해 일제히 불을 뿜었다. 그런데 어찌 된 일인지 적의 반응이 없었다. 박 상병을 무사히 병원으로 후송시킨 나는 적의 동태를 살폈다. 적진지 지역은 여전히 조용하기만 했다. 지금까지 우리가 사격하면 반드시 응사를 해왔던 적들이, 특히 조금 전 첫 번째 헬기가 왔을 때 헬기에 집중사격을 퍼붓던 적들이 이번에는 왜 이토록 조용하게 좌시하고 있는지 의아했다. 또 무엇인가 은밀한 수작을 하는 것은 아닌가? 아니면 동굴지역에서 철수해버린 것은 아닐까? 여러 상황을 예측해 보았으나 그 어떤 경우도 확실히 마음에 잡히지 않았다.

14:50분경 중대장으로부터 무전이 왔다. "여기 1소대장, 송신. 이상." "여기 중대장, 지금 상황을 어떻게 조치할 것인가? 1개 소대를 지원할 터이니 1소대장이 2개 소대를 지휘하여 전투를 종결하라. 이상" "여기 1소대장, 중대병력도 부족함. 3개 소대를 전부 투입하고 중대장이 직접 지휘해야 오늘 오후까지 전투를 종결할 수 있을 것임. 이상." "여기 중대장, 지금까지 1소대장이 상황을 파악하고 전투를 지휘하였으니 2소대를 추가로 지휘하여 작전을 계속하라. 이상." "여기 1소대장, 3소대까지 지원해 주면 2,3소대로 좌·우에서 동시에 공격하고 1소대가 견제하다가 정면 쪽에서 협격하여 적의 진지를 탈취하고 적을 소탕하겠음. 이상." "여기 중대장, 2개 소대로 작전을 종결하라. 교신 끝."

중대장은 이미 2소대를 투입하기로 결심하고 박 중위에게 이동지시를 명하였다. 15:20분경 뒷전에서 웅성거리는 소리가 들려왔다. 2소대 병력이 도착하면서 떠들고 있었다. 그들은 어제 이 시간에 헬기 공중보급을 받다가 바로 여기에 있는 적들에게 기습 사격을 받고 혼쭐이 난 이력이 있었다. 박 중위는 어제의 기억 때문인지 다소 창백한 안색이었으나 결연한 모습을 보였다. 2소대원들은 어제 오후에 우리 소대원들에게 겁을 주던 상황과 완전히 반대의 처지가 되었다. 그들은 어제의 공포가 이어져서인지 혼쭐이 난 싸움닭이 같은 상대와 다시 만날 때처럼 그 기세가 소침해진 모습을 보였다. 그러나 지금 우리 대원들은 그렇지 않다. 우리는 적과 불과 20m 지근거리에서 4시간 동안 총격전을 했다. 그럼에도 불구하고 불안 심리를 마비시켜주는 주사라도 맞은 듯 별로 두려워하지도 않았다. 대원들은 이상하리만치 공포감을 느끼지 못하는 비정상적인 인지상태가 되었고 생사를 초월한 심리상태를 유지하고 있었다. 이렇듯 인간의 뇌 기능은 특정 환경이 되면 죽음의 두려움조차 둔해져서 공포로부터 사람을 보호하는 탁월한 기능을 가지고 있음을 느꼈다. 나는 이번뿐만 아니라 지난 전투에서도 그런 현상을 체험했다.

2소대장은 여유를 찾으려고 웃는 표정을 하면서 나에게 점심을 어떻게 했느냐고 말문을 열었다. 나는 식사를 까맣게 잊고 있었다. 새벽 4시에 C레이션 캔 하나를 먹고 12시간 동안 아무것도 먹지 않고 체력을 소모시켰지만 배고픔마저 잊고 있었다. 차라리 배고픈 생각이 들지 않으니 다행스럽다고 생각했다.

나는 현재 상황을 그에게 간략하게 설명해 주었다. 박 중위는 나의 상황설명을 듣고 지금까지의 전투상황을 잘 알고 있는 1소대장이 직접 총괄 지휘하는 것이 좋겠다고 말하고 당장 2소대가 어떻게 무엇을 해야 할지 방책을 문의하였다. 2개 소대가 투입되면 당연히 중대장이 지휘해야 하지만, 소대장인 내가 2소대까지 지휘통제하게 되었으니 이 순간만큼은 내가 중대장이었다. 예외적이고 부자유스러운 관계에도 불구하고 나는 2소대장에게 다음과 같이 임무를 명확히 부여하였다.

적은 우리보다 높은 지대에 위치하여 우리를 보면서 사격을 가해오고 있다. 그러나 우리 소대는 바위 때문에 적진에 접근을 못 하고 있다. 2소대가 적의 측·후방으로 공격하면 적진지를 제압할 수 있다.

따라서 2소대는 현 위치에서 적진지 오른쪽으로 기동하여 요도#7-1의 F지점의 측·후방에서 공격해 주면 좋겠다. F지점은 적 중심 후방에 위치한 곳으로 2소대가 공격을 하면 적 방어 체제를 혼란시킬 수 있다. 2소대가 우측으로 기동할 때 1소대가 적 방향에 위협사격으로 엄호를 해 줄 것이다. 또한 좌측방 화기분대에서 LMG탄통을 두드려서 2소대 우측 기동을 기만해 주겠다. 2소대가 F지점으로 공격을 개시하면 우리 1소대 1, 3분대가 앞에 있는 큰 바위 좌우로 정면 공격을 감행하여 적을 압박하며 소탕해 들어가겠다. (요도#7-1, 암적산 동굴전투②)

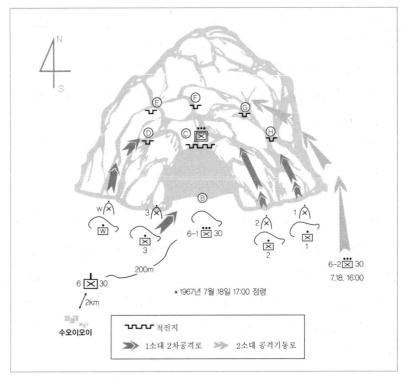

〈요도#7-1. 암적산 동굴전투②〉

16:00시 2소대가 우측방으로 기동을 개시했다. 2소대장은 적들이 아측 병력이 많다고 인지하도록 일부러 각종 소음을 일으키며 전진해 들어갔다. 그들은 16:30분 G지점에 도착하여 동굴지대로 진입하였다. 적의 저항은 없었다. 우리 소대도 2소대가 동굴에 진입했다는 연락을 받고 16:40분 좌측의 3분대가 B지점으로, 우측의 1분대가 H지점을 경유하여 동굴에 진입하였고 이어서 2분대가 B지점 우단 바위 틈새를 통해서 동굴 내부로 진입하였다. 역시 적의 저항은 일절 없었다. 엄청난 적의 저항이 있을 것이라는 나의 예상이 완전히 빗나가고 말았다. 우리는 17:00분 드디어 무혈로 암적산 천연동굴을 완전 점령하였다. 대원들이 전원 무사한 상태로 적진지를 점령했다는 데 대하여 일단 다행이라는 생각이 들면서도 어쩐지 적으로부터 기만을 당했다는 생각에 기분이 몹시 상했다.

적들은 14:30분 첫 번째 후송헬기가 접근할 때 최후의 발악으로 집중사격을 가한 후 그들의 작전 계획에 따라 이 요새 저항 거점을 포기하고 잠적한 것으로 보였다. 바로 전까지도 공격적이던 적들이 감쪽같이 우리를 속이고 빠져나가다니, 무슨 술수를 꾀하고 있을까? 나는 1,2소대원들에게 적의 주 저항진지인 D, E, F, G지점에 수류탄을 까 넣고 동굴 내부를 철저히 수색하라고 독려하였다.

동굴 내부에는 적의 AK소총탄의 탄피가 여기저기 무더기로 쌓여 있었다. 적은 휴대한 탄약을 소모하였기에 도주한 것이 분명하였다. 아직도 역겨운 화약 냄새가 동굴 안을 가득 채우고 있었다. 3분대가 진입한 B지점의 큰 바위 밑 동굴통로 안쪽에는 수류탄과 크레모아 폭파로 인해 생긴 바위 부스러기와 흙먼지가 돼지 피와 범벅이 되어 전율을 느끼게 하였다. 현장에는 어미 돼지 3두가 죽어서 사체로 너부러져 있었고 여기에 사람의 피까지 뒤엉겨 바닥은 핏물이 낭자하였고 피비린내가 좁은 굴속을 가득 채웠다.

대원들은 플래시를 비추며 바위틈 사이사이를 샅샅이 찾아다녔다. 적들은 평시에 사용하던 일상용품을 유기해 놓았다. 초등학교 교과서와 노트, 교재가 눈에 띄었는데, 이 군사기지에서 아동교육까지 실시한 것 같았다. 황소 1두와 돼지 다수를 사육하였음을 확인하였고 숨겨져 있는 여성들의 의류 및 위생 소모품을 다수 발견하였다. 지하 깊숙한 곳에서는 천연 지하수가 작은 냇물을 이루고 있어 식수가 자체 해결되고 있었다. 또 동굴은 몇 개의 상, 중, 하층을 형성하여 항공폭격마저 견딜 수 있을 것 같았다.[54]

나는 오늘 온종일 이 요새에 나의 무덤을 파겠다는 각오로 숨 막히는 혈전을 감행하였음을 상기하고 동굴 어느 구석 후미진 곳에서 베트콩 사상자와 병장기를 발견함으로써 전투성과를 확인하고 싶었다. 그러나 동굴 내부는 너무나 크고 광대하여 2시간 안에 다 수색하기에는 시간이 너무 부족했다. 우리 대원들은 18:30분 어둠이 짙어질 무렵 동굴에서 나왔다.

수오이오이 계곡은 언제 교전이 있었냐는 듯 평온하였다. 나는 시간 부족을 못내 아쉬워하며 중대장에게 지금까지의 상황을 종합하여 보고하였다. 중대장은 동굴 출입구에 매복해서 적들의 출입을 차단하고 탈출하는 적을 소탕하라고 지시하였다. 이에 나는 적들이 주간에 활용한 B·C·D·E·F·G지점 주변에 분대별로 매복진지를 점령하도록 지시하였다. 적에게 발견되지 않도록 바위 틈새에 몸을 은폐하고 인접분대와 신호 줄을 연결하여 유사시 교신이 가능하도록 하였다. 절대로 진지 밖으

---

54) 중부 월남 투이호아 지역에 있는 천연암석동굴지형은 민족해방전선의 근거지로서 남부지역의 메콩델타에 구축된 구찌땅굴과 더불어 베트콩 세력들의 최후 보루지역이었다. 그들은 이 암적산 천연요새를 해방구로 하여 장기 인민전쟁을 수행하고 있었다. 이를 위해 그들은 제반 전쟁 물자를 확보하고 인근 지역 통제체제를 구축하였다. 민족해방전선 의장 구엔후토가 이곳에서 은신하며 활동했다는 후일담이 통일 이후 알려졌다. 이곳에서 그들은 투쟁을 하는 가운데 가족과 아이들을 키우고 가르치는 등 일상 활동을 함께 하였다. 당시에 적들이 우리에게 그토록 강력하게 저항을 한 이유도 그 지역이 양보할 수 없는 전략기지였기 때문이다.

로 나오지 않도록 지시하고 일단 움직이는 물체는 발견 즉시 발사하도록 하였다. 이를 위해 대소변은 잠복진지 내의 바위틈에서 처리할 것을 각별히 당부하였다.

19:00시 전령이 저녁식사로 C레이션을 내밀었다. 배고픔 인식기능이 멸실되었는지 아직 허기를 느끼지 않았다. 극도의 긴장과 정신적 몰입으로 인해 몇 시간 동안 생체의 흐름이 바뀐 것 같았다. 나는 수통의 미지근한 물로 입안을 적시고 누들 한 캔으로 저녁을 때웠다. 대소변을 줄이기 위해 적게 먹는 것이 유리하다고 생각하니 오히려 마음이 편했다. 엎드려 있는 바위의 표면이 밤바람에 식어서 시원한 느낌이 괜찮았다. 이따금 실바람이 살포시 살갗을 간질여 주었다. 나는 바위 한쪽 벽면에 기대어 파란 하늘을 쳐다보았다. 어제 오후부터 밤 그리고 오늘 새벽부터 지금에 이르는 총 24시간이라는 시간이 엄청나게 긴 세월처럼 느껴졌다.

지난 시간이 파노라마처럼 지나갔다. 바로 코앞에서 기습공격을 당하고 또 돌부리 하나에 몸을 맡긴 채 빗발치는 적의 총탄 속에서 아직 내가 살아 있는 것이 꿈만 같았다. 인생의 굴곡진 모습을 미리 본 것 같았다. 높은 산 준령의 고갯마루를 숨이 다하도록 오르고 나면 정상 꼭대기가 나를 기다리고 있듯이 베트콩들의 천연요새진지를 우리 소대가 점령, 그 문턱을 깔고 앉아 있는 이 순간만은 한없이 즐기고 싶었다. 그러나 상황은 나 홀로 한가한 생각을 할 수 있도록 내버려두지 않았다. 적들은 우리 눈에서 일단 사라졌지만, 당장 오늘 밤 다시 나타나 우리를 습격할지도 모르고 지금도 어디선가 우리의 일거수일투족을 살피며 공격할 시점을 찾고 있을지도 모르는 상황이었다. 이런 생각에 이르자 새로운 긴장감이 엄습해 왔다. 긴장은 하면 할수록 잠은 멀리 달아나는 법이다. 사실 나는 어젯밤부터 잠을 이루지 못했다. 40여 시간을 말짱한 정신으로 활동하고 있다. 나는 바람 소리, 나뭇잎이 흔들리는 소리,

풀벌레 울고 날아가는 소리, 갈대가 서걱거리는 소리까지 귀를 기울여 신경을 곤두세웠다.

24:30분 중대에서 무전이 왔다. "7월 19일 05:00시 현 매복지점을 이탈하여 동남부 2km 지점 일대로 이동한 후에 차후 명을 대기하라."는 단편 명령이었다. 나는 혹시라도 매복에 임하는 마음에 빈틈이 생길 것을 우려하여 이를 분대장들에게 곧바로 하달하지 않고 출발 30분 전에 전파하기로 했다.

- **D+10일** 암적산 동굴탐색 임무 교대(1967.7.19.)

나는 04:30분에 각 분대장들에게 어제 낮 큰 바위 아래 소대본부가 위치했던 지역으로 은밀히 철수하여 도착순으로 산개 후 대기하도록 명하였다. 소대는 05:00시에 어제의 격전지를 뒤로하고 동남방으로 이동을 개시하였다. 1분대가 첨병분대 임무를 수행하고 적의 조우에 대비하여 2명을 30m 전방에 첨병으로 운용하였다. 동쪽으로 가면서 지형은 저지대로 보행이 용이한 풀밭이 이어졌다. 대지가 밝아올 무렵 행군대열은 폐기된 농경지에 도착하였다. 나는 민간인들과의 접촉을 우려하여 관목숲이 우거진 소정글로 들어가 임시집결지를 편성하고 경계를 서둘렀다.

바로 그때 동쪽 하늘 쪽에서 갑자기 철판을 가르는 쇳소리가 나면서 미 공군 전투기 1개 편대가 우리 머리 위를 지나갔다. 잠시 후 불기둥이 솟아올라 하늘을 붉게 물들이고 전투기 소리와 함께 폭탄 폭발 굉음이 바위 갈라지는 소리를 내며 천지를 진동시켰다. 그곳은 바로 우리가 1시간 전에 매복하며 엎드려 있던 암적산이었다. 미 전투기가 암반 검은색 바윗덩이에 고성능 폭탄과 네이팜탄을 무차별로 쏟아 붓고 있었던 것이다. 나는 이것이 먼저 화력으로 암적산을 무력화시킨 후 대규모 병력을 투입, 탐색작전을 실시하기 위한 상급부대의 계획이라고 생각하였다. 바로 그때 포병화력이 또 한 차례 TOT사격으로 암적산을 흔들어 놓았다.

우리 대원들은 불꽃놀이를 구경하듯 그 장면을 멍하니 바라보고 있었다. 대원 중 일부는 "애초부터 저렇게 하지, 왜 우리를 무조건 투입하여 그토록 힘들게 했느냐?"라고 중얼거리며 떨떠름한 표정을 지었다. 폭탄은 어제 내가 매복했던 일대를 정확히 내리꽂고 있었다. 그곳에 적들이 기르던 황소가 묶여 있었는데, 도망가지도 못하고 운명을 다 하고 있으리라. 전쟁은 사람뿐만 아니라 말 없는 짐승도 죽이는구나!

나는 이 엄청난 화력의 위세를 목격하면서 우리 소대가 단독으로 적진지를 공격한 것이 얼마나 어리석고 무모했는지를 다시 한번 깨달았다. 우리가 적보다 월등히 유리한 조건이 바로 화력인데, 이번에 우리는 그것을 전혀 활용할 수 없었다. 우리는 적들과 똑같이 보병화기로만 전투를 벌였다. 더구나 병력규모가 1대1인 조건에서 적들의 안방에 들어가 싸웠으니 우리가 얼마나 불리한 상황에서 전투를 했는지 한심스러웠다. 어쩔 수 없는 경우라면 몰라도 충분히 상급부대 화력을 이용할 수 있는데도 소대 단독으로 싸웠다는 데 대하여 울분이 솟구쳤다. 나는 처음부터 중대장에게 건의하기를 화력지원으로 적을 제압한 후에 병력을 투입하고 1개 소대가 아닌 중대 전체를 투입해야 한다고 주장하지 않았던가! 다행히 이번 전투에서 피해가 경미해서 이 정도이지 중대장이 현장에서 독전한 것처럼 무모하게 적진으로 돌격하여 사상자가 다수 발생했다면 어떻게 할 뻔했는가? 나도 그 희생자 중 한사람이 될 수도 있었지 않은가?

그날 대대에서는 우리 6중대를 7중대 지역으로, 7중대는 5중대 지역으로, 5중대는 6중대 지역으로 각각 이동시켜 새로운 작전 임무를 부여하였다. 이것은 암적산 천연동굴에 새로운 부대를 투입하여 더욱 철저한 소탕 작전을 하려는 의도였다. 그날 공군기와 포병이 암적산 천연동굴지대를 초토화한 뒤 곧바로 5중대가 동굴지대로 투입되었다. 어느새 소규모 적들이 복귀하여 저항을 시도하며 그들의 천연요새 진입을 거부하였다. 교전 간 5중대는 M16소총을 분실하였고 베트콩은 이를 획득하여 도주하였다. 5중대는 동굴 깊숙이 들어가 샅샅이 수색하여 베트콩 가족 7명(여 3, 남 4)을 생포하여 연행하였다. 우리 소대가 어제 오후 수색 중 노획한 초등학교 교과서와 교재의 주인인 어린아이들이었다. 젊은 남녀가 사회주의 이념에 경도되어 험준한 산악 요새에서 생활하며 부부가 되어 아이를 기르고 있었던 것이다. 그 아이들은 대를 이어 혁명투쟁에 참여하는 용감한 전사로 성장하고 있었다.

우리 소대가 투입되는 지역은 평탄한 저지대로 비교적 적정이 경미한 곳이었다. 나는 중대장에게 비교적 안전한 현 위치에서 오늘 낮 동안 정비를 하고 새로운 지역으로 이동할 것을 건의하여 승인을 받았다. 우리는 각 분대에 경계구역을 분담하고 경계병을 복초로 해서 경계태세를 갖추고 휴식을 취했다. 대원들은 녹초가 되어서 마치 땅바닥에 자신을 내동댕이치듯 드러누웠다. 나는 약 27시간을 초긴장 속에서 식사와 잠을 자지 못해서인지 처음엔 잠이 오지 않았다. 나는 이번 작전을 통해서 다음과 같은 교훈을 가슴에 담으며 잠을 청했다.

첫째는 불가피한 경우를 제외하고는 전투를 목전에 두고 전투지휘관을 교체해서는 안 된다는 것이다. 지휘관 교체 그 자체만으로도 전투를 목전에 둔 부하들을 불안하게 만들고 미숙한 전투지휘로 부대가 큰 낭패를 당할 수 있기 때문이다. 둘째는 상급지휘관은 예하부대원의 건의를 진지하게 숙고하여 받아들여야 한다는 점이다. 말단 전투원들은 전투현장을 누구보다도 잘 아는 사람들일 뿐만 아니라 생명에 대한 위협을 온몸으로 받아들이고 있는 당사자이기 때문이다. 나는 어느새 잠에 곯아떨어졌다.

- **D+11일** 암적산 천연동굴 탐색전은 계속되고(1967.7.20.)

6중대는 7중대 작전지역 호아 응우엔(Hoa Nguyen) 마을⑶ 남단 363고 지 일대에 투입되어 수색하였으나 접적이 없었다. 나는 암적산 천연동굴 교전의 여독을 풀 수 있도록 대원들에게 여유로운 시간을 보내게 하였 다. 한편, 인접 5중대는 어제 우리 소대에 이어 암적산 천연동굴을 재수 색하여 월맹 정규군 1명을 생포하였다. 적들은 천혜의 요새기지를 확보 하기 위하여 소수의 병력을 보내 한국군 작전 동향을 평가하고 있었다.

- **D+12일** 피아 천연요새 각축전은 이어지고(1967.7.21.)

6중대는 별다른 상황이 없었다. 인접 5중대는 4일째 암적산 천연동굴 을 수색하였다. 10:30분경 동굴에서 베트콩 2명을 사살하고 기관총 1 정을 노획하였으며 이어서 저항하는 적 3명을 추가로 사살하였다. 이어 15:30분경 적 1명을 사살하고 소총 6정을 노획하였다. VC들은 중부 월 남 해방구의 근거지를 확보하기 위하여 집요하게 병력을 투입, 요새동 굴을 관리하고자 하였고 2대대는 이들을 소탕하려고 전력투구하였다.

- **D+13일** 적 무기 노획–보물찾기 성과(1967.7.22.)

소대는 어제까지 수색하던 지역을 벗어나 363고지의 하단 평탄지형을 수색하였다. 낮은 숲이 펼쳐져 있고 황토 땅바닥이 성글게 드러나 적들 이 잠복 활동을 하는 데 매우 부적절한 지형이라는 느낌이 들어서 건성 으로 무명도로를 지나게 되었다. 도로와 병행하여 3~4m 폭의 간헐천이 흐르고 작은 암석들이 하천바닥에 깔려서 산 능선으로 연결되었고 큰 바위들이 옹기종기 자리를 잡고 있어 색다른 지형 경관을 형성하였다. 그 주변에 허접스러운 자연동굴이 2~3개소 눈에 띄었는데 지나가는 들짐승들의 쉼터로 보였다.

나는 갑자기 이 일대에서 부담 없이 수색활동을 하며 오전 시간을 보내고 싶었다. 이에 분대장을 소집, 분대별 책임지역을 할당해 주고 오전 수색을 지시하였다. 각 분대는 곧장 책임지역으로 이동하여 수색을 개시하였다. 나는 며칠 전 격전을 치른 암적산의 험준함을 연상하여 적이 은거할 의심이 없음에도 그냥 시간을 무위로 보낼 수 없어서 수색하는 척하고 있으려니 한심하다는 생각이 들었다. 그때 있었던 극도의 격전 후에 오는 허탈감에서 아직 헤매고 있음이리라!

09:30분 분대별 수색을 시작하여 30분쯤 지날 때 2분대가 책임지역 내 소규모 동굴(BQ872530) 속에 진입하여 수색을 실시하였다. 황화선 병장은 출입구에 이끼가 끼고 아무도 출입한 흔적이 없기에 특별한 경계심을 갖지 않고 동굴 안으로 깊숙이 들어가게 되었다. 동굴 내부가 의외로 길고 깊어서 주변이 캄캄하였다. 그는 플래시를 켜고 바위 틈새를 자세히 살펴보다가 깜짝 놀랐다. 한쪽 편편한 구석 바위 위에 다수의 무기가 나란히 진열된 채로 보관되어 있었던 것이다. 베트콩들이 암적산 일대에서 활동하다가 무기를 이곳에 은닉해 두고 비무장 상태로 타지역으로 이동하여 또 다른 임무를 수행하고 있다는 생각이 들었다. 2분대는 조심스럽게 무기를 동굴에서 꺼냈다. 중공제 82mm 박격포 1문, 포탄 40발, AK 소총 4정, 기타 총포 부수기제가 함께 있었다. 이들은 거의 신품에 가까워서 월맹 정규군에게 최근 보급된 장비임을 금방 알 수 있었다. 나는 즉시 2분대 지역으로 가서 무기 실태를 점검하고 목록을 작성하여 중대에 보고하였다. 나는 무기의 수량이 많고 질이 양호하여 자못 흥분하였다. 한편 저 무기들을 암적산 동굴을 점령했을 때

수색하는 과정에서 노획하였다면 매우 큰 전공으로 기록될 수 있었을 것이란 아쉬움이 머리를 스쳐 지났다.

병장 황화선

이 무기를 최초에 발견한 황 병장은 평소 말수가 적고 자기 업무에 충실한 전형적인 농촌 출신 병사였다. 연일 계속되는 전투에 몸은 극도로 지쳐 있지만 그는 분대장 명령에 순응하며 철저하게 수색하였다. 아침 햇살이 비치는 침묵의 동굴 속으로 혼자서 찾아 들어갔고 어떠한 충돌도 없이 무방비 상태에 있는 적의 무기 저장고를 점령하였다. 베트콩들이 오고 간 곳을 알 수 없었고 무기들은 주인을 기다리다가 황 병장에게 큰 선물을 안겨주었다. 나는 이 과정을 있는 그대로 중대에 보고하면서 황 병장에게 왠지 미안한 마음을 숨길 수 없었다. 하지만 사실을 더 이상 과장하여 보고할 수는 없는 일이었다. 작은 일에도 쉽게 흥분하는 중대장은 이 보고를 받고 매우 흥분하였다. 후일 중대 무전병의 전언에 의하면 그때 중대장이 "나, 올해 진급에 문제없겠다."고 소리쳤다고 한다. 무의식적으로 나온 말이겠지만, 그 속에 진심이 들어 있는 법이다. 제사보다 제삿밥에 더 관심이 있었던 것이 아닐까?

─ 부하 공적 가로채기

중대장 K대위는 1소대의 장비노획 보고를 토대로 스스로 전투 공적서를 작성하여 대대로 보고하였고 그 공으로 화랑무공훈장을 받았다. 또 대대는 중대장의 보고를 토대로 전투상보를 작성, 연대를 통해 육본까지 보고하였다. 이는 오랫동안 비문으로 보존되어 오다가 『파월 전사집』 209쪽에 수록되었다. 나는 '홍길동 작전' 후 45년이 지난 어느 날 국방부 군사자료실에서 월남 전투상보 철을 읽다가 우연히 그러한 사실을 처음 알게 되었다. 전투상보에는 다음과 같이 기록되어 있었다.

1967년 7월 22일 10:30분경 6중대장 K○○ 대위는 1개 소대를 직접 지휘하여 동굴 속에서 저항하고 있는 다수의 적에게 투항을 권유하였으나 끝까지 불응하였기에 교전 끝에 적 9명을 사살하고 82mm 박격포와 AK소총 4정을 노획하는 전과를 올렸다.

중대장이 소대를 직접 지휘하여 동굴로 들어가다니, 동굴에는 적들이 있기라도 했는지, 적들이 없었는데도 적 9명을 사살하다니! 너무도 어이가 없어서 가슴이 멍해졌다. 나도 모르는 사이에 중대장이 감쪽같이 전투상보를 조작하고 공적을 바꾸다니 이게 말이 되는가! 더구나 K 대위는 어떤 지휘관이었는가? 그는 귀국 3개월을 앞둔 상태에서 홍길동 작전 하루 전날에 중대장으로 보임하였는데, 그 의도가 공적을 노린 것이라는 평가를 받았다. 그는 헬기 착륙장에서 소대장들을 불필요하게 소집하여 3소대장의 다리를 잃게 하였으며 이후 중대는 무기력해져서 전투다운 전투를 하지 못했다. 그런 그가 병사들의 전투유공을 자기 것으로 취하여 무공훈장을 받다니 나는 실로 통한을 금할 수 없었다. 뒤늦게나마 중대장의 공훈 보고내용을 알고 황 병장에 참으로 미안한 생각이 들었다. 그는 직접 노획한 유공자였음에도 불구하고 아무런 보상도 받지 못했다. 나는 부하들에게 철저한 수색을 독려했지만, 그들의 전공을 제대로 챙겨주지 못했다. 전공을 챙겨주는 것도 소대장의 중요한 역할임에도 불구하고 그것을 소홀히 여기다니, 이제 와서 나의 무능을 탓한들 무슨 소용이 있을까?

조작된 역사에서 어찌 역사의 교훈을 얻을 수가 있는가? 비록 불명예스러운 실수가 있다 해도 오직 진실 된 역사 속에서만 참된 역사적 교훈을 얻을 수 있다. 진실이 왜곡되어 억울한 사람이 고통을 당하고 있다거나 부당한 이득을 취한 자들이 오히려 잘 살고 활보하고 있다면 어찌 정의롭고 공명정대한 사회를 기대할 수 있겠는가? 그러므로 진실이 아닌 것은 지금이라도 당장 고쳐야 한다. 미국, 영국, 프랑스에서는 제1, 2차 세계대전 전투사 기록을 지금도 수정하며 숨겨진 영웅들의 공훈을 발굴하여 적정한 상훈을 수여하고 그들의 전공을 찬양하고 있지 않은가! 그런 점에서 내가 알고 있는 진실 하나를 이 책에 보태기로 하였다.

• **D+14일** 전투공적은 엿장수 맘대로(1967.7.23.)

우리 소대는 어제 무기를 노획한 동굴 주변에서 매복을 하였다. 그 무기의 주인들이 무기를 회수하려고 야음에 접근할 것이란 기대를 갖고 접근 가능한 지형을 고려하여 분산 매복을 실시하였다. 주간에는 소정글에 잠복하여 거동수상자를 감시하였다. 그러나 특이사항이 없었다.

한편, 인접 화기소대는 야간매복 시 상당 규모의 적이 화기소대 포위망을 뚫고 탈출하는 것을 발견하고 일세사격을 실시, 수명을 사살하고 아군 M16소총 1정과 적성화기를 노획하였다. 화기소대는 적 규모가 커서 과감히 전과 확대를 하지 못했다. 이러한 상황을 보고받은 대대장은 아군 M16소총의 총 번호를 확인하고 즉시 새벽의 어둠을 헤치며 매복 현장에 들이닥쳤다. 그 신형 M16소총은 5중대가 2일 전 암적산 동굴에서 적과 교전 중에 피탈되었던 것이었다. 당시 대대는 5중대의 총기 피탈 사실을 상급부대에 보고하지 않았다. 다행히 6중대 화기소대가 M16소총을 매복으로 회수하자 이를 5중대에 돌려주었고 대신에 5중대에서 노획한 적 소총 1정을 6중대 화기소대에게 넘겨주었다.

한편 맹호 제26연대 제10중대는 어제 푸단 마을(4) 동측방 3km 지점에서 베트콩 1개 소대와 교전하였다. 교전결과 60mm 박격포 1문, 기관총 5정, 자동소총 3정, 장총 11정, 기관단총 1정 엽총 4정, 권총 1정, 다발총 1정, 다량의 실탄과 TNT를 획득하였다. 피아 인명 피해는 없었다.

— 공적 조작에 김 병장의 민원

화기소대가 전공을 세운 데는 김규준 병장의 역할이 결정적이었다. 김 병장은 파월 전 사귀던 여성이 사망한 슬픈 사연을 가슴에 안고 있었다. 그는 연일 계속되는 작전에 지친 상태로 야간매복을 하고 있었다. 통상 매복하는 병사들은 새벽녘이 되면 긴장이 점차 풀리고 졸음이 쏟아지기 시작하였다. 그날 김 병장도 03:30분 이후 졸음을 참지 못해서 엄체호의 흙벽에 기댄 채 졸고 있었다. 그는 비몽사몽 중에 꿈을 꾸었는데, 비운에 일찍 세상을 떠난 옛 애인이 나타나 졸고 있는 김 병장에게 "야간매복 중에 이렇게 졸고 있으면 위험하지 않아요?"라며 야멸차게 꾸짖었다. 그는 수상한 생각에 잠에서 깨어 주변을 살펴보았으나 별다른 점이 없어 다시 눈을 지그시 감고 새벽잠을 만끽하였다. 잠시 후 그 묘령의 여인이 또다시 나타나 이번에는 몹시 성난 얼굴로 "김 병장, 한번 깨워주었는데 아직도 정신없이 잠만 자면 어떻게 해요! 베트콩이 곧 지나가는데, 당장 일어나지 못해요?"라고 말하고 곧장 사라졌다. 김 병장이 깜짝 놀라서 눈을 뜨는 순간, 검은 물체가 조심스럽게 그 앞을 지나고 있었다. 그는 우측 손에 잡고 있는 M16소총을 전방으로 향하는 동시에 연발로 드르륵 갈겨댔다. 지나가던 검은 물체가 김 병장 엄체호로 쓰러지며 김 병장의 옆에 안기듯 나뒹굴었다. 그 시신은 5중대원에게 M16소총을 노획한 월맹군이었다. 그는 노획무기를 휴대하고 포위망을 뚫고 탈출하다가 그만 김 병장에게 들켜 목숨마저 빼앗기고 말았다. 김 병장은 적 사살과 함께 피탈 당한 소총까지 되찾은 큰 공을 세웠다.

김 병장이 꿈에 나타난 여인의 도움으로 극적으로 적을 사살하고 아군이 잃어버린 M16소총까지 기적적으로 되찾았지만, 그에게 돌아온 것은 아무것도 없었다. 대대는 5중대 소총 피탈 사실을 감추기 위해서 김 병장이 노획한 M16소총을 공적으로 인정하지 않았기 때문이었다. 이렇게 되자 분노한 김 병장은 작전이 종료된 후 주월사에 민원을 올렸다. 주월사 감찰부는 중령을 조사팀으로 구성하고, 캄란지역 30연대 2대대 6중대기지를 방문하여 조사케 하였다. 그러나 당시 감찰관과 대대는 부대 명예를 운운하며 적절히 봉합하여 사건을 종결처리 하였다. 이에 대해 파월전사 67년도 편에[55] 다음과 같이 기록되어 있다.

1967.7.22. 15:30분경 백마부대 제30연대 제6중대는 363고지를 탐색하던 중 호아 응우엔(Hoa Nguyen) 마을 동남쪽에서 소총 1정을 노획하였다.

소총 획득은 야간매복 간에 이루어진 것이지 어찌하여 주간에 탐색하던 중에 발견한 것인가? M16소총 노획을 사실과 다르게 이토록 간단히 기술해버리다니, 당사자의 입장에서는 얼마나 억울할까? 45여 년이 지난 세월에도 화기소대원들은 그때의 부적절한 처리를 언급하며 시시비비를 따지고 있다고 한다. 대대의 명예는 있고 개인의 정당한 공훈은 무시해도 되는 것인가? 진실을 감추면 명예가 유지되고 진실을 밝히면 불명예가 되는가? 따지고 보면 이 모든 것은 지휘관의 욕심에서 나오는 것들이다. 모름지기 지휘관은 전투현장에서 개인의 욕심을 버려야 한다. 부하들에게 모든 공(功)을 돌리고 자신은 항상 빈손으로 돌아갈 마음의 자세를 지녀야 한다. 어떤 경우에도 부하의 공을 내 것으로 챙긴다거나 부하가 생명을 걸고 싸워 세운 공적을 구멍가게에서 산 물건처럼 거래해서는 안 되는 것이다.

---

55) 파월전사 67년도, '홍길동 작전' 백마부대 편에 기록되어 있다.

• <u>D+15일</u> 전투는 지휘관의 투혼이다(1967.7.24.)

소대는 어제 작전지역을 반복해서 수색하였다. 특이사항이 없었다. 나는 작전 투입이 장기화로 진행되면서 병력들의 체력이 급격히 저하되었기에 기회가 닿는 대로 휴식시간을 만들어 주었다.

한편 인접 제28연대 7중대가 14:00시 수오이오이 마을 동측 3km 지점, 암적산 동굴을 수색하던 중 천명수 상병이 부상을 입었다. 동굴 속을 계속 수색하여 적 4명을 사살하고 소총 1정을 노획하였다. 천연요새인 암적산을 제28연대 병력까지 투입하여 탐색 작전을 계속하였고 동굴에 진입할 때마다 교전이 있어 쌍방이 피해를 감수하였다. 적들이 얼마나 집요하게 이 요새를 지키기 위해 노력하고 있는지를 읽을 수 있었다.

전투는 현장 지휘관의 의지에 의해 승패가 갈린다고 많은 병학가들은 주장한다. 암적산 천연동굴 진지, 월맹군 95연대 수색중대 은거지는 홍길동 작전의 주 전투장 중 하나였다. 백마부대는 잔적을 격멸하기 위하여, 월맹군은 천연요새를 확보하기 위하여 7일 동안 집요하게 동굴 속에서 탐색 소탕과 동굴 고수로 일관되게 공방 의지를 불태우며 상대에게 무한피해를 강요하였다. 우리 소대가 D+8일 새벽, 요새 동굴에 처음 기습적 공격을 감행함으로써 적들은 조직적으로 완강히 저항하였다. 적의 완강한 저항 기세에 눌려 퇴각할 뻔하였다. 하지만 나는 적과 동일한 병력 규모의 전투에서 무너질 수는 없었다. 곧 한국군의 자존심이 걸린 전투로 각오를 다짐하였다. 아울러 우리 병사의 피해를 최소화하고자 절치부심하였다.

8시간 동안 수류탄 투척거리의 근접 전투에서 피아 한 치의 양보도 허용하지 않았다. 나는 불리한 지형에도 불구하고 줄곧 선제를 유지하고자 공세활동을 전개하였다. 그들도 우리에게 뒤지지 않고 철저한 응전을 감행하다가 보유 탄약이 바닥났기 때문에 더 이상 조직적 방어태세를 유지할 수 없어 요새지 방어를 포기하고 탈출한 것으로 생각하였다. 그러나 적들은 D+9일 아침 엄청난 항공폭격과 포병사격을 받고서도 소규모의 동굴고수 요원을 진입시켜 완강하게 응전을 계속해 왔다. 이 소규모의 전투는 양측의 전투의지가 맞부딪혀서 작전이 종료되는 날 끝이 난 것이다. 만약 이 작전이 종료된 후 여기에 병력을 계속 상주시키고자 한다면 엄청난 지휘 부담을 안고 고립된 기지를 확보해야 할 것이다. 나는 이 암석 동굴을 지속성 최루가스로 거부한다면 효과가 어떨지 상상해 보았다.

- **D+16일** 전투피로누적 현상(1967.7.25.)

오늘은 작전 1단계가 종료되는 날이다. 제28연대장은 현재 1단계 작전 간 형성된 포위망을 유지하도록 각 중대에서 1개 소대 규모로 수색작전을 계속 수행하고 잔여 중대원은 2단계 작전을 위하여 정비에 임하도록 명하였다. 1단계 작전 간 적들이 물러서지 않고 맞대응하면서 어느 때보다도 교전이 많이 일어났다. 많은 전과를 올린 만큼 피해도 작지 않았다.

우리 소대는 출동 병력 39명에서 1명을 부상으로 후송하고 말라리아 환자와 전투피로 누적으로 인한 발열 환자 후송으로 31명이 남아서 전열을 유지, 약 75%의 전투력 수준으로 작전에 임하고 있었다. 대원들은 20여 일 동안 정글을 헤치며 장기간 전투를 하면서 초긴장 속에서 고강도의 육체적 활동을 하고 주야 수면부족, 급식 불규칙, 식수 불량, 기초 위생활동 불가 등으로 사실상 전 병력이 환자 상태에 이르렀다. 정신력이 강한 병사는 버텨내고 약한 병사나 고의로 꼼수를 부리는 병사는 전열을 떠났다.

전투복은 정글의 가시덤불에 찢기고 헤져 너덜거렸다. 옷자락에 흙과

먼지가 묻은 채 이슬에 젖고 사람의 땀이 배어 고약한 냄새를 풍겼다. 얼굴은 수염이 자라 1~2cm가 되어 턱주가리를 감쌌고 남은 부위는 까맣게 탔으며 눈동자는 붉게 충혈되고 살기가 돌아서 도저히 정상인의 모습이라고 볼 수 없었다. 병사들은 자기의 몰골은 생각 못 하고 전우의 초라한 모양새를 보고 쓴웃음을 지었다. 부대 지휘관들은 장병들의 거북스러운 행색을 개선하려고 우선 전투복을 신품으로 지급하고 입었던 옷은 폐품으로 처리하였다. 나도 새로 보급된 전투복으로 갈아입었다. 중대원 전원은 부대마크, 계급장, 명찰 등을 부착할 시간이 없어서 전투복을 그대로 착용, 노무부대 같은 느낌을 주었으나 서로 어색한 느낌이 점차 사라지고 곧 익숙하게 되었다.

4. 제2단계 작전(1967.7.26.~8.6.)

• D+17일 잔류 기만임무 수행(1967.7.26.)

오늘부터 2단계 작전이 시작되었다. 제30연대 제2대대는 제28연대 작전 계획에 따라, 오늘 17:00시까지 호아 응우엔(Hoa Nguyen) 마을(3) 서측인 수오이오이 마을 남측 일대에 잔류, 탐색작전을 전개함으로써 적을 기만하는 임무를 받았다. 나는 병사들의 체력 부담을 덜어주기 위하여 수색활동을 적극적으로 독려하지 않았다. 하지만 대대에서는 철저한 탐색작전을 강조하는 지시가 이어졌다. 전투 소대장으로서 병사들의 심중을 읽고 임무를 통찰하는 혜안이 요구되는 시점이었다.

• D+18일 전투장기화에 따른 지휘체계 이완 현상(1967.7.27.)

제30연대 제2대대는 제28연대 주력부대가 목표지역 내의 적 주력을 타격하는 동안 차단작전을 수행하고 암적산 천연동굴에 적의 복귀를 저지할 목적으로 호아 응우엔 마을 북쪽 1km 지역으로 이동하여 작전을 실시하였다.

나는 작전의 장기화로 인하여 소대의 전투 군기가 이완되지 않을까 염려하였다. 월남전에서는 대부대 작전이라 해도 소대 단위로 독립하여 야간매복과 주간탐색을 하였으므로 소대장에 의하여 제반 병력통제가 이루어져 왔다. 여기서 나는 전투 군기 유지는 선임하사관과 향도가 확립하게 하고 분대별 자율 통제를 강조하였다. 그러나 작전이 길어지면서 간부도 지쳐 기강이 해이해져도 이를 지적하지 않고 간과하였다. 점차 위계질서가 흩어지고 허물없는 가족과 같은 관계로 바뀌게 되었다. 소대원 간 사랑이 깊어지고 믿음이 돈독해졌다. C레이션 보급이 지연될 때는 고참병들이 과자 종류를 미리 별도로 보관해 두었다가 나눠 먹으며 허기진 배를 채우기도 하였다. 어느 고참병은 나에게 각별히 찾아와서 금쪽같은 과자를 건네주었다. 마음 씀씀이가 매우 고맙고 그 행위 자체로 허기를 갈음하게 되었다. 그들은 융통성을 발휘하여 부대 활동을 적극적으로 선도하였다.

문제는 여기서부터 시작된다. 이처럼 상하 간에 친밀한 관계가 형성되다 보니 이따금 군기를 문란케 하는 대원의 행동을 목격해도 이를 질책하고 꾸짖기가 어려워졌다. 이때 상하 간에는 어느 정도 경원의 관계가 절실히 요구됨을 새롭게 인식하였다. 나는 선임하사관을 통해서 이완된 야전 군기를 챙기곤 하였다.

때때로 소대장까지도 장교답지 못한 언행과 자세를 보여주었다. 지휘자의 태도가 부적절하면 통제기능이 결여되고 이로 인해 하급제대 전투력 발휘가 급감한다. 부대 전투력의 기반이 갈라지는 것이다. 장교양성과정에서 명예, 의무, 책임의식 고취가 더없이 중요한 훈육덕목이다. 나는 "장교는 책임감에서 용기를 배양하고 과감성을 발휘하며 신념의 전의를 불태워서 '사지'를 지켜내는 에너지를 창출한다"고 확신하게 되었다.

아울러 힘들고 절망을 느낄 때 앞으로 제2의 6·25가 발발, 인민군이나 중공군과 전투한다면 지금의 고난은 중층 이하 수준일 것인바, 미래의 피나는 고난을 극복하기 위하여 더욱 담금질이 필요하다고 생각하였다. 이런 사고의 되새김으로 머릿속을 충만하여 새로운 기운을 회복하였다.

인접부대인 맹호사단 기갑연대 제2대대장은 무장헬기에 탑승하여 지형정찰을 실시하고 주요 의심지역에 무장헬기 공중사격을 실시하였다. 제26연대 일부 병력이 지형판독 미숙으로 기갑연대 작전지역에 월경하였다가 피폭을 받았다. 연막탄을 신속히 터뜨려서 신호를 보냄으로써 큰 위기를 모면하였다. 정글 속에서 부대 간 협조 부족과 지형판독 미숙으로 우군 간 오인사격이 허다하였다.

- **D+19일** 악몽의 전술 행군(1967.7.28.)

제30연대 제2대대는 07:00시에 호아 응우엔 마을(3) 북쪽에서 호아 응우엔 마을(2) 지역으로 20km 거리를 도보로 이동하여 17:00시까지 2단계 작전지역을 점령토록 하였다. 대대 전술지휘소는 장갑차를 활용하고 대대장은 대대 본부 병력과 함께 도보로 이동하였다.

행군로는 소정글지대의 우마차 길을 이용하였으나 몇 차례 험준한 산능선과 칙칙한 나무숲을 통과하여 도보 행군에 장애물이 되었다. 행군 순서는 5중대가 첨병을 맡았고 우리 6중대는 후미에 위치하였기에 나는 후위 소대장의 임무를 수행하게 되었다. 우리 소대는 출발 전 몸살 발열로 분대별로 1명은 행군에 어려움을 호소하였다. 행군하다가 낙오하면 그의 배낭과 장구를 다른 병사가 메고 가야 하므로 전우에게 폐를 끼칠 뿐만 아니라 열외 의식이 발동하는 등 소대원의 집중력을 약화시킨다. 나는 심사숙고 끝에 2명을 행군에서 열외할 것을 중대장에게 건의하였다.

하지만 중대장은 이미 10여 명이나 환자로 건의를 받았고 대대는 수십 명이 되어서 이를 수용한다면 행군이 불가해지므로 어쩔 수 없다고 잘라 말했다. 나는 각 소대에서 1명이라도 환후가 가장 심한 병사를 선별하여 대대에 건의할 것을 거듭 주장하였지만, 중대장은 "이들을 환자로 인정하여 헬기를 태우면 마치 거센 봇물이 터져 내리듯 걷잡을 수 없는 상황에 직면한다."고 말하며 거부하였다. 그러나 나는 물러서지 않고 "일단 중대의 취약한 병력 실태를 보고한다는 의미에서 대대장께 건의하고 그 결과에 따르도록 환자들을 설득하겠다."고 말을 이어갔다. 이에 중대장은 심각한 환자의 헬기 이동 조치를 대대장에게 건의하였다. 대대장은 "걸을 수 없는 병사는 소대에서 들것을 만들어 옮기고 긴급환자는 병원으로 후송시켜라. 헬기 이동은 없다."고 단호하게 거부하였다.

나는 하는 수 없이 발걸음을 돌렸다. 기동이 불편한 병사들은 보기에도 민망스러울 정도로 절름발이 걸음으로 대열 후미를 따라왔다. 그들은 배낭을 다른 병사에게 맡겼음에도 불구하고 대열에서 처졌다. 출발 2시간 뒤 그들은 간신히 따라오던 본대 대열을 이탈하기 시작하였다. 도보 행군 대열은 정기적인 휴식도 없이 좌우측방 경계병을 운용하지 않은 채 무질서하게 계속 앞으로만 전진하였다. 나는 후위 소대장으로서 베트콩이 갑자기 측후방에서 기습 공격을 한다면 어떻게 수습할 것인가 불안감이 일었다. 하지만 대열에서 동떨어진 3명을 그대로 두고 갈 수가 없었다. 소대원 전원에게 10분 휴식을 주고 정비를 한 뒤 본대를 따라간다면 중식시간에 합류할 수 있을 것이라 판단하였다. 이렇게 함으로써 낙오된 환자도 관리하고 무질서한 행군 대오를 수습할 수 있다고 생각하였다. 이러한 조치로 우리 소대는 낙오 없이 12:20분경 본대와 합류하게 되었고 C레이션으로 중식을 하였다. 13:00시 행군대열은 다시 이동을 시작했다. 오전에 행군에서 낙오한 병사들 가운데 대대장이 지시한 대로 들것에 눕혀서 옮겨지는 병사도 몇몇 눈에 띄었다. 고열로 인해 헬기로 긴급 후송 조치되는 병사들도 있었다. 이동 간 대대 병사들의 체력이 점점 한계점에 도달하는 모습이 보였다. 오후 1시간 행군은 겨우 대열이 유지되었으나 10분 휴식 후 두 시간 째 행군이 시작되면서부터 대열이 점점 흐트러지기 시작했다. 낙오 대열을 추스르는 지휘자가 없어지고 타인에게 배낭을 떠넘기고 빈 몸으로 절룩거리며 걷는 사람이 30% 정도나 되었다. 피난민 대열인지, 패잔병 대열인지 모호한 느낌마저 들었다.

중대본부 요원들은 중대장과 인사계의 배낭은 물론, 중대의 행정지원용 장구 및 비품까지 옮겨야 해서 매우 힘들게 행군을 하고 있었다. 어떻게 누구를 돌보고 보살필 여력이 없었다. 누가 낙오로 행방불명되더라도 관심을 가질 사람이 없어 보였다. 중대장은 고된 행군에 자신의 몸마저 추스르기 힘겨워서 행군 군기에 대한 일체 언급 없이 앞만 보고 걸어가고 있었다.

이 상황에서 힘들게 걸어오는 두 사람이 눈에 들어왔다. 둘 다 빈 몸으로 한 사람은 중대 인사계 김 상사이고 한 사람은 심 중사였다. 김 상사는 중대 최고령(38세)으로 전임 중대장은 그 점을 배려하여 그를 야전에 세우지 않고 후방 보급소에 잔류시켜 비교적 순탄한 전선 생활을 했지만, 신임 중대장 K대위가 그를 이번 행군에 동참시켰다. 그는 행군 출발부터 빈 몸으로 출발하였고 중대본부 위치에서 뒤로 처지다가 마지막 후위 소대인 1소대 심 중사를 만나 동행해 오고 있었다. 심 중사는 그를 부축하며 맨 뒤로 떨어져 오다가 나에게 인사를 하며 "김 상사와 함께 갈 터이니 걱정하지 마십시오."라고 하였다. 나는 김 상사의 말벗이 되어서 전임 중대장의 업적을 비롯하여 중대의 현안 문제 등 얘기를 나누면서 힘든 발걸음을 잊게 해주었다. 그는 의외로 기력을 쉽게 회복하여 중대본부 위치로 돌아갔다.

그런데 김 상사보다 오히려 심 중사가 더 지쳐서 허우적대고 있음을 알게 되었다. 소대의 향도와 전령이 심 중사의 배낭과 소총을 들어주고 심지어 철모조차 받아서 옮겨 주어야 할 형편이 되었다. 심 중사는 30대 중반이지만 공수특전단에서 단련된 정병이라서 누구보다 강인한 체력의 소유자로 믿고 있었다. 그는 까무잡잡한 피부에 마마 흉터 같은 흔적이 있었고 깡마른 체격이어서 누구보다 강단이 있어 보였다. 나와 지난 1년간 야전을 누비며 작전을 수행하는 동안 체력이 고갈된 적이 단 한 번도 없었다. 항상 경험 많고 노련한 하사관으로서 나의 든든한 오른팔이 되어 주었다. 나는 그가 음식물을 잘못 먹었거나 풍토병으로 힘들어 할 것이라는 생각을 하며 그에게 다가갔다.[56]

그는 멍하니 나를 바라보다가 스스로 몸을 추스르지 못하고 길바닥에 주저앉고 말았다. 곧 상체가 나뒹굴고 하얀 동공을 하늘로 향하며 의식을 잃어 갔다. 소대의 후위 첨병 2명과 향도는 이미 저 멀리 아스라하게 보였다. 나와 심 중사만이 맨 후미에 남겨진 것이다. 그 순간 나는

---

56) 그가 쓰러진 이유는 전투피로로 인해 발생한 갑작스러운 컨디션 난조였다. 아무리 건강한 사람도 갑자기 컨디션이 나빠질 때가 있는 법이다. 그 후 심 중사는 몸이 아프거나 뒤처지는 일이 없었다. 그런데 그러한 갑작스러운 컨디션 난조도 알고 보면 누적된 전투피로에 기인한 것이었다. 심 중사는 병사들보다 10년 정도 많은 적지 않는 나이에 병사들과 똑같이 육체적인 활동을 해왔다. 그러나 1년 가까이 그런 생활을 계속하다 보니 체력이 계속 약화되었고 이번 1단계 홍길동 작전을 하면서 체력이 더욱 떨어진 상태였다.

'이 지역은 캄보디아 국경 산악지대로 이어져 있고 대대 행군 대열의 마지막 후미인 만큼 자칫 적들에게 피랍될 우려가 있다.'는 생각이 들어 마음이 몹시 다급해졌다. 영악한 베트콩들은 한국군의 행군대열 후미에 바짝 다가가서 한국군의 동태를 살펴보고 버려진 C레이션을 챙기며 아군 포병 사격 탄착지대를 회피하는 지혜를 얻는다고 하지 않았던가? 혹시 그들이 이 순간에 저 숲 속에서 출현한다면 꼼짝 못 하고 끌려가야 하지 않는가?

다급해진 나는 큰 소리로 심 중사를 흔들며 "선임하사, 심 중사, 여기에 혼자 누워있으면 어떻게 해! 나 소대장이야! 나 안 보여! 빨리 일어나!"라고 호소하였다. 하지만 그는 몽롱한 표정을 지으며 "소대장님, 저는 도저히 못 가겠습니다."라고 한마디를 남기고 눈을 감아버렸다. 답답함이 치밀어 올라왔다. 나는 선임하사를 일으켜 앉게 하였다. 그리고는 "젖 먹던 힘까지 기운을 짜내봐! 내 어깨에 손을 얹고 한발씩 발걸음을 옮겨봐!"라고 다그쳤다. 그는 두서너 걸음을 옮기다가 또 "소대장님, 더 이상 못 갑니다."라고 희미한 목소리를 남기며 완전히 길게 누어 버렸다.

주변의 정글 숲은 오후의 땡볕에 지쳐 고요함을 더하였고 바스락하는 바람 소리에도 누군가 불쑥 나타날 것 같은 불길한 생각으로 온몸이 오싹해졌다. 부대는 한참이나 멀어져 까마득하게 보였고 내가 그 행군대열의 일부라는 느낌조차 없어졌다. 나와 본대는 300~400m 정도 이격되어 우리는 정글 속에서 고립된 상황이 되었다. 나는 '이대로 쉽게 처리할 상황이 아니구나!'라는 예감이 들어서 극약 처방을 해야 한다고 판단하였다. 나는 소대 향도를 무전으로 호출하였다. 후위 첨병분대를 다시 뒤로 돌려서 구출하라고 명하였다. 그리고 선임하사를 향하여 큰 소리로 불렀다. "야! 심상대, 눈 떠라, 빨리 눈을 떠봐!" 그는 다소 기운을 차렸는지 눈꺼풀을 가늘게 열고 나를 원망하는 듯 힐끗 쳐다보았다.

나는 그의 눈에 나의 동공을 맞추고 그를 향해 M16소총 노리쇠를 후퇴전진 하였다. "선임하사, 빨리 일어나! 정신 차려! 베트콩에게 포로 된다. 총탄 장전 소리 안 들려!"라고 매섭게 다그쳤다. 그제야 그는 간신히 일어나 앉더니 주위를 두리번거리다가 일어나 천천히 걷기 시작하였다. 나와 전령, 심 중사 세 사람은 본대를 향하여 천천히 이동하다가 10여 분 후 향도 김동만 하사와 후위 첨병분대를 만나서 행군을 계속하였다. 17:30분경 중대의 본대와 겨우 합류하여 대대의 임시집결지에 도착하였다. 서녘 하늘은 벌써 붉은 빛으로 길게 정글 숲을 물들이고 있었다. 오늘 하루가 너무도 길게 느껴졌다.

2대대는 관목과 초원이 섞인 소정글지대에 집결지를 편성하고 중대별 경계구역을 할당하였다. 6중대는 서측방 일부를 책임구역으로 부여받고 병력들은 그곳에 군장을 풀었다. 대원들은 배낭을 베개 삼아 하나같이 쓰러졌다. 간부들 누구 하나 병력 장비 이상 여부를 점검하고 경계병을 배치하는 데 관심을 두지 않았다. 완전히 녹초가 되어 땅바닥에 널브러진 채 누웠다. 나는 아침 출발 전에 인삼가루를 소량 먹어 두었기에 비교적 여력이 남아 있어 중대장에게 소대병력 도착 이상 유무를 보고하고 소대본부로 돌아와서 막 한숨을 돌리고 있었다.

이때 우측방 인접중대 지역에서 권총 총성이 연이어 2발 매우 가깝게 들려왔다. 대대집결지 내에서 총성이 들렸기에 적의 도발로 느껴지지 않았다. 갑작스러운 총성이 궁금하면서도 무슨 총성인지 묻고 따지는 사람조차 없었다. 드러누운 상태로 총성이 난 지점을 그대로 바라보고 있을 뿐이었다.

나는 선임하사관 심 중사에게 무슨 총성일까 하고 넌지시 말을 건네보았다. 그는 만사가 귀찮다는 듯 대꾸를 하지 않았다. 잠시 후 전령 황 병장이 "중대로부터 소대정면 앞에 경계병이 배치되어 있는지 확인하라."는 지시가 내려왔다고 보고하였다. 향도가 1분대에서 경계병이 나가서 근무 중이라고 중대본부에 보고해 주고 있는데 또다시 2발의 총성이 들려왔다. 나는 총성이 난 쪽을 향하여 천천히 걸어가 보았다. 총성은 바로 대대장이 발사한 것이었다. 대대장은 각 중대 지역을 순시하였는데, 각 중대 병사들은 누운 상태를 그대로 유지하고 대대장 순찰을 본 척만척하고 반응을 보이지 않았다. 이에 대대장은 권총을 발사하여 해이해진 군기를 겁박하는 한편 침체한 전의를 일으키고자 하였다. 대대장이 권총을 발사해도 그 순간 대대장 주변의 병사 일부만 잠깐 윗몸을 일으켰다가 대대장이 다른 중대로 자리를 뜨는 찰나 누구의 지시도 없이 곧바로 드러눕고 말았다. 내가 보아도 한심한 생각이 들었다. 나는 그 광경을 보고 현재 제30연대 제2대대는 지휘관의 영이 전혀 서지 않는 패잔병과 낙오병 집단으로 전락했다고 평가하였다.

대대장은 마지막 순찰 코스로 6중대를 방문하였다. 중대장이 6중대의 행군결과 이상 유무를 보고하였다. 중대원들은 취침 점호를 예고하듯 일제히 드러누워서 일어날 태세를 보이지 않았다. 역시 대대장은 권총 2발을 발사하며 병사들에게 큰소리로 고함을 쳐댔다. "이놈들아, 대대장이다. 일어나! 베트콩이 기습하면 다 죽는다. 이놈들아, 알았나!" 대대장이 서 있는 자리에서 몇 발자국 가까운 병사 몇 사람이 상체를 일으켜 세우고 앉았으나 긴장감은 전혀 없었다. 대대장의 발걸음이 멀어지면서 일어나 있던 병사들은 슬며시 취침자세로 들어갔다. 대대장은 더 이상 관심표명을 하지 않고 막사로 돌아갔다. 중대장은 이를 보고 일절 언급하지 않았다.

나는 이런 모습을 보면서 대대 전 장병들이 무언중에 대대장의 지휘권에 저항하고 있음을 감지하였다. 대대장은 장병의 피로적체를 일절 무시하였고 병사의 고충에는 관심조차 없어 보이는 태도를 취했다. 임무를 우선시하고 지휘관의 공명만을 추구하는 지휘행태를 하였기에 부하들에게 집단 저항 심리가 나타나 그를 원망하고 있었던 것이다. 상황

이 더욱 악화되면 미군 부대에서 가끔 발생했던 프래깅(fragging)[57] 현상
이 발생할 수 있겠다는 섬뜩한 생각이 들었다. 다행히 그날 밤 대대 집
결지에는 베트콩들의 기습공격도 없었고 부대 내부의 사고도 일어나지
않았다. 이번 행군은 주월사에 행군 군기문란으로 상세히 보고되어서
월남전 한국군전쟁사료 제9집 전투상보에 기록되어 전해지고 있다.

— 2대대 전술행군의 교훈

이번 2대대의 전술행군은 그야말로 최악이었다. 참으로 위험하고도
부끄럽기 짝이 없었다. 베트콩들이나 월남주민들이 우리의 행군을 보
고 우리를 어떻게 생각했을지 지금도 머리털이 주뼛해진다.

당시 전투원들은 20일 이상의 작전을 지속해서 수행하면서 전투피로
도가 최고조에 달해 있었고 작전 중에 크고 작은 부상자들과 환자들이
적지 않게 발생한 상태였다. 더구나 35℃를 웃도는 찜통더위가 기승을
부리고 있었다. 그리고 전투원들의 전투배낭은 개인 및 분대 단위의 용
품들로 가득 채워져 있었고 전투원들은 개인 및 공용화기와 기본 탄약
을 휴대하고 있어 엄청난 전투하중을 느끼고 있었다. 아무리 백마부대
라 해도 이런 상황에서 정글 속 도보 20km 주간행군을 하는 것은 무리
였다. 그럼에도 불구하고 대대장은 이를 강행했다. 그는 무엇인가에 쫓
기듯 또는 행군경쟁이라도 하듯이 규칙적인 휴식도 주지 않은 채 부대
원을 몰아쳤다. 그리고 환자와 심신 허약자들을 열외 없이 행군에 동참
시켜 멀쩡한 전우들까지 힘들게 하였다. 결국, 대대장은 행군계획부터
행군준비와 행군통제에 이르기까지 무리수를 거듭함으로써 전투상보에
기록될 정도의 행군실패를 자초했다.

---

57) 프래깅이란 군대에서 본인의 상관 또는 같은 부대원을 죽이거나 죽게 되는 상황으로 몰아넣은 행위,
특히 상관을 살해하는 행위를 가리키는 미군의 은어이다. Fragging은 fragmentation grenade(세열 수
류탄)를 가리키는 은어인 frag에서 파생된 단어로 월남전 당시 미군 사병들이 장교의 막사에 수류탄
을 까 넣어 살해한 데서 비롯되었다.

지휘관은 모름지기 부하들이 어떤 상태에 있다는 것쯤은 기본적으로 알고 있어야 한다. 무조건 밀어붙이면 된다고 생각하는 것은 참으로 어리석은 짓이다. 아무리 부하라고 해도 더 이상 인내할 힘이 없는 데도 계속 밀어붙이면 자칫 상관에게 그 화살이 돌아갈지도 모르는 일이다. 순자의 「애공편」에 '궁하필위(窮下必危)'이라는 말이 있다. 아랫사람을 궁하게 하면 자기가 먼저 위태롭게 된다는 뜻이다. 말은 쉽게 해주지 않으면 채찍으로 때려도 도망친다. 궁지에 몰린 쥐는 고양이를 물고 새는 부리로 사람을 쪼고 사람은 윗사람을 속일 궁리를 하게 된다. 그런 점에서 볼 때, 이날 대대장은 부하들이 현재 어떤 심리상태에 있는지도 제대로 파악하지 못하고 권총을 쏘며 부하들을 채근한 것은 참으로 위험하고 무모한 행위였다. 그는 권총을 쏘며 독전을 했다고 생각할지 모르지만 그를 제외한 대부분의 사람들은 그런 행위를 만용이나 치기 정도로 생각했다.

한편, 이날 맹호사단 제26연대 제5중대와 제11중대가 439고지 우측방에서 월맹군으로부터 피습을 받아 홍길동 작전이 시작된 이래 가장 막대한 피해를 입었다. 제11중대 1소대는 중대의 북동측방 200~300m 계곡에서 탐색작전을 하던 중 주간매복을 하던 적 1개 분대로부터 기습을 당하였다. 소대는 경기관총으로 적을 제압하는 한편 소대병력이 일제히 응사를 하였다. 교전은 중대의 증원 전력이 도착하고 적이 정글로 도주함으로써 끝났다. 이 전투로 아군 5명이 전사하고 5명이 부상을 당하였으며 적 7명을 사살하였다. 제5중대는 12:40분경 점심식사 중 경계병이 베트콩의 음성을 듣고 즉시 수색을 실시하였는데, 선두에서 수색하던 소대장이 적 저격병의 사격으로 부상을 입었다. 그럼에도 불구하고 수색을 계속하던 중 소대의 측방에서 적의 기습을 받고 소대장을 비롯하여 첨병분대 6명이 전사하였고 3명이 부상을 당하였다. 소대 선임하사관이 소대의 흐트러진 전열을 정리하고 전 사상자를 후송 조치하였다. 이제 적들은 싸워 이길 수 있는 지형에서는 언제라도 잠복지에서 나와 공격을 감행하였다.

- **D+20일** 2단계 탐색작전 개시(1967.7.29.)

어제 20km 행군을 하여 새로운 집결지를 점령한 대대는 오늘부터 곧바로 작전을 개시하였다. 대대는 좌측에 제7중대, 중앙에 제6중대, 우측은 제5중대가 병진하여 탐색 작전을 전개하였다. 제6중대는 로훔(Lo Hum) 마을(2) 동측방 수오이 까이(Suoi Cai)강 건너서 낮은 구릉지대를 전진해 갔다. 그러나 적과의 접촉은 없었다(요도#8, 홍길동 작전 2단계).

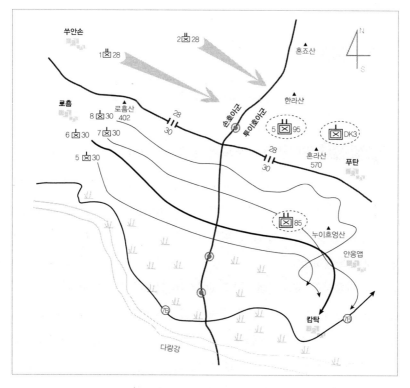

〈요도#8. 홍길동 작전 2단계〉

- **D+21일** 전투력 취약 병사 정리(1967.7.30.)

중대는 07:30분 수오이 까이강 남측방 지역 수색작전을 개시하였다. 상급부대에서 계획한 장기작전으로 인해 말단 전투부대에서 환자가 다수 발생하여 전투지휘에 심대한 부담을 주었다. 우리 소대에서는 발열과 피로누적으로 5명이 전열을 떠났다. 1분대의 한영국 상병은 작전 중 길이 5m, 직경 10cm 정도 되는 비단구렁이의 등을 밟고 종아리를 물려 후송 조치하였다. 소대는 전투가용인원 25명으로 63% 수준에 불과하여 임무를 정상적으로 수행하기 힘든 상황에 이르렀다. 지휘관들은 저마다 장기작전으로 인한 장병의 피로누적과 비전투손실을 우려하고 있었다. 한국군의 정글 속 작전지속 가능일이 시험대에 오른 듯하였다.

- **D+22일** 1967.7.31.

소대는 소수의 인원으로 계획된 지역을 수색하였다.

- **D+23일** 월맹군 장교포로의 경종(1967.8.1.)

우리 중대는 누이 흐엉(Nui Huong)산 동북 쪽 능선을 수색하였다. 우리 중대 우측방에서 수색하던 제5중대는 10:30분경 동굴에 은신하고 있는 적을 발견하고 투항을 권유하여 6명을 생포하고 소총 2정과 적 탄통 1개를 노획하였다.

이날 맹호사단 제26연대 제3중대에서는 적 5사단 참모장 교육보좌관을 생포하였다. 후일 그가 밝힌 월맹군의 한국군에 대한 평가는 경종을 울려 주었다. 그의 진술 내용은 첫째, 한국군이 북위 17도 선 일대 미 해병주둔지역에 배치되면 월맹군으로부터 심대한 피해를 받게 될 것이라는 점, 둘째, 한국군은 정보가 취약한 상태에서 병력을 남용하고 있다는 점, 셋째, 과도한 전투 지원으로 작전기도가 노출, 상대 군을 기습할 기회가 감소된다는 점, 넷째, 월맹군은 홍길동 작전 간 분산작전을 수행하고 있으며 결코 작전에 실패한 것이 아니라고 자평하고 있었다. 이상 포로진술 내용을 보면 우리 군은 적정을 제대로 파악하지 못한 채 병력을 비효율적으로 운용하고 있는 반면, 월맹측은 적의 동향을 정확히 파악하고 적 상황에 따라 병력을 적절히 분산하여 효과적으로 대응하고 있음을 암시하였다.

- **D+24일** 피아 치열한 접전은 이어지고(1967.8.2.)

어제의 수색지역을 재수색하였으나 특이한 적정이 없었다. 그러나 우리 우측의 제5중대는 오전 안 응니엡(An NguNiep) 마을(1) 서남쪽에서 천연동굴을 탐색하던 중 적 4명을 사살하고 3명을 생포하였으며 소총 1정을 노획하였다. 그러나 15:00시경 북쪽 산록에서 제3소대본부가 적으로부터 기습을 받고 무전병 전사와 소대장, 병사 5명이 중상을 입었다. 이렇게 큰 피해를 입은 것은 기도비닉을 유지하지 못하고 적에게 노출했기 때문이었다. 당시 동굴 밖에서 5중대의 수색활동을 감시하고 있던 적들이 무전병의 통화 소리를 듣고 소대본부요원을 발견, 20m 지점까지 접근하여 수류탄을 투척하고 집중사격을 가했던 것이다.

전투가 장기간이 되면서 야전 군기가 해이해지고 주의력이 흐트러졌다. 적들은 이점을 노려 집요하게 우리를 노리고 있었다. 그러나 3소대본부가 기습당한 후 제5중대는 20분간 포병지원과 미군 무장 헬기의 지원사격으로 적을 제압하고 즉시 중대병력을 투입하여 적을 제압하였다. 제5중대는 적 1명을 생포하고 6명을 사살하였으며 일몰이 되어갈 때까지 계속 공세를 유지, 적 5명을 추가로 사살하고 소총 2정을 노획하였다. 이에 연대는 5중대의 감투정신을 높게 평가하였다.

- **D+25일** 인접 화기소대의 차단 매복전투(1967.8.3.)

우리 중대는 뚜이호아(Tui Hoa) 서남방 11km, 누이 흐엉산 서남방 산록에서 야간매복을 하였다. 우리 1소대 우측 화기소대는 05:40분경 서북 산악지대로 탈출하는 다수의 적과 조우하였다. 화기소대는 크레모아를 폭파한 후 일제 사격을 실시하여 적 3명을 사살하고 소총 1정을 노획하였다. 나머지 적들은 도주하였다. 이에 우리 소대도 즉각 전투태세를 갖추고 적의 추가적인 출현을 기다렸으나 나타나지 않았다.

- **D+26일** 전장군기 이완 사례들(1967.8.4.)

중대에는 특별한 상황이 발생하지 않았다. 6중대의 좌측에서 작전하던 제29연대 제7중대는 01:00시 누이 흐엉산 북쪽에서 야간매복 중에 적 2명을 사살하고 기관총 1정을 노획하였다. 2대대 본부 중대는 누이 흐엉산 남쪽 3km 지점의 정글을 위험지역으로 판단하여 57mm 무반동총으로 위협사격을 실시하였다. 그러나 그곳에서 제7중대 제1소대가 수색작전을 전개하고 있다가 소대장이 우군 무반동총 파편 상을 입었다. 이번 홍길동 작전 간에도 이러한 우군끼리 아찔한 오인사격이 수차례 있었다. 7월 9일 17:30경 1단계 작전 시 맹호사단 포병이 맹호사단 제26연대와 백마사단 제28연대 간 전투지경선 일대에 포탄 36발을 날려 제28연대 제1중대 9명이 부상을 당하였고, 7월 11일 제28연대가 진출하는 축선 상에 월남군 특수부대가 한국군 부대와 협조 없이 작전을 실시하여 충돌 직전까지 갔던 일도 있었다.

한편, 맹호사단 제26연대 제3중대는 고산의 동북쪽 2km 지점 일대를 수색하였다. 09:20분 적을 발견하여 5명을 사살하고 10분 후 5명을, 또 10분 후 2명을 추가 사살하였으며 이어서 11:50분 6명, 12:15분 4명을 사살하여 총 22명을 오전에 사살하였고 소총 10정, 기관총 2정, 탄약 다수를 노획하였다. 그러나 우군의 피해는 없었다. 이렇게 부대마다 전과가 연이어 보고되고 있었다.

나는 이러한 쌍방 교전상황 진행이 이해가 되지 않았다. 내 경험상 적들은 낮에 그 정도 대규모로 노출되어 활동하지도 않았고 그렇게 무능하게 당하지도 않았다. 우리가 먼저 적을 발견할 확률이 매우 희박하기 때문에 대부분 쌍방 피해를 주고받을 수밖에 없었다. 그런데도 어찌 우리 피해가 전혀 없는 가운데 2시간 동안 22명이나 사살할 수 있었을까?[58] 적 사살에 대한 통계는 적의 전투력 감소를 산정하는 기초자료가 되므로 정확해야 한다. 만약 적 사살이 부풀려지면 적의 전투력이 실제보다 약한 것으로 평가될 것이고 그렇게 되면 전쟁 및 작전 수행에 큰 시행착오와 오류를 범하게 된다.[59]

- **D+27일** 투이호아 누이 흐엉산의 밤(1967.8.5.)

우리 소대는 어제의 수색지역을 반복 수색하였다. 밤에는 누이 흐엉산 정상의 동측에서 매복하며 이국 전선의 밤을 새우게 되었다. 그곳에서 투이호아 시가지까지는 10여km 직선거리에 있다. 날씨가 쾌청하여 투이호아의 야경 불빛이 손에 잡힐 듯 가깝게 느껴졌다. 그믐달 어두운 밤의 반짝이는 별빛에 비추어진 남지나해의 어슴레한 파도 소리가 귓전에 들릴 듯 아른거렸다. 중부 월남의 격전 지역이지만 오늘 밤만은 더없이 평화로워 보였다. 주간의 병장기 쇳소리는 어둠 속에 묻히고 날짐승

---

58) 이것은 단지 개인의 추측일 뿐이다. 그러나 당시 한·미군은 노획한 적의 무기수를 적병 3명으로 간주하여 집계를 냈기 때문에 그와 관련한 통계적 전과보고가 아닐까 하는 의구심이 들었다. 해당 부대를 폄하할 생각은 조금도 없다. 나의 추측으로 조금이라도 불명예를 느꼈다면 깊이 사과한다.

59) 미국은 집계된 적 사살 숫자를 토대로 적을 평가하여 미국의 공격으로 적들이 매우 쇠약해져 조금만 더 밀어붙이면 적들이 괴멸될 것이라는 착각에 빠졌다. 그러나 월맹과 베트콩은 전투력이 전혀 약해지지 않았으며 1968년 구정 공세에서 보여주었듯이 더욱더 강성해지고 있었다. 결국, 정치 및 군사 지도자는 오판을 하게 되었고 미국 국민은 군을 불신하고 철군을 요구하기에 이르렀다.

은 그들의 둥지를 찾아 날개를 접어 마치 만물이 고요한 이 밤을 즐기는 듯하였다. 그러나 나의 이 밤은 편안하질 못했다.

이번 작전이 끝나고 귀대하면 귀국 1제대 장병들은 1년간 이름조차 생소한 이 산하에서 수없이 많은 땀방울과 핏물을 남기고 훌쩍 떠나게 된다. 하지만 나는 아직도 꼬박 6개월이나 남아 있다. 나의 귀국을 학수고대하며 기다리시는 모친의 가련한 모습을 연상하니 불효자의 가슴이 메는 듯하였다. 몸과 마음도 지치고 열정마저도 식어가는 나 자신을 발견하고 고개를 들고 도리질을 하면서 귀국하는 그 날까지 긴장의 끈을 굳게 당겨야 한다고 마음먹었다. 이런저런 생각들이 꼬리를 물고 이어지는 가운데 누이 흐엉산 동녘 능선에 여명 빛이 찾아왔다. 오늘의 매복 작전도 아무런 교전이 없는 가운데 종료되었다.

· **D+28일** 2단계 작전 종료(1967.8.6.)

제30연대 제2대대는 오늘부로 홍길동 작전 임무가 종료되었다. 다음 3단계 작전은 제29연대가 제30연대 제3대대를 배속받아서 8월 16일부터 26일까지 실시할 계획이었다.

이에 우리 2대대는 10:00시 뚜이호아(Tui Hoa) 동측 14km 지점 푸케 (Phu khe) 마을(2)에서 카고 차량에 탑승하여 제30연대 제3대의 주둔지인 디엔 칸(Dien Kanh) 기지로 이동하여 기지를 경계하게 되었다. 이 기지는 혼바산(1,361m)의 남방 지근거리에 위치하여 적의 출현이 빈번한 곳이었다. 1개월간 전투를 마쳤지만, 또다시 긴장하며 경계에 임해야 할 형편이었다. 우리 대원들은 1개월 만에 안남미로 지은 밥과 된장 국물로 저녁식사를 하였다. 된장 국물에 C레이션 햄을 넣어서 끓인 찌개 맛은 지금도 잊히지 않는 꿀맛이다.

이날 중대장은 1인당 맥주 한 캔을 분배하여 홍길동 작전을 위로하였다. 냉화한 맥주 거품이 입천장에 닿는 순간 뱃속은 황홀해지기 시작하였다. 주량이 적은 병사조차도 원 샷으로 한 캔을 비웠다. 우리 소대는 별도로 모여서 각자 2~3캔을 추가로 마셨다. 취기가 돌자 목소리 톤이 갑자기 높아지면서 전투 간 있었던 아슬아슬한 순간들을 서로 주고받고 영웅담을 털어놓았다. 모두가 다이한의 용감한 전사로 기고만장해지고 있었다. 어떤 대원은 흘러간 고향노래와 군가를 목청껏 불러서 열정을 발산하였다. 나도 그 분위기에 한껏 젖어들었다. 적체된 전투 스트레스를 이렇게 해서라도 풀어야 하지 않겠는가! 입원해야 할 정도로 기력이 쇠잔해진 대원들은 맥주 몇 캔을 마시고 자기 몸을 가누지 못했다.

중부 안남산맥이 내려다보고 있는 디엔 칸 계곡에 어둠이 깔리기 시작했다. 혼바산 동굴에 은거하고 있는 적들이 이 취약시간에 덮쳐온다면 어찌할 것인가? 하는 불안감 때문에 마냥 취해 있을 수 없었다. 나는 회식을 종료시키고 야간경계 배치를 서둘렀다. 그러나 아직도 중대본부는 소란스러웠다. 나는 중대본부로 발걸음을 옮겼다. 본부요원 몇 사람은 만취 상태로 자신의 몸을 추스르지 못하여 흉악한 폭언을 쏟아냈다. 상하 구분은 이미 사라져 있었다.

갑자기 보급을 담당하는 M하사가 옆에 있는 총기를 들고 탄약을 장전하며 허공을 향해 난동을 피우기 시작하였다. 그는 누구의 말도 받아들이지 않았다. 인사계는 사태의 심각성을 알고 슬며시 자리를 떠나 사라졌다. M하사는 인사계를 당장 총으로 쏘아 버리겠다고 고래고래 고함을 치고 있었다. 바로 가까운 천막에 홀로 있는 중대장은 어찌 된 일인지 기척조차 없었다. 중대의 간부는 아무도 보이지 않았다. 중대 교육계 박 병장이 나를 보며 반가워하며 "소대장님, 어떻게 좀 수습을 해 주십시오."하고 애원하듯 간청하였다. 그러나 나 역시 자신이 없었다. 험악한 분위기에서 그가 나의 말을 들어줄 것 같지가 않았기 때문이었다. 난감했지만, 어찌 되었든 간에 이 자리에 내가 선임자이고 장교로서 외면할 수도 없다고 생각한 나는 "왜 그래? M하사, 네 말을 들어 줄 것이니 나에게 말해 봐! 이 총은 잠깐 내게 맡겨 줘."하며 그의 손목에 놓여있는 총을 잡아채었다. 그는 의외로 순순히 받아들였다. 나는 그에게 평소 갖고 있던 불만이 무엇인지를 물으며 옆자리에 있는 맥주 캔을 따서 한 컵 따라주었다. 그는 격한 감정을 삭이며 말문을 열었다. 그는 6·25전쟁으로 부모님을 모두 잃고 고아원에서 성장하였으며 그 후 군에 입대하며 장기복무자로 복무하다가 파월을 지원하게 되었다고 자신의 신상을 털어놓았다. M하사는 인사계가 행정요원들에게 강압적으로 일을 시키는 데 불만을 가지고 있었는데 음주를 하면서 그만 자제력을 잃고 거친 행동을 하게 되었다고 하며 소란을 피운 데 대하여 불안하게 생각하고 있었다. 나는 그를 안심시키고 더 이상 난동을 피우지 않겠다는 다짐을 받은 뒤 그를 처소로 보냈다. 교육계와 서무계에게 뒷정리를 당부한 다음 소대로 돌아왔다. 나는 소대의 야간 근무실태를 점검하였다. 1명은 근무, 1명은 가면을 취하며 2인 복초근무를 실시하였다. 디엔 칸의 밤은 한바탕 소란이 지난 뒤 밤안개와 함께 조용하게 깊어갔다.

• 나를 뒤돌아보며(1967.8.7.)

혼바산의 험준한 산록에 위치한 디엔 칸 기지의 아침은 고국의 초가을 날씨 같았다. 우려했던 일들은 모두가 기우였다. 커다란 폭풍우가 지나간 뒤의 고요함이 찾아왔다. 마음마저 허허하였다. 나는 길게 자란 턱수염을 오랜만에 밀었다. 그리고 계급장이 부착된 전투복으로 갈아입었다. 겉모습을 단정히 하니까 마음도 제법 진정해진 기분이 들었다.

군인의 용모, 복장, 자세가 바르면 그 행동도 당당하고 정신도 굳건해진다는 내무생활 규정이 바로 이런 경우를 두고 하는 말이구나! 나는 작은 거울로 나를 바라보았다. 불과 2년여 전 태릉에서 생활하던 모습과는 너무도 달라진 지금 나의 모습, 이 월남 정글에서 내가 얻은 것은 과연 무엇일까? 나는 지금 진정한 군인으로 거듭나고 있는 것인가? 온실에서 무럭무럭 자라던 화초가 잔설이 흩날리는 정원 앞뜰로 나와 하얀 새 뿌리를 내리기 위해 몸살을 앓아야 하듯 나는 지금 야전 군인이 되기 위해 큰 진통을 겪고 있는 것일까? 내가 가는 길이 바른길이라면 설사 앞으로 이보다 더 험난한 고비를 겪게 될지라도 석도는 거친 돌밭길을 묵묵히 걸어가리라!

• 휴양소 입소(1967.8.10.)

연대는 백마 1호 작전 후 정비 기간에 중대별로 상하 동료들 간 폭언, 폭행, 총기난동 등 군기사고가 빈발하였기에 이번 홍길동 작전으로 인한 전투 스트레스를 해소할 수 있도록 연대 휴양소에 중대 전원을 입소시켜 1박 2일간 자유로운 분위기에서 스트레스를 풀 수 있도록 조치하였다. 오늘은 바로 6중대가 휴양소에 입소하는 날이다. 휴양소 입소를 목 빼고 기다리던 6중대 병사들은 각자의 소총을 부대창고에 입고시키고 간단한 개인 장구만 휴대한 상태로 카고 차량을 타고 캄란의 해안을 향하여 시원스럽게 이동하였다. 병사들은 누가 먼저랄 것도 없이 흥얼대다 신나게 군가를 제창하였다.

14:00시 나트랑 해안 남지나해의 잔잔한 파도에 강렬한 남국의 태양 빛이 부딪히며 만들어낸 은파가 더할 나위 없이 아름다운 자태로 나의 눈길을 끌었다. 일찍이 프랑스인들이 이곳을 동양의 3대 미항이라고 평가하였다고 하니 그 이유가 짐작되었다. 앞에 펼쳐진 아름다운 풍광을 바라보는 것만으로도 그동안 정글전투에서 심신에 쌓였던 모든 티끌이 한꺼번에 씻겨나가는 기분이 들었다.

연대 휴양소의 북쪽에는 미군 휴양소가 자리 잡고 있었고 그 너머 월남 민간인 해수욕장이 위치하고 있었다. 더위를 피해서 해변에 와 있는 많은 해수욕 인파를 보면서 '과연 이 나라가 전쟁을 하고 있는 나라인가?'라는 생각이 들었다. 그들은 수영복 차림으로 해변을 거닐며 자유롭게 무더운 오후를 즐기고 있었다. 이 광경을 바라보노라니 덩달아서 신명이 나고 피로가 달아나는 듯했다.

중대에서는 각자의 탄입대와 대검까지 회수하여 합동 보관, 병사들의 경계부담을 없애주고 과음 후 총기난동 등에 대한 지휘자들의 부담을 덜어주었다. 우리는 곧바로 분대별로 천막을 설치, 숙영을 준비하였다. 나는 분대장들에게 입수하기 전 준비운동을 실시하고 음주 후에는 물속에 들어가지 못하게 하는 등 주의사항을 하달한 후 무엇보다 분대장을 중심으로 휴양소 생활을 즐기도록 강조하였다.

15:00시쯤 천막설치가 완료되어 자유 시간을 부여하였다. 대원들은 뜨거운 해변을 걷는 것보다 그늘진 PX 천막으로 모여들었다. 분대별로 캔맥주를 박스 단위로 구입하여 마셨다. 처음에는 분대장의 말이 크고 대원들은 낮은 목소리로 소근대는 듯 대화하더니 빈 캔이 늘어나면서 대원들의 말소리가 점점 커졌다. 작전 시 무용담, 아찔한 순간들, 행군 간 기진맥진 했던 기억, 부상을 당한 전우들의 사연들이 회자되면서 흥분과 격정으로 인해 고성이 아니면 옆 사람의 대화를 들을 수 없을 정도가 되었다.

어느새 고성방가가 옆 사람의 대화를 방해할 정도가 되었다. 병사들의 말소리가 부자연스러워지고 몸짓은 비틀거렸다. 만취한 행동이 위태하였고 만약 총기가 옆에 있었다면 난동을 부릴지도 모르겠다는 생각에 이르니 무기 회수조치가 매우 다행스럽게 느껴졌다. 나는 대원들을 천막 밖으로 보내고 더 이상 술을 마시지 않도록 유도하였다. 모두 해변으로 이동하여 바닷바람을 맞으며 시간을 보내게 되었다. 중대원들은 해변의 물가 언저리에 옹기종기 모여서 석양빛 해변을 바라보며 먼발치의 민간 해수욕장에서 즐겁게 노닐고 있는 젊은 남녀들을 흘깃 훔쳐보았다.

병사들의 눈 앞에 펼쳐진 장면은 불과 며칠 전 경험했던 일과 너무도 달랐다. 짧은 시간에 지옥과 천당의 모습을 모두 본 대원들은 각자 의식 착란을 일으켜 매우 혼란스러움을 겪었다. 이토록 극과 극을 오르내리다 보면 전투 스트레스가 해소되고 인성이 점차 정상으로 작동, 우리는 원래의 모습으로 돌아가는 것인가!

이글대던 남국의 태양이 서쪽 검푸른 산 너머로 자취를 감춰가고 있었다. 중대장은 중대원들을 모두 집결하여 저녁식사를 함께하였다. 중대장은 작전 간 노고를 치하하고 OB맥주 1캔씩을 분배하였다. 모두 취한 상태였으나 또다시 마셨다. 인사계 김 상사가 2소대 노래패를 불러내 흥을 돋웠다. 중대에서는 2소대 조 상병이 단연 최고의 가수였다. 작은 키에 김희갑을 닮아서 그를 보면 웃음이 절로 나왔다. 그가 18번 '삼천포 아가씨'를 애절하게 부르자 중대원들은 우레와 같은 박수로 응답해 주었다. 중대원들은 '달려라, 백마'와 '맹호는 간다' 등을 목이 터지도록 불러서 가슴속의 모든 찌꺼기를 하늘 높이 날려 보냈다.

그런데 대원 모두가 알코올을 뒤집어쓰고 몽롱한 상태에 빠져들면서 한쪽에서는 혀가 말리는 소리에 육두문자가 쏟아졌지만 흥겨운 분위기에 뒤섞여 정겹게 들렸다. 극도의 혼란 속에서도 질서가 유지되었다. 이는 기본 군기가 흐르고 있음을 말해 준다. 나는 이쯤에서 회식을 파해야겠다고 생각하고 분대장들에게 천막으로 들어가 개별 휴식을 종용하였다. 모래 위에 어둠이 내려서 인적이 끊기고 파란 하늘에 별들이 자리를 잡아가고 있었다. 해변 모래 언덕에 초저녁 바닷바람이 살포시 일고 남지나해의 파도소리가 가볍게 철썩거렸다.

이 무렵 휴양소 관리자 몇 사람이 그들의 24인용 천막 아래로 A텐트 10여 개를 급하게 설치하고 있었다. 잠시 후 작은 차량에서 검은색 그림자 10여 명이 내려서 한 명씩 A천막 안으로 들어갔다. 이때 인사계가 하얀 종이쪽지와 고무 주머니를 선임하사에게 인계, 분배를 잘하도록 당부하고 돌아갔다.[60] 소대 선임하사는 분대장들에게 1인당 1매씩 재분배해주고 분대원들은 이를 하나씩 받아서 A천막으로 들어갔다. 병사들은 수줍어하다가 천막 속으로 빨려들어 가듯 사라졌다. 그들은 3~4분이 지나서 허우적대는 자세로 각자 천막으로 돌아갔다. 곧바로 깊은 잠에 떨어져 다음날 동녘 바다 위로 해가 중천에 떠오를 때 부스스 눈을 떴다. 그들은 이상하리만치 몸이 가벼워지는 것을 느꼈다.

소대는 09:30분쯤 약간 쑥스런 기분을 떨치면서 자연스럽게 나트랑 해변의 모래밭을 산책하였다. 모두가 말이 뜸했고 전투 시작 이전의 본래의 모습으로 돌아간 듯했다. 어딘가 공격적인 모습을 보이고 들떠 있던 어제와는 전혀 다른 모습이었다. 나는 30분 후 대원들을 해산하고 각 분대 천막에 들어가서 쉬도록 하였다. 인간의 기본욕구 충족이 전투병의 극심한 전투 스트레스를 해결하는 방법의 하나가 될 수 있다는 가설을 증명하는 기회가 되었다.

그러나 예외적으로 인간의 기본욕구를 참아 넘기는 병사도 있었다. 우리 소대의 경우 2명이 하얀 종이쪽지를 사용하지 않았다. 그중 1명은 기독교 신자이고 1명은 기혼자로서 부인에 대한 신뢰를 지키기 위해서였다. 그들은 신앙인으로, 남편과 아이 아빠로서 당당하게 유혹을 뿌리쳤다. 소대 선임하사와 분대장은 이것도 군대의 단체 활동이므로 같이 행동할 것을 권장하였지만, 그들은 양심의 문제이니 더 이상 거론하

---

60) 미군들은 인간의 기본욕구를 해소하는 방법으로 외출을 허용하였다. 한국군은 외출로 인한 문제를 우려하여 무조건 기본욕구를 억제하도록 했다. 그 결과 기지 주변 현지 여인과 은밀히 관계를 맺는 경우를 비롯하여 갖가지 음성적인 욕구 해소 행위가 있었다. 이번 연대 휴양소에서는 현지 직업여성과 정상적인 거래를 한 경우로서 희망자에 한하여 기본욕구를 충족시켜 주기 위한 것이었다. 이런 일은 내가 소대장으로 재직한 동안 처음이자 마지막으로 있었다. 일본 언론이 한국군도 월남에서 위안소를 설치 운용했다는 발언을 했는데, 일본군이 전선부대에 전속 위안부를 조직하고 강제적으로 모집하여 계획적, 지속적으로 관리, 운영한 것과 근본적으로 다르다.

지 말라고 완강하게 뜻을 굽히지 않았다. 아무도 보지 않는 가운데서도 그리고 무언의 압력 속에서도 신과 가족에 대한 신뢰를 끝까지 저버리지 않았던 그들은 여러 사람에게 잔잔한 감동을 안겨 주었다. 나는 이들을 보면서 인간은 어떤 최악의 환경에서도 자아의 의지력으로 인간의 본능적 욕구를 제어할 수 있음을 확인하였고 이는 순수한 사랑과 깊은 신앙심이 뒷받침해 줄 때 가능하다고 확신하였다.

· 캄란 중대전술기지(1967.08.11.)

우리는 연대 휴양소에서의 꿈같은 하루를 보내고 캄란 미군 비행장 기지의 북단에 자리 잡은 경계부대의 전술기지로 이동하여 야전에서의 일상생활로 돌아왔다. 작전 임무가 비교적 가벼운 지역으로 모든 것이 여유로워 보였다. 나는 오후 시간을 이용하여 중대본부에 들러 새로 옮긴 부대의 지형여건과 전술상황을 파악하였다. 우리 중대 책임구역에 소대가 단독으로 떨어져 근무하는 독립기지가 있는데 바로 그곳에 우리 1소대가 주둔하게 된다고 중대본부 요원이 귀띔해 주었다. 그리고 내가 이번 홍길동 작전과 지난번 백마 1호 작전에서의 전공으로 화랑무공훈장이 추천되었다는 이야기를 전해주었다.

― 훈격심사 제언

인간, 특히 남자, 그중에서도 직업군인은 공명심과 명예욕이 유별나다. 그들은 명예를 얻기 위해 심지어 목숨을 걸기도 하고 불명예스럽게 사느니 명예롭게 죽기를 갈망하기도 한다. 무공훈장은 바로 군인의 명예심을 자극, 임무수행 열정을 극대화하는 수단이기도 하다. 예로부터 국가에서 전쟁이나 건국에 공을 세운 사람들에게는 어떤 형태로든지 보상이 주어졌고, 보상의 형태로 훈장이 수여되었다. 나폴레옹은 "사람을 싸우게 하는 것은 논리가 아니고 영광과 전공과 보상이다."고 말하고 훈장을 적극적으로 활용하였다.

그런데 훈장수여제도는 그 취지에 맞게 그리고 공명정대하게 수여될 때 비로소 본래의 의미를 살릴 수 있다. 훈장을 무분별하게 남발하거나 공명정대하지 못하게 수여할 경우 훈장을 수여하지 않은 것만 못하다. 특히 무공훈장의 경우가 그렇다.

임진왜란 후 이순신 장군은 1등 선무공신에 올랐는데, 한편에서는 원균을 1등 선무공신으로 올렸다. 오로지 당파에 의해 나눠 먹기를 했으니 참으로 어이없는 일이었다. 또 조선왕조 종묘에 임진왜란 10대 훈공대신으로 안치된 인물 가운데 이충무공은 포함되지 못했다. 그가 무인이라는 이유 때문이었다. 이런 차별 속에 무인으로 나라를 위해 목숨을 바치는 심정은 어떠했을까? 공훈 처리 하나만 봐도 조선 조정이 나라를 지키고자 하는 의지와 군인들을 얼마나 소홀히 여겼는지 짐작할 수 있다. 조선 말기 허약한 국방태세는 우연이 아니었고 나라의 멸망은 예고된 것이다.

월남전에서도 훈장 수여와 관련하여 크고 작은 잡음들이 많았다. 주로 자신은 공을 세웠는데 왜 포상을 해주지 않는지, 다른 사람보다 자신의 공이 큰 데도 훈격은 낮은지, 어떤 사람은 공이 없는데도 어떻게 높은 포상을 받는지 갖가지 잡음들이 난무하였고 부대단결을 저해하였다. 나도 그 같은 일을 겪게 되었다.

홍길동 작전이 종료되고 2개월 후 나는 인헌무공훈장을 받았고 K중대장은 화랑무공훈장을 받았다.[61] 내가 화랑무공훈장으로 추천되었는

---

61) 우리나라의 훈장으로는 무궁화대훈장, 건국훈장, 국민훈장, 무공훈장, 근정훈장, 보국훈장, 수교훈장, 산업훈장, 새마을훈장, 문화훈장, 체육훈장, 과학기술훈장 등 12개 종류가 있으며 그 무공훈장은 태극무공훈장, 을지무공훈장, 충무무공훈장, 화랑무공훈장, 인헌무공훈장 등이 있다.

데 심의과정을 거치면서 나의 훈격은 하향조정되었다고 전해 들었다.[62]
소대장의 공적이 곧 중대장의 공적일 수가 있고 중대장이 상급자이니
소대장보다 높은 훈격을 주는 것이 자연스러울 수도 있지 싶었다. 그러
나 생각할수록 훈격 결정에 수긍이 가지 않았다.

중대장은 부임 후 처음으로 작전에 참여하였고 홍길동 작전 간 한 번
도 중대단위 전투를 직접 지휘하지 않았으며 그가 내린 일련의 지휘조
치는 적절하지 못했기에 자숙해야 했다. 그럼에도 불구하고 10개월 이
상 정글을 누비며 생사를 넘나들며 싸운 소대장을 제치고 그에게 높은
훈격을 부여하는 것이 과연 훈장을 수여하는 원래의 취지에 부합하는
것일까? 지휘관이 항상 하급지휘자보다 높은 훈장을 받아야 한다면 전
투현장의 하급제대지휘자와 전투원들은 도대체 무엇이란 말인가? 중대
장이 훈장을 받는다면 그가 훌륭하게 전투를 지휘한 실적을 객관적으
로 명확히 입증했을 경우로 한정해야 한다는 것이다.

중대장은 전투 현장에서 일어나는 제반상황을 최초부터 마지막까지
그 전 과정을 취합하여 보고하는 최말단 행정업무를 관장하는 기능
을 수행한다.

그의 의지에 따라 진실을 외면하거나 조작할 수 있으며 상급자로서
갑질을 할 수 있기 때문이다.

한편 내가 과연 훈장을 받을 만한 공적을 세웠는지 되돌아보았고 무
엇보다 병사들의 땀과 피의 대가를 나 혼자 독차지한 것은 아닌지를 자
문하였다. 또한, 부하들에게 응분의 충분한 대변을 해주지 못한 점에
대해 미안한 마음을 가졌다. 그리고 전장에서 공적에 집착하는 것은 신
변에 불길한 요인이라 생각하고 마음에 묻어두기로 하였다.[63]

---

62) 중대장이 공적을 작성하는 위치에 있었기에 우선순위를 바꾸어 놓게 되었다는 사실을 전해 들었다.

63) 화랑무공훈장으로 추천되었으나 심의과정에서 중대장과 뒤바뀐 것을 알게 되었다. 여기에서 굳이 이
를 언급하는 것은 공명정대한 상벌관리로 고질적 병영 인사비리를 근절하기 위함이다.

캄토반도
소대기지 방어

1. 캄토반도 소대기지 인수(1967.8.12.)

제30연대 제2대대는 디엔 칸 기지에서 제30연대 본부가 주둔하고 있는 캄란 기지로 이동하였다. 이에 제6중대는 캄란만 미군기지 북방에 자리 잡은 전술기지(MyCa, CP046334)로 이동하여 미 공군시설의 외곽 경계를 지원하게 되었다. 우리 1소대는 이날 제10중대 1소대로부터 캄토 기지 경계 임무를 인수하였다.

캄란만의 남방은 기다란 캄토반도가 해안을 따라서 북으로 뻗어 있어 미군기지에 비수를 들이대는 형국을 만들었다. 반도는 남북으로 길이 15km, 폭 3km의 크기로 주민이 소개되어서 무인지대가 되었다. 이 전술기지는 베트콩이 이 반도의 종격실 능선이나 어선을 이용하여 해안으로 은밀히 접근, 미군기지 내로 침투할 가능성에 대비하기 위한 것이다. 이 고립무원의 캄토반도의 소대전술기지(CP019108)는 우군의 육로접근이 불가하여 유사시 헬기에 의해 공수지원을 받게 되어 있었다. 또한, 지하수 등 음용수가 개발되지 않아서 미 육군의 수륙양용차(Lark-v)가 5갤런 물통 30개를 1일 1회 지원해 주었다. 기지 주변 해안선 1km 거리 수역에 민간 어선의 어로활동이 금지되었다. 바다에는 가오리 등 물고기가 풍부하였고 수륙양용차가 접근할 때마다 고기 떼가 따라오는 모습은 충분한 볼거리가 되었다.

나는 4.2인치 박격포 2문, 60mm 박격포 3문을 배속받아 포병관측반과 위생병을 포함하여 총 60여 명을 지휘하며 경계임무를 수행하였다. 경계지역을 인수하는 즉시 나는 야간 적 게릴라 침투에 대비하여 예상 접근로에 병력과 화기를 배치하였다. 방어선의 최외곽에 3중 윤형철조망을 설치하고 이를 중간과 내곽에도 설치하여 3중의 철조망 장애물을 만들었다. 지형에 따라 인력 그리고 화력과 장애물이 상호 조화가 되도록 화집점과 탄막 위치를 조정하는 등 방호계획을 점검하고 보강하였다. 아울러 포병관측반 요원을 비롯하여 박격포 반원들이 자기 임무를 수행할 태세를 갖췄는지 점검하고 긴장을 촉구하였다. 아울러 배속부대 요원들의 식사와 개인위생에 관심을 표시하고 미흡한 분야는 중대에 보고하여 조치를 받았다.

경계준비가 만족할 수준이 되면서 정상적인 경계활동에 들어갔다. 오전은 간단한 부대교육과 기지에서 정비 활동을 하고 오후는 오침을 보장하였다. 또 1주일은 전원 철야근무를 실시하여 새로운 작전 환경에 적응하도록 대비하였다. 중대기지는 중대장이 총괄 지휘하지만, 이곳은 소대 기지인 만큼, 내가 모든 것을 판단하고 지휘해야 하므로 처음에는 긴장감으로 가면조차 할 수 없었다. 중대장의 간섭을 일일이 받지 않는다는 점에서는 마음이 편안하였으나 그 책임감의 무게는 자못 무거웠다. 나는 새로운 환경에서 각개 병사의 임무 숙지 상태를 점검하기 위하여 산병호를 순찰하면서 경계 핵심 숙지사항을 확인하였다. 1주일에 동일한 건으로 2~3회 반복해서 지적하면 대부분 숙달되었다. 나는 병사들의 야간근무를 2교대 체제로 바꾸어서 전·후반야로 나누어 근무하도록 조치하였다. 차츰 소대는 캄토반도의 독립기지 생활에 무난히 적응해 가고 있었다.

2. 귀국 연장과 심리적 동요(1967.8.23.)

귀국제대 제1진이 오늘 고국으로 출발하였다. 나는 기혼인 병사를 우선으로 조기 귀국제대에 포함시켰다. 그래서 제1호 귀국자는 기혼자인 화기분대 소춘호 병장이 되었다. 나는 그와 함께 약 15개월 동안 고난의 전선 생활을 회상하며 고국으로 돌아가는 그를 진심으로 축하해주고 격려해주었다.

파월 장병 피해는 누구라도 가족에게 큰 슬픔을 안겨주지만, 소 병장의 경우는 아내와 아이들의 불행으로 확대될 수 있어 그동안 그의 안전에 각별히 신경을 썼다. 아무튼 이제 그가 고국에서 출발할 때와 똑같이 건강한 모습으로 귀국하게 되어서 더없이 기뻤다. 소대원들 모두가 그의 귀국을 진심으로 축하해 주었고 한편으로는 부러워하였다. 우리는 정글에서의 추억을 오랫동안 간직하고 깊이 새겨진 뜨거운 전우애를 잊지 않기로 다짐하였다.

그러나 나는 제1제대가 귀국하는 것을 보면서 마음이 매우 심란하였다. 나는 마지막 귀국제대인 제23제대에 편성되었기 때문이다. 아직도 6개월이나 남았다. 원래대로라면 1년이 되는 2개월 후에 귀국해야 하는데, 4개월이나 늦어지고 말았다. 그것은 대대장 김 중령이 대대장 가운데 가장 신참으로 마지막 제대로 편성되면서 장기복무 소대장들은 대대장과 끝까지 함께한다는 뜻으로 나의 뜻과는 무관하게 마지막 제대로 편성했기 때문이다. 나는 출국 시 파월 1년 근무를 조건으로 부모님으로부터 허락을 받았고 나도 늘 월남 근무 기간을 1년으로 염두에 두고 마음을 다잡아 왔던 터였다. 본인에게는 아무런 언급조차 하지 않고 상급부대에서 일방적으로 귀국제대를 결정해버렸으니 참담하기 그지없었다. 하지만 연장근무 여부는 개인의 고유 권한이므로 건의하면 언제든지 귀국이 앞당겨질 수도 있다고 생각한 나는 별다른 조치를 취하지 않은 채 상급부대에 건의하겠다는 생각만 해오다가 오늘까지 이른 것이다.

나를 기다리고 있을 부모님을 생각하니 온몸이 뒤틀리는 것 같았다. 사실 나는 어머니께 너무 실망을 드리는 것 같아서 마지막 제대로 귀국할 계획이라는 사실조차 알려드리지 못했다. '아마도 부모님은 내가 돌아올 날을 달력에 표시해 놓고 손꼽아 기다리고 계실 텐데, 하루를 여삼추로 여기며 오늘도 목을 빼고 기다리실 텐데, 어떻게 귀국이 4개월이나 늦어졌다고 전할 수 있겠는가? 지금쯤 부모님은 파월 10개월이 지났는데도 언제 귀국한다는 소식조차 없으니 마음속으로 얼마나 답답하고 불안해하실까?'라고 나 혼자서 걱정만 하였다. 이따금 귀국제대를 앞당기는데 일정 금액의 뒷돈이 필요하다는 악성 소문이 나돌았다. 나는 부모님이 상심하실 모습과 병영 내 불온한 돈거래 소문이 오버랩 되면서 월남 근무 열기가 냉각되어 매사가 짜증스럽게 느껴졌다.

벌써 중대의 간부가 대부분 교체되었다. 중대장은 이미 교체되었으며 2소대장은 열병으로 후송되었고 3소대장은 전투 중 부상으로 우리 곁을 떠났고 부중대장은 11중대 서 중위가 새로 부임하였고 중대 포병관 측장교까지 교체되었다. 오직 화기소대장만이 나와 함께 남아 있는데, 그도 오는 10월에 귀국한다고 준비를 서두르고 있다. 나 혼자 5개월 동안 정글 속에 남아 있을 것을 생각하니 지루하기가 이루 말할 수 없었다. 현직 야전 소대장을 회피한다는 인상을 대원들에게 보여주는 것 같아서 내색할 수도 없고 상담할 대상도 없어서 홀로 가슴앓이를 하고 있었다.

3. 바다 천렵(川獵) 행위(1967.9.5.)

이곳 캄토 독립기지는 월남 민간인도 볼 수 없고 인접부대도 없는 그야말로 외로운 기지였다. 남지나해의 파도가 해변에서 밀물과 썰물로 들고 나가는 소리가 잔잔하게 들려왔다. 서녘에 지는 해의 마지막 햇빛이 그림자를 길게 드리우며 어둠이 조용한 기지를 덮어가고 있었다. 오늘따라 유난히 갈 곳도 없고 만날 사람도 없는 외로움이 느껴졌다. 그리고 딱히 할 일도 없어서 멍하니 하늘을 바라보며 시간을 죽이고 있었다.

그때 전령이 C레이션 대신 그을린 반합에 또 하나의 반합을 가지고 왔다. 반복되는 나날에 신선함이 느껴져서 나는 가볍게 웃음을 던지며 "이게 뭐지?"하고 반갑게 물었다. 전령과 나는 15개월 동안 전선에서 생사를 넘나들며 동고동락을 해왔기에 금세 나의 뜻을 알아차리고 변명을 하려 들었다. 나는 매운탕감으로 바닷고기를 잡지 말라고 이미 엄명을 해 놓은 터였다. 해안가에는 '물 반, 고기 반'일 정도로 고기가 많아 수류탄이나 크레모아를 폭파시키면 쉽게 매운탕감을 구할 수 있었다. 그러나 이를 방치하면 군기가 문란해지고 폭발물 관리부실과 안전사고가 발생할 우려 때문에 이곳에 오자마자 일성으로 수렵행위를 금지토록 한 것이다. 그런데 이때까지 잘 지켜오다가 오늘 갑자기 내 앞에서 금지사항을 깨버리다니 참으로 황당하였다.

나는 '고기를 잡으려고 의견을 제의한 사람은 누구일까? 언제 어디서 무엇으로 얼마나 잡았을까? 이를 소대원이 다 알고 있을까?' 궁금증이 밤안개처럼 일어났다. 나는 식사를 천막 밖으로 물리게 하였다. 그리고는 전령으로부터 고기잡이에 관하여 상세하게 이야기를 듣기로 하였다.

전령은 오늘 오후 소대 선임하사관과 분대장들이 소대 전술기지 생활용수가 흐르고 있는 조용한 해안가를 찾아가 수류탄 1발을 바다에 던져 가오리를 비롯하여 많은 물고기를 잡아 매운탕을 마련했다고 하였다. 나는 이들을 중대에 보고하여 징계해야겠다고 생각했다. 그런데 모든 간부가 동참했다는 점 때문에 망설여졌다. 어쩌면 나 자신도 기지 내 병력통제를 소홀히 한 책임이 있었다. 그렇다고 그냥 아무 일이 없다는 듯이 넘길 수도 없었다. 나는 잠시 여유를 가지며 '외로운 독립기지 생활을 해온 대원들이 눈앞에서 어른거리는 탐스러운 바닷고기를 물끄러미 바라보며 얼마나 천렵을 하고 싶었을까? 소대장의 융통성 없는 성격이 얼마나 답답하게 느껴졌을까?'라고 역지사지해보았다. 이어서 사건의 성격이 중대에서 징계해야 할 정도로 심각한가도 생각해보았다. 사실 이것은 큰 물의를 일으킬 수 있는 심각한 사고가 아니라 소대장이 지시한 사항을 위반한 단순한 지시위반 사고에 불과하였다. 그리고 소대장 선에서 앞으로 얼마든지 재발을 방지할 수 있는 문제였다. 결국, 나는 이것을 중대에 보고하여 엄청난 사고인 양 침소봉대하여 판을 크게 만들 필요가 없으며 소대장 선에서 조용히 처리하기로 하였다.

나는 전령에게 소대본부의 선임하사, 향도, 전령을 불러서 식사를 같이하자고 했다. 나는 불안하게 생각하는 간부들과 함께 매운탕을 맛있게 먹었다. 조금 전 다소 긴장되었던 분위기가 한결 부드러워졌다. 나는 이 기회에 앞으로 천렵을 금지할 대책을 마련하고자 분대장들을 모두 모이게 하였다. 나는 파월 전에 양평에서 민물 매운탕 식사를 하고 1년 만에 매운탕을 먹게 되었다고 하면서 그들을 안심시켰다. 모두 공감하며 각자 흥이 나서 이런저런 이야기꽃을 피웠다. 그때 김 하사가 불쑥 "주 1회씩 오늘처럼 바닷고기를 잡아서 소대 회식을 하는 것이 어떨까요?"라고 말하며 약간 상기된 표정으로 나의 눈치를 살폈다. 나는 이런 말이 나오기를 사실상 기다렸다. 나는 그를 쳐다보며 나의 의지를 잔뜩 실어서 "그것은 안 돼!"라고 잘라 말했다. 그리고 나는 소규모 독립기지에서 군 기강이 해이해져 일어난 각종 사고 사례를 알려주고 순간의 안

일과 쾌락을 추구하다가 자신은 물론 전우의 불행을 초래할 수 있다고 강조하면서 왜 내가 천렵 행위를 엄히 금하고 있는지를 이해시켰다. 그러면서 오늘 이후부터 이런 일이 일절 없도록 하고 경계근무 군기를 더욱 강화할 것을 엄중하게 지시하였다.

나는 그날 밤 소대 선임하사와 함께 야간 근무실태를 순찰하여 경계를 소홀히 한 병사 3명과 야간 화력지원 요청절차가 미숙한 포병관측반 요원들에게 선임하사관이 혼쭐을 내게 하였다. 이후 기지 생활은 더욱 안정되었다.

4. 작전지역 어선 통제(1967.9.16.)

화기분대 김 중사가 15:00시경 긴급보고가 있다면서 나를 찾아왔다. 해안 접근이 금지된 해안선까지 어선이 접근하고 있는데 어떻게 조치할 것인지를 물었다. 그러면서 그는 기지에 있는 60mm 박격포로 위협사격을 실시하여 어선을 나포하고 상급부대에 보고해야 한다고 건의하였다.

나는 순간 그렇게 하는 것이 타당하다고 판단하고 조치하려다 중지시켰다. 우선 나는 그 어선의 동향을 세밀히 관측하도록 하고 좀 더 가까이 왔을 때 해안에서 육지로 올라오도록 메가폰으로 유도하였다. 이와 함께 소대의 병력을 전원 진지에 비상 배치하라고 명하였다. 그러나 어선은 해안선 500m 지점 일대에 어망을 설치하다가 우리의 통제에 불응하고 도주를 시도하였다. 이에 나는 화기소대의 박격포로 어선 도주방향 전방 1km 지점에 위협사격을 실시하도록 하였다. 포사격에 위협을 느낀 어선은 동남방향 공해 쪽으로 도주를 기도하였다. 이번에는 LMG 기관총으로 위협사격을 가하여 어선을 압박하였다. 아울러 메가폰으로 육지로 나오도록 고함을 쳤다. 그제야 어선은 하는 수 없다는 듯이 선수를 돌려서 육지로 올라왔다.

선임하사관 심 중사가 1분대 병력을 대동하고 해변에 나가서 어부 2명을 나포하고 어선 내부를 수색하였다. 어선 안에는 어구와 2일분의 식량, 생활용품 등이 있었으나 무기 탄약 등 의아 물품은 없었다. 나는 중대장에게 상황을 상세히 보고하였다. 중대는 대대로 보고하였고 대대는 이 어선이 민간 어선임을 확인하여 방면하도록 지시하였다. 나는 이번 일을 통해서 앞으로 동일한 위반사례가 재발하지 않도록 경각심을 갖도록 해야 한다고 판단하였다. 이 해안은 간만의 차가 큰 사리 때는 엄청난 고기 떼가 몰려오므로 만약 어선이 떼를 지어 접근할 경우 통제가 어려울 것이고 그렇게 되면 베트콩들이 혼잡한 상황을 교묘히 활용하여, 침투공작을 기도할 수 있다고 판단하였기 때문이다. 그래서 나는 어부들에게 C레이션을 제공한 후 영내에서 긴장 속에서 불편한 하룻밤을 보내게 하였다. 차후 어부들이 이 해안에서 어로활동을 할 엄두가 나지 않도록 고생을 시키기로 하였다. 어차피 그들은 기지 내 시설보안 때문에 제한된 공간에서 철야를 해야 하며 그들을 위한 잠자리를 별도로 제공할 수 없었다.

나는 다음 날 06:30분경 그들을 방면시켰다. 그들은 생사를 알 수 없는 불안한 시간을 보내며 방면을 기다리다가 무사히 풀어주는 심 중사에게 고개를 숙이며 기뻐하였다. 선장으로 보이는 연장자가 어선에 보관된 큼직한 물고기 5마리를 땅에 내려놓으며 사례를 하였다. 나는 이를 보고 그들이 우리에게 별다른 증오심은 없다는 증표로 받아들였다. 그들의 물고기를 받는 대신 그에게 소대에서 취식하지 않은 C레이션, 일부 과자류, 코코아, 담배, 코코넛, 버터 약간을 주고 배상하였다. 이런 일이 있고 난 후 내가 있는 동안 어떤 민간어선도 이 일대 해안에 접근하지 않았다.

나는 손자병법 「구변(九變)」편의 일구(一句)를 상기하였다. "용병지법(用

兵之法), 무시기불래(無恃其不來), 시오유이대지(恃吾有以待之)", 즉 병력을 운용함에 있어서 적이 막연히 오지 않기를 바라지 말고, 언제라도 대적할 수 있는 나의 대비가 있음을 믿고 있어야 한다는 것이다.

5. 귀국 지연 후유증 '부친의 편지'(1967.9.20.)

오늘 오전 물차 편으로 고국 소식을 전하는 가정통신이 왔다. 이 외딴 섬 같은 곳에서 적적하게 지내고 있는 우리에게 이보다 더 좋은 선물은 없다. 더구나 그리운 혈육들이 곧 다가올 추석을 생각하며 고향의 정을 실어 보냈을 테니 대원들 모두가 반가워하였다. 나에게도 기쁜 소식이 와 있었다. 발신자는 아버지였다. 여느 때와 달리 편지 겉봉을 열기가 망설여졌다. 겉봉을 열고 편지지를 일별하는데 아닌 게 아니라 아버지의 글씨가 산만하게 흩어져 있어 속상하신 마음을 대번에 알 수 있었다. 나는 정신을 가다듬고 조심스럽게 읽어갔다. 내가 귀국하기로 약조한 1년 임기가 이제 다 이르고 있는 터, 나로부터 귀국한다는 소식이 없으니 모친께서 나의 신상에 사고가 있는 것으로 예단하고 심려 끝에 몸져누우셨다는 내용이었다. 어머니께서는 1년 동안 월남근무를 하고 온다는 것을 마치 단 하루도 넘기지 않고 출국일을 정확한 귀국일로 생각하셨다. 이제 만 1년이 다 되어 가는데도 아직 귀국 일정을 알지 못하시니까 내게 변고가 있다고 오해하신 것이었다. 심지어 어머니는 얼마 전 귀국이 다소 늦어진다고 보낸 나의 편지가 날조된 것으로 여기시고 나의 신상 변고를 기정사실화하셨다는 것이다. 그와 동시에 절망감에 식음을 전폐하고 불면증에 정신착란 증세까지 일어나 어머니께서 매우 위급하다는 내용이었다. 이 소식을 전하시면서 부친께서는 내가 부모의 만류에도 불구하고 그토록 파월을 고집하다가 이제는 내가 귀국 약속을 지키지 않고 파월 연장근무까지 하려는 것으로 짐작하시고는 "너는 부모의 심정을 그토록 이해하지 못하는 불효자인가?"라고 크게 책망을 하셨다. 내가 부친으로부터 이렇게 무거운 책망을 들은 것은 태어난 이후 처음이었다.

나는 온몸에 힘이 쭉 빠졌다. 더 이상 월남 근무가 싫어졌다. 내가 파월을 지원하며 마음속으로 헌신하겠다는 약정 기간이 이제 다 되었으니 모든 것을 훌훌 털어버리고 그대로 돌아가고 싶었다. 그러나 가고 싶다고 하여 나 홀로 더블백 챙겨서 훌쩍 떠날 수는 없지 않은가! 마음이 착잡하여 눈앞이 아득하였다. 나는 자리에 그대로 앉아 있을 수가 없었다. 그렇다고 이 좁은 소대 전술기지에서 마땅히 갈 곳도 없었다. 이 답답한 심정을 털어놓을 사람도 없었다. 고독이란 것이 바로 이런 것인가!

나는 소대 향도 김동만(金東滿) 하사와 전령을 불러 기지 밖 해안 정찰을 하자고 지시하였다. 동편 해안선을 따라서 1km쯤 남쪽으로 걸어가는데, 향도 김 하사가 나의 행동을 매우 의아해하며 내 얼굴을 살폈다. 그는 평소 소대장의 침착한 행동과 차이가 있음을 확인하고 지금 어디로 무엇 때문에 가고 있는지 묻는 표정이었다. 실로 가고 있는 목적지도 가야 할 목표도 없었다. 나는 해변 모래사장을 걷다가 숲 속 교목 나무 그늘에 앉으면서 향도에게 앉기를 권하였다. 그는 머뭇거리다가 나의 옆에 앉았다. 전령은 재빠르게 사주경계 자세를 취하였다.

하늘은 더없이 맑고 오후의 햇볕이 남

지나해 잔잔한 파도에 부딪혀 반짝이는 은파를 만들고 있었다. 자연은 우리에게 고요한 풍광을 안겨주었다. 그러나 그것은 나의 답답함을 더욱 가중시켰다. 나는 질식할 것 같은 기분을 전환하고자 향도에게 말을 걸었다.

"김 하사, 고향이 어디인가? 그리고 김 씨 본관은?" 라고 개인적인 대화를 시작하였다. 그는 고향이 경북 '청도'이고 본관이 '의성'이라고 답하였다. 나는 그가 나와 본관이 같다는 말에 깜짝 놀랐다. 그동안 왠지 그의 언행이 너무나 친숙하여 이웃집 일가 같은 생각이 들었다. 그와 나의 성장환경이 경북 청도와 전북 부안으로 너무나 달랐음에도 '종친 혈족들의 성품과 행동이 이렇게 유사할 수 있을까?'라고 생각하며 마음으로 경탄하였다. 하지만 내가 같은 종씨라는 것은 밝히지 않았다. 그가 나의 부친(金東浩)과 동일한 항렬(行列)인 '동(東)'자 성명이고 나의 중부님이 동명이인으로 '동만'이셨기 때문에 혹시라도 소대 지휘에 어려움이 있을 것 같아서였다. 나는 우리 고향에도 의성 김 씨가 많으며 선비 같은 모습이 향도와 유사하다고 평가해 주고 김 씨 문중을 은근히 추어올렸다. 그는 자신의 고향 종친 어른들도 융통성이 없고 깔끔한 선비 같은 분들이 많다고 응답하였으며 우리는 어느새 정서적으로 더욱 짙은 동질감을 느꼈다.

나는 "경상도 지방에서 특히 의성 김 씨 문중에서 유명한 선비가 누구인가?"라고 질문을 던졌다. 그는 망설임 없이 "학봉 김성일 선생이시지요."하고 대답하였다. 나는 의아한 표정을 짓고 "국사 교과서에 나오는 임진왜란 전 통신부사로 일본에 간 김성일을 말하느냐?"고 따지듯 물었다. 그렇다는 대답을 들은 후 나는 "그는 일본이 침략하지 않을 것이라고 허위보고를 해서 임진왜란에 대한 대비를 소홀히 하게 한 역사의 죄인이 아닌가?"라고 언성을 높이며 대들었다. 그는 물러서지 않았다. 그는 『학봉전서』에 그분의 행적이 소상히 기록되어 있으니 귀국해서 읽어

보시면 제 말을 이해하실 수 있을 것입니다."라고 잘라 말하였다. 그의 단호한 태도에 더 이상 할 말을 잃었다. 나는 마음속으로 귀국해서 반드시 『학봉전서』를 읽어보고 김 하사에게 내가 의성 김 씨라는 사실도 이실직고하리라.[64] 우리는 자리에서 일어나 기지로 발걸음을 옮겼다.

나는 기지에 돌아와서도 생각에 잠겼다. 내가 월남 전선의 전투부대 소대장으로서 견뎌낼 수 있는 인내의 한계점은 어디까지인가? 설사 지금 나의 인내가 한계점에 이르렀다 하더라도 이 상황에서 이 무인고도의 소대 독립기지를 누가 지켜낼 것인가? 나의 대원들은 누구를 믿고 누구의 지휘 하에서 귀중한 자기의 생명을 바쳐 싸울 것인가? 나는 이미 이들과 함께 싸우고 개선하기로 굳게 약속하지 않았던가? 이렇게 생각을 이어가다 보니 점점 생각이 정리되었다. 나의 결론은 이러하였다. 나와 나의 부모님의 처지가 참담할 정도로 고통스러운 것은 사실이지만, 한 가지 분명한 것은 소대장인 내가 이들의 배신자가 될 수는 없다는 것이었다. 소대원의 안위까지 염려하시는 부모님도 이 같은 사실을 아신다면 충분히 이해하시리라.

나는 사관생도 신조 3항 "나는 안일한 불의의 길보다 험난한 정의의 길을 택한다."를 수없이 암송하고 되뇌며 마음을 굳건히 하였다. 그리고는 기지 내 교통호를 따라서 순찰을 하였다. 평시 하는 것보다 더 철저히 경계태세를 점검하였다. 낙심의 안개가 서서히 걷히고 무엇인가 내면에서부터 힘이 솟아오르는 것을 느꼈다.

---

64) 나는 귀국 후 마음먹은 대로 『학봉전서』를 읽었다. 나는 이 책을 읽으면서 학봉 선생의 또 다른 일면과 잘못 인식된 점을 발견하였다. 오래전에 있던 역사의 진실을 정확히 캐내기는 쉽지 않은 일이지만, 임진왜란 당시 학봉 김성일의 행적에 대해서는 우리가 정사(正史)로 알고 있는 단순한 내용과 상당히 차이가 있어 필히 재평가가 이루어져야 한다고 생각했다. 이에 대한 자세한 내용은 제6장 제3절에서 다루었다.

• 소대장직 종료(1967.9.28.)

우리 1소대는 2소대와 교대하여 캄토반도에서 철수, 캄란만 북단에 위치한 6중대기지로 복귀하였다. 그런데 중대에 돌아오니 새로 1소대장으로 부임할 김 소위가 기다리고 있었고 나의 보직 변경도 예정되어 있었다.

후임 소대장은 특간 장교로 나이가 20대 후반이며 행동이 노숙해 보였다. 월남 전선의 특성을 파악하고 대원들과 호흡을 맞출 때까지 엄청난 땀을 흘리고 때로는 고귀한 피로써 수업료를 지불해야 할 텐데, 앞날이 걱정되었다. 이것은 김 소위보다는 그동안 나와 생사고락을 함께 해온 부하 대원들에 대한 염려였다. 나는 후임자에게 무탈한 상태로 대원들을 귀국시켜 줄 것을 진심으로 당부하였다.

전장에서는 갑작스러운 이별이 자주 생긴다. 눈 깜짝할 사이 옆에 있던 전우가 총탄에 쓰러지고 발병으로 긴급 후송되는 경우가 바로 그런 경우이다. 이런 이별은 이별의 절차가 너무도 빠르게 진행되어 서로 슬퍼하고 그리워할 시간이 없는 것이 특징이다. 심지어 전우에게 "안녕!"이라는 말조차 못하고 영원한 이별을 고해야 하는 경우도 있다. 그저 떠나가는 자를 멀거니 바라볼 뿐이다. 그런 이별은 생자(生者)의 뇌리에 남아 죽을 때까지 잊히지 않는다.

내가 소대장을 인계하는 순간도 이런 식으로 진행되었다. 나는 중대에 오기 전까지도 소대장 교대 소식을 알지 못했고 소대를 떠난다는 것을 생각조차 하지 않았다. 미운 정과 고운 정이 뼛속 깊이 파고든 나의 전우들을 내가 어찌 떠날 수 있단 말인가? 그러나 소대장 교대는 일사천리로 진행되었다. 부대의 명에 따라 나의 소대원들이 새로 부임해 온 김 소위의 부하로 넘겨졌다. 그들이 내 곁을 떠나는 것이 아니라 내가 그들을 떠난다는 것이 너무 미안했다. 그리고 그들과 헤어진다는 것이 너무 슬펐다. 어차피 언젠가는 헤어지게 되어 있지만, 그날이 이렇게 빨리 다가오다니, 전혀 준비하지 못했던 이별이었기에 더욱 아쉬웠다.

소대장을 인계하니 한편으로는 홀가분한 생각이 들었다. 지난 1년 동안 허구한 날 해온 수색정찰과 매복, 경계에서 벗어나 인간의 기본 생체리듬을 다시 정상으로 회복하는 것은 환희 그 자체였다. 소대장 직책을 인계하는 감회는 온몸을 칭칭 동여 매 놓은 올가미 밧줄을 풀고 천근만근 무거운 짐을 양어깨에서 일순간에 벗어버리는 홀가분한 기분이었다. 그러나 소대원들과 끈끈한 정으로 맺어진 전우 관계의 실질적 상실감에서 오는 허전함과 외로움이 바닷물처럼 거세게 밀려들었다. 겉으로 소대장인 내가 그들을 보살펴주었지만, 사실은 그들이 나를 보호해주고 위로해주고 희망이 되어 준 든든한 후원자였다. 내가 이들의 곁을 떠나게 되었으니 이제 내 마음을 둘 데가 어디며, 이제 나는 누구로부터 힐링을 받아야 하는가?

나는 10월 1일부로 백마사단 월남어 교육대에 입교하도록 전출 명령을 받았다. 이리하여 나는 1년간의 월남 전투부대 소대장과 16개월간의 보병 제9사단 제30연대 제6중대 제1소대장 직을 마치고 월남에서 새로운 직무를 기약하게 되었다. 정말 순간마다 힘들었던 시간이었다. 그러나 나의 일생에서 가장 의미 있는 황금기였다. 아니, 내 생애 자체이기도 하였다. 내가 지금 이 글을 쓰고 무언가 흔적을 남기고자 하는 의지도 이 시기를 회억하고 싶기 때문이다.

닌호아 전투

1. 월남어 교육대 입교(1967.10.1.)

나는 백마사단 사령부 한쪽에 설치한 월남어 교육대에 입교하였다. 교육 기간은 12주로 교육대상은 귀국제대가 후순위로 편성된 소대장과 포병 관측장교 등 30명이었다. 강사는 한국군 대위 2명과 월남 여성 1명이며 주로 회화 중심의 교육이었다.

24인용 천막을 설치하여 교육생을 수용하고 식사는 사단 식당에서 A 레이션으로 제공되었다. 전장의 화약 냄새와 땀 냄새가 온몸에 배어있던 야전과는 분위기가 사뭇 달랐다. 이제 몸을 자주 씻고 복장도 정갈하게 착용하여 장교의 채신을 중시하게 되었다. 정글 속에서의 잔혹한 경계의 눈빛이 갑자기 불필요하게 되었고 별천지에 잠시 와 있는 기분이 들었다. 그러나 나의 뇌 회로도는 항상 베트콩을 경계하는 체제로 응고하여 외국어를 습득하는 체제로 쉽게 전환되지 않았다. 월남어 고유의 발음이 금방 귀에 익지 않았고 단어가 외워지지 않아서 애를 태웠다. 하지만 학습이 잘되지 않는다고 해서 문제 될 것은 없었다. 말을 배워서 활용할 기회가 마땅히 있을 것이란 생각이 들지 않았고 귀국을 기다리는 마음이 더 강하기 때문이었다. 나의 머릿속은 정글과 월남어 교육장, 그리고 고향 마을을 하염없이 오가고 있었다.

그래도 언어를 습득할 기회가 마련되어 있으니 시간을 선용하자고 다짐하였다. 월남어는 한자문화권에서 사용된 언어이기에 이해하는 데 도움이 되었다. 그러나 어순이 우리와 달랐고 글자에 6성이 있어 발음과 의미가 달라서 많은 어려움이 있었다. 발음 연습은 월남 여성이 전담하였다. 여강사는 20대 후반의 매우 교양있고 온화한 전형적인 동양 여인이었다. 그녀는 수업시간에 항상 부드러운 분위기를 조성하려고 노력했다. 학생들은 그녀의 교수 솜씨에 빨려 들어가 딱딱한 철 의자에서도 몇 시간이고 시간 가는 줄 모르고 공부에 열중하였다. 우리는 그 품격 있는 여강사를 통해서 월남의 문화와 정서를 새롭게 인식하게 되었다.

교육생들은 1주일이 지나면서 어느 정도 자리를 잡아갔다. 사령부 식당에서의 세 끼 식사시간은 가장 즐거운 시간이었다. 식사 메뉴가 민간 식사 수준이었고 젊은 월남 여성들이 서빙을 하였기 때문에 월남어를 써보는 재미가 새록새록 하였다.

사단사령부와 예하 전투부대와의 차이는 하늘과 땅 차이라고 할 만큼 컸다. 제대에 따라 그 격차가 클 수밖에 없지만, 격차가 너무 큰 데 거부감이 들었다. 무엇보다도 사단사령부는 절박한 마음으로 예하 전투부대의 애환에 공감하고 그들의 애로사항을 보다 적극적으로 해결해 주어야 한다고 생각했다. 사단사령부의 영관급 장교들과 특수직 간부들이 개인의 이익을 챙기기 위해 갖가지 수단과 방법을 동원하여 월남 근무를 연장하고자 한다는 소문을 들었다. 야전에서 소부대의 장병들이 생사를 걸고 베트콩과 싸우는 동안 상급부대의 간부들이 편안한 나날을 보내면서 사리사욕을 챙기고 있다니, 만약 그게 사실이라면 그것이야말로 전투 장병들이나 전사한 전우들에 대한 도리가 아니리라. 외부의 적보다 더 무서운 것은 내부의 적이다. 앞으로 내가 상급부대에서 근무하더라도 늘 예하부대에서 고생하는 전투원들의 입장을 생각하며 나의 역할과 위치에 맞게 생활하리라 다짐하였다.

2. 닌호아 1차 전투(1967.10.23.~10.27.)

― 100명의 베트콩을 놓치더라도 1명의 양민을 보호하라

1967년 10월 23일 4주차 월남어 간부교육이 시작되었다. 학생들은 수료 후 월남어 통역이 필요한 보직에 보임될 것을 염두에 두고 각자 열심히 공부하고 있었다. 바로 이날 19:00시 땅거미가 내려앉을 무렵, 사단사령부 장교 숙소 인근에 엄청난 폭음과 함께 박격포탄이 날아들었다. 우리가 머물고 있던 교육대 천막에서 불과 300~400m 이격된 지점이었다. 우리는 아무런 영문도 모른 채 일단 엎드려서 무사하기만을 기다렸다. 사단사령부 방호책임을 맡은 제29연대 출신 장교들이 소속 부대에 급히 문의한 후 정황을 제대로 파악할 수 있었다. 이날 시작된 닌호아 1차 전투의 시종(始終)은 다음과 같다.

10월 23일 19:00시 월맹군과 베트콩은 백마사단 사령부 외곽 울타리 주변에 위치한 월남 민간집단마을과 닌호아(NinHoa) 군청 소재지가 위치한 마을 일대에 대거 침투해 들어왔다. 이 과정에서 그들은 백마사단 사령부 장교 숙소에 박격포로 교란사격을 실시하며 양동작전을 시도하였다. 적은 월맹군 제5사단 제18B연대 제5, 8대대와 지방 VC들이며 백마사단 사령부와 1km 거리에 있는 닌호아 군청 부근의 닌쾅, 닌푸, 차프레 등 4~5개 마을에 침투하였다.

월맹 정규군의 대규모 도시 마을 침투는 이번이 처음이었다. 이 상황에서 종전과는 다른 방식으로 대처했어야 했다. 그러나 신임 백마사단장 박현식 소장은 기존 참모들이 계획한 방안을 승인하였으며 예하부대 지휘관들은 종전의 작전방식을 그대로 답습하였다. 주월사령부의 작

전지침에는 "100명의 베트콩을 놓치는 한이 있더라도 1명의 양민을 보호하라."는 지침이 있었는데, 그들은 이를 철저히 준수하면서 지대 내 침투한 적을 소탕하고 격멸해야 한다고 굳게 믿고 있었다. 백마사단의 지휘관과 참모들은 그간 백마 1, 2호 작전과 주월사 작전이었던 오작교 작전, 홍길동 작전 때와 마찬가지로 우리가 공격하면 적들은 도망치거나 은밀히 잠복할 것으로 판단하였다. 이 얼마나 어리석고 순진무구한 사고인가!

사단사령부 방호책임 부대장인 제29연대장은 제28연대 일부 병력까지 투입하여 마을에 침투한 적에 대한 소탕작전을 계획하였다(요도#9, 닌호아 전투① 참조). 이 작전은 민간인 피해를 우려, 포병 등 화력지원 없이 계획되었다. 화력지원 없이 오직 보병 소총병력으로 적 주력이 침투한 마을 외곽을 연하여 포위망을 구축하도록 하였다. 제29연대는 적들이 곧 겁을 먹고 도주하거나 병력 손실을 입게 될 것이라고 확신하며 예하 제2, 3대대장에게 사단 전차중대 장갑소대를 배속시켜 닌쾅마을 등을 포위하였다. 적들은 이제 독 안에 든 쥐인 듯하였다. 공격부대는 공격을 실시하기 전에 주민들을 대상으로 마을을 탈출하라는 선무방송을 실시하였다.

그러나 당시 월맹군 지도부는 그동안 주월 한국군이 보인 작전 행태를 분석하여 그 취약한 틈새를 노렸다. 즉 그들은 정글에서의 치고 빠지는 전투방식과는 달리, 지방 소도시에 대부대를 과감히 침투시켜 강력한 한국군과 정면대결을 불사하겠다는 전혀 새로운 방식을 선택했다. 그들은 주민을 인질로 하여 한국군이 포격을 할 수 없게 만들고, 한국군 보병에게 불리한 수답지역을 기동하도록 만들어 치명적인 손실을 주고자 하였다. 그들은 주민들이 한국군의 선무방송에 영향을 받아 마을을 이탈하지 못하게 하는 한편 주민을 방패막이로 삼고 마을 주변에 있는 야자수, 선인장, 바나나 등 각종 수목을 이용, 엄체호를 구축, 한국군이 공격해 오기를 기다리고 있었다.

아군의 공격개시선은 철둑과 마을 주위 논두렁을 연한 저지대로서 어느 전진로는 보병이 기동하기 어려운 물속 수답지였다. 제29연대 제2, 3대대 예하 각 중대장들은 한국군 보병이 진격하면 베트콩이 미리 잠적해 버린다는 전례를 믿고 자동화기 사격 지원조차 하지 않고 소총만으로 일제히 물이 흥건히 차있는 논 속으로 뛰어들어가 공격을 개시하였다. 이때 방어진지를 굳건히 하고 기다리던 적들은 한국군이 논 속으로 들어오자 기동이 둔중한 보병들에게 소총과 자동화기 등을 총동원하여 최저표적사를 퍼부었고 장갑차에 대해서는 B-40 척탄통을 발사하였다. 그들은 최대한 지근거리까지 한국군을 유인하여 집중사격을 실시하였다.

적들이 도망가지 않고 오히려 도발적으로 대응하는 예기치 않는 상황이 연출되자 지휘관들은 몹시 당황하였고 우군의 피해가 속출하였다. 공격대열의 최전선에 섰던 소대장과 분대장들이 가장 먼저 쓰러지면서 지휘체제가 마비되었으며 이어서 병사들의 피해가 늘어나기 시작했다. 상황은 순식간에 아군에게 불리해졌고 공격제대는 극도의 혼란에 빠졌다. 심지어 선두로 적 지역에 들어간 소대는 오히려 적에게 포위되고 말았으며 포위된 소대를 구출하기 위하여 특공부대를 추가로 투입하는 등 혼전을 거듭하였다. 이런 형태의 전투가 몇 차례 반복되었다.

야간에는 구축된 포위망을 연하여 매복함으로써 적이 포위망을 탈출하지 못하도록 차단하였다. 병력들은 물에 잠긴 논바닥 위에서 4일간 일진일퇴를 거듭하며 고락을 함께해온 수많은 전우를 잃었다. 그들은 죽어서 곁을 떠나는 전우의 시신을 붙잡고 슬퍼할 겨를도 없이 싸웠다. 이 과정에서 제29연대 제8중대 소대장이었던 오인섭 중위는 방탄조끼에 적탄 8발이 꽂혔는데도 불구하고 끝까지 적의 탈출을 저지하는 투혼을 발휘하였다. 이 전투에 육사 21기 동기생 5명이 보병 및 장갑차 소대장으로 분투하였다. 이중연 중위는 치열한 접전으로 목에 관통상을 입었고 소대원들이 부상을 당하여 논바닥 위에 쓰러졌으며 나종삼 중위가 장갑차로 신속히 구출한 후 나트랑 야전병원에 긴급 후송하였기에 생명에 지장이 없었다.[65]

불과 1km 떨어진 지역에서 치열한 격전이 벌어진 터라 제29연대 출신 교육생들은 본인의 소속 중대 전황을 확인하며 장병의 안위에 각별한 관심을 갖고 있었다. 제29연대 제3대대 제10중대 소속 양 중위는 교육 시간에 결석해 가면서 전투 진척상황을 확인하였다. 전투 간 소대장 사상자가 속출하여 전투지휘 공백이 발생할 때마다 교육 중인 장교의 호출이 있을 것이란 풍문이 돌기 시작하였다. 적극적인 장교는 스스로 자퇴하고 부대에 복귀해야 한다고 하였고, 소극적인 장교는 이미 직책을 떠났기 때문에 굳이 갈 필요가 없다는 반응을 보였다.

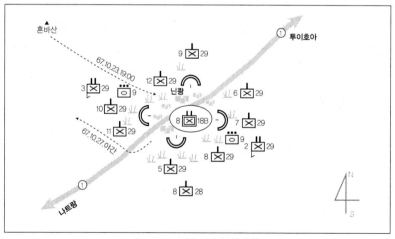

〈요도#9. 닌호아 전투(1차)〉

---

65) 이중연 중대에 배속된 나종삼 중위는 장갑차 소대장으로 수차례에 걸쳐 많은 부상병을 후송하였다.

나는 내가 소속된 제30연대 제2대대가 이 작전에 추가로 투입되리라고 예상하였다. 작전이 장기화될 경우 분명 월남어 교육은 조기 종료될 것이며 곧바로 귀대하면 이 전투에 참여할 것으로 예견하고 있었다. 교육대에서 1개월가량 지내면서 흐트러진 정신 줄을 고쳐 잡아야겠다는 생각도 들었다. 이처럼 교육생 모두가 매일 조급한 마음으로 애태우며 상급부대의 명을 초조하게 기다리고 있었다. 월남어 교육은 개점휴업 상태였다. 교육 책임자인 고 대위는 교육 분위기 정상화를 위하여 안간힘을 썼다. 교육 시간 불참을 엄격히 통제하고 조기 교육 종료 등 유언비어를 해명하고 학교 일과시간 연장 등 다양한 수단을 강구하였다.

그러나 4일간의 혈전은 월맹군이 1967년 10월 27일 야음을 이용하여 포위망을 뚫고 닌호아 일대에서 탈출함으로써 막을 내렸다. 이 전투에서 적들은 시신 133구를 유기시켰고 2명이 생포되었다. 한국군은 47명이 전사하였고 95명이 부상을 당해 야전병원에 후송되었다. 사상자 중 상당수가 분·소대장이었기 때문에 이 전투 후에 상급부대에서는 이를 보충하는 작업이 다급하게 이루어졌다.[66]

10월 28일 일단 전투가 종료됨에 따라 월남어 교육대의 분위기는 점차 안정적으로 회복되었다. 11월로 접어들면서 교육기간은 막바지를 향하고 있었는데, 우리는 월남 주민들과 곧 접촉할 것을 생각하며 새로운 단어를 암기하는 등 열심히 공부에 임했다.

---

66) 이러한 조치의 일환으로 사단은 본국에 파월 보충요원으로 교육 중인 초급장교 지휘요원을 긴급히 요청하였고 백마사단 제29연대에 소대장 16명이 동시에 공수되어 새로운 소대장으로 보직되었다.

3. 닌호아 2차 전투(1967.11.6.)

이날은 월남어 교육 6주차가 시작되는 날이었다. 오전 교육시간을 보내고 있을 때 사단사령부 가까운 마을 닌다, 닌푸에서 갑자기 연발의 총성이 들려왔다. 곧이어 우리의 대응 총성이 아침 공기를 갈라놓았다. 제29연대 제3대대 출신인 양 중위가 소속부대로 유선 연락을 급하게 취한 결과 "제29연대는 적 부대가 어젯밤 야음을 이용하여 닌호아 군 주민 밀집지역에 은밀히 침입, 적들을 격퇴하기 위해 작전을 전개하고 있다."고 통보해 주었다. 이날 내가 파악한 닌호아 2차 전투의 시종은 다음과 같다.

월맹군 제18B연대의 2개 대대가 닌호아 1차 공격 후 철수하였다가 1주일 만에 다시 쳐들어 왔다. 월맹군 제9대대는 1차 침입 때와 같이 닌푸 마을에 진입하고, 제8대대는 1차 침입 때의 닌쾅 마을 대신 사단 정문에서 1km 떨어진 닌다 마을에 진입하였다. 그들은 마을에 은밀히 침입한 후 1차 작전 시와 같이 마을 방어 개념으로 마을 주변 울타리를 연하여 방어진지를 구축하여 한국군과의 일전을 준비하고 있었다. 아울러 마을 주민을 인질로 잡아서 한곳에 묶어 둠으로써 한국군의 포격을 대비했다. 지난 1차 공격작전으로 상당한 인적 손실을 감수하고도 이렇게 기습적으로 재공격을 시도하는 데는 그만한 전략적 의도가 있었다. 바로 월남 전역에 대한 총공세를 전개하기 전에 정글에서의 소극적인 소규모 게릴라전에서 벗어나 도시지역에서 적극적인 대부대 정규전으로의 전환을 시도했기 때문이다.

당시 백마사단은 제1차 닌호아 전투의 작전 패인분석과 차후 대비책조차 규명하지 못한 상태였다. 특히 제29연대는 제1차 닌호아 전투 후거의 무대책 상태로 부대정비에 임하고 있었다. 그러다가 곧바로 예상치 못한 기습을 받은 제29연대장 홍상운 대령은 1차 작전 시 작전개념을 적용, 포병과 보병의 박격포 화력지원 없이 보병병력을 투입시켰다. 그는 제2대대를 닌다 마을에, 제3대대를 닌푸 마을에 각각 투입하여 마을을 포위하도록 하였다(요도#9-1 닌호아 전투②).

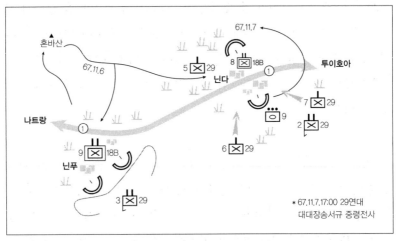

〈요도#9-1. 닌호아 전투(2차)〉

닌호아 2차 전투가 전개되자 주월 사령관은 사단 전술지휘소에 급히 왔고 사단장은 29연대 전술지휘소로 진출, 작전을 지휘하였다. 이에 29연대장은 2대대 관측소로 이동, 2대대 전투 현장을 관장하였다. 제29연대장과 각 대대장들은 포위망이 형성되자 포위망을 압축하도록 명령하였고 보병들은 마을을 향하여 수답지 물속으로 공격을 감행하였다.

닌다 마을을 공격한 제2대대의 중앙 제6중대장은 16:20분경 연대장의 독전에 부응, 배속받은 장갑소대와 함께 적의 완강한 최후저지선의 화망을 뚫고 마을 안으로 깊숙이 진격하였고 그 과정에서 많은 전 사상자가 발생하였다. 보병과 장갑차가 늪지에서 머뭇거리자 상황은 더욱 혼란에 빠져들어 갔다. 또한, 좌우의 인접 제5, 7중대도 공격이 돈좌되었고 마을에 먼저 돌진한 소대가 적에게 역 포위되는 등 대혼전이 일어났다. 이 과정에서 더 많은 사상자가 발생하였다.

제6중대장은 대량으로 발생한 사상자를 나종삼 소대의 장갑차(APC)로 구출하면서 고군분투하며 중대를 지휘하였다. 이로 인하여 2대대는 공격 기세를 상실하였다. 16시 50분경 최악의 사태를 수습하고자 2대대장 송서규 중령이 참모를 대동하고 제6중대의 일선 전투 현장에 당도하였다. 그는 처절한 전투현장에서 중대장에게 직접 독전을 감행, 진두지휘하다가 적 저격요원의 흉탄에 장렬히 전사하고 말았다. 사단에서는 신상철 중령을 대대장으로 새로 임명하여 사태를 수습하게 하였다. 이 상황에서 보병들은 극도로 사기가 위축되어 강고한 포위망 구축보다 소부대별로 자위에 급급하였고 그 틈새로 적들이 야음을 이용, 닌다 마을 포위망을 뚫고 자의에 의한 철수를 감행함으로써 전투는 종결되었다.

백마사단은 닌호아 2차 전투에서 또다시 하루 낮 동안 전사자 38명, 부상자 51명이라는 대량 피해를 입었다. 닌호아 1, 2차 전투 10여 일 동안에 제29연대 제2, 3대대는 전사 85명, 부상 146명, 총 231명의 사상자가 발생해 파월 이후 최대의 피해를 입었으며 연대와 사단 의무대에 입실한 경상 환자까지 합계 800여 명의 인명피해를 당하는 전투력 손실을 입었다. 이처럼 사안이 중대했던 만큼 즉시 박정희 대통령에게 상황이 보고되었다. 박 대통령의 명에 의해 육군 참모총장 김계원 대장이 직접 제29연대를 방문하여 전황을 청취하고 장병을 격려하였다. 이날 채명신 주월 사령관은 제29연대장 홍 대령을 크게 꾸짖고 작전실패의 책임을 추궁하였다.[67]

이렇게 제1, 2차 닌호아 공격작전은 실패했다. 포위망을 압축하여 적

---

67) 제29연대장 홍 대령은 1년간 월남 전선에서 혹독한 고생을 하며 전투를 잘 지휘하였으나 닌호아 전투 실패로 더 이상 승진하지 못했다.

을 완전히 소탕하지도 못했고, 적의 포위망 탈출을 막지도 못했으며 아군의 피해는 너무 컸다. 변명의 여지가 없는 완벽한 실패였다. 그렇다면 이 작전 실패에 대한 책임은 누구에게 있으며 실패의 요인은 무엇인가? 과연 제29연대장 혼자서 이 무거운 책임을 져야 할 사안인가? 나는 무엇이 이처럼 참담한 결과를 초래했는지 곰곰이 생각해보았다. 이 전투의 가장 큰 문제는 주월사령부의 작전지침이었다.

당시 채명신 주월 한국군사령관은 작전 간 민간인을 보호하기 위해 "100명의 베트콩을 놓치더라도 1명의 양민을 보호하라."는 정치적 슬로건을 내걸었다. 그것은 양민보호에 대한 한국군의 의지를 보여주는 것으로 월남 국민에게 상당한 호응을 얻었다. 지금도 채명신 사령관의 이 지침은 파월 한국군이 무자비하게 양민을 학살했다는 억울한 누명을 받을 때 그 반론을 위한 증거자료로 자주 인용된다. 그러나 이 훌륭한 지침은 군인들에게는 독이 되었다. 정치적 슬로건은 피아를 명백히 식별하여 작전을 수행해야 하는 군인들에게는 치명적인 독이었다. 순간에 생사가 결정되는 긴박한 전투에서 도대체 적과 양민을 어떻게 구분할 것이며, 한가하게 양민을 보호할 여유가 있단 말인가! 더구나 상대는 민간인 복장으로 전투를 하거나 민간인을 전투보조원으로 교묘하게 이용하고 있는 터였다. 그러므로 주월사령부의 작전지침은 민간인 보호를 위해 우군 희생을 감수해야 하는 매우 비현실적인 지침이었다.

정치적 슬로건은 정치적인 선에서 끝냈어야 했다. 즉 '양민을 최대한 보호하라.'는 상징적 의미로만 해석했어야 했다. 그럼에도 불구하고 주월사령부는 이를 철저히 실행하도록 독려하였고 주월사령부 예하 중·고급 부대 지휘관 및 참모들은 이 독소적 지시를 전투현장에 맞도록 수정·보완하지 않고 무조건 이행할 것을 고집하였다. 그들은 이 작전지침이 여과 없이 그대로 하달될 경우 현장의 전투부대가 작전을 수행하는 데 얼마나 큰 제약을 받을지, 그로 인해 얼마나 많은 장병이 희생을 당할지 까맣게 모르고 있었다. 더구나 이 지침은 적군이 교묘하게 악용할 소지를 주었다. 실제로 적군은 한국군의 강력한 양민보호 지침을 역이용하여 마을 주민들을 인질로 삼았으며 아군이 공격하지 못하도록 인간 방패막으로 활용했다. 결국, 양민보호를 전제로 한 작전은 아군에 큰 희생을 유발하고 말았다. 닌호아 전투에서 피해를 입은 수백 명의 사상자들은 이 지침의 희생양인 셈이다. 그러므로 닌호아 전투는 지략 싸움에서의 패배였다.

또 하나의 중요한 실패 원인은 월맹 지도자의 인민전쟁전략을 제대로 인식하지 못하거나 경시하여 충분한 대비를 하지 못했다는 점이다. 그들은 공산사회주의 혁명을 완수하는 데 남녀노소와 민(民)·군(軍)이 따로 없다는 슬로건 아래 주민들을 혁명 일꾼으로 활용하였다. 심지어 어린아이와 농촌 부녀자들까지 혁명전사로 삼았으며 때로는 인간 방패막으로 활용하기도 했다. 모두가 제네바 협약을 위반한 비인도적인 전쟁범죄에 속하는 것이다. 그럼에도 불구하고 한국군은 이 전략이 얼마나 큰 위력을 발휘하는지 알지 못했다. 한국군 장교들은 정규전 부대만이 전쟁을 주도하고 정예부대만이 승리한다는 편견을 가지고 있었다. 그래서 자연스럽게 한국군과 미군에 비해 정규전 전력이 약했던 월맹군과 베트콩들을 경시했다. 닌호아 전투의 실패도 알고 보면 이러한 월맹군의 전략전술을 잘 이해하지 못하고 경시한 데 기인한 바가 크다고 하겠다.

마지막으로 적의 전략과 작전 변화를 읽지 못했다는 점이다. 그동안 적군은 주로 정글지역에서 소규모 게릴라전을 수행했다. 이것은 그들이 힘이 약할 때 자주 쓰던 전법이었다. 그런데 닌호아 전투에서는 도시지역으로 과감하게 출몰하였다. 그것도 한국군이 가까이 주둔하고 있는 도시지역을 선택했다. 그리고 도시지역에 진출한 그들은 한국군이 공격했을 때 물러났던 과거와 달리 한국군과 당당히 맞서 싸워 한국군에게 피해를 강요하였다. 그들이 이런 저돌적인 방법으로 갑자기 작전방식을 바꾼 것은 1967년 11월 1일 새로 출범한 월남의 티우 대통령 정부의 신뢰를 훼손하고 월맹군의 전투력을 과시하여 한국군과 미국군의 전투의지를 약화하려고 했기 때문이다.

그들은 이러한 의도를 가지고 제29연대 지역에 이어 11월 중·하순에는 투이호아의 제28연대 지역과 디엔칸의 제30연대 지역을 대상으로 차례로 동일한 형태의 도시지역 침투공격을 시도하였다. 그리고 2개월 후인 1968년 1월 30일 월맹군은 지방 소도시 국지전선을 전국적으로 확대하여 이른바 구정공세를 감행하였다. 그리고 이 구정공세는 미군을 철수시키고 월맹이 최후의 승자가 되는 데 결정적인 계기가 되었다. 결국, 닌호아 전투는 구정공세를 위한 전초전이었던 셈이다. 당시 상급부대 지휘관 및 참모들은 이러한 전략전술 변화를 제대로 파악하지 못하고 과거처럼 적을 경시하며 과거의 방식대로 적을 일방적으로 밀어붙이는 방법으로 대응하였고 그 결과는 참담했다. 무엇보다도 아쉬웠던 것은 우리가 제1, 2차 닌호아 전투에서 똑같은 방식으로 전투하다가 똑같은 실패를 했다는 사실이다. 동서고금을 막론하고 전장에서 같은 방식으로 전투를 하는 것은 지극히 위험한 일이다. 더구나 한번 실패한 방식을 다음 전투에서 그대로 적용하는 것은 미련한 일이 아닐 수 없다.

백마사단은 제2차 닌호아 전투가 종결된 뒤에야 비로소 패인을 규명하고 새로운 대책을 모색하였는데, 적들의 도시지역 침투공격에 대비하여 도시지역 방호개념을 발전시켰다. 그 후부터 적의 도시지역 침투공격에 좀 더 효율적으로 대응할 수 있었다. 조금만 더 일찍 서둘러 제1차 닌호아 전투가 종결된 직후 바로 대책 마련에 들어갔더라면 제2차 닌호아 전투에서의 피해를 줄일 수 있었지 않았을까?

디엔칸 전투

1. 민사장교 업무 수명(1967.11.11.)

닌호아 1, 2차 전투로 인하여 월남어 교육은 6주 만에 조기 종료되었고 나는 깜 응이아 박(Cam Nghia Bac)에 위치한 원 소속부대 제30연대 제2대대로 복귀하였다. 대대장은 나에게 민사과 민사장교로 근무하도록 명하고, 내가 다양한 업무에서 제 역할을 해주기를 원했다. 작전과의 건십(gunship) 통제, 연대 연락장교, 월남어와 영어 통역장교 등 다양한 긴급 임무가 나를 기다리고 있었다. 내가 부중대장이 아닌 민사장교로 근무하게 된 것은 지난 3월 13일 소대장으로 자매마을, 화뜽 마을을 대상으로 실시한 대민활동이 긍정적으로 평가 받았기 때문이라는 이야기를 들었다.[68]

당시 주월사령부는 부대 활동 비중을 전투 30%, 대민지원과 심리전 70%로 설정하고 대민지원을 강화하였다. 민심이 자유월남 정부를 지지하는 방향으로 전환되도록 지원하라고 강조하였다. 이는 한편으로 주민

---

68) 나는 화뜽 마을에서 태권도 시범, 각종 약품 제공과 치료, C레이션 3상자와 과자류 등을 확보하여 정성스럽게 대민지원을 하였다. 화뜽 촌장을 비롯한 거의 모든 마을 사람이 나와서 우리의 지원을 받고 즐거워하였다. 이에 촌장은 진심으로 감사하다며 수첩을 꺼내더니 손수 감사장을 써서 전해 주었다.

과 베트콩을 분리하여 적의 지하활동을 차단하고 적에 관한 첩보를 수집하기 위해서였다.

나는 민사과의 한쪽 공간에 더블백을 풀었다. 그리고 야전 철제 책상을 할당받아서 자리를 확보하였다. 민사과는 과장인 주 대위와 병사 2명이 보직되어 대민지원 업무를 수행하고 있었다. 주 대위는 40세 전후의 고참 대위로 온유한 얼굴에 말 수가 적어서 면대가 편하면서도 자주 접촉하기는 쉽지 않은 상대였다. 그는 민사 고유의 임무를 성실히 수행하였고 나에게 별도의 과제를 부여해 주지 않았다. 나는 민사업무의 대강을 파악하고 업무 흐름을 눈여겨 관찰하였지만 주 대위의 고유 업무에 대해서는 일체 관여하려고 하지 않았다.

내가 민사과에 배치된 주된 이유는 제2대대 책임지역 내 주민들을 접촉하여 성향을 파악하고 동태를 관찰하여 베트콩이 마을에 침투, 주민들에게 비밀 선무공작을 하고 있는지 파악하기 위해서였다. 아울러 주민 가운데 친정부적인 인사를 파악하고 우호세력으로 만들어 평소에

지속적으로 접촉을 유지하다가 유사시 적에 관한 정보를 획득하기 위해서였다. 이 같은 대민활동은 최근 제29연대 닌호아 지역에 적 대부대가 침투하면서 더욱 절실하게 요구되었다.

민사 업무는 한국군과 월남 민간인 사이에 분쟁이 발생하면 양측 관계를 협의 조정하는 업무를 관장하면서 평시에는 관내의 마을 주민들과 접

촉을 유지하여 친선을 도모하고 유사시 협조관계를 작전에 활용하였다. 즉 의료봉사, 극빈자에 대한 식량 지원, 농기구 수리와 마을 길 보수, 교량 복구 및 신설, 학교시설 보수 및 교재지원 등을 지원하며 학생들에게 태권도를 교육했다. 때로는 상급부대에 건의하여 공공시설물을 신축하거나 보수해 주기도 하였다. 중대급 이하 소부대에서도 격오지 마을을 선정, 공동시설물을 보수하고 생필품을 지원하였다.

2. 지역 주민 접촉(1967.11.13.)

나는 민사과장 주 대위의 안내로 대대 책임지역 내의 민간마을을 방문하여 그간 대대에서 접촉해 온 친한 인사를 소개받았다. 여러 사람 중에서 특히 동바띤의 응우엔 선생이 보여준 언행과 이지적인 눈빛이 인상적이었다. 교육대에서 월남어를 배웠지만, 입가에서 맴돌 뿐 시원스런 소통이 되지 않아서 무척 답답하였다. 오히려 주 대위와 김 병장이 손짓, 발짓으로 의사전달을 잘하고 있었다. 평소 민사과 요원들의 활동이 상당한 수준에 있음을 주민들의 표정에서 읽을 수가 있었다. 그들은 나에게 기대감을 표시하였고 나 역시 이들을 위하여 노력할 것이라고 화답했다. 나는 그들이 마을의 유지이자 연장자임을 감안하여 초지일관 정중하게 예의를 갖추고 면대하였다.

3. 산간 마을 대민지원(1967.11.15.)

민사과 김 병장[69] 과 함께 산간 오지마을 대민지원을 하였다. 김 병장

---

69) 김 병장은 경기도 안성 출신으로 서울 명문대에 다니다가 입대하였다. 그는 상병 때 파월을 지원하여 백마부대에 전입한 후 대대 민사과에 배치되었다. 그는 천성이 착하고 성실하여 평소 민사지원 업무를 알차게 수행해 왔다.

은 기계획된 대민지원 행사이므로 어제 오후에 미리 의무대와 협조하여 위생병과 의약품을 획득하고 본부중대와 협조하여 경계병 5명과 3/4톤 차량을 지원받도록 조치해 두었다.

지원 대상 마을인 후아득(Hua Duc)은 서쪽 몬타냐 족이 거주하는 따득(Ta Duc) 계곡 방향으로 5km 거리를 깊숙이 들어가 평야와 산악의 구릉지에 연하여 가옥들이 자리 잡고 있는 곳이었다.

우리는 오전 09:30분에 부대를 출발하였다. 이동 간 목동들이 양 떼를 몰고 깊은 산 속으로 들어가고 몬타냐 족 여인들이 대바구니를 등에 메고 숲 속에서 나물을 채취하는 모습이 눈에 띄었다. 월남 농부들의 인적이 끊겨 자꾸만 베트콩이 출현할 것만 같은 기분이 들었다. 우리는 10:00시 목적지인 후아득 마을에 도착하였다. 이 마을은 월남인과 몬타냐 족이 섞여서 생활하였고 월남 전통가옥 30여 가구가 옹기종기 모여 있는 한적한 산촌이었기에 마을 가까운 밭에서 일하는 농부가 금세 눈에 들어오지 않았다. 친근감보다 왠지 섬뜩한 적대감이 앞섰다.

나는 산에서 마을로 들어오는 길목에 4명의 경계병을 배치하여 출입하는 인원을 감시하도록 조치하였다. 김 병장은 마을 초입에 있는 호 선생 댁을 찾아갔다. 그는 40대 중반이었는데 실제 나이보다 더 들어 보였다. 평소 행동이 민활하지 않은 듯 우리를 바라보면서도 천천히 밖으로 걸어 나왔다. 김 병장은 가볍게 인사를 나누고 쌀 포대와 C레이션

박스를 신속히 집 안으로 들여놓아 주었다. 그는 별 반응 없이 가볍게 묵례만하고 옆집으로 가 사람들을 마을 회관 앞에 모이게 하였다.

마을에는 젊은 남녀는 없고 주로 노인층이 집을 지키며 살고 있었다. 몸이 불편한 노인 환자들 27명이 곧바로 모여들었다. 오늘이 대민지원 하는 날인지 미리 알고 마을에 있는 노인들이 거의 다 모였다. 훤칠한 위생병의 환한 얼굴을 보고 노인들은 편안한 마음으로 환부를 보여주고 손짓, 발짓으로 아픈 곳을 호소하였다.

위생병은 숙달된 동작으로 한 사람씩 진료해 주었다. 몇 차례 대민지원을 하였기에 환자들도 비교적 질서를 잘 지켰다. 치료를 받고 약을 받을 때 그들의 표정은 더욱 환해졌다. 주민의 마음을 움직이는 방법으로 이보다 더 좋은 방법이 없을 것 같은 생각이 들었다. 그동안 나와 김 병장은 가난한 주민들에게 쌀과 C레이션을 균등하게 분배해 주었다. 우리가 마을에 처음 도착했을 때의 어설픈 분위기가 부드럽게 바뀌고 주민들의 이야기 소리와 웃음소리가 흘러나왔다.

우리는 환자를 치료하고 가난한 농부에게 소량의 식량을 지원하는 선에서 오전 행사를 마치고 돌아갈 채비를 서둘렀다. 마침 호 선생이 옆으로 와서 우리 일행과 인사를 나누었다. 그는 잠시 머뭇거리다가 나에게 한마디를 슬쩍 던졌다. 3일 전 해 질 무렵 베트콩 10여 명이 식량 구입을 위해서 마을에 왔다가 저녁식사 후 돌아갔다고 전해 주었다. 이곳은 피아의 전선이 교접하고 있는 적성지대였다. 우리가 제공한 식량과 약품이 곧장 베트콩의 식량으로 전환되어 적에게 전달될 수 있음을 감지하였다. 그래서 그들이 약품 받을 때 더욱 기쁜 표정을 지었으리라 생각하니 쓴웃음이 나왔다. 호 선생도 양측에 균형을 유지해야 신변의 안전을 도모할 수 있을 터이니 처신하기가 얼마나 어려울까 거듭 생각하게 하였다. 아울러 전선 없는 전선 현장을 인지하고 주변 경계의 신경 줄을 다시 추슬렀다.

우리 일행은 다음을 기약하며 마을을 떠났다. 그들은 민생고를 해결해 주고 떠나는 우리에게 연신 고마움을 표시하며 손을 흔들었다. 나는 작은 정성이라도 지성으로 상대를 인정하고 이해하고 도와주면 적의를 가진 자일지라도 친구가 될 수 있다고 느꼈다. 하지만 베트콩들도 새로운 접근법으로 선무심리전을 시도하는 등 그대로 물러서지 않을 터이기에 그리 만만한 일이 아니었다. 부대로 복귀하면서 적성 주민들의 닫힌 마음을 열고 무관심을 환심으로 바꾸기가 얼마나 어려운 일인가를 새삼스럽게 깨달으면서 내가 앞으로 해야 할 일의 중차대함을 알게 되었다. 나는 마을 방문계획이 없는 시간에는 야전 의자에 몸을 맡기고 고국에서 보내온 주간지나 일간지를 뒤적이며 망중한을 달래곤 하였다.

4. 리아이린 여선생(1967.11.22.)

오전 대민지원 계획에 따라 디엔칸 부근 수오이캇 마을을 방문하고 돌아오는 길에 응우엔 선생을 찾아갔다. 며칠 전 이곳에서 응우엔 선생의 시국 담론을 듣다가 귀대가 늦어지고 그 덕에 헬기 공중폭발 사고를 모면한 일 등을 피력할 요량으로 그를 방문하였다. 월남의 지성인과 만나서 인문 담론을 나누는 것은 지루한 파월기간을 보내는 데 큰 활력소가 되었다. 나는 부대 PX에서 인삼주를 구입하여 그에게 선물하였다. 그는 나의 호의에 매우 기뻐하였다. 기뻐하는 모습을 보면서 월남인들이 가진 고려인삼에 대한 호감을 실감할 수 있었다.

그는 지난번 마셨던 버번 술병을 설탕에 절인 바나나와 함께 들고 와서 한 잔씩 마시자고 권하였다. 그는 술병 잔량을 표시해놓고 나를 기다리고 있었다고 우정을 나누어 주었다. 나는 그의 잔잔한 행동에서 매우 동양적인 정감이 있는 분이라고 새삼 인식하였다.

이때 20대 후반쯤으로 보이는 여성이 사내아이를 안고 집 안으로 들어오며 응우엔 선생에게 가볍게 묵례를 하였다. 응우엔 선생은 눈으로 인사를 받으며 나에게 소개를 하였다. 그녀는 이 마을 초등학교의 교사인 리아이린 선생이며 바로 이 옆에 사는 이웃이라고 자상하게 설명하였다. 우리는 서로 자기소개를 하면서 자리에 앉았다. 응우엔 선생은 그녀가 월남 왕국의 고도(古都) '후에'에서 고교를 졸업하고 이곳에 정착하였다고 부언하였다. 그리고 나를 바라보며 "이분은 한국군 장교이다." 라고 정중하게 소개하였다. 리 선생은 전투복의 명찰과 계급장을 보고 "김 중위님이군요." 하며 반갑게 인사하였다.

나는 그녀가 한국군의 계급장과 성씨를 곧바로 알아보는 것을 보고 평범한 시골 아낙이 아니라고 생각하였다. 나는 월남어로 "짜오 야오스 연스 리"라고 부드럽게 묵례를 하였다. 그녀는 '리아이린'이라고 이름을 알려주었다. 이어서 월남 리(Ly) 왕조의 후예임을 내비치었다. 나는 우리나라에도 리 씨가 많아서 친숙하게 느껴진다고 말해 주었다. 또한, 오랜 옛날에 월남에서 한국으로 이주한 리 씨 성을 가진 사람들이 살고 있다는 말을 전하자 의아심과 호기심 어린 눈으로 나를 바라보았다.

응우엔 선생은 지난 19일 오후 나에게 월남의 정세를 속속들이 털어놓고 보니 마음이 허전하여 나를 더욱 기다렸다고 말했다. 그는 3년 전이곳 농촌에 들어와서 생활하고 있지만, 이웃 주민과는 이념과 정치 문제에 관한 대화가 곤란하여 혼자 마음속으로만 생각하며 외롭게 살고 있다는 심중을 털어놓으면서 이방인인 내가 당신의 생각을 더 잘 이해하리라고 기대하고 있었다. 그는 11월 티우 대통령 정부 출범 후 베트콩들의 대민 접촉이 활발해지고 있다고 귀띔을 해주었다. 그들은 야간에 은밀히 마을에 와서 주민동태를 살피고 정부 행사에 적극적으로 참여하는 인사를 경계하고 있다고 전해주고 베트콩 부대의 마을 침투 가능성을 예고해 주었다.

한편 리 선생은 교원이라는 공인 신분을 감안, 교양있게 행동하였으며 20대 후반의 아기엄마 모습에서 은연중에 중후함이 풍겼다. 교사의 품위를 지키며 조용히 있다가 가끔 월남의 고질적인 사회문제에 관하여 한마디 보태는 수준에서 대화에 참여하였다. 그녀의 언행에서 친정부적인 반응을 느낄 수 있었다. 응우엔 선생과는 정서적으로 같은 행보를 하고 있는 것이 분명해 보였다. 응우엔 선생은 앞으로 시간이 되면 우리 모임에 함께하는 것이 어떨지 리 선생에게 의견을 묻고 나에게도 눈짓으로 문의하였다. 나는 고개로 수긍하였고 리 선생도 눈빛으로 허용하였다. 우리 셋은 다음 기회를 약속하였고 나는 귀대의 발길을 재촉하였다.

5. 디엔칸 전투, 대대 연락장교(1967.11.26.)

아침부터 비구름이 하늘을 꽉 채워서 어둡고 이따금 추적추적 굵은 빗방울이 떨어졌다. 오늘은 대민지원 활동이 없어서 어두컴컴한 천막 한구석에 놓인 철 의자에 온몸을 의탁하고 하염없는 시간을 보냈다. 지나간 신문을 뒤적이며 겨우 오전 시간을 보내고 이른 점심을 위하여 서둘러 식당으로 향하였다. 대대장이 출타한 식당의 분위기는 보통 때와는 달리 소란스러웠다. 나는 "전투에 용감하려면 식사에도 용감해야겠지."라고 말을 걸치면서 대대 군의관 옆에 자리를 잡았다.

점심 메뉴는 쌀밥에 군대 된장을 풀어서 만든 돼지고기 찌개였다. 첫 숟가락을 들고 있을 때 대대 작전관 안 대위가 식당에 들어오면서 급히 나를 찾았다. 그는 무전으로 조금 전 대대장에게 전달받은 사항이라고 하면서 디엔칸 푸록 촌 마을에 어제 야간에 베트콩 1개 대대가 침투, 활동 중에 있어 이를 소탕하기 위해 제3대대가 출동하였으며 제2대대 제8중대도 출동 준비 중에 있다고 하였다. 이에 2대대장은 앞으로 대대가 작전에 투입될 것에 대비하여 내가 먼저 제3대대 작전지역에 들어가서 적정을 판단하고 인접부대와 협조를 위한 연락 임무를 수행하라는 요지의 구두 명령을 내렸다는 것이었다. 아울러 무전기와 작전지도를 휴대, 3대대 작전상황을 수시로 보고할 것을 추가로 말해 주었다.

나는 갑작스러운 임무를 부여받고 막막한 생각이 들었다. 현재의 피아 상황, 정확한 작전지역의 위치, 수송수단, 동행할 인원이 누구인지, 그리고 제3대대의 누구와 협조를 하며 내가 있어야 할 장소는 어디인지 등 불확실한 것이 한둘이 아니었다. 나는 우선 대대 작전관에게 어디로 어떻게 가야 하는가를 물었다. 안 대위는 대대장의 지시를 우선 전달하였으니 구체적인 것은 본인이 알아서 조치하라고 하였다. 나는 대대 작전과에서 조치해 줄 것이 무언가 있을 테니 참고할 사항을 말해 달라고 다그치듯 압박해 들어갔다. 그는 연대 작전과로 가서 상황을 파악하고 3대대 지휘소를 찾아가는 수송수단을 조치 받으라고 조언해 주었다.

나는 점심을 충분하게 먹어 두고 임무를 수행하자고 생각하며 여유를 가지고 식사를 마쳤다. 이어서 통신대에 들러서 대대의 지휘 통신망에 해당하는 통신축선과 연대 작전 통신망에 들어갈 수 있도록 신호 점검을 마치고 예비 배터리까지 확보하였다. 정보과에서 제3대대의 작전지역 군사지도를 확보, 작전 상황판을 준비하고 지역 내 미군과 월남군 활동상황을 파악하여 상황판에 기입하였다. 혹시 작전 중 고립될 수 있는 상황을 고려하여 오늘 밤 통행 암구호를 확인하여 암기하였다. 일단 단독군장에 휴대한 실탄을 체크한 뒤 대대 작전과에 가서 현 진행 상황을 확인하고 13:30분 연대 지휘소로 출발하였다.

연대 상황실에 도착하자 매우 소란스러웠다. 제3대대에 연대작전명령이 하달된 후 중대별로 병력투입 진행사항을 확인하는 무전병의 목소리 때문이었다. 또한, 제1대대 제2중대, 제2대대 제8중대를 추가로 투입할 준비명령이 하달되고 있었다. 어느 중대는 헬기로 공중이동하고 어느 중대는 차량 또는 도보로 이동하는 등 최대한 신속히 포위망을 구축하도록 조치하느라 관계 장교들은 옆을 바라볼 짬도 없었다.

연대 작전관 박 대위는 14:30분 제3대대 작전지역에 연대 전술지휘소를 설치하기 위해 장비, 자재, 인원이 들어갈 것이므로 나에게 동행하는 방법을 강구해 보라고 말해 주었다. 이때 옆 책상의 작전과 강 상사가 지금 곧장 헬기장으로 이동하여 탑승대기하면 계획된 시간에 출발할 수 있을 것이라고 조언해주었다. 헬기장에 도착하니까 헬기조종사 미군 대위가 눈빛으로 탑승 이유를 물었다.

나는 "제2대대 연락장교로 작전지역에 들어갈 예정이다."고 말하면서 무전기와 상황판을 그의 앞으로 내밀었다. 그는 머리를 끄덕이며 탑승을 허용하였다. 나는 지금까지의 진행 상황을 제2대대 작전관에게 중간보고하고 대대장의 추가지시가 있는지를 문의하였다. 막연한 임무가 조금씩 풀려가고 있어 막 한숨을 돌리고 있을 때 헬기의 날개가 서서히 회전하며 굉음을 일으켰다. 헬기는 북쪽을 향하여 기수를 잡고 서서히 고도를 높여 날아갔다. 작전지대로 투입되는 헬기는 긴장감이 감돌았다. 지상의 베트콩이 대공사격할 것에 대비하여 조종사는 최대한 고도를 높이 유지하고 중기관총 사수는 연신 지상의 임기표적을 육안으로 확인하며 총구 방향을 옮기느라 신경을 곤두세웠다. 우리 일행은 1번 공로를 기준으로 북으로 이동하다가 디엔칸 일대에서 기수를 좌로 향함과 동시에 고도를 낮추어서 조그마한 무명 능선에 착륙하였다. 동남 방향 300m 일대에서 총성이 간간이 오갔다. 화급하게 벌어지는 교전은 아닌 것 같았다.

헬기장 30m 하단 지휘천막에 도착하니 제30연대장 장근환 대령과 제3대대장 장영복 중령이 중대장들로부터 병력배치 상황을 보고받고 있었다. 연대장은 비교적 차분하게 상황을 파악하며 여유를 갖고 있었다. 그의 침착한 태도를 보면서 연락장교인 나도 마음이 편해졌다. 당장 제2대대가 추가 투입되는 상황은 아닐 거라고 전망도 해보았다.

연대장은 지난 닌호아 전투에서 제29연대가 2차에 걸쳐 얻은 값비싼 교훈을 감안, 예하 지휘관들을 급히 몰아치지 않고 꼭 필요한 사항만을 점검하면서 지휘의도에 맞추어 부대를 지휘하였다. 그는 적을 완전히 포위하여 새어나가지 못하게 하고 적이 스스로 탈출할 때까지 기다리다가 포위망을 뚫고 나갈 때 포병, 항공 등 화력을 최대한 활용하여 격멸한다는 작전 방식을 취하였다. 이러하니 연대장이 서두를 이유가 없었다. 이 작전은 적이 도주할 통로가 어디인가를 판단하여 그곳에 2, 3중으로 포위망을 중첩하고 도주로와 도주 시각에 화력을 집중하여 적을 일망타진한다는 것이었다. 이때 중요한 것은 적의 탈출을 반드시 발견해야 한다는 것이다.

이날 기상은 비구름이 낮게 하늘을 덮어서 이따금 굵은 빗방울이 떨어지고 시계는 어두워져서 항공기 활동이 제한되었다. 이런 악기상에도 불구하고 15:40분경 미군 중부 월남 관할 지휘관 5군단장이 작전지역을 방문하기 위하여 우리가 조금 전 내렸던 헬기장에 내렸다. 그는 전속부관 대위와 주임상사를 대동하고 전투 현장을 방문, 제3대대장의 임시 지휘천막 안으로 들어왔다. 그는 3대대장에게 간단한 부대배치 계획과 현재까지의 접적한 상황보고를 청취하였다(요도#10, 디엔칸 전투 참조). 연대장은 이어서 포위망을 철저히 경계하고 적이 탈출하는 시기를 이용하여 병력과 화력으로 적을 격멸하는 매복 작전 위주의 작전복안을 설명하였다.

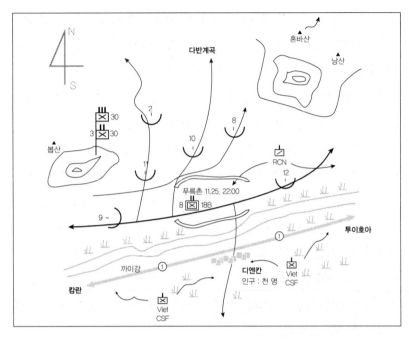

〈요도#10. 디엔칸 전투〉

　미군 지휘관은 이 작전을 위하여 지원해야 할 사항이 무엇인지를 물었다. 제3대대장은 악기상으로 시계가 불량하므로 적의 은밀 탈출 또는 강습 돌파 시 조명지원을 추가로 요청하였다. 미군 장군은 작전 지휘관이 요청 시 항공 또는 포병에 의한 조명을 최대한 지원할 것을 약속하였다. 그리고 한국군의 전투지원과 야전 보급 등의 지원 사항과 장병의 전의와 사기에 관하여 관심을 표명하였다. 또한, 악기상 등 제반 작전 환경이 어려운데도 한국군이 적극적으로 작전에 임하고 있는 데 대하여 만족스럽게 생각하고 격려를 아끼지 않았다.

　한편 미군 지휘관은 미군 주임상사에게 미군 병사들이 야전에서 느끼는 고충을 물었다. 이에 주임상사는 근간 있었던 전투사례를 언급하며 정글전투에서 실효가 반감하는 개인전기, 전투식량의 부실, 급식과 수면의 결핍으로 인한 피로 적체, 목욕 등 개인위생 문제에 관하여 상세하게 설명하고 토의하였다. 전투가 전개되는 현장에서 노련한 주임상사를 통해 병사들의 역할과 고충을 듣고 개선해 주려는 모습에서 미군 장군의 부하 사랑을 읽을 수 있었다. 그의 질문에서 전투는 병사들의 전의와 사기로 싸우고 이어서 전장의 판세가 결정된다는 사실을 꿰뚫고 있음이 느껴졌다.

또한, 그는 예하부대 전투마당에 와서 '전투하는 방법(how to fight)'에 대해서 일절 언급하지 않았다. 한국군 지휘관에게 조금도 부담을 주지 않고 오직 상급부대가 무엇을 어떻게 돕기를 바라는지를 물어봄으로써 제대 간 업무의 한계를 분명히 하였다. 참으로 멋있고 감동적인 모습이었다. 마치 타국 군과의 연합 작전을 할 때는 이렇게 지휘가 이루어진다는 모델을 보는 것 같았다. 미군의 경우 제1, 2차 세계대전과 한국전쟁에서 연합군을 지휘한 경험으로 얻은 교훈을 활용하고 있을 터였다. 이런 방법이라면 연합 작전에서 지휘권 문제로 신경과민 할 필요가 전혀 없다는 생각이 들었다. 그는 한국군의 전투의지 위주로 현장을 확인하고 억수로 쏟아지는 우중에 헬기를 타고 돌아갔다. 우리 지휘관들이 많은 참모와 예하 지휘관을 대동하고 요란스럽게 예하 전투 지휘소를 방문하는 모습과는 너무도 대비되었다.

제30연대는 연일 계속된 강우로 까이강(강폭: 50~100m, 수심: 1~3m)이 범람, 도섭이 불가할 것으로 판단하고 적의 주력부대가 서측 방향 산악지역으로 탈출할 것으로 예측하였다. 따라서 산악 탈출 우려 지역에 중첩해서 차단부대를 배치하고 까이강의 동측방 적정이 경미한 지역을 월남군 민병대가 담당토록 하였으며 16:00시까지 작전부대에 병력배치를 명하였다. 부대배치 과정에서 제30연대 수색중대가 까이강 하천변으로 이동하다가 베트콩의 기습공격으로 3명이 전사하였다.

제3대대는 17:00시 포위망을 완성하고 서서히 적을 압축해 들어갔다. 제9중대는 푸룩 촌 서단에서 1개 소대 규모의 적과 교전하여 4명을 사살하고 무기를 노획하여 이 전투에서 최초로 전과를 획득하였다. 나는 우리 소대 화기분대장으로 있다가 파월 근무를 연장하여 제9중대 제3소대 선임하사관으로 근무하는 김석기 중사에게 전승 축하를 하려고 무전기 주파수 사이클을 돌리다가 그만두었다. 치열한 전투 중에 혹시 방심할까 봐 흥분을 자제하며 그의 전승을 마음속으로 빌어주었다. 제11중대는 17:55분에 푸록 촌 서북단에서 적의 주력부대와 접적하여 4명이 전사하고 7명이 부상을 당하는 피해를 입고 공격이 일시 돈좌되었다.

적들은 11중대와 12중대가 배치된 야산 능선을 돌파하여 서북 산악으로 탈출을 시도하다가 강력한 저항에 부딪혀서 일단 부대단위 탈출을 포기하였다. 폭우가 그칠 줄 모르고 쏟아졌다. 자정 무렵 베트콩들은 소단위 각개 조별로 은밀하게 전 방향에서 동시에 3대대 포위망을 돌파하였다. 특히 푸록 촌 서단의 9중대 정면에서는 적 부대가 예상과 반대로 까이강을 범람하는 급류를 거슬러 가는 강습 탈출을 하였다. 적은 시신 16구, AK소총 5정과 장총 6정을 유기하고 도주하였으며 제9중대는 그 과정에서 월맹군 부대대장을 생포하였다. 제11중대도 교전 초에 피해가 컸으나 많은 전과를 거두었다.

3대대는 11월 27일 10:45분 사단 장갑차 6대를 지원받아서 제9중대에 작전 배속을 주고 푸록 촌 안으로 대대의 전 병력이 진입하여 탐색작전을 전개하였다. 그러나 이미 적들은 전원 도주하였기에 15:45분 작전을 종료하였다. 이 작전에서 3대대는 적 49명을 사살하고 4명을 생포하였으며 아측은 8명이 전사하고 10명이 부상을 당하였다. 이번 작전을 통해서 30연대는 적들의 마을 침투식 대규모 부대 공세작전을 차단하고 주민을 분리하여 화력을 운용함으로써 적에게 심대한 피해를 강요하였다. 지휘관은 조급한 작전 운영을 지양하고 차분하고 완벽하게 포위망을 구성하여 빈틈을 주지 않았기에 적들은 최악의 악기상에도 불구하고 강습 탈출하다가 상당한 피해를 입고 말았다.

한편 월맹군은 이 작전 간 부대단위 탈출을 위해서 극단적인 사고의 역발상, 비대칭적 강습전술을 구사하였다. 홍수로 범람하는 까이강을 역류하는 것은 자살 행위나 다름없었으나 그들은 이를 강행하였다. 제 9중대의 정면에서 확인된 16구의 시신은 이 같은 악조건에서 피해를 입은 적 병사들이었다. 적 지휘관은 완전히 비상식적인 지휘를 하였다. 이 는 월맹군만이 선택하고, 강행한 특유의 전술로서 우리는 이를 주시할 필요가 있다. 월맹군은 이미 1950년대 디엔비엔푸에서 이렇게 비상식적 인 비대칭 사고와 방법으로 프랑스군을 패퇴시켰음을 상기해야 한다.

월맹군은 지난 10월 하순 닌호아, 11월 초 투이호아, 그리고 이번 디엔 칸 지역 마을 침투작전을 차례로 실시, 강력한 저항거점을 편성하고 지 역 방어작전을 감행한 결과 한·미·월 연합군에게 전술적 충격을 안겨 주었다. 또한, 신생 티우 민선정부의 체제불안을 야기하고 주민들의 동 요를 유발하기 위한 전략적인 공세였다. 그들은 이러한 전략적 목적을 달성하기 위해 상당한 인명피해를 감수하면서까지 무모한 도시지역 침 투작전을 강행한 것이다. 그리고 이는 1968년 1월 30일 구정공세의 예 행연습 성격의 작전으로서 사이공을 비롯한 주요 도시로 확산한 전국 적인 대부대 공세의 예고편이었다.

6. 응우엔 선생과 교감(1967.12.1.)

정미년의 납월이[70] 시작되자 무언가 마무리를 짓고 가야 할 것 같은 생각이 들었다. 며칠 전 응우엔 선생과 나누던 대화를 더 이어가고 싶 은 마음이 스멀거려서 동바띤을 찾아가기로 작심하였다. 점심을 일찍

---

70) 음력 섣달(마지막 달)의 별칭이다.

마치고 혼자 부대를 출발하였다. 응우엔 선생은 출타할 계획이었는지 옷차림이 비교적 단정해 보였다. 갑작스러운 방문이 결례될까 싶어서 겸 연쩍어하는 나를 보고 그는 중요한 외출이 아니라고 애써 변명하였다. 서로 손을 잡고 힘차게 악수를 하니 마음이 한결 편안해졌다.

그는 월남 맥주를 한 컵 따라서 건네주며 더위를 식히라고 권하였다. 차가운 맥주가 기분을 '업(UP)'시켜 주었다. 함께 맥주를 마시다가 이쯤 되면 대화를 시작해도 될 것 같아 먼저 운을 띄웠다.

"응우엔 선생님, 지난달 말경 디엔칸 마을에 월맹군 대대가 침투하였 는데 이제 이곳 동바띤도 넘보고 있지 않을까요?" 그는 기다렸다는 듯 이 "적 대부대가 이 마을에 침투할 우려는 낮게 평가하고 싶네요. 마을 규모가 작아서 대외적으로 홍보 심리전 효과가 부족하고 1번 공로 변에 위치하여 미군과 한국군의 접근이 용이하며 지형적으로 산악 능선과 마을 서북쪽이 연계되어서 자체방호가 용의하지 않을 것이고 이런 사유 로 자신들의 피해가 증가할 것으로 판단할 것이기 때문입니다. 또한, 이 마을은 그들이 노리고 있는 반공 인사가 표출되지 않고 있는 점을 들을 수 있지요."라고 답했다. 역시 그의 답변은 명료하였다.

나는 그의 말에 수긍하면서 제발 그렇게 되어서 이 마을이 안전하기 를 바란다고 덕담을 해주었다. 이어서 월남과 월맹 간의 남북 내전 상 황에 대해서 몇 가지 질문을 던지고 그가 답변하는 형태로 많은 대화 를 나누고 다음을 기약하며 아쉬운 마음으로 헤어졌다.[71] 나는 정글이 라는 특수 공간에서 전투하는 일선 소대장으로 파병되어 왔지만, 응우 엔 선생을 통해서 전쟁 전반에 관한 문제, 월남 내부 문제, 남북역사 문 제, 국제정세 등을 이해하는 소중한 시간을 가질 수 있었다는 점에서 마음이 뿌듯하였다. 응우엔 선생을 만난 것은 큰 행운이었다.

---

71) 이에 대한 자세한 내용은 "회고와 단상 2" 「월남의 인텔리 응우엔 선생과의 대화」 부분에 상세히 기술 되어 있다.

월맹군 구정공세,
책임지역 방어 작전

1. 6중대 복귀(1968.1.14.)

나는 월남어 교육대에 이어 대대 민사장교 겸 무임소 참모로 4개월여를 보내고 6중대로 복귀하였다. 고향에 돌아온 기분이었다. 그러나 그동안 많은 사람이 바뀌어 나와 함께 파월한 간부는 아무도 없었다. 심지어 두 번째 중대장 K대위마저 떠나고 조 대위가 새로 부임하여 업무 파악에 열중하고 있었다. 오히려 내가 새로 부임해 온 장교 같아서 어색할 정도였다. 이를 두고 옛 시인은 '산천은 의구한데 인걸은 간데없다.'고 탄식했던가!

귀국일은 2월 23일, 아직 한 달여 기간이 남았다. 그러나 나는 맡을 직책이 없었을 뿐만 아니라 뚜렷이 맡겨진 업무도 없었기 때문에 소일거리조차 없었다. 중대장은 나를 활용하여 중대의 긴요한 당면 업무를 추진할 복안이 없었다. 이따금 나에게 중대가 파월 초에 겪었던 애로사항들을 전해 듣고 업무에 참고할 따름이었다. 나는 함께 파월한 병사 2~3명과 같은 귀국 제대로 편성되어 내무반에서 온종일 대화를 나누며 지루한 시간을 보냈다.

다른 부대에서도 귀국예정자들에게 개인 시간을 부여하기는 마찬가지였다. 이런 배려는 상급부대의 지침이기도 했다. 육군은 "귀국 병사들의 얼굴이 검게 타고 깡말라서 누가 보아도 고생을 많이 한 것으로 짐작되었고 특히 부모 친지들이 이를 가슴 아파했다. 이로 인하여 군의 파병 지원율이 이전보다 감소하는 경향을 보이고 있다."고 판단하였다. 이에 주월사령부가 "귀국장병에게 출국 전 육체적 회복기를 주도록 하라."는 은밀한 지시를 하였다는 것이다. 이유야 어떠하든 장병들이 1년간 정글에서 흘린 땀을 식히고 심신을 회복하도록 시간적 여유를 주는 조치는 현지 지휘관이 해야 할 당연한 배려라고 생각했다.

2. 마지막 매복작전(1968.1.23.)

오늘로써 귀국일이 꼭 한 달 남았다. 무료한 날이 계속되다 보니 뭔가 긴장할 필요를 느꼈다. 나는 정신건강에도 좋고 장교로서 처신을 세우는 데도 바람직할 뿐 아니라 전투병과 장교로서 월남 전선에서 '전투임무 종료'라는 획을 긋고자 매복작전 출동을 자임하기로 하였다. 그러나 지금 나는 소대장이 아니라서 갑자기 내 생각대로 될 일이 아니었다. 나는 내가 몸담았던 1소대의 매복작전 일자를 맞추어서 소대장 김 소위와 미리 협의한 뒤 중대장에게 정중히 건의하였다.

중대장 조 대위는 다소 의아한 표정으로 나의 진심을 떠보았다. 지루하면 인접중대의 동기생을 만나보고 오는 편이 낫지 않겠느냐며 역제의를 했다. 나는 휴식 기간을 확보해 주어서 감사하다는 뜻을 거듭 밝히고 매복작전 투입에 대한 나의 분명한 의지를 피력하였다. 중대의 주요 업무에 동참함으로써 소속감을 새롭게 하고 스스로 긴장감을 유지해야 정신이 맑아져서 잔여 파월기간을 무사히 마칠 수 있다고 판단하여 신중하게 건의한 것이라고 보충 설명을 하였다. 결국, 중대장은 이를 대대에 보고하고 허락하였다.

막상 매복작전에 투입하려고 하니 마치 운동선수가 마지막 은퇴 경기를 치르는 기분이 들었다. 소대장 시절에 겪었던 수많은 일이 주마등처럼 지나가면서 만감이 교차하였다. 그리고 더 이상 작전을 나갈 수 없다고 생각하니 가슴 속에서 무엇인가 뭉클한 것이 꿈틀대었다. 다른 한편으로는 끝내기 작전을 하다가 불상사를 당한다는 전장의 징크스가 일어나지 않을까 하는 불안한 마음도 일어났다. 혹시라도 나의 갑작스러운 작전 참여로 인하여 부대에 불미스런 일이 발생한다면 마지못해 승낙한 중대장에게도 부담을 줄 수 있었다. 이것을 해결할 묘책은 출발전 철저한 작전준비밖에 없었다. 나는 중대장으로부터 최근 베트콩 활동 사항에 대해 주의 깊게 들었다. 중대 관할 지역 북쪽 마을 주민과 거동수상자가 접촉하고 생필품을 구입한 뒤 행방불명되었다는 첩보 수준이 적정 활동의 전부였다. 이러한 상황에서 중대는 그동안 야간에 적의 자유로운 활동을 거부한다는 취지에서 관내 임의의 지역에 부정기적으로 매복을 실시해 왔다. 따라서 설사 매복작전을 하더라도 적과 조우할 확률은 매우 낮아 보였다.

내가 직접 지휘한 1소대를 4개월여 만에 다시 지휘한다고 생각하니 소대장 시절에 있었던 갖가지 소회가 머릿속을 어지럽게 하였다. 함께 파월 온 전형적인 싸움꾼인 유근영 병장이 아직 소대에 남아서 역전의 무용담을 늘어놓고 있었다. 근래 매복작전 시 적과 조우할 기회가 없었기에 점차 타성에 젖어서 형식적인 절차와 행동으로 일관하는 경향을 발견하였던 터라 나는 그와 더불어 소대의 매복은 이렇게 준비하고 실시하는 것이라는 표준 모델을 보여 주고 싶었다. 그래서 이를 소대의 작전 전통으로 이어지게 하고 싶었다.

나는 사판으로 매복할 유사지형을 만들어서 적 출현 형태에 따라 각 분대의 병력 배치와 화기운영, 크레모아, 조명지뢰의 운용에 이르기까지 모조물을 위치시켜 가며 적 출현과 동시에 분·소대장의 지휘통제 절차와 병사들의 행동요령을 소상히 설명해 주었다. 또한, 전투 장비 및 탄약 기본 휴대량을 반드시 휴대하여 출동해야 함을 강조하고 신호용 줄을 비롯한 제반 장비 활용요령을 점검하여 유사시 즉각 사용할 수 있도록 조치하였다. 또 매복지역 투입 시 행동요령과 이동 중 적과 조우 시 즉각 조치요령을 유근영 병장의 동작 시범으로 숙지시켜 근접전투에 자신감을 갖게 하였다. 아울러 간부에게 포병 화력지원 요청과 통신규정 숙달을 확인하고 나 자신도 전투 간 필수조치사항의 숙지 여부를 평가하며 기억을 가다듬었다.

소대는 저녁 식사를 마치고 16:30분에 집합하였다. 먼저 용변을 해결하고 담배와 라이터를 회수하여 정문 보초에게 맡긴 후 전투 장비 휴대 여부를 재확인한 뒤 17:00시에 중대를 출발하였다. 소대는 황혼빛이 그림자를 길게 드리울 때 일렬종대 침투대형을 유지하고 매복지점을 향해 걷기 시작하였다.

18:20분 연무가 대지 위에 덮여서 시야가 아물거릴 때 소대는 임시집결지로 선정한 관목 정글의 낮은 숲으로 들어갔다. 이때 분대장들과 나는 매복진지로 선정한 지형을 찾아 계속 이동하여 북측 산으로 올라가는 소로길 삼거리까지 접근해 각 분대가 배치할 지형을 정찰하였다. 나는 화기분대의 기관총을 배치할 위치와 주 사격방향을 서북방향 소로에 두고 부사격방향[72]을 남서의 저지대에 두도록 하였다.

그로부터 30m 동남쪽에 소대본부를 위치하기로 한 다음, 분대를 좌로부터 제1, 2, 3분대 순으로 배치하여 서북 산악에서 마을로 내려오는 길을 우선 차단하도록 하였다. 아울러 혹시 마을 쪽에서 산으로 올라가는 게릴라를 공격할 수 있도록 통로 상에 크레모아를 설치하였다. 마

---

72) 현재의 보조사격 방향을 말한다.

지막으로 병사들에게 개인진지를 점령한 뒤 간편한 엄체호를 구축, 은 폐와 엄폐로 활용할 수 있도록 지시하였다.

19:30분경 분대장들로부터 신호가 왔다. 병력과 화기 배치가 모두 이루어지고 전투준비가 완료되었다는 보고였다. 곧이어 나는 무전기 송신키를 길게 세 번 잡아서 중대에 전투배치 완료 상황을 보고하였다. 모든 전투준비가 끝났다. 이제부터는 베트콩이 접근해 오면 과감한 기습공격으로 격멸작전을 수행하기만 하면 된다.

옆 사람조차 알아볼 수 없는 칠흑 같은 밤이 시작되었다. 혹시라도 적이 와준다면 완전작전이 이뤄질 것이라는 기대가 일었다. 마치 바닷물에 낚싯밥을 던져 놓고 대어가 낚이기를 기대하는 심정이라고 할까? 지난 일 년 동안 매복진지에서 수없이 많은 밤을 지새우며 적을 기다렸지만 적이 와 주지 않아서 항상 무승부이지 않았나! 그러니 '오늘도 월남의 천지신명님께서 나의 끝내기 매복작전에 무승부를 점지, 유종의 미를 거두려고 하시겠지.'라고 내 마음이 말하고 있었다.

나는 신호 줄을 흔들어 대원들의 경계근무상태를 수시로 확인하였다. 나 또한 병사들로부터 신뢰를 잃지 않기 위해 각별히 노력하였다. 24:00시에 중대 무전병과 측음 2회로 교신하여 이상 유무를 보고하였다. 캄캄한 어둠 속에서 이따금 미 공군 비행장 내에 설치된 서치라이트 불빛이 회전하며 졸음을 쫓아주었다. 01:50분경 미 공군기가 출격하는 굉음이 새벽공기를 갈랐다. 또 미 공군 병원을 향하여 날아가는 헬기가 요란한 소리를 토해내 귓속을 가만히 두지 않았다. 이 소리들은 지금 이 깊은 밤 월남 어디선가 치열한 전투가 일어나고 있다는 증거이다. 나도 오늘 밤은 그들과 마찬가지로 작전을 하고 있다고 생각하니 가슴이 뿌듯하였다.

손목시계가 03:30분을 가리켰다. 상큼한 새벽 공기를 느끼면서 갑자기 긴장이 풀리고 갖가지 상념이 머릿속을 헤치며 지나갔다. 감정의 변덕스러움이 마치 산들바람이 산줄기 고개마루턱을 수시로 넘나들듯 갑자기 왔다가 이내 사라졌다. 이것이 나의 영육의 흐름인가 싶었다. 캄란항의 가로등 불빛이 구름 속에서 아련히 졸고 있는 듯 아롱거렸다. 앞으로 한 달 후면 저 캄란항에서 수송선에 몸을 싣고 고국으로 돌아간다고 생각하니 전율에 가까운 흥분이 일었다. 남지나해를 지나서 필리핀과 대만 해협을 거쳐서 오키나와 근해를 지나면 제주해협에 이를 것이고 그다음은 바로 내가 월남으로 떠났던 부산항이 나타날 것이다. 나의 마음은 벌써 부산 3부두에 가 있었다. 그리고 나를 기다리는 어머니와 아버지의 모습이 아른거렸다. 3부두의 바닥에 엎드려서 부모님께 큰절을 올리고 "불효자 형석이 이기고 돌아왔습니다."라고 인사하는 장면과 주위 체면도 아랑곳하지 않고 서로 부둥켜안고 엉엉 우는 장면이 영상처럼 그려졌다.

귀국을 환상하며 잠시 행복감에 젖어 있으니 시간이 광속으로 빠르게 흘러 벌써 05:00시가 다 되었다. 동쪽 바다에서 여명이 밝아왔다. 예상한 대로 나의 마지막 매복은 적과 비접촉 무승부로 끝을 맺었다. 서둘러 전투 장비를 거두어 챙기고 매복진지를 정리한 다음, 귀대 출발 시각을 중대에 보고하였다. 소대는 07:30분경 아무 탈 없이 중대에 도착하였다. 나는 소대원들에게 그간 동고동락해 준 데 대하여 감사하며 앞으로 전우들을 잊지 않기로 약조하고 귀국하는 날까지 무사하기를 진심으로 빌어 주었다.

나는 중대장에게 매복작전 과정을 상세하게 보고하였으며 설사 접적이 없더라도 항상 접적이 있을 것으로 예상하여 사전준비를 철저히 하는 습관화가 중요함을 강조하였다. 아울러 파월 후 16개월간 전투현장을 지키고 있는 고참병 유근영 병장의 사기를 높이는 차원에서 표창을 주도록 건의하였다. 중대장은 나의 건의를 유념, 유 병장이 전역과 동시에 곧바로 현지에 취업할 기회를 얻도록 상급부대에 건의해 주었다. 유병장은 취업조건이 맞아서 본인 희망대로 미국 현지 용역회사에 취업하는 행운을 얻었다. 그의 헌신적인 근무 자세를 항상 고맙게 생각하던 터에 그가 원하는 대로 취업하게 되어 더없이 기뻤다.[73]

3. 구정휴전, 그리고 리 선생(1968.1.29.)

귀국일을 표시해 둔 달력에 20일+α가 남아 귀국이 임박해 오고 있음을 알려주었다. 이곳에 새겨질 추억을 남은 기간에 정리해 둘 필요가 있다고 생각하였다. 오늘은 음력 섣달그믐 날이고 18:00시부터는 구정휴전이 개시된다. 작년 구정휴전을 상기해 보면 피아 양측 모두 약속을 지키려고 노력하였다. 올해의 구정휴전도 제대로 지켜지고 그 덕에 양측 군인들은 목구멍에 때를 벗기게 될 터이니 한국군 장병들도 휴진 기간만큼은 오금을 펼 기회가 온 것이다. 나는 구정휴전 기간에 인접중대 동기생을 찾아보고 동바띤 마을의 응우엔 선생도 마지막으로 만나서 석별의 정을 나누고 싶었다.

며칠 전 5중대 부중대장 이 중위에게 연락을 해두었다. 그는 나와 워낙 친한 사이였고 잡기와 술을 즐기는 편이었다. 이 중위와는 동바띤의 맥줏집에서 휴전이 개시되는 시간에 만나기로 약속하였다. 나는 교통수단이 없어서 걸어나가다 지나가는 미군 트럭을 타고 1번 공로까지 나가서 또 다른 차량으로 갈아탔기 때문에 약속한 시각보다 조금 늦게 도착하였다.

전쟁 중인 나라이지만 월남의 최대명절인 '떳'의 전야제답게 시골 마

---

73) 유감스럽게도 그 뒤에는 그의 소식을 듣지 못했다. 생전에 한 번 만나 보기를 지금도 고대하고 있다. 그와는 처음 인연이 특이하였고 나에게 관용이 통솔의 기본임을 깨닫게 해주었다.

을조차 오가는 인파들로 흥청거리는 분위기를 보였다. 도시에 있다가 귀향하는 사람들의 선물 꾸러미도 보이고 군대에서 휴가를 나온 젊은 이들도 눈에 들어왔다. 저들 가운데 심산유곡의 베트콩 은거지에서 생활하다가 내려온 사람도 있을 것이라는 생각에 이르자 나도 모르게 경계심이 발동하여 주변을 살펴보았다. 동바띤 마을은 어두운 땅거미가 내리고 있어 이미 섣달 그믐밤을 시작하고 있었다.

이 중위는 부대 트럭을 타고 와서 약속한 맥줏집에 이미 자리하고 있었다. 중대에서 C레이션 식사를 하고 왔지만 저녁 식사로 월남 국수를 주문하고 월남 바머이바 맥주와 간단한 안주를 시켰다. 우리는 귀국 23 제대로 편성, 2월 23일 같이 캄란항 출발을 앞두고 있었기에 귀국 준비 상태를 묻고 근간 지루한 시간을 어떻게 보내고 있는지를 이야기하며 말을 이어갔다. 귀국 후 어느 부대에서 근무하게 될 것인지가 가장 큰 관심사였다. 사실 우리는 1965년 2월 임관한 이후 초등군사반 교육기간을 제외하고 1968년 1월 말까지 3년간을 소총중대의 A형 막사나 정글지역 야전 천막 또는 풍찬노숙(風餐露宿)[74]의 나날 속에서 살아왔다. 나는 이

제 심신이 지쳐 귀국 후에는 좀 편한 자리에 가서 잠시 쉬고 싶다는 속내를 이 중위에게 모두 털어놓았다.

우리는 맥주를 몇 병 더 마셨다. 이 중위는 홍길동 작전에서 전과를 많이 올렸는데, 그 자랑을 질펀하

74) 바람과 이슬을 맞으며 한데에서 먹고 잔다는 뜻으로, 객지에서 겪는 모진 고생을 이르는 말이다.

게 늘어놓았다. 이러다 보니 시간이 꽤 흘러 벌써 22:00시를 가리키고 있었다. 이 중위는 자리를 옮기자고 제의하였다. 순간 '여기서 50m 아래로 응우엔 선생 댁과 리 선생 댁이 있지 않은가? 거기에 잠시 들렀다가 함께 나와서 귀대하면 되겠지'하고 그곳으로 그를 안내하였다.

응우엔 선생 댁에 이르러서 집안을 살펴보니까 가족들이 모두 모여서 이야기꽃이 한창인 듯 아이들의 말소리가 시끄럽게 들려왔다. 나는 명절에 응우엔 선생 댁을 갑자기 방문하면 가족들의 즐거운 분위기가 흐트러져 민폐를 끼치게 될 것이므로 안 되겠다고 생각하였다. 잠시 망설이다가 바로 옆집 리 선생 댁의 안쪽을 살펴보니 조용하였다. 나는 순간적으로 리 선생 댁으로 발걸음을 옮겨 문을 두드렸다. 안방에서 인기척이 새어 나왔다. 아이 돌보미가 나와서 이국의 군인을 보고 당황해하다가 뒤이어 리 선생이 따라 나와 반갑게 맞이해주었다.

나는 이 중위에게 눈짓하며 안으로 들어가자고 했다. 이 중위는 잠시 망설이다가 들어와서 자리에 앉았다. 리 선생과 서로 인사를 마치자 이 중위는 갑자기 내일 아침 야간 매복조에 제공할 조식 지원을 위해 지금 일어나야겠다고 했다. 그가 떠난다면 분위기가 갑자기 어색해질 것 같아서 나는 그에게 잠시만 더 앉아 있다가 함께 귀대하자고 간청했다. 하지만 이 중위는 막무가내로 일어나 도망치듯 달아났다.

잠깐 사이에 홀로 남게 되었다. 리 선생은 구정 전날인데도 오가는 사람이 없어서 한가하게 시간을 보내던 중 내가 불쑥 나타난 데 대하여 당황해하면서도 한편으로는 반가워하며 나를 맞아 주었다. 그녀는 아기와 돌보미를 안방으로 들여보냈다. 나와 둘이 거실에서 마주 앉게 되자, 그녀는 마침 설 준비를 위해 마련한 음식이 있으니 가져온다고 부엌으로 갔다. 그녀는 언제나처럼 친절하고 차분하였다. 나는 잠시만 앉았다가 일어서야 한다는 생각을 굳게 하고 음식을 기다렸다. 그녀는 양고기 꼬치구이와 양주를 가져와서 권하였다. 그러나 그녀 자신은 완곡하게 어쩌면 의도적으로 전혀 술을 마시지 않았다. 그녀는 어색한 분위기를 바꾸려고 한국군의 활동사항에 관하여 '1967년 4월 19일자 사이공 포스트 사설'을 인용, 말을 이어갔다.

"한국은 월남과 같이 개발도상국이고 분단국가이다. 또한, 역사적으로 피지배 국가로서 북쪽 중국인으로부터 모진 시련을 겪었다. 월남은 동쪽 바다 건너 악독한 일본 침략자들로부터는 무사하였지만, 한국은 가까운 일본으로부터 역사적으로 크나큰 불행을 당하였다. 지금도 남침을 노리는 북한 공산집단의 도전에 직면해 있다. 그런데도 2개 사단 이상의 병력을 월남에 보내서 우리를 도와주고 있다. 이는 한국국민이 공산주의에 대항하고자 하는 의지이고 용기이다. 월남에서 한국군은 어느 나라도 감히 하지 못하는 기적을 이룩하고 있다.

이번 맹호와 백마 사단이 오작교 작전을 감행하여 1번 공로 호아다 마을에서 양개 부대가 접촉함으로써 남북통행을 보장하게 되었다. 이것이야말로 정치, 경제, 군사, 사회, 문화 등 모든 면에서 월남 중부 지역이 소통하여 지역 발전과 희망을 주는 쾌거가 아닐 수 없다. 왜 한국군은 이렇게 해내고 월남군은 못했는지 부끄럽다. 이것은 확실한 교훈을 제시해 준 것이다. 우리는 한국군으로부터 분명히 배워야 한다."

그녀가 들려준 신문 사설을 통해 모처럼 월남 지식인들의 절규를 듣게 되었고 그들의 새로운 각오와 기상을 발견하게 되었다. 새해부터는 이 전쟁을 그들 스스로 맡아서 자주적으로 하길 빌었다. 그녀의 차분하고 진지한 언행 속에서도 그런 굳은 의지를 엿볼 수가 있었다.

나는 그녀의 말이 끝나기를 기다려 지난해 7월 한 달 동안 홍길동 작전에 투입되어 투이호아 지역 천연동굴에서 힘든 싸움을 했다고 자랑스럽게 이야기하였다. 그것은 오작교 작전 시 도피했던 적의 무리가 돌아와서 1번 공로의 통행을 또다시 계속 거부하였기에 한국군이 대대적으로 실시한 작전이었다. 그녀는 우수에 젖은 모습으로 나의 치기 어린 이야기를 담담하게 듣고 있었다.

이럭저럭 1시간이 지나 자정이 되어갈 무렵, 나는 돌아가기로 마음을 굳히고 몸을 추스르며 일어섰다. 리 선생은 너무 늦은 시간이라 술에 취해 자칫 위험할 수 있으니 잠시 의자에 앉아서 시간을 보내다가 새벽에 가는 편이 안전하다고 극구 만류하였다. 나는 신변이 위험하다는 리 선생의 말을 듣고 정신이 바짝 들었다. 이 밤에 나 홀로 이렇게 있는 것이 괜찮을까? 이제까지 이런 환경에 혼자 머문 적은 한 번도 없었다. 구정휴전 기분에 들떠서 지난 몇 시간 동안 너무 방심한 것은 아닌지 은근히 후회가 되었다. 정신이 더욱 맑아졌다. 나는 소총과 탄약을 챙겨서 나의 오른팔이 닿는 위치에 가져다 놓았다.

그리고 그녀에게 아기가 있는 안방으로 들어가도록 손짓을 하였다. 때마침 아기가 엄마를 찾느라 보채는 소리가 들려왔다. 나는 리 선생이 안방에 들어가야만 시간 보내기가 수월할 거라고 생각하고 방으로 들어갈 것을 권하였고 리 선생은 문을 지그시 열고 들어갔다. 나는 일단 이곳에서 3시간을 보낸 뒤 첫새벽에 나가야 한다고 마음을 정하고 집 바깥 동태를 살피기 위하여 귀 끝을 세웠다.

잠시 후 그녀는 군용 모포를 한 장 내주면서 의자에서 몇 시간을 보내려면 필요할 것이라고 말한 뒤 침침한 전등불을 끄고 다시 안방으로 들어갔다. 나는 그녀의 차분한 행동과 그녀가 지닌 교양과 예절에서 묻어나는 상당한 카리스마를 느꼈다.

4. 월맹군 구정공세, 심야 긴급 복귀(1968.1.30.)

손목시계를 꺼내보니 야광 시침이 24:00시를 훌쩍 지난 시간을 가리키고 있었다. 섣달 그믐밤의 거실 안은 빛으로부터 완벽하게 차단되어서 천지 분간이 어려웠다. 우선 M16소총과 탄약이 약실에 있는지 확인하고 왼팔 안에 가깝게 올려놓았다. 기분이 꼭 야간 매복하는 밤에 홀로 시간을 죽이고 있는 것처럼 여겨졌다. 모기가 없는 것은 다행스러웠지만, 마음이 계속 뒤숭숭하여 갖가지 망상이 넘실댔다. 혹시 베트콩 조직과 연계되어서 괴한이 뒷문으로 들어오는 것은 아닐까? 구정이라고 아기 아빠가 늦은 시간에 찾아오는 것은 아닐까? 불시에 친척이 문을 열고 들어오는 것은 아닐까? 그야말로 나는 좌불안석이었다.

시간이 너무 천천히 흘렀다. 5분 간격으로 시계의 분침을 보았으나 시간은 굼벵이 걸음 같았다. 나는 복식호흡을 하면서 생도 시절 마음에 맑고 굳센 기운을 돋구어준 도덕률 5개항 가운데 2항 "사관생도는 언제나 공명정대하다."를 계속 암송하여 마음을 편하게 다스렸다.

지그시 눈을 감고 작년 오늘 밤을 떠올려 보았다. 꼭 365일 전 이 시간, 백마 1호 작전 중에 적의 저격으로 2소대 박 상병이 전사하고 그 자리에서 조금 내려와 적과 지근거리에서 완전히 날밤을 새우며 적의 활동을 주시했던 기억이 너무나 뚜렷하게 떠올랐다. 그때보다는 지금이 조금 나은 것인가? 오늘이야말로 스스로 사서 고생하고 있다고 생각하니 자신에게 화가 났다. 이런 생각을 하면서 나는 비몽사몽 혼몽상태에서 잠시 졸고 있었다. 어머니의 모습이 가물거리는 꿈속에 나타나 "형석아! 너 지금 여기에서 졸고 있으면 어떻게 하니? 여기는 네가 있어야 할 곳이 아니야! 빨리 일어나, 나가야 돼!"하며 나를 일깨웠다.

나는 깜짝 놀라서 시계를 바라보았다. 새벽 02:00시경이었다. 잠깐 앉아 있다가 일어나야겠다고 생각하고 집 밖을 귀로 살폈다. 주변은 조용하였다. 바로 그때 200m 거리 1번 공로 부근에서 기관총 연발 총성이 "따르륵, 따르륵, 따따탕"하며 설 명절 초하루의 새벽 공기를 갈라놓았다. 이어서 박격포 포탄 10여 발이 연발로 작렬하는 소리가 동바띤 마을 주변의 대지를 흔들어 놓았다. 아직 그믐밤의 어둠이 대지를 새까맣게 뒤덮고 있었다. 이따금 산발적인 총포탄의 파열음과 섬광이 치열한 전투를 통고해 주었다.

나는 조건반사로 군장을 갖추고 단숨에 문을 열고 뛰쳐나왔다. 리 선생이 나의 뒷모습을 바라보고 있는지 나의 머리가 자꾸 뒤쪽으로 돌아갔다. 하지만 여기서 마음을 쓰며 머뭇거릴 여유는 없었다. 마음속으로 "리 선생님, 잘 살아가세요!"하고 빌 뿐이었다. 내가 무사히 부대로 복귀하기를 빌어주는 그녀의 마음속 메아리가 귓전에 와 닿는 것 같았다.

집 밖으로 나오는 순간에도 가까운 곳에서 총성이 이어지고 섬광이 번쩍거렸다. 나는 골목길로 나와서 10m를 뛰어가다가 작은 관목나무 등걸을 은폐 삼아서 잠시 엎드려 주변을 살펴보았다. 뒤를 따라오는 인기척이 있는지를 먼저 확인하였다. 주위가 조용한 것을 확인한 나는 일단 지금은 긴박한 위협이 없다고 판단하였다. 우선 가까운 숲으로 들어가서 날이 밝을 때까지 잠복해 있다가 귀대할까? 아니면 여기 엎드려서 상황을 보아가며 천천히 귀대를 시도해 볼까? 아니면 지금 당장 1번 공로 쪽으로 나가서 지나가는 아군 차량을 얻어 타고 중대로 돌아갈까? 여러 방안을 판단하고 있었다.

주변은 칠흑같이 컴컴하였다. 동바띤 미군 비행장 상공은 미군의 조명탄 사격으로 대낮같이 밝았다. 무장헬기가 서북쪽 산 능선 방향으로 중기관총 사격을 퍼부어서 불꽃이 길게 무지개처럼 궁륭을 이루다가 사라졌다. 이따금 그쪽에서 연발 자동소총 소리가 들렸다. 나는 베트콩들이 박격포 사격으로 비행장을 습격하고 서부 산악을 향하여 도주하고 있다고 판단하였다.

나는 동측 방향으로 은밀히 이동, 1번 공로에 접근하여 판랑 방향으로 이동하는 미군 차량을 붙잡아 타고 캄란까지 이동하면 곧 중대로 귀대(20km 거리)할 수 있겠다는 생각이 들었다. 고개를 들어서 1번 공로 쪽을 바라보니 군용 트럭이 2~3대 또는 10여 대가 불빛을 비추며 빠른 속도로 북에서 남으로 달려가는 것이 보였다. 분명 남쪽 교전 장소로 병력을 증원하는 것이라 짐작하니 마음이 오싹해졌다.

나는 최단 거리로 1번 공로까지 접근하여 미군 차량을 탈 것이란 기대를 안고 아랫배에 힘을 주어서 윗몸을 일으켰다. 출발 전 소총의 안전장치가 풀려 있는지, 수류탄을 즉시 투척할 수 있게 되어 있는지 확인하고 심지를 굳게 하였다. 나는 사방의 바람 소리와 야행 동물 소리 등에 촉각을 곤두세우며 한 걸음씩 어둠을 헤치고 앞으로 나아갔다. 마을 고샅길이 끝나고 채소밭에 이르렀다. 이곳을 횡단하면 1번 도로와 직면하게 된다. 바로 그때 갑자기 서쪽 방향 미군 부대 헬기장 울타리 쪽에서 M16소총과 경기관총 총성이 다급하게 울려 퍼졌다. 나는 무의식적으로 밭이랑에 납작 엎드렸다. 총탄의 불빛이 서쪽을 향하여 날아가고 있기에 안심이 되었다. 이때를 이용하여 신속히 이동하면 기만 효과가 있을 것으로 예측하고 1번 공로를 향하여 빠르게 걸음을 옮겼다. 10여 분 후 1번 공로에서 30m 이격된 지점까지 이동하여 엎드렸다. 무작정 도로변에 가서 차를 세우는 것보다 오가는 차량의 흐름을 파악해서 차를 세우는 것이 안전할 거라고 판단하였다.

마을 쪽에서 인기척이 들려왔다.. 창문 틈으로 전기 불빛이 새어 나와서 어두운 마을 몇 곳이 밝게 보였다. 내가 조금 전 엎드렸던 지역 일대 골목길에서 남자들의 웅성거림이 들려왔다. 10여 명의 발걸음이 서부 산악으로 이어지듯 하다가 잠시 후 사라졌다. 그 순간 동바띤 미군 비행장을 습격한 적들과 이 마을 사람들의 연계된 활동이라는 직감이 들었다. 구정휴전에 고향으로 돌아온 베트콩들과 습격부대 요원들과의 합류과정이 아닐까? 내가 만약 그 자리에 10여 분 이상 우왕좌왕하면서 계속 머물러 있었다면 어찌 되었을까 생각하니 모골이 송연(悚然)해졌다. 나는 '옴 마니 반메 훔!' 불경 주문을 연이어 암송하며 정신을 가다

듣었다.

온몸의 감각기능을 발휘하여 주변 경계를 하면서 지나가는 차량을 관찰하였다. 내가 정차시킬 차량이 베트콩과 연관된 차량이라면? 우군 차량일지라도 나를 베트콩으로 착각하고 먼저 발사를 해온다면? 지금 상태로 마냥 엎드려 있다가 지나가는 차량이 적의 매복으로 오판하여 사격한다면? 불안감이 성난 파도처럼 밀려왔다.

결국, 나는 과감하게 도로로 나가서 차를 세우고 캄란 쪽으로 가는 차를 타기로 결심하였다. 차를 기다리고 있는데 나트랑 쪽에서 2 1/2톤 트럭 한 대가 라이트를 밝히고 남으로 질주해 오고 있었다. 일부러 저 차는 미군 차량이라고 단정하면서 일단 부딪쳐보기 위해 서서히 일어나 도로 쪽으로 걸어나갔다. 트럭에 승차한 군인들이 위협을 느끼지 않아야 정차할 것이므로 일단 총을 땅바닥에 놓았다. 그리고 양손을 들어서 흔들며 소리를 쳤다. "Stop, Korean Army!"

비상 라이트를 켠 트럭이 내 위치를 조금 지나서 정차하였다. 나는 먼저 차량 탑승자가 누구인지를 확인하였다. 긴장되는 순간, 미군이 운전대에 앉아 있는 것을 확인하고는 안심이 되었다. 선탑자가 의아한 표정으로 긴장하며 누구인가, 왜 여기에 있는가를 물었다. 나는 민사업무를 하는 한국군 장교이기에 동바띤 마을에 자주 들렀으며 휴전기간이라서 어젯밤에 마을에 왔다가 귀대시간이 늦어졌다고 말하면서 백마부대 마크를 확인시켜 주었다.

그는 곧바로 얼굴에 긴장을 풀고 어디까지 갈 것인지를 물었다. 캄란 베이 안의 한국군 경계부대에 가는 길이라고 말하자 그는 캄란베이 안에 있는 급수 탱크에 가고 있으니 선탑자의 옆자리에 앉아 가라고 하였다. 나는 덩치가 큰 하사관 옆에 간신히 끼어 앉았고 트럭은 캄란 쪽으로 달리기 시작하였다. 등골에서 식은땀이 물줄기같이 흘러내렸다. 아울러 미군의 한국군에 대한 신뢰와 우정을 다시 한번 되새김하였다. 트럭은 1번 국도를 10km 정도 달려서 수전 마을을 지나 고무다리초소에서 검문을 받고 새벽바람에 출렁거리는 리본 브릿지를 서서히 통과하였다.

가는 동안에도 어디선가 연발 총성이 그침 없이 밤공기를 갈라놓았다. 피아 교전상황이 계속되고 있음을 총성이 알려주었다. 미군 탑승자는 총성 지점까지 거리에 따라 신경을 곤두세우며 주변 경계를 늦추지 않았다. 트럭은 고무다리 동단 헌병초소에 도착하여 다시 차량 검색을 받았다. 나는 일단 하차하여 초소 안으로 들어갔다. 이 미군 초소는 6중대와 합동으로 지역경계작전을 펴고 있는 곳이다. 마침 순찰차가 우리 중대에 들어가기 위해서 기다리고 있었다. 나는 순찰차를 이용하여 곧장 중대에 복귀하였다. 시간은 03:20분이었다. 중대 상황실은 주변의 미군, 월남군, 한국군 각 부대에서 접수되는 교전상황을 파악하느라 분주하였다. 6중대는 투입한 매복부대에 조명을 지원하는 등 이미 완전히 전투태세에 돌입한 분위기였다. 이것이 이른바 '구정(Tet)공세'[75]의 시작이었다.

나는 조용히 상황실 문을 열고 밖으로 나왔다. 그리고는 곧바로 잠들었다가 1968년 무신년의 설날 해가 중천에 떠 있을 때 깊은 잠에서 깨어났다. 중대 인사계는 설날의 정취를 맛보이고자 떡국을 준비하여 아침식사로 내놓았다. 나는 어젯밤의 숙취를 해소하려고 국물을 위주로 대충 끼니를 때웠다. 그리고 중대장실로 들어가 엊저녁 늦게 들어온 경위를 구두로 보고하였다.

중대장은 오늘 새벽 월남지역 전체에서 베트콩 무장 세력들이 총공세를 감행하였다고 하면서 이에 모든 아군 부대들이 작전 투입 중에 있다고 알려 주었다. 그리고 미군 시설 경계 수준이 격상되어 중대 경계 병력이 증강 배치되었다고 귀띔을 해 주었다. 아울러 대대 관할 지역 동

---

75) 구정을 월남에서는 뗏(Tet)이라고 부른다. 그래서 구정공세를 '뗏 공세'라고도 한다.

바띤 미군 헬기장에 수 미상의 베트콩 게릴라가 침투하여 헬기 수 대를 파괴하고 도주하였다고 말해주었다. 또한, 5중대 이 중위가 매복부대에 트럭으로 조식을 추진하다가 역 매복에 걸려서 중상을 입고 캄란 미 공군병원에서 응급 수술을 받고 있다고 하였다. 나와 어젯밤 함께 있다가 먼저 귀대한 이 중위가 계획대로 작전 임무를 충실하게 수행하다가 피격을 받았다고 하니 눈앞이 캄캄해졌다.

나는 화급하게 "이 중위는 치료 후 살 수 있습니까?"라고 중대장에게 물었다. 그는 수술 결과를 보아야 알 수 있다고 말해 주었다. 나는 쓰러질 듯 현기증을 느끼며 흐트러진 몸을 추스르고 곧바로 밖으로 나왔다. 중대 행정반에서 5중대 행정반 인사계에 전화를 걸었다. 그는 이 중위와 함께 병원에 간 상태였고 대신 상황 근무병이 사고과정을 자세히 설명해 주었다.

이 중위는 어제 23:00시경 귀대해서 중대에서 대기하다가 05:00시에 3소대의 주야간 매복조에게 C레이션을 추진하기 위하여 매복지점으로 이동하다가 푸빈 마을 부근(BP942409)에서 적들의 역 매복에 걸려 기습 공격을 받았다고 하였다. 베트콩 매복부대는 이 중위가 탑승한 트럭 전면 차창에 집중사격을 가하여 운전병은 즉사하고 이 중위는 차량의 옆문을 열고 나오다가 가슴부위에 여러 발의 총탄이 명중하여 중상을 입고 현재 수술 중이며 심장 부위의 손상으로 출혈이 심하여 매우 위험하였으나 다행히 미 공군병원의 신속한 응급 치료로 위기를 넘겼다고 말해주었다.[76]

---

76) 이 중위에게 들은 이야기를 부언하자면, 앞 창유리에 적탄이 집중되어 곧바로 우측 문을 열고 내리는 순간 가슴부위에 여러 발이 피격되었다. 그는 정신이 혼몽한 상태에서 땅바닥에 떨어졌으나 엄폐해야 산다고 판단하고 차바퀴 밑으로 사력을 다하여 기어들어갔다. 그는 이때 이미 혼수상태에 들어갔으며 베트콩들은 차량에 접근, 차량 적재화물을 검색하면서 그를 발길로 차고 생사를 확인하는 것을 어련히 짐작하였다. 이 중위는 죽은 척하여 죽음을 모면하였다. 30여 분이 지날 무렵, 월남군 민병대가 이 상황을 인지, 2대대 상황실에 연락하고 5중대에서 긴급히 병력을 보내 이 중위를 극적으로 구출하였다.

나는 전화기를 내려놓으며 뼛속 깊은 비감에 젖었다. 한참 만에 정신을 차리고 조용히 머리 숙여 기도하였다. "하느님, 부처님이시여! 친구 상인이의 생명을 구원해 주시옵소서! 친구여, 나의 지기여, 나의 동기여! 제발 구원을 받고 살아나 다오!" 나는 묵상하고 기도하며 그의 영혼이 먼 곳으로 떠나가지 못하도록 내 곁에 붙잡아 두고 싶었다. 어젯밤 불과 몇 시간 전 그와 마셨던 술잔이 이승을 떠나는 마지막 이별주였던가! 하늘에서 내려준 생명줄이 그렇게 쉽사리 끊어지고 마는 것인가! 이승과 저승이 이토록 가깝게 인접해 있는 것인가!

그와 나는 청주고와 전주고 출신으로 시골에서 자랐다. 육사 생도대 1중대 생활을 함께하며 미운 정 고운 정 깊은 우정을 쌓았다. 힘들고 지칠 때 우리는 서로 위로하고 격려하며 역경을 이겨내었다. 그래서 초등군사반 시절 광주 서동에서 하숙할 때도 한방에서 같이 생활하지 않았던가! 그와 나는 무슨 인연이기에 우연히 함께 파월하여 제30연대 제2대대 제5, 6중대에서 소대장을 하게 되었다. 하지만 전투부대 소대장으로 마음에 여유가 없어 1년간 한 차례도 개인적으로 만나지 못하다가 어젯밤 처음 만나서 자리를 함께한 것이었다. 그 자리에서 우리는 마지막 대화를 나눈 것인가! 아직도 그의 말소리가 길게 메아리쳐 귓가에 맴도는 것 같았다.

그는 다행히도 심장의 우측 가장자리에 총탄이 들어가 미군 병원에서 성공적으로 1차 수술을 마치고 생사 위기를 일단 넘겼다. 유탄의 흐름이 1~2cm의 미세한 차이로 한 사람의 생명을 다시 살렸다. 그는 2개월 후 귀국하여 국군 병원에 장기간 입원, 중환으로 치료를 받고 완쾌되었다. 나는 죽을 고비를 넘기고 제2의 인생으로 운명적 삶의 궤적을 그리게 된 이 중위를 보면서 운명의 여신이 존재한다고 믿게 되었다.

월맹군은 1월 30일 구정휴전을 약조하고 자유월남 측을 방심하게 한 뒤 그 틈을 활용, 전국 주요 도시에서 정부기관과 군사시설에 총공격을 감행하였다. 한·미·월 연합군 각급 제대는 지역별로 도처에 침투한 월맹 정규군과 베트콩 및 지하 공작요원들의 공격 활동을 저지하고 반격 작전을 개시하였다. 6중대도 미군 군사시설 경계 강도를 높이고 캄란 북부 산악 접근로를 차단하고자 작전활동을 강화하였다.

5. 월맹군 구정공세, 2대대 책임지역 작전(1968.1.31.~1968.2.4)

캄란 지역에 투입된 월맹군은 1968년 1월 30일(음력 1월 1일) 야간에 제30연대 제2대대 관할인 동바띤 북방 2km 푸빈 마을[77] 등에 월맹 정규군 제5사단 제18B 연대 예하 T-106 소대를 침투시켜 1번 국도를 차단하고 그들 특유의 대민 선무활동에 들어갔다.

제2대대는 푸빈 마을 주민으로부터 "1월 30일 07:12분에 적 1개 소대 규모가 부락에 침투하여 개인호를 구축하고 방어태세를 취하고 있다."는 첩보를 접수하였다. 이에 대대장은 평소 준비한 마을 침투 대비 우발계획에 따라 1월 30일 09:00시에 지역 내에 침투한 적 소탕작전을 개시하였다(요도#11, '68 구정공세, 30-2대대 작전). 대대는 북쪽에 제5중대, 북동쪽에 제8중대, 동쪽에 연대 수색중대, 남쪽에 7중대, 서쪽에 월남 민병대로 포위망을 형성, 압축해 들어갔으며, 적은 19:00시경 일단 퇴각하였다. 책임지역 내에서 다음날 1월 31일에도 피아간 산발적인 교전이 있었다. 특히 수오이캇 마을 부근에서 5중대가 매복과 소탕작전으로 적 8명을 사살하였다.

---

77) 제5중대 이 중위는 바로 그 시간 그 장소에서 피격을 당했다.

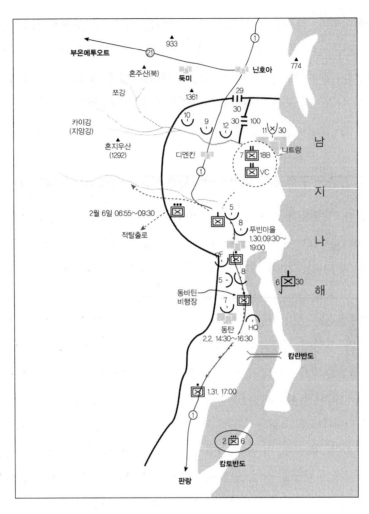

〈요도#11. '68구정공세,30−2대대 작전〉

　제2대대 지역에 침입한 적들은 2월 1일 12:40분경 동바띤 마을 (CP025302)로 은밀 침투, 저항을 계속하였다. 제2대대는 동바띤 마을의 북쪽에 제8중대, 서쪽에 제7중대, 동쪽과 남쪽에 제2대대 본부 중대 및 배속된 사단 장갑소대를 배치, 2월 1일 14:30분 공격을 개시하여 적을 소탕하기 시작했다(요도#11 참조). 이때 마을 내부에서 수색을 실시하던 월남군 민병대와 경찰은 용의자 29명을 검거하였고 제8중대가 해안에서 베트콩 2명을 사살하였다. 제5중대는 2월 3일 18:05분 매복진지에 진입하다가 적 1명을 생포하였다. 제2대대는 2월 5일부로 적 구정공세로 인한 소탕작전을 마무리하였다.

나는 대대의 작전 상황을 살펴보면서 동바띤과 푸빈 마을에 적이 침투했다는 사실을 확인하고 경악하였다. 내가 민사장교로서 주야 불문하고 그토록 자주 출입했던 마을이 아니었던가! 그 작은 마을에서 용의자가 29명이나 체포되었다고 하니, 참으로 놀랄 만한 일이었다. 그곳을 방문할 때마다 나는 항상 그들과 직접 마주 대하였는데, 나를 직접 저격 목표로 선정하지 않은 점은 바로 천우신조인가? 아니면 어떤 이유가 있는 것인가?

이번 작전에서 2대대는 주민 피해를 우려, 포병사격을 하지 않았으며 주민과 마찰을 피하기 위해 외곽 포위는 한국군이 맡고 내부 마을 수색을 월남군과 경찰에서 전담하도록 하였다. 이로 말미암아 주민의 적극적인 협조 아래 민간인 피해 없이 성공적으로 탐색 작전을 마칠 수 있었다. 작전종료 후 주민들은 마을에 한국군이 계속 주둔하기를 소망하는 청원을 하였다.

사실 이번 작전에서는 마을 주민의 역할이 컸다. 그것은 그들이 우리 부대를 그만큼 신뢰했기 때문에 가능한 일이었다. 1월 30일 적이 마을에 출현했을 때 마을 주민들이 즉각적으로 신고했던 것도 우리를 신뢰하기 때문 아니겠는가? 그리고 적 소탕작전 시 아무런 인명 피해 없이 많은 용의자를 색출하게 된 것도 그들의 적극적인 협조 때문이었는데, 마을 주민들이 우리에게 우호적이지 않고서야 이런 일이 가능하겠는가?

이러한 우호적인 관계는 하루 이틀 만에 이루어지는 것도 아니고 형식적인 접촉을 통해서 이루어지는 것도 아니다. 대대 민사장교 주 대위와 김 병장의 숨겨진 노력이 빛을 발한 거라는 생각이 들었다. 그리고 내가 동바띤 마을 응우엔 선생 등 친한 인사들과 진심으로 주고받았던 대화들이 헛된 노력에 그친 것이 아니라는 생각을 하며 가슴이 뿌듯하였다. 그동안 내가 대대의 시선을 피해 가면서까지 베트콩에 대한 직접적인 첩보를 캐내기보다 주민들과 인간적인 신뢰를 쌓으려고 더 많이 노력했던 것이 옳았고 그 결실을 본 것 같아서 기쁨이 배가 되었다. '전쟁에서도 위선과 거짓보다는 진실을 추구하는 것이 정도(正道)요, 단기 가시적인 것보다는 장기 내실을 추구하는 것이 승리에 이르는 첩경(捷徑)이다'라는 결론을 나름대로 내렸다.

캄란 지역에 주둔하고 있는 6중대는 미군 비행장 시설에 대한 특별 경계령에 따라 대대 작전에 직접 가담하지 않고 시설 경계 강도를 높이는 데 주력하였다. 구정공세 초기의 긴박한 상황이 지나고 소탕작전이 순조롭게 진행되자 종전과 같은 안정된 분위기가 회복되었다. 나는 혹시 이번 구정공세로 전쟁이 새로운 형태로 발전되어 귀국이 지연되지 않을까 걱정하였지만, 사태가 신속히 수습되는 것을 보고 점차 안심이 되었다.

6. 월맹군 구정공세 평가(1968.2.5.)

2월 4일을 기하여 한·미·월 연합군의 강력한 소탕작전으로 북부 '후에' 지역을 제외한 월맹군 대부분이 괴멸하고 잔적들이 서부 산악지대로 들어가서 소규모로 저항하는 데 그치고 있었다.[78] 이처럼 월맹군의

---

78) '후에' 지역은 쌍방 간에 많은 희생자를 낸 채 한 달 동안 전투가 계속되다가 2월 말에 적이 철수하면서 평정을 되찾았다.

기습적인 구정공세는 한·미·월 연합군의 효과적인 군사작전으로 일차 수습되었지만 엄청난 파장을 예고했다.

월남과 월맹 정부는 민족의 명절을 맞이하여 잠시 무기를 내려놓고 일시적 휴전 또는 정전에 합의하였다. 자유월남 측은 약속을 철통같이 믿었고 장기전에 지친 민·군은 그 기회를 고대하였다. 연합군 군인들도 덩달아 그 분위기에 합류하였다. 월맹이 지난해 구정휴전 약속을 잘 지켰던 터라 약속 파기를 의심하는 사람은 거의 없었다. 그런데 월맹 정부는 바로 그러한 월남 정부와 국민의 강한 신뢰를 역으로 이용하여 사이공을 비롯한 도시지역에 전례 없는 대규모 기습공격을 감행했다. 그들의 구정 정전협정 파기는 야비한 배신[79]을 자행함으로써 월남과 연합군에게 최대한의 심리적 충격과 기습효과를 극대화 하였다.

월맹군은 1월 30일 02:00시를 기하여 수도인 사이공 시내에 정규군 6개 대대를 침투시켰다. 이들은 소규모 부대로 분산되어 티우 대통령궁, 대법원, 미 대사관저를 습격하였고 주월 미군사령부, 탄소닛트 공항 등 주요 정부기관과 미군 군사시설 등을 습격했다. 이번 공세에 투입된 월맹군과 베트콩 부대는 8만 명이 넘었다. 이에 자유월남 정부는 2월 1일 전국에 계엄령을 선포하고 주민대피령을 하달하였다.

주월 미군사령부는 전투부대는 물론 전투지원, 군수행정부대에 이르기까지 모든 부대에 침투한 적을 섬멸하도록 지시하여 대대적인 소탕작전을 전개하였다. 주월 한국군사령부는 적의 기습을 상당 부분 예측하

---

79) 월맹의 구정 정전협정 파기는 민족의 명절을 악용한 비인류적이고 비민족적인 행위라는 점에서 야비한 것이다. 먼저 명절을 이용하였다는 점에서 그렇고, 두 번째 민족 명절에 전투를 중단한다고 거짓으로 합의했다는 점에서 그렇다. 아무리 전쟁이라고 하지만, 기본적인 약속은 이행되어야 마땅하다. 당시 공산주의 국가들은 자신의 목적을 성취하기 위해서 수단과 방법을 가리지 않았다. 상대를 속이거나 배신하는 것은 아무것도 아니었다. 표리(表裏)의 괴리도 일종의 전략이었다. 북한도 이 범주에 속하는 국가이다. 따라서 우리도 북한과의 약속이나 슬로건을 액면 그대로 수용하여 낭패를 당하지 않도록 경계해야 한다.

고 예하부대에 사전 준비를 지시한 바 있었다. 그러나 주월 한국군사령관 공관까지 기습을 당할 것이라고는 예측하지 못하였다. 다행히 공관 경비대가 치열한 전투를 통해 적을 격퇴하였다.

1월 30일 02:00시 맹호부대 지역 퀴논에는 월맹군 제3사단의 특수부대가 침투하여 퀴논 방송국을 점령하였고 월남 군부대를 급습하였다. 맹호 제1연대 제1대대가 사단 장갑차를 배속받아서 공중기동작전을 전개하여 퀴논 시가지를 포위하고 소탕작전을 실시하였다. 그들은 1월 31일 미군 전차중대를 지원받아서 퀴논 방송국을 탈환하기 위해 진격하였으며 적들의 강력한 저항을 극복하고 2월 1일 오후 늦은 시간 방송국을 탈환하고 침투한 적 부대를 소탕하였다. 이 작전에서 맹호부대는 적 75명을 사살하고 11명을 생포하였으며 아군은 1명이 전사하고 5명이 부상을 입는 경미한 피해를 입었다. 시가지 전투에서 이 정도의 피해는 놀라운 일이었다.

백마부대 지역에서는 1월 30일 02:00시 월맹군 제5사단 제18B연대와 베트콩부대 합동으로 제30연대 제2대대 제5중대 전술기지 부근(BP903438)을 6발의 박격포로 포격하면서 동바띤 미군 헬기중대에 침투하여 헬기를 폭파하고 1번 공로를 연결하는 교량을 파괴하였다. 적 주력부대인 제18B연대 제7, 8대대는 아군 주요시설이 운집한 나트랑 시내 침투를 감행, 칸호아 성청과 형무소 등 정부기관을 기습, 점령하였다. 이에 백마부대 제30연대 제3대대와 월남군이 합동 작전을 전개하여 2월 4일까지 소탕작전을 완료하였다. 이 작전에서 백마부대는 월맹군 93명을 사살하고 11명을 생포하였으며 아군은 12명이 전사하고 27명이 부상을 당하였다.

한편 월맹군 제95연대 제5대대와 지방 베트콩 제85대대는 투이호아의 미 319포병대대와 미군 비행장을 급습하였다. 이로 인하여 미군 포병대대장을 비롯하여 4명이 전사하고 10여 명이 부상을 당하였다. 이에 미군은 제173공정여단 병력을 투입하여 소탕작전을 전개하였다. 피아 격전을 치른 결과 미군은 적 14명을 포로로 잡고 136명을 사살하였다. 미군은 14명의 사상자가 발생하였다. 월남군은 제47연대가 막대한 피해를 입었다.

한국군은 적의 구정공세를 격퇴하면서 적 168명을 사살하고 22명을 생포하였다. 반면 아군은 13명이 전사하고 32명이 부상을 입었다. 미군은 2,500명이 전사하였고 월남군은 1,169명이 전사하여 3개국 연합군의 총 전사자는 3,682명이었다. 이에 반해 월맹군과 베트콩은 총 37,000여 명이 전사하였다. 이러한 통계를 보더라도 당시 한국군의 작전 성과는 경이로운 것이었다. 그것은 월맹군에 대한 압승이었을 뿐만 아니라 미군과 월남군의 경우와 비교하더라도 피해는 적고 전과는 훨씬 많은 성공적인 작전이었다.

이처럼 월맹군의 구정공세는 정전협정을 일방적으로 파기하면서 기습적으로 시행되었지만, 병력 손실면에서 월맹군의 완벽한 패배로 끝났다. 그들의 침투공격은 시작한 지 이틀만인 2월 1일 16:00시를 기하여 월남 전 지역에 걸쳐 그 기세가 약화되기 시작하였다. 결국, 그들은 도시의 주민 거주지에 은거, 무리한 작전을 감행하면서 대체로 1주일 정도 버티다가 고립되어 대부분 공세를 지속하지 못하고 철수하였다. 그러나 피아의 전승 계산법은 달랐다. 한국군과 미군은 전투 시 인명손실을 작전성패의 가장 중요한 기준으로 삼았지만, 공산주의 전쟁론을 신봉한 월맹군은 그렇지 않았다.[80] 그들은 어떤 소기의 작전 목표를 달성할 수 있다면 인명은 얼마든지 희생되어도 상관이 없었다.[81] 6·25전쟁

---

80) 손무는 『손자병법』 「모공」 편에서 가장 훌륭한 승리 방법은 싸우지 않고 적을 굴복시키는 방식이며 가장 나쁜 방법은 피해가 불가피한 공성으로 직접 공격하는 방법이라고 하였다. 월맹군은 전체적으로 손자병법을 신봉하였지만, 인명손실에 대한 손무의 조언만큼은 의도적으로 외면한 것 같다.

81) 그들은 누구보다도 인민을 위한다고 떠들었지만, 인민들에게 처절한 희생을 강요함으로써 실제로는 인민의 생명을 가장 경시하였다. 이는 목적을 위해 수단과 방법을 가리지 않는 공산주의 국가들의 공

에서 중공군이 막강한 화력을 지닌 미군을 인해전술로 공격했듯이 월맹군도 한국군과 미군이 얼마나 강력한 군대인지를 잘 알면서도, 그로 인해 얼마나 큰 인명피해를 입게 되는지도 잘 알면서도 구정공세를 감행했다.[82]

그들이 구정공세에서 노린 것은 상대의 인명 살상과 시설파괴 자체가 아니라, 그것을 통해 그들의 저항 의지를 과시하고 미군의 승리에 대한 기대치를 경감, 미국 국민에게 반전 분위기를 고조시켜 미군을 전장에서 조기에 철수시키는 것이었다. 사실 월맹군의 침투공격은 무모하기 이를 데 없는 것이었다. 월맹군은 가용한 화력도, 군수지원 대책도 없이 수도 사이공의 정부시설, 미군과 한국군사령부, 야전부대가 있는 지방 도시지역에 무차별 공격을 감행했다. 그것은 자살행위나 마찬가지였다. 실제로 서방 군사전문가들이 평가하듯이 그들은 병력 37,000명을 잃고 치명적인 손실을 입었다. 그러나 월맹군은 자유월남의 심장부를 타격하고 월남 정부를 지탱하고 있는 주월 미군 및 한국군사령부 코앞까지 접근, 위협적인 공격을 했다는 그 자체에 의미를 두고 있었다. 즉 그들은 이제 월남 전체가 안전지대가 아니며 언제라도 월맹 군사력에 의해 누구든지 피습될 것이라 암시함으로써 월남 국민들을 심리적으로 협박하고 전쟁 지도부에게까지 공포심을 갖게 하였다.

또 미군이 막강한 군사력을 앞세워 공격해도 월맹군은 여전히 건재하며 오히려 더욱 강해지고 있음을 보여줌으로써 미국 국민의 전의를 저하시키고 신생 티우 정권에 대한 기대를 접도록 유도하였다. 아울러 미국 국민에게 미군 주요 사령부가 인명 피해를 입는 모습을 보여 줌으로써 반전 여론을 확산시켜 미군 철수를 조장하는 데 전략적 방점이 있었

통된 특성이었다. 인명 경시는 비인도적인 행위로 오늘날에는 더더욱 용납되기 어렵다.

82) 월맹은 대규모 적지 침투공격을 계획하면서도 이들에 대한 지원계획을 제대로 세우지 않았다. 이것은 계획수립단계에서부터 이미 상당한 병력의 손실을 예상하고 각오하고 있었음을 방증(傍證)해 준다.

다. 말하자면 그들은 전술적인 패배를 감수하고 전략적인 승리를 얻고자 했던 것이다.

이러한 월맹의 전략은 제대로 먹혀들어갔다. 그들이 기대한 대로 구정공세를 계기로 미국 내 반전 분위기가 확산되어 파월을 위한 군 징집에 호응해야 하는 학생들이 반전 시위에 가담하는 지경에 이르렀다. 이러한 반전 분위기에 따라 미국 행정부는 차기 선거를 의식, 철군을 추진하게 되었고 미군들도 월남의 정치 및 군사 상황을 고려할 때 더 이상 군사력으로 승리할 가능성이 없음을 인정하게 되었다. 결국, 우려했던 대로 미국은 1973년 1월 27일 월맹과 휴전을 맺은 후 월남을 떠났고, 1975년 4월 30일 월남은 월맹에 무릎을 꿇었다.[83]

---

83) 이로써 월맹군은 1950년대 프랑스군을, 1970년대에는 세계 최강 미군을 각각 격퇴하는 대이변을 만들어냈다. 그리고 자유주의 수호를 위해 월남으로 떠났던 한국군은 1만 7천여 명의 사상자를 내면서 열과 성을 다하여 월남을 도왔지만, 물거품이 되고 말았다. 그리고 월남의 붕괴와 함께 그들의 고귀한 희생도 퇴색되고 말았다.

귀국선

1. 승선과 파병 결산(1968.2.23.)

1966년 10월 3일 부산항을 출발하고 16개월 21일 만에 귀국을 위해 미해군 수송선 바렛(Barret)호에 몸을 실었다. 캄란항 주변 산세는 처음 당도해서 상륙할 때와 똑같았다. 다만 상륙할 당시는 우기철의 먹구름으로 음산한 분위기였던 데 반해 지금은 건기가 되어 맑고 밝은 모습으로 변했다. 그 산하는 고국으로 떠나는 우리를 정중히 배웅해주고 있었다.

캄란항 부두에서 탑승하기 위해 계단에 첫발을 디디는 순간은 말할 수 없이 감개무량하였다. 나의 발목을 꼼짝 못 하게 옭아맨 철사를 완전히 끊어버리는 해방감이라고 할까? 새장 속에 갇혀 있는 독수리가 풀려나서 창공을 훨훨 날아가는 듯한 기분이라고 할까? 그간의 무거운 책임감에서 벗어나서인지 한 계단을 오를 때마다 발걸음이 가벼워졌다. 그러나 가슴 한구석에는 또 다른 무게가 나를 짓누르고 있었다. 함께 귀국을 맹세했던 전우의 고혼을 영원히 저 이국의 산하에 홀로 남겨 둔 채 가야 하는 패장의 슬픔이 복받쳐 오름이랄까!

승선이 완료되자 바렛호는 수많은 슬픔과 환희와 아픔을 묻고 동북방 남지나해의 파도를 가르며 항진을 시작했다. 이번 귀국제대에는 육

사 동기생 5명이
편성되었으나 5중
대 이 중위가 총상
치료를 받느라 탑
승하지 못했고 나
를 포함하여 3중
대 전 중위, 8중대
유 중위, 29연대

차 중위 등 4명만이 승선하였다. 나와 함께 월남에 상륙한 우리 소대원
39명 중 2명이 원혼으로, 1명은 기술자로 취업이 되어서 잔류하고 2명이
부상으로 일찍 귀국함으로써 34명이 온전한 몸으로 귀국하게 되었다.
부상자들은 다리에 부상을 입어 큰 환후는 없을 것이라 다소 안심이
되었지만, 함께 개선하지 못하는 두 명의 전우를 생각하니 갑자기 복받
쳐 오르는 슬픔과 미안한 마음을 금할 수 없었다. 이런 내 마음을 알고
있는 듯 귀국선에 부딪히는 파도 소리가 구슬프게 철썩거리고 있었다.

황혼빛 태양이 서쪽 바닷속으로 빠져들자 곧이어 어둠이 내린 망망대
해의 일엽편주 위에서 나는 먼 바다 너머로 가물대는 수평선에 넋을 놓
고 바라보았다. 이때 망자들에 대한 상실감이 한꺼번에 엄습하였다. 가
슴에 저미어온 슬픔과 허무함으로 저녁식사를 잊은 채 혼자서 망연자
실 갑판 위에 앉아 있었다.

지난 일들이 주마등처럼 지나갔다. 1966년 12월 18일 우리는 칸호아
성의 푸롱 지역에서 주마 1호 연대 작전을 하였다. 처음 경험하는 연대
급 작전을 3일째 이어서 하고 있었기에 모두가 지쳐 있었다. C레이션 보
급도 떨어져 가고 우리 모두 심한 배고픔과 갈증으로 괴로워했다. 나는
소대원 앞에서 내색하지 않으려고 안간힘을 썼다. 그러나 내 얼굴에는
그렇게 쓰여 있지 않았나 보다. 저만치 앉아 있던 박남기 병장이 벌떡

일어나더니 갑자기 내게 다가와 말없이 수통을 내밀며 물을 권하고 초콜릿 과자를 꺼내 손에 쥐여주었다. 그때의 느낌은 형언할 수 없을 정도로 묘했다. 어릴 때 엄마가 남이 볼 새라 맛있는 것을 손에 꼭 쥐여주는 것 같기도 하고, 동생이 형을 생각하여 아끼던 물건을 내주는 것 같기도 한 감정, 이것은 진정 애틋한 전우애였다. 나는 그의 마음 씀씀이가 하도 고마워서 과자의 반을 잘라서 다시 그에게 주고 나누어 먹었다. 조그마한 과자 반 토막으로 나는 일시에 모든 배고픔을 잊었다. 아니 배가 불렀다. 그러한 부하가 내 곁에 있다는 사실만으로도 나는 너무 행복했다. 그런데 박남기 병장은 주마 1호 작전이 끝날 무렵 장기 피로 누적 때문에 생긴 고열을 이기지 못하고 끝내 이승을 떠나고 말았다. 남지나해의 성난 파도가 죽음을 막지 못한 나를 집어삼킬 듯 힐책하고 있는 것 같았다. 박 병장과 그가 내민 초콜릿 과자가 눈에 밟혀서 견딜 수가 없었다. 안타까움과 자책감이 온종일 가슴을 적시고 말았다.

내가 향도 박칠진 하사를 처음 만난 것은 1966년 5월 초 강원도 원통에서였다. 그때 그는 제11보병사단 제20연대에서 파월부대로 신편된 소대의 제3분대장이었다. 그는 전남 강진 태생으로 일찍 상경하여 보험회사의 외판사원으로 근무하다가 군에 입대, 장기복무를 지원하였고 제1군 하사관학교 19기로 하사에 임용되었다. 소총중대의 분대장으로 근무하던 중 파월을 지망하여 나와 처음으로 인연을 맺게 되었다. 그는 소대 내 분대장 가운데 가장 후임이었기에 경험이 일천하여 다른 분대장에게 가려져 있었다. 나는 그의 입지를 배려하여 그가 편하게 의견을 개진할 기회를 주면서 기세를 살려주려고 노력하였다.

그는 부대 업무에 충실할 뿐만 아니라 상급자에게 복종심이 투철해 각종 지시사항을 철저히 이행했기에 이따금 분대원들의 불만이 들려오기도 했다. 그러던 중 역마 1호 작전 간 이우준 향도가 부상으로 후송,

향도가 공석이 되었고 소대 선임하사관 심 중사가 소대 향도로 추천, 그가 소대본부에 오게 되었다. 박 하사는 선임 분대장들의 협조를 얻어서 직책을 능숙하게 수행하였고 소대장의 분신같이 활동해 주었다. 내가 적진 속에서 피로 누적으로 온몸이 지쳐있을 때 새로운 활기를 주었고 마음이 우울할 때 웃음을 주었으며 적으로부터 내 신변이 위기에 처할 때 위험을 마다치 않고 나를 엄호해 주었다. 특히 모두가 절망에 허우적대고 있을 때 소대의 기본 전투 군기를 챙기면서 호통을 치던 그의 목소리가 그토록 고마울 수가 없었다. 그래서 나는 그를 늘 든든하게 생각했다.

그러던 중 1967년 6월 24일 용마 1호 작전이 실시되었다. 우리 중대는 6월 26일 오전 용마 1호 작전의 일환으로 정글이 무성하게 우거져서 기동이 극히 제한된 저지대를 수색하였다. 그런데 갑자기 몬타냐 족의 폐가 흔적이 나타났다. 우리는 긴장하면서 자세를 낮추고 경계태세를 취하였다. 박 하사가 앞에 있는 조그마한 인공동굴(BP793033) 속에서 인기척이 들린다고 소리쳤다. 나는 그 순간 M16총구를 동굴 방향으로 하여 연발사격을 하였다. 바로 그때 박 하사가 "앗!"하고 비명을 지르며 쓰러졌다. 소대 전령은 동굴 쪽에서 날아든 유탄에 맞아 쓰러진 박 하사를 옆으로 옮겼고 우리는 동굴수색작전을 계속하였다. 적은 돌연 잠적해서 사라졌다. 나는 이를 즉시 중대장에게 보고하여 헬기를 요청, 후송하도록 조치했다. 후송을 가기 직전 박 하사는 "소대장님, 작전 중에 후송가게 되어서 죄송합니다."는 마지막 말을 남겼다. 이에 나는 "병원 시설이 좋아 곧 치료될 테니 걱정 마라. 치료하고 다시 만나자!"라고 위로하고는 정신없이 다음 수색작전을 이어갔다.

이 작전은 6월 30일까지 1주일간 실시한 후 종결되었다. 이후 부대는 7월 8일부터 홍길동 작전 투입을 준비하느라 나트랑 야전 병원에 입원한 박 하사에게 병문안 갈 엄두조차 못 내고 있다가 바로 투이호아 지역으로 이동, 홍길동 작전에 투입되었다. 그러던 어느 날 갑자기 선임하사로부터 박 하사의 사망 소식을 듣게 되었다. 잘 치료받고 있으리라고 믿고 있던 박 하사의 사망 소식은 너무도 큰 충격이었다. 하지만 나와 소대원들은 언제 나타날지 모르는 적과 목숨을 걸고 싸워야 하는 상황에서 마냥 슬퍼할 겨를이 없었다. 나는 살아 있는 대원을 걱정하는 것이 우선이었다. 나와 소대원들은 박 하사의 죽음을 각자의 마음속에 묻어놓은 채 우리를 향해 총을 겨누고 있을지도 모르는 적을 찾기 위해 정글 속을 헤집고 다녔다.

사실 전장에는 산 자와 죽은 자의 간격이 없다. 생사는 한순간에 판가름난다. 그리고 산 자와 죽은 자는 같은 공간에 존재한다. 그때 박 하사는 사자(死者)의 존재로 살아 있는 우리의 바로 곁에 있었다. 하지만 전투에서 늘 위험한 일을 자청하는 전형적인 싸움꾼을 잃은 지휘자의 마음은 무엇과도 비교할 수 없을 정도로 아쉽고 참담하였다.[84]

지금 나는 박 하사에 대한 고마움과 미안한 마음으로 미칠 지경이다. 1966년 10월 3일 부산항을 떠나면서 "반드시 이기고 돌아오자"고 맹약한 금정산 약조가 물거품이 되었다고 생각하니 지난 파월 기간이 그저 허송세월인 것처럼 생각되었고 쓰라린 허탈감으로 등뼈를 곧추세울 수가 없었다. 무슨 낯으로 그들의 부모 형제를 만날 수 있을까? 그간 나는 박 하사의 명복을 제대로 빌어주지도 못했고 고인의 영령 앞에 맘껏 울 기회조차 없었다. 나는 이제야 식음을 폐하며 귀국선 한 모퉁이에서 넘실거리는 거대한 남지나해의 파도소리에 나의 영혼을 묻고 실컷 울어버렸다. 그리고 앞으로 결코 부하를 희생시키지 않아야겠다고 남지나해

---

84) 전투 간 때때로 다수 인명 피해가 경각에 처해 있을 때 소수의 기민한 병사가 목숨을 걸고 돌진하여 적의 요지를 제압하여 위기를 벗어나는 경우가 있다. '용감한 병사는 죽지 않는다.'는 병영의 잠언이 있지만, 실제로는 빈번히 특공대로 활동하는 진짜 용감한 병사들은 위험에 노출되는 시간이 증가하여 결국 위험해질 확률도 커진다. 결국, 그들은 위험하지 않아서가 아니라 위험이 큰 줄 알면서도 대의를 위해 자신을 희생하는 것이다.

의 깊은 바다에 맹세하였다.

2. 개선 귀국(1968.2.28.)

항해 6일째, 미 해군 수송선 바렛호는 제주해협을 순항하면서 바닷바람이 제법 차가운 북동풍의 겨울바람을 안고 부산항을 향하여 역주하였다. 나는 비좁은 선실 침상에서 뒤척이며 잠을 이루지 못하다가 새벽녘에 잠시 선잠이 들었는데 옆자리에서 자고 있던 유 중위가 갑자기 나의 단잠을 깨웠다. "김 중위, 다 왔다. 다 왔어! 어서 일어나, 부산이 보인다니까!"라고 넉살을 부렸다. 나는 부산이 보인다는 말이 거짓말인 줄 뻔히 알면서도 굳게 닫힌 눈꺼풀을 비비며 모포를 밀치고 일어났다.

우리는 대충 세수하고 전투복 상의를 착용한 후 곧바로 갑판으로 올라갔다. 벌써 꽤 많은 장병이 들뜬 마음으로 갑판에 나와서 설레는 속내를 출렁이는 남해 파도에 띄워 보내고 있었다. 여명에 먼 동해의 수평선 넘어 떠오르는 햇살이 갑판에 스미어들고 떠오르는 태양이 바다와 하늘을 하나로 묶어서 온통 찬란한 붉은 빛으로 대 장관을 이루었다. 아침 바다에서 연출되는 장엄한 자연경관과 함께 동해에서 뜨는 태양을 바라보면서 나는 저 태양이 대한민국 고유의 것인 양 착각에 빠지기도 했다.

그리고 멀리 눈에 익은 섬들이 시야에 들어왔다. 바다에서 본 월남의 산하는 정글로 뒤덮여 온통 검푸른 색을 띠고 있었지만, 지금 눈에 보이는 섬들은 파란 무더기와 황갈색이 조화를 이루고 있었다. 나지막한 산봉우리들이 옹기종기 모여 다정다감하게 보였으며 아늑하고 편안함을 안겨주었다. 나폴리보다 더 아름다운 통영의 작은 섬들이었다. 꿈에도 그리던 조국의 산하, 섬들은 모든 것을 펼쳐서 개선하는 우리를 환영하는 듯하였다. 싸늘한 바닷바람으로 한기가 느껴졌지만, 점점 가까워지는 조국의 모습에서 눈을 뗄 수가 없었다. 어촌의 다닥다닥 붙어 있는 초가집이 또렷하게 보였다. 고국의 냄새가 느껴지는 것 같았다. 산능선 응달진 골짜기에 쌓인 하얀 눈들이 신기하기만 하였다. 음력 정월 하순 동북쪽 바닷바람은 월남의 열대기온에 익숙해진 체질을 당황스럽게 하였다. 마치 초임 근무지인 원통 골 칼바람을 생각나게 하여 내게 완전한 귀국을 확인시켜 주었다.

나는 선실로 내려와, 더블백에서 야전상의를 꺼냈다. 어깨에 아직도 소위 계급장이 달려 있었다. 중위 계급장을 바꾸어 달면서 지난 66년, 67년 그리고 지금 68년 봄까지의 풍상(風霜)[85]이 파노라마로 뇌리에 스치며 지났다. 이제 이 모두를 남해에 흘려보내고 새롭게 시작하자고 다짐하며 야전상의를 걸쳐 입고 갑판으로 다시 올라왔다.

수송선은 거제해협을 지나 태종대 쪽 3부두를 향하여 서서히 마무리 항해에 들어가고 있었다. 아침 햇살은 파란 하늘 아래 찬란히 빛나고 따스한 봄볕에서 일어나는 온기를 선상 갑판에 쏟아 주었다. 우리는 이른 봄 냄새와 함께 우두커니 갑판 위에 앉아서 아스라한 금정산의 실루엣을 바라보며 마냥 들떠있었다. 떠날 때의 금정산 실루엣은 중천에 뜬 태양 아래에서도 어둡고 슬픈 모습이었지만, 지금의 금정산 실루엣은 떠오르는 태양 아래에서 더욱 밝고 역동적으로 보였다. 떠나던 날 멀어지는 금정산에 나는 '꼭 이기고 살아서 개선하리라.'고 다짐했었는데, 이제 그 약속을 지키고 돌아왔다고 생각하니 벅찬 감회가 가슴을 꽉 채웠다.

개선용사들이 만감을 교차하며 부산항 도착만을 학수고대하고 있을 때 드디어 오륙도 앞바다를 거쳐서 점차 부산 시가의 윤곽이 드러나기 시작하였다. 해가 중천에 떠올라 고국의 산하를 낱낱이 보여주었다. 마

---

85) 바람과 서리를 말한다. 이는 많이 겪은 세상의 고난을 의미한다.

침내 거대한 바렛호가 우렁찬 뱃고동 소리로 부산항 입항을 알려주는 신호를 주었다. 이윽고 눈에 익은 부산항 제3부두가 나타났다. 3부두 광장에는 환영 인파가 콩나물시루처럼 인산인해를 이루었다. 사람들은 두꺼운 방한복 차림이었다. 마치 내가 타국에 온 것 같은 기분도 잠시, 출항할 때 환송해주었던 육군 군수사령부 군악대가 그 서먹함을 멎게 하였다.

군악대는 최고음으로 귀국장병의 개선 입항을 알리는 팡파르를 울렸다. 군악대 소리에다가 귀국장병과 환영인파의 고함소리까지 섞여서 옆 사람의 말소리조차 들을 수 없을 정도로 아수라장이 되었다. 이러는 사이에 수송선의 운항요원은 거대한 수송선을 능숙하게 3부두 연안에 접안시키고 승강대를 연결시켰다. 바로 그 순간 큰 함성이 터져 나왔다.

"장하다, 개선용사! 개선용사 만세! 개선 국군만세! 대한민국 만세!" 이 장쾌한 함성을 모두가 합창으로 외쳐댔다. 이어서 지상부두의 환영객들은 자기의 아들, 가족, 개선장병의 이름을 부르고 찾기 시작하였다.

66년 10월 3일 오전 10시 이곳을 떠날 때도 함성이 있었다. 그때의 함성은 돌아오지 못할 망자의 여운이라도 섞인 듯 비애감이 묻어났지만, 오늘의 함성은 희열과 희망의 함성이었다. 그때는 거대한 함성 너머로 여인들의 흐느낌을 보았지만, 오늘의 거대한 함성 속에서는 여인들이 흘리는 안도와 기쁨의 눈물을 보았다. 나는 '극도의 기쁨은 극도의 슬픔과 함께 큰 울음으로 표출된다.'는 사실을 실감하였다.

엄청난 소란 속에 간단한 귀국환영행사가 거행되었다. 행사가 종료된 후 승강 계단을 통해서 한 사람씩 하선하기 시작했다. 나는 장교이기에 빠른 순서로 배에서 내려왔다. 고국 땅에 첫 발걸음을 내딛는 순간, 어머니 품에 안기는 듯한 포근함이 온몸을 휘감았다. 구름 위를 걷듯 내 발걸음은 가볍기만 했다. 부모님의 반대를 무릅쓰고 내가 스스로 선택한 험난한 여정을 건강한 몸으로 무사히 돌아왔다는 데 대한 성취감이 솟아났다. 또 무사히 돌아오겠노라고 한 부모님과의 약속을 지킬 수 있게 되었다는 점이 너무 뿌듯하고 기뻤다. 그 무엇보다도 이제 전쟁터의 불안 심리로부터 완전히 해방되었다는 안도감이 나를 행복하게 만들었다. 나는 마음속으로 앞으로 월남전이 계속되더라도 자발적인 참전은 더 이상 하지 않을 것이라고 굳게 다짐하였다.

나는 인파에 떠밀려서 10m 정도 앞으로 나오다가 인파 속에서 부모님 얼굴을 발견하였다. 아버지, 어머니, 백모님, 매형 네 분이 앞자리까지 나와서 나를 기다리고 계셨다. "어! 어머니! 저 형석이 왔습니다!" 어머니가 나에게 달려들며 "아! 형식이냐!"라고 외쳤다. 나는 옆 사람을 떠밀치고 어머니를 와락 끌어안았다. 그리고 말없이 엉엉 흐느껴 한참을 울었다. 어머니께서는 사람들이 보는 앞에서는 절대로 눈물을 보이지 않으셨는데 이번은 내놓고 큰 소리로 엉엉 우셨다. 나 역시 그렇게 울며 눈물을 보인 것은 그전이나 그 후에도 없었다. 실컷 울고 나니 마음속 깊이 찌든 한(恨)의 불순물들이 눈물샘을 통해서 배설되었는지 기분이 상쾌하고 홀가분해졌다. 어머니의 양 볼에 흐른 눈물을 수건으로 닦아 드리고 발길을 앞으로 옮겼다. 우리 일행은 인파에 밀려서 정문 방향으로 자연스럽게 빠져나왔다. 나는 어머니의 손을 꼭 잡고 이것이 꿈이 아니고 현실이라는 것을 확실히 느끼시게 한 다음 "어머니 저 약속대로 싸워서 이기고 돌아왔습니다. 본의 아니게 귀국이 지연되어서, 어머니! 너무나 마음고생을 많이 하셨지요. 정말 죄송했습니다. 앞으로 잘해드릴게요."라고 첫 말문을 열었다. 어머니께서는 나의 얼굴을 뚫어지게 살펴보시더니 "다친 데는 없어 보이는데, 신수(身手)가 몹시 상해 보이는구나! 그간 너, 얼마나 고생이 많았느냐?"고 물으셨다. 어머니만이 느낄 수 있는 통절함을 느꼈다.

파월 전에 62kg이었던 몸무게가 52kg으로 줄었다. 더구나 작열하는 열대의 태양 볕에 그을려 얼굴과 피부가 검은 구릿빛으로 바뀌고 눈동 자마저 검붉은 빛이 감돌아서 불량스런 협객처럼 변하였으니 어머니의 마음을 더욱 안쓰럽게 만들었던 것 같다. "네. 어머니, 고생을 안 했다 고 하면 거짓말이겠지요. 하지만 살아서 돌아왔고 부상 당하지 않고 흉 터 하나 없이 귀국한 것은 확실하잖아요. 그리고 파월 기간에도 풍토병 으로 병원 신세를 진 적도 없고 배앓이로 의무대 처방약 한 번 먹은 일 없이 건강 해치지 않고 돌아왔어요. 이것만 해도 얼마나 다행이고 축복 받은 일인가요? 이 모든 게 어머니께서 매일 밤 정화수 떠놓고 정성스럽 게 빌어주신 덕분이에요. 어머니 고맙고 사랑해요."라고 철부지 아이처 럼 행동하며 안심시켜드렸다.

그리고는 "어머니께서는 소자의 안위를 염려하다가 너무나 야위셨네 요. 오히려 모습이 저보다 훨씬 좋지 않아요. 무슨 일이라도 생겼어요? 어머니! 이 불효자를 용서해 주세요."하고 죄송한 마음을 전했다. 이때 아버지께서 대화를 이어받으셨다. "네 엄마는 네가 월남에 있는 동안 밤마다 잠을 이루지 못하여 불면증에 시달렸다. 식사도 제대로 못 하 여 유동식으로 매 끼니를 때우다시피 하였어. 매일 밤 자정에 정화수를 떠놓고 한 시간을 치성하다 보니 신경과민으로 신경이 극도로 쇠약해졌 고 환청, 환각, 환시 같은 정신착란 증세까지 나타나 병원에 가서 진료 를 받기도 하였단다. 장기간 이렇게 불안한 생활을 지속하다 보니 체중 이 10kg이나 빠져 겨우 38kg밖에 안 되니 몰골이 중병을 앓고 있는 환 자나 마찬가지다."라고 지난 17개월간의 고단한 가정사를 담담하게 회고 해 주셨다.

나는 어머니의 모습을 다시 눈여겨 살펴보았다. 마치 꼬챙이에 옷을 걸 쳐놓은 허수아비가 걷는 것처럼 어머니의 발걸음은 무게감이 없고 힘이 빠져 있었다. 어머니가 새끼를 키우고 한낱 껍질만 남는 어미 독거미 화신처럼 느껴졌다.

나는 "아— 어머
니, 그토록 어머
니의 애간장을 다
태워 놓았으니,
제가 죄인입니다.
저를 책하여 주십
시오. 이 불효자
를 속 시원히 힘껏 때려주십시오."라고 혼자서 넋을 놓은 채 한없이 자
책하였다.

매형이 시내로 장소를 옮기자고 제안하여 3부두 정문에서 택시를 타고
해운대 쪽으로 향하였다. 2월 하순의 해변 바람이 얇은 전투복을 거쳐
살갗에 파고들어 와 쌀쌀하였다. 하지만 마음은 춥지 않았다. 고국 산하
가 포근하게 감싸주었고 부모님의 따스한 체온이 전류되어 가슴을 달구
어 주었다. 나는 해운대 백사장에 내려서 태종대를 바라보며 고국산천
의 정기를 깊이 들이마셨다. 그리고는 금정산을 향하여 큰 절로 3배하고
"육군 중위 김형석은 월남 전쟁에서 소대장 직무를 모두 마치고 오늘 개
선 귀국하였음을 고국산천에 고합니다."라고 큰 소리로 귀국 신고를 하였
다. 모래사장을 거닐던 관광객들이 나의 고함에 웃음으로 귀국을 반겨
주었다.

따스한 정오의 햇살이 파란 바다의 파도에 부딪혀 눈을 부시게 하였다.
짝지은 갈매기가 꼬악 꾸악 노래하며 동북 하늘을 향하여 날고 있었다.
오륙도 부근 먼바다 물결이 내해로 잔잔하게 밀려와 철썩거리며 해변의
적막을 갈라놓았다. 나는 이런 아름다운 조국의 자연에 흠뻑 심취하는
것으로 귀국 첫날을 마무리하였다.

회고와 단상

1. 월맹은 어떻게 승리했는가?

나는 2010년 월남 전적지 답사 여행 중 육사 동기생 나종삼에게 "왜 자유월남이 공산주의 월맹에 패전하였는가?"를 물었다. 이는 월남 참전 군인에게 너무나 자주 논의된 질문 주제이지만 우리가 전적지 탐방 중이니 다시 되새겨 보고 싶었다. 그는 나에게 먼저 본인의 의견을 피력하라고 역제의하였다. 나는 "왜 월맹이 승리하였는가?"라는 질문으로 대답을 대신하였다. 나는 긴 호흡을 내쉬며 마치 머리에 숨겨둔 비서(秘書)인 양 월맹의 구체적인 승전 요인을 다음과 같이 제시하였다.

첫째, 호찌민의 영도력이다. 그는 애족의 정신으로 평생 독신으로 살면서 현명한 예지력과 겸손한 자세로 헌신함으로써 월남 민족을 하나의 길로 인도하는 블랙홀을 만들었다. 그에 맞선 디엠 및 티우 대통령은 상대가 되지 못했다. 월남 국민들은 이념과 종교를 떠나 사회의 계층과 개인의 능력과 무관하게 그를 존경하고 신뢰하였기에 월맹 공산당은 그 지지를 바탕으로 통일을 이루었다.

둘째, 보구엔지압 장군의 군사 지도력이다. 그는 역사교사로서 월남과 중국의 전쟁역사를 통찰하고 월남 환경에 맞는 특유의 맞춤형 전략과 전술을 창안하였다. 그는 비대칭 전술을 활용하여 막강한 프랑스군, 미군, 한국군을 상대하였다. 그는 철저히 그들이 원하는 시간과 장소에서만 전투했다. 그리고 예기치 못한 수단과 방법으로 싸웠다. 가령 베트콩이 선정한 싸움터인 정글과 동굴 속에서는 첨단무기가 소용이 없었다. 그는 정글에서 소수 병력으로 대병력을 상대하며 장기지구전을 수행, 상대에게 전쟁 피로감을 안겨주어서 도저히 어찌할 수 없다는 생각이 들도록 하였다. 이러한 전략전술을 통해서 1954년 디엔비엔푸의 기적을 일구어내고 1970년대에는 미군 철수를 강요함으로써 통일의 기반을 조성하였다.

셋째, 공산주의 사회체제의 강점을 살려 자국의 전쟁능력을 100% 동원하였다. 호찌민의 공산당은 토지개혁을 통해 사회주의 혁명의 당근을 제공하는 한편, 반대세력이나 적대세력에 대한 폭력과 테러 협박 등을 구사하여 전 국민을 그들의 투쟁대열에 동참시켰다. 심지어 자유월남의 장교단과 공무원들에게까지 심리적 위협을 가하여 본연의 공무 활동을 위축시켰다. 그들은 자유월남 정부요원들을 사실상 반공전선의 허수아비나 구경꾼으로 만들어 놓았다. 우리 한국군 장병들이 목숨을 걸고 베트콩을 잡아오면 자유월남 정부군은 이를 풀어주는 것으로 응답하였다. 월맹군은 이길 수밖에 없는 전쟁을 하고 있었기에 장기 지구전도 즐기면서 계속하였다.

넷째, 호찌민의 애국정신과 지압의 군사전략이 사회주의 전쟁논리로 융합하여 핵무기와 같은 위력으로 작용하였다. 월맹의 적성 깃발 아래 호찌민은 눈물 어린 호소로 월남 각계각층의 국민들을 결집시키고 지압은 이들을 훈련시켜 군대로 육성하였다. 그들은 반인류적인 인해전술을 활용하여 수많은 사람을 희생시켰다. 그러나 결국 정치적 승리를 거머줬었다. 이는 인명손실이 많은 측이 전투에서 패전한다는 일반 상식에 반하는 것이었다. 자유주의 국가에서는 상상할 수조차 없는 일이지만, 그들은 이런 방법으로 승리와 통일을 달성하였다.

나는 이러한 요지로 내 생각을 말하면서 우리가 도운 자유월남은 결국 호찌민의 영도력과 불세출의 군인 보구엔지압의 전략, 그리고 사회주의의 혁명투쟁방식에 의해 패배한 것이라고 나름대로 결론을 내렸다. 나는 아울러 공산화 통일을 이룬 베트남은 아직 미완성의 사회로 자유민주주의체제로 새롭게 가야 할 여정이 남아있다는 식으로 내 단상(斷想)을 전했다. 그들은 모든 수단과 방법을 다 동원하여 국민들을 들뜨게 하고 전투현장으로 그들을 몰아넣었기 때문에 통일이라는 정치적 목적을 달성하였지만, 그 후유증이 만만치 않다고 덧붙였다.

실제로 그들은 통일을 달성한 후 부적절한 사회주의체제와 이념, 잔혹한 인민통치방식, 대규모 숙청 등으로 인해 국민의 지지를 얻는 데 한계를 보여주고 있다. 예를 들면, 국가 개발재원은 통일권력의 중심부인 하노이의 홍강 유역에 모이고 가난한 민중은 사이공강 주변에 운집하여 홍진에 찌든 나날을 보내고 있다. 하노이의 높은 현대식 빌딩숲과 사이공의 고색창연한 프랑스풍의 낮은 주택지대의 대비가 이를 웅변으로 말해 주고 있다. 하노이 권력의 상층부는 호 주석의 유훈에 힘입어 부패의 냄새를 실감할 수 없었으나 중·하층 공산당 관료들의 부패는 심각한 구린내를 풍기고 있었다. 이것은 이미 아래로부터 변화를 요구하는 기운이 일고 있음일지도 모른다.

우리 사회 일각에서는 베트남 통일과정을 보면서 이념과 정부형태에 관계없이 통일만 하면 되는 것이 아닌가 하고 쉽게 말하는 사람을 볼 수 있다. 심지어 어떤 사람들은 감상적 민족주의 정서를 표출, 6·25전쟁 당시 김일성이 통일하기 직전이었는데 미군이 와서 방해했다는 말을 하기도 한다. 그러나 베트남이 공산화 통일을 한 후 얼마나 많은 사람이 죽고, 인권과 재산을 유린당하고 공포의 탄압을 피해 국외로 떠돌아다녔는지를 상기해야 할 것이다. 그리고 무상몰수 무상분배가 얼마나 허황된 구호였는지, 공산 경제체제가 베트남의 경제발전을 얼마나 후퇴시켰는지, 또 사회체제가 얼마나 경직되고 억압되었는지를 직시하고 그 과정에서 얼마나 많은 국민들이 피맺히는 고초를 겪었는지를 간과해서는 안 된다.

지금까지 베트남이 정치·경제·사회적으로 낙후된 것은 공산주의체제 통일로 인한 후유증이라는 사실을 인식하고, 우리는 자유주의체제 통일의 당위성을 더욱 신념화해야 한다. 독일을 보라. 자유 서독에 의한 통일이 이루어져 통일 독일이 얼마나 융성해지고 있는가? 베트남의 경우, 공산주의 통일로 역사적으로 퇴행하여 시행착오를 거듭하고 있는 것이다. 그들은 수십 년을 어둠 속에서 보내고 이제 시장경제체제로의 전환, 발전을 기약하고 있다. 이 얼마나 국민 총력에너지 낭비 현상인가?

그러므로 무조건 통일만 하면 된다는 통일지상주의는 옳지 않은 논리이며 피의 숙청을 피하고 민족의 영속적인 발전을 위해서는 반드시 자유민주주의 시장경제체제로의 통일이 이루어져야 한다. 이것이 바로 베트남의 통일을 통해서 우리가 배워야 할 가장 중요한 교훈이 아닐까?

2. 자유 월남은 왜 패망했는가?(월남의 인텔리 응우엔 선생과의 대화를 통해서)

나는 1967년 11월 중순 대대 민사장교로 임무를 수행하면서 지역 내의 월남 주민들을 접촉해왔다. 내가 만난 주민 중에서 잊을 수 없는 한 사람이 바로 응우엔 선생이다. 내가 그를 선생이라고 호칭하는 것은 그의 학식이나 인품이 훌륭했기 때문이다. 그는 1번 국도에 연해 있는 동바띤 마을 입구 남프랑스 풍의 빨간 지붕이 아름다운 목조건물에서 간초(艱楚)[86]하게 살고 있었다. 이곳이 대민활동을 마치고 귀대하는 길목에 있어 나는 주 중에 2~3회 그를 방문하여 즐겁게 대화를 나누었다. 국적도 다르고 나이 차이도 10여 년 있었지만, 정서적으로 공감 가는 바가 많아 서서히 우정의 싹이 텄다.

그는 칸호아성의 부유한 지주층 가문에서 태어나 사이공 대학에서 법학을 공부하였다. 디엠 정부기관에서 공안 업무를 담당하다가 정권 교체과정에서 현직을 그만두고 낙향하여 외부 출입을 자제하며 조용하게 지내고 있었다. 그는 응우엔 왕조의 후예로서 향신 정신과 유교문화 전통을 계승하여 의지가 굳고 행실에 절도가 있었다. 그는 월남의 역사, 문화, 전통은 물론 미국, 중국, 프랑스와의 관계 등 국제정세에 해박한 지식과 식견을 갖고 있었다. 아울러 남북 월남의 이념문제와 자유월남 내 국민 갈등관계에 대해 상황인식을 소상하게 피력하곤 하였는데, 그는 진정한 반공주의자로서 자유월남 정부의 장래를 심각하게 우려하고 있었다. 특히 디엠 정부의 독재와 군사정부의 부패, 무능을 통렬히 비판하였다.

해박한 지식에서 뿜어 나오는 그의 소신 발언은 당시 월남 상황을 이해하는 데 큰 도움이 되었다. 그래서 1967년 11월 17일과 1967년 12월 1일 두 차례에 걸친 그와의 대화를 기록하여 싣는다. 먼저 11월 17일에 있었던 대화는 다음과 같다.

---

86) 힘들고 고생스럽다는 뜻이다.

질문) 이 전쟁은 언제쯤 끝날 것 같습니까?

답변) 월맹과 민족해방전선은 사실상 하나로 양측은 철저한 공동전선을 펴고 있지요. 베트콩의 기본 조직이 남부 월남 내에 깊고 튼튼한 뿌리를 내려서 뽑기가 어렵게 되어 있습니다. 전쟁을 지도하는 하노이 측은 미군이 철수하는 날까지 강온전략으로 지구전을 수행할 것이라고 생각합니다. 남부 월남은 미군의 적극적인 지원에 의존하여 버텨내고 있으나 미군이 언젠가 손을 떼면 월남 정부는 비틀거리기 시작할 것이고 바로 이때 월맹군 대부대가 총공세를 펴서 월남 정부를 붕괴시킬 것으로 전망해 봅니다.[87]

질문) 티우 대통령이 민선 정부로 출범하고 미군이 군사력을 대폭 증강하여 적극적인 군사작전을 전개하고, 가시적인 성과를 얻고 있는데 너무 비관적으로 보시는 것은 아닌지요?

답변) 나는 정보에 밝은 편이 못됩니다. 그러나 프랑스군이 제2차 세계대전 후 다시 여기에 진주해 온 과정과 미군이 개입하고 있는 목적에는 근본적인 차이가 있음을 눈여겨볼 필요가 있습니다. 프랑스군은 디엔비엔푸 전투에서 충격을 받고 스스로 발을 빼고 말았지만, 그들은 100년에 걸친 식민 기득권을 누리고자 상당한 피해를 감수하고라도 강력한 대응책을 감행하는 등 안간힘을 다하였습니다. 그런데 미군은 기득권도 없으면서 오직 세계의 자유주의를 지키기 위하여 싸우고 있어 프랑스군과 같은 절박한 전쟁 목적이 없습니다. 미국 국민은 자국 군인들의 인명 피해가 급증하면 언제라도 철군을 요구할 것이며 워싱턴의 선거 권력은 그에 따라 거취를 결정할 수밖에 없겠지요. 미국은 중국에서 장개석 군을 지원하다가 철수하였고 한국전쟁 중에도 전세가 불리해질 때마다 철수를 검토하다가 휴전을 성립시켜서 전쟁의 수렁을 빠져나오려고 한 전력(前歷)을 갖고 있습니다. 앞으로 이 전쟁에서도 판세가 불리해지면 집권당은 적절한 외교력을 구사하여 스스로 빠져나갈 것입니다. 아마도 월맹은 이 기회를 놓치지 않을 것입니다. 그러니 월남의 미래를 부정적으로 볼 수밖에요.

---

87) 실제로 응우엔 선생이 예견한 대로 결말이 났다.

이때 응우엔 선생은 거실 먼지 낀 찬장에서 버번 양주병과 유리컵 2개를 꺼내왔다. 그는 이방인에게 속 깊은 이야기를 토로하고 난 뒤 뜨거운 기온에 불길을 더한 듯 도수 높은 술을 한 컵씩 나누자고 강권하였다. 나는 자유월남 정부의 관료다운 기품과 세련미를 느낄 수 있었다. 그는 컵의 절반까지 술을 따르더니 술병을 놓고 마른 바나나 안주를 접시에 담아 탁자 위에 올려놓았다. 우리는 술잔을 나누며 다시 대화를 이어갔다.

질문) 미군이 설사 철군하더라도 월남군에게 현대화된 군사 장비를 제공하고 미국과 월남 간에 방위공약을 체결하여 보장 장치를 마련한다면 자유월남은 자위(自衛)가 가능할 것인지요?

답변) 미군이 철군할 경우 자유월남 지식인들은 그렇게 조치되는 것을 최대한 희망할 것입니다. 하지만 월남 전 지역에서 남과 북의 역량상 건너뛸 수 없는 격차가 있음이 지식인들의 머릿속에 오래전부터 자리 잡고 있습니다. (이때 응우엔 선생은 버번 컵을 들고 크게 한 모금 꿀꺽 넘겨 술기운을 돋우면서 오랜 체념과 절망에서 빚어진 검은 그림자를 형상화하였다.) 소련 혁명의 주역인 레닌이 주장한 혁명전쟁 사상 가운데 '평화란 다른 수단을 가지고 하는 전쟁의 연속이다.'라고 역설한 부분이 있지요. 월맹은 철저한 소련 혁명이론으로 무장하고 있어 평화협정이 체결되더라도 전쟁준비를 계속하면서 기회를 기다리고 있다가 때가 되면 즉각 행동에 옮길 것입니다.

응우엔 선생은 이해를 돋우려는 듯 컵에 남아 있는 버번을 들이키며 근·현대 남북 월남의 역사를 주제로 본격적인 이야기를 이어나갔다.

• 응우엔 선생의 역사 강의

1954년 제네바 협정 이후 프랑스가 물러난 후 10년간 월맹은 우선 위도 17도 선 이북 지역을 공산화시키기 위해 강력한 사회주의 정책을 추진했어요. 그들은 토지개혁을 실시하여 농촌을 협동농장화 하였고 봉건 향신계층과[88] 지주계급을 무력화시키는 한편, 농민과 노동자 계층을 사회의 주류 세력으로 등장시켜 사회주의 국가로서의 기본 틀을 완성하였지요. 또한, 40만 명이나 되는 강력한 정규군을 육성하기도 하였지요.

그리고 월맹은 1958년 이후 월남에서 반정부활동을 하던 민족해방전선(VNLF)의 요청으로 그들에게 병력과 군수물자를 지원하는 한편, 북측 노동당에서 직접 남부의 지하혁명세력을 총괄 통제할 수 있는 기구를 정글 속에 파견하였는데, 북측 책임자는 육군 중장급의 인물로 보임되었지요. 그는 북측에서 은밀히 내려온 월맹군 정규군과 월남 각 지방의 베트콩 부대를 통합 지휘하고 있어요. 독일의 클라우제비츠는 '인간의 평상 심리는 위험과 손해를 두려워하고 생명을 위협하는 전쟁은 회피하고자 한다.'고 역설을 한 바 있지요. 이 말대로 현재 남측 국민은 자유를 지켜내야 하는 전쟁의 당위성을 망각하고 순박한 인성을 좇으며 본능적인 자기보존 성향으로 안일한 생활을 하고 있어요. 그들은 사회주의 정권이 코앞에 다가오는데도 이를 전혀 위기로 느끼지 못하는 극도의 안보 불감증에 빠져있으며 대공 투쟁의식은 커녕 염전의식과 패전의식이 팽배하고 있는 실정이지요. 이러하니 시간의 싸움이 어느 편에 있겠어요? 호찌민 정권은 이런 사실을 너무도 잘 알고 있어요.

응우엔 선생은 점점 격앙되어 스스로 도취된 듯하였다. 그래서 나는 양주 한 컵을 권하여 한 뜸 머물게 하였다. 그도 나에게 술잔을 건네

---

88) 향신계층: 지주층으로 구성된 교양과 학식을 갖춘 지식인층. 이들은 민중의 교육과 교화를 담당하고 여론을 조성하며 지방관과 긴밀한 유대를 형성하면서 향촌 사회에서 막강한 영향력을 행사하였다.

어 술을 컵에 붓고 잔을 서로 주고받았다. 나는 그의 진지하고 논리 정연한 시국 담론에 흠뻑 빠져들었다. 그는 본격적으로 항상 심중에 담고 있는 월남의 시국 상황을 집약하여 조목조목 털어놓기 시작하였다. 그가 밝힌 내용을 요약하여 다음과 같이 정리해 보았다.

― 남북 정권의 지도층 역량 비교

북측의 호 주석은 월남민족의 광범위한 존경과 지지를 받고 있다. 그는 월남민족의 해방투쟁을 위하여 태어났다. 본인의 생명, 재산, 가족까지 모든 것을 희생하며 살아온 인생역정이 그것을 잘 말해 주고 있다. 그가 조직한 노동당에 대한 민족적인 지지도 역시 개인적 지지도에 버금간다. 남측의 티우 대통령은 군부의 세력과 미군의 지원으로 등장하였고 국가를 통치한 기간도 일천하여 호 주석과 비교할 수 있는 대상이 아니다. 티우 대통령은 미군의 지원에 힘입어 정권을 획득하였지만, 월남민족은 외세에 강한 거부 반응을 갖고 있어 미군의 지원이 중단되면 현 정권은 허무하게 사라질 것이다.

― 남북 군사 지도자의 능력 격차

월맹의 국방장관 보구엔지압 장군을 비롯한 군사지도층은 1930년대 프랑스 식민통치에 맞선 저항세력으로 민족의식을 자각하고 조국독립을 꿈꾸며 소련의 스탈린 군사학교와 중국 국민당 황포국관학교를 두루 섭렵, 군사학을 수학하였으며 대불 및 대일 항전기간에 인민전쟁을 수행하여 실전 경험을 체득하였다. 그 결실로 1954년 5월 북부 산악지대 디엔비엔푸에서 강적 프랑스군을 공격하여 승리를 쟁취하였다. 그들의 지모, 신망, 용기, 위엄 등은 명장의 반열에 이르렀다. 그들의 뒤를 이은 군 고급장교 층도 음습한 정글 천연동굴 속에서 병사들과 같이 먹고 자고 동고동락하고 있다. 반면 남측의 군 수뇌부는 프랑스 식민지 군대에서 훈련을 받은 장교들로서 민족적인 정통성이 없고 정신적 신념화가 결여되어 있다. 자본주의 군대의 편의주의에 빠져있어 병력 운용의 효율성이 결핍되었을 뿐 아니라 정치적 혼란기에 처하여 권력욕에 물들고 갖가지 부정부패에 얽혀 있다. 월남군은 1년에 탈영을 하는 병사가 2만 명에 이르고, 이들 중 절반은 베트콩부대로 합류하고 있다는 통계가 있다. 남측 군대는 마치 중국 국공내전 시 부패한 장개석 국민당 군대와도 같다. 그들에게서 기대할 수 있는 것은 아무것도 없다.

— 월맹의 비대칭 전략에 대하여

남측은 민선 티우 정부가 자리를 잡아가고 미군의 지속적인 증파로 전력이 급등하는 추세로 남측의 우세를 점치는 단계에 이르고 있으며 남측 일부 보수층은 이를 계기로 결집하는 조짐도 보이고 있다. 이것을 두려워한 북측은 지하에서 잠복하고 있던 부대를 노출시켜 농촌 마을에 침투공격을 감행, 티우 정부의 지방 안정화를 거부하면서 그들의 세력을 과시하는 동시에 선무심리전을 감행하여 민심을 돌려 잡으려고 하고 있다. 이를 위해 그들은 종전 치고 빠지기(Hit&Run) 전술에서 탈피, 일정 기간 한 지역에 머물면서 대규모 공세적인 작전을 시도하고 있다.

그러나 북측의 보잘것없는 3류 병기와 병력이 현대화된 첨단전력으로 신속한 기동과 집중을 구사하는 미군과 대적할 수 있는 전술은 정글과 천연동굴을 활용함으로써 적의 강점을 무력화하는 수밖에 없다. 그들은 지형적으로 험준한 안남산맥을 전장으로 선택함으로써 상대의 기동과 화력을 무능화시키고 궁핍한 군수지원능력을 보완할 수 있다. 정글전투는 미군이 고도의 첨단장비와 화력을 집중할 수 없어 보병대 보병의 1:1 싸움이 되고 그들의 안방에서 싸움이 전개되어 오히려 미군의 피해를 증가시킬 수 있다. 대외홍보 심리전으로 미군의 피해를 부각시켜 미국 내의 반전여론을 조성하여 미군의 철군을 획책하고 있다.

— 월맹 군사 및 외교정책에 대하여

북측은 공산진영의 군사적 지원을 받고 있다. 중국으로부터 현행 군사작전에 소요하는 재래장비 및 탄약을 꾸준히 지원받고 있으며 소련으로부터 우주항공, 방공에 관한 소요 장비 및 정보를 지원받아 방공태세를 강화하고 있다. 그리고 북측은 세계 여론을 유리하게 조성하고 미국을 고립시키기 위하여 자유 서방의 결속과 지원을 차단하고자 노력하고 있다. 이를 위해 북측 선전 매체는 프랑스의 사회당과 이탈리아의 좌파정당 등 서방진보 진영으로부터 약소민족 해방전쟁의 당위성을 부각시키고 있으며 이를 활용하여 국제여론화로 확대, 미국의 반전여론과 합일시키고 있다. 이는 미국 정부의 대월 군사정책을 위축시키고 있다.

— 남북 월남 정부정책의 국민 지지도에 대하여

월남은 제2차 세계대전 후 농촌 인구가 전 국민의 90%를 점하고 전국 토지의 85%가 지주인구 5%에 의해 점유된 상태에서 신생국가로 탄생하였다. 공산당의 토지개혁정책은 무상 몰수, 무상 분배로써 농민 대부분을 점하는 토지 무소유 농민에게 폭발적인 인기정책이었다. 그 예로서 1954년도 디엔비엔푸 전투에서 25만의 자발적인 농민 수송대가 운용되었다. 그들은 토지를 무상 분배받은 빈농으로 무상 분배받은 토지에서 새로 수확한 쌀 25kg을 등에 지고 1,000km를 행군, 싸우고 있는 병력에 보급해 주고 추가로 군수물자를 수송하는 등 노무를 지원함으로써 전승의 계기를 마련하였다. 공산당은 토지 무상지급에 대한 보상 심리를 이처럼 유효 적절히 활용하였다.

반면 남측은 토지개혁을 실시하는 집권층이 지주계층이었기 때문에 지주층의 강력한 저항에 부딪혀 결실을 거두지 못했다. 또 디엠 정부는 부패 무능과 일가의 전횡 독재로 사회 각 계층의 불만을 야기했다. 급기야 군부 쿠데타가 발생하였고 거듭 반복되는 쿠데타로 인한 정정 불안은 자유 민주주의를 지향하는 남측 정부의 위상을 완전히 추락시켜 국민으로부터 민심을 돌리게 하였다. 1966년도 군사정부의 국민지지는 20% 수준으로 밑바닥을 기록하였다. 미군의 본격 개입이 없었다면 이미 자유월남은 역사의 뒤안길로 사라졌을 것이다.

— 월맹의 집요한 음모 공작에 대하여

북측 공산당은 장기적인 안목을 가지고 남측 정권의 실세에 접근하여 군부의 파벌 싸움을 유도하고 분열과 투쟁을 전개하여 자멸적인 와해를 기도하였고 이것이 실효를 거두었다. 그 예로서 공산당 고위 간첩 '타오 대령'의 행적을 소개하였다.

타오는 베트민(Viet Minh)군 대대장으로 대불 항전 시 역전의 용장으로 맹활약하다가 자유 월남군에 귀순하였다. 그가 갑자기 귀순하게 된 연유가 석연치 않았음에도 불구하고 디엠 정부는 대공 전선에서 싸울 투사를 급하게 구하고 있던 터라 북측의 공안 사정에 밝은 그를 남측의 경찰 간부로 변신시켰다. 그는 막강한 독재 권력 2인자인 고딘누의 직속 수하 책임자의 직위에 올라 정권의 실세로 자리를 잡았다. 타오는 은밀히 즈엉반민 장군과 거사를 모의하여 고딘디엠 일가를 처단하고 군사 쿠데타를 성공시켰다.

그의 과격한 활동은 즈엉반민 장군의 불신을 초래하여 한직에 처했다가 구엔 칸 장군의 군사쿠데타에 가세하여 즈엉반민 장군 군사정부를 전복시키는 데 일조하였다. 그 뒤 연이은 군사쿠데타에 가담하는 등 정정 불안을 주동하였다. 처음에 그가 귀순하여 자유월남 정부 공안활동에 다소 기여한 업적이 있었지만 연이은 군사쿠데타를 주동함으로써 엄청난 국가적 혼란을 야기하였다. 아울러 북측은 자유월남 내 유능한 인사에 테러를 가하여 정부를 교란시키고 그들의 요구를 거부하면 공포 분위기를 조성하곤 하였다. 한편 농촌 출신의 게릴라일지라도 전투유공자로 밝혀지면 전투부대 지휘관으로 파격적인 발탁을 하여 그 공적을 보상하였다. 이러한 북측의 인사 운용과 엄격한 신상필벌의 인사 조치는 부정부패가 만연된 남측과 비교할 때 극과 극이었다.

그는 2시간 가깝게 자신의 깊은 속내를 토설해 내었다. 그의 눈가에는 슬픈 이슬이 맺혔다. 그것은 얼마 지나지 않아 자유월남인이 맞이할 불행의 먹구름이 피어나고 있음을 암시하는 듯했다. 마지막으로 그는 "월맹은 미군이 계속 주둔한다고 해도 공산화 통일이 되는 날까지 전쟁을 계속할 거로 전망하면서 언젠가 반드시 남쪽을 굴복시켜 하나로 평정할 것이다."고 말하였다. 월남 정부에 몸담았던 응우엔 선생은 신생 티우 정부와 월맹이라는 북측 정부와의 대치를 불가항력적인 거대한 태산과 마주하고 있는 형세로 평가하며 답답한 심정을 토로하였다.

다음은 1967년 12월 1일 응우엔 선생과의 대화 내용이다. 대화를 나눈 시기는 디엔칸 전투 당시 연락장교 임무를 수행하고 복귀한 지 며칠 지나지 않을 때였다. 당시 나는 지루함을 달래기도 하고 얼마 전 선생과 나누던 대화를 더 이어가고 싶어 그를 만났다. 이때도 내가 질문을 던지고 그가 답변하는 형태로 대화가 진행되었다.

질문) 지난 9월 3일 유권자 83%가 참여한 대통령 선거에서 티우 대통령이 압도적인 지지로 당선되었고 이어서 10월 22일 무사히 국회의원 선거를 하여 월남 정부가 정통성을 확보, 점차 안정을 얻고 있습니다. 더구나 최근 미군이 병력을 대폭 증강, 남측에 유리한 상황이 전개되고 있는데 앞으로는 어떻게 될까요?

답변) 단언컨대, 북측은 남측이 유리하도록 방관하지 않을 것이라고 봅니다. 아마도 정치전으로 상황을 돌파할 가능성이 높아 보여요. 정치전에서 승리란 곧 정권의 정통성과 주민의 지지를 획득하는 것인데, 그들이 사용할 수단과 방법은 알 수 없지만 극약처방을 마다하지 않겠지요. 그것은 북측 공산정권의 정당성을 담보하고 주민의 지지를 얻을 수만 있다면 어떠한 피해라도 감수할 수 있다는 뜻이지요. 여기서 밀리면 끝장이 될 테니까요.

질문) 월맹이 그토록 자신감을 갖고 과감하게 추진하고 있는 저력은 민족 지도자 호찌민의 높은 국민 지지도를 바탕으로 한다고 생각하는데, 그가 국민들에게 지지를 받을 수 있도록 공산당원들에게 특히 독려한 정신적 지도 지침은 무엇인가요?

답변) 호 주석은 공산당 당원들이 주민과 접촉할 시 혁명가로서 갖추어야 할 태도와 당원 스스로 수신해야 할 자세를 월남 공산주의 운동 행동강령으로 정하고 이를 도덕률로 지키게 하였지요. 바로 그것이 '혁명가 행동요령'입니다. 대략 이런 내용이지요.

하나, 레닌의 공산당원 행동규칙에 준거하여 당원은,
– 용감하고 대담하고 인내심이 강해야 하며
– 자신의 요구보다 혁명적인 대의의 요구를 앞세워야 한다.
둘, 전통적인 유교 도덕의 행동윤리로서 당원은,
– 검소하고 다정하며 공정해야 한다.
– 잘못은 단호하게 고치고 신중해야 한다.
– 배움을 존중하고 공부하고 관찰해야 한다.
– 오만과 자만을 피하고 관대해야 한다.

호 주석은 평소 이 강령을 강조함으로써 공산당 당원들이 주민과 개별적인 접촉과정에서 1차적인 신뢰를 쌓게 하였고요. 그리고 공산당의 사회주의 혁명 정책으로 토지 국유화 및 비농가 무상 토지분배 정책을 철저히 실현하였고 오랜 향신 지배계급과 빈농 피착취 계층 간의 신분 평등을 구현함으로써 민심을 얻도록 하였습니다. 또한, 순박한 농촌 사람들이 공산당 정책에 적극적으로 참여하도록 유도하고 적극적인 지지자를 당원으로 선발하여 초급 간부직을 부여했지요. 유공자에 대한 철저한 보상책은 청년층으로부터 적극적인 지지를 얻었고요. 반면 그들의 활동을 비판하거나 소극적인 자에게는 테러 등의 위협을 통해서 표면적으로 거부 표시를 못 하게 강제함으로써 지지도 저하를 차단해왔어요. 이렇게 하니 호찌민에 대한 지지가 높아질 수밖에 없지 않겠어요?

나는 그의 말을 들으며 호찌민의 '혁명가 행동요령'과 모택동의 유격전술에서 강조한 유격대 행동지침 '8항 주의사항'이 주민의 민심을 얻기 위한 관점에서 매우 유사하다는 생각을 하였다.[89] 한편 호 주석이 강조하는 유교적 도덕률은 전투 중 군인들의 행동뿐만 아니라 전쟁 후에도 청년들에게 정신적인 교육지침으로 귀감이 될 수 있다고 보았다. 이처럼 호찌민이 민족의 지도자요 스승의 역할을 함께하고 있어 국민으로부터 진정 어린 존경을 받고 있기에 덩달아서 공산당이 국민의 지지를 받는 것이라고 내 나름대로 결론을 내렸다. 나는 그의 답변에 고마움을 표시하며 "남부 월남 티우 정부가 넘어야 할 민심의 고지가 너무 높아서 앞이 보이지 않는 절벽같이 느껴지네요. 현재의 월남전은 국내전과 국제전이 겹장으로 얽힌 상황에서 단기적으로는 현존 전투력이 중요시되겠지만, 장기 지구전 상황에서는 역시 주민의 지지획득을 위한 사상심리전 싸움이 지배적일 것인바 이 문제에 대한 해답을 다음 기회에 듣도록 하겠습니다."라고 정리한 후 자리에서 일어났다.

3. 이순신 장군과 보구엔지압 장군 작전지도 비교

세계의 명장들은 공통된 특징이 있다. 나는 디엔비엔푸 요새전투에서 지압 장군이 보인 전술이 이순신 장군이 1597년 음력 9월 16일 명량

---

89) 8항 주의사항: ①말은 정중히 하라 ②산 것에 대해서는 정당한 값을 치르라 ③빌린 것은 반드시 돌려주라 ④부순 것은 반드시 변상하라 ⑤농작물을 손상하지 말라 ⑥인민을 때리거나 욕하지 말라 ⑦부인을 건드리지 말라 ⑧포로를 학대하지 말라

해전에서 보인 전술과 공통점이 많다고 본다. 이순신 장군이 배 12척을 가지고 막강한 왜선 133척을 물리친 명량해전은 세계 해군전사에 길이 남을 대첩으로 기록되었다. 이 전사는 동서 병학가들에 의해 그를 존경하는 명장의 반열에 올려놓았다. 당시 이순신 장군은 명량해협의 지형적 특수성을 간파하고 그곳을 싸움터로 선정하였으며 일본해군의 누차에 걸친 유인작전에도 속지 않고 조선 수군에 유리할 시기를 끝까지 참고 기다렸다. 그리고 조류가 바뀌고 소용돌이가 발생하는 간만의 차가 큰 시기를 택해서 전투를 주도적으로 진행하였다. 그 결과 10배의 전력 차이에도 불구하고 전선 31척을 침몰시키고 나머지 대부분을 파손시켰으며 왜적 4,000여 명을 수장시켰다. 조선 수군의 피해는 전사 20여 명에 불과했다.

지압 장군의 경우도 이와 비슷하다. 디엔비엔푸 전투에서 그도 객관적 전력으로는 비교할 수 없을 정도로 막강한 강자를 맞아 싸워야 했다. 그는 이순신 장군처럼 지형이 피아에 미치는 영향을 면밀히 관찰하고 그것을 절묘하게 활용하여 상대가 원하는 시간과 장소를 철저히 피하고 본인이 원하는 시간과 장소를 선택하여 상대가 생각하지 못한 방법으로 승리를 쟁취하였다. 다만, 이순신 장군은 부하들의 피해를 최소화하며 대승을 거둔 데 비해 지압 장군은 전투 과정에서 적측보다 많은 희생을 치렀다는 점을 확인할 수 있다. 어떻든 많은 점에서 디엔비엔푸 전투에서 보여준 지압 장군의 전술은 군인들이 갈구하는 승리의 비법을 찾는 데 분명 도움이 될 것으로 생각하여 여기에 기록한다.

첫째, 시기의 선택이다. 객관적인 전력이 저조한 부대는 정면충돌로 패배를 당하는 경우가 보편적인 상식이므로 적절한 시기를 기다리는 것이 상책이다. 하지만 기다리는 기간에 자중지란이 자주 발생한다. 때를 기다리는 것은 전쟁의 장기전을 각오해야 하므로 이를 반기는 국민은 동서고금을 막론하고 찾아보기 어렵다. 그래서 손자병법에도 '다소 미흡하다 할지라도 속전속결로 전쟁을 종결하는 것이 바람직하다.'고 하였다. 그러나 무모하거나 성급한 행동은 패배를 자초할 수 있다.

월맹군을 지원하기 위해서 파견된 중공군 군사 고문단은 6·25전쟁에서 미군과 싸워 얻은 교훈을 열거하며 월맹군에게 인해전술 식으로 병력을 대량 투입하여 신속하고도 과감한 작전을 실시할 것을 요구하였다. 그러나 지압 장군은 그것을 무시하고 결정적인 시기를 기다렸다. 중공군 고문관은 매우 불쾌한 심사로 지압 장군을 질타하였다.

"당신은 볼셰비키 정신이 부족하다! 우리가 선진 경험을 갖고 조언하고 있는데 갖가지 핑계를 하며 따르지 않으니 비겁하다. 이번 전투가 끝나면 고발을 할 것이다." 그러나 지압 장군은 소신을 굽히지 않고 일갈하였다. "우리는 승리가 보장될 때를 기다리고 있다가 공격한다는 것을 기억해 주시오."라고 말하며 우기가 시작되는 3월 하순을 기다렸다. 불순한 우기철은 프랑스군이 갖고 있는 항공 전력과 포병화력 등 첨단전력을 무력화할 수 있기 때문이었다. 하지만 심지어 월맹 공산당 핵심 간부들까지도 조기 공세론을 제기, 곤혹스러운 입장에 처하기도 하였으나 호 주석은 한사코 지압 장군을 신뢰하며 반대세력의 거친 외풍을 막아주었다.[90] 결국, 지압 장군은 그가 판단한 유리한 시기에 공격을 개시하여 대승을 거두었다. 이는 결정적인 시기를 기다리기 위해서 왕명을 거역하다가 옥고를 치르고 백의종군의 수모를 마다치 않은 이순신 장군의 경우와 대비된다.[91]

---

90) 손자는 그의 병법 「모공」 편에서 '지휘관은 통치권자를 보좌하는 중요한 자이니 보좌가 완전하면 국가가 반드시 강해지고 보좌가 불안전하면 국가는 약화된다. 또한, 통치권자가 진격할 상황이 아닌데 진격을 명하고 후퇴할 상황이 아닌데 후퇴를 명하여 작전을 속박하거나 군내의 사정을 모르면서 군정과 군령에 간섭하면 아군이 스스로 혼란을 초래하여 적에게 승리를 안겨준다.'고 하였다. 디엔비엔푸 작전에서 거둔 엄청난 기적은 바로 호 주석과 지압 장군의 절묘한 조합이 이뤄낸 것이다.

91) 이순신 장군의 승리는 조정으로부터 전폭적인 지지를 받기는커녕 질투와 불신 속에서 쟁취한 것이다.

둘째, 장소의 선택이다. 험준한 산악지형은 월맹군이 언제나 유리한 지형이었는데도 프랑스군이 북부의 변방 산악지대인 디엔비엔푸를 먼저 결전장으로 평가하고 월맹군 진지를 탈취하여 요새기지로 구축하였다. 이것은 지리적 유·불리를 고려하지 않은 프랑스군의 전략적 실패였다. 지압 장군은 '산악 정글을 익숙하게 지배하는 측이 작전의 주도권을 장악하고 승기를 잡게 된다.'는 것을 미리 계산하고 내심 쾌재를 불렀다. 그는 산악지형 특성을 이용, 상대군의 항공 전력과 포병 화력지원을 제한시킨다면 보병 대 보병의 싸움으로 진행할 수 있을 것이며 이 경우 월맹군은 다수 병력을 집중 투입함으로써 충분히 적을 제압할 수 있다고 보았다. 이를 위해 지압 장군은 산악지역 활동에 능숙한 고산족을 최대한 활용하는 등 산악지역의 보급지원 문제를 해결할 수 있었을 뿐만 아니라 숲 속에서 민첩하고 은밀한 활동으로 기습을 가능하게 하였다. 이에 대해 프랑스군은 정글에서 일어나고 있는 월맹군의 조직적인 군사활동을 아예 무시하여 초기부터 관심을 두지 않았다. 이순신 장군이 그랬듯이 지압 장군도 결정적으로 유리한 장소를 선택하여 결전을 감행, 승리를 거두었다.

셋째, 전투방법의 선택이다. 지압 장군은 프랑스군이 전혀 불가능한 방법으로 간주한 땅굴을 이용한 전투방법을 선택했다. 월맹군은 상대군의 외곽진지 200m까지 길고 험한 땅굴을 파고 들어왔다. 프랑스군에서 어느 누가 월맹군이 인간 두더지가 되어 요새지 문턱까지 파고들 것이라고 상상을 할 수 있었겠는가! 전투 경험자들은 적이 어떤 상태에 있는지 알 수 없을 때 가장 무서운 공포감에 휩싸인다고 말한다. 월맹군 보병들은 전혀 예상치 않은 곳에 땅굴로 기어들어 와 잠복해 있다가 야음을 틈타서 갑자기 돌격을 감행하였다. 예상치 못한 기습공격을 받은 요새진지의 방어군은 그들이 갖고 있는 우수한 무기와 화력을 효과적으로 운용할 엄두도 못 내고 일방적으로 외곽진지를 피탈 당하였다.

또 지압 장군은 프랑스군의 요새지 내 비행장을 무력화시키고자 105mm 포병을 고산지대 산봉우리로 이동시켰다. 프랑스군 포병 사령관 피로트 대령은 월맹군 야전포병 지원사격에 기습을 허용한 자책감으로 권총 자결하였다. 기습의 충격파가 얼마나 컸는지 짐작할 수 있는 대목이다. 이것은 호찌민과 지압 장군이 프랑스군을 내쫓기 위해 10년을 산속에서 갈고 닦으며 절치부심으로 준비해 온 덕분에 가능한 일이었다. 그들은 산악 소수민족의 문화를 공유하고 정서를 익히기 위해서 부족민들과 생활을 같이하며 농사일과 허드렛일까지 함께하였다. 특히 고산지대의 소수민족을 월남 민족과 동등하게 대우할 것을 약속하고 능력 있는 자에게 상응한 직위를 제공해서 보조 인력으로 매우 적절하게 활용하였다.

북서부 산악지대의 능 족 무장대장 추반탄은 1945년 9월 호 주석의 국방장관으로 중책을 수행하였고 월맹 공산당의 상무위원으로도 활동하였다. 아울러 호찌민 공산정권은 자주독립의 당위성과 민족자주의 필연성을 주지시키는 한편, 과거 왕족, 관료 계급 및 토지소유자 등 기득권층의 수탈을 지적하여 사회적 각성을 촉구하였다. 특히 1953년 초 호찌민 공산정권은 월남민족 인구 대부분을 점하고 있는 농민들(90%), 수백 년간 조상 대대로 토지 무소유자로 어렵게 살아온 빈농계층에게 지주들(10%)로부터 농토를 무상으로 몰수하여 농민에게 무상으로 분배하는 토지개혁을 단행하였다. 25만 명에 달하는 북부의 농민들은 새로 분배받은 농토에서 농사를 짓고 그 수확물(25kg)을 수백km 떨어진 험한 산간오지 디엔비엔푸 지역까지 어깨에 지고 날라 주었다. 그들 가운데 열성분자는 오토바이, 자전거, 달구지 등을 이용해서 군수 보급품을 추가로 운반해 주고 보급로 신설 및 보수공사를 지원해 주었다. 이렇게 하여 5만 병력의 군수 보급지원이 해결되었으며 군수지원 역사에 새로운 신화를 창조하였다. 완벽한 기습은 바로 이러한 군수지원이 있었기 때문에 가능한 것이었다.

이처럼 디엔비엔푸 전투 승리는 운이 좋아서 이루어진 것이 아니었다. 위대한 정치 및 군사 지도자의 오랜 준비와 투쟁의 결과였고, 모든 국민을 정규군 또는 지방군, 게릴라 조직에 편성하여, 각자 일정한 몫을 담당하는 이른바 인민전쟁체제를 구축하는 한편, 빼어난 용병술을 구사했기 때문에 이루어진 것이다. 제1차 베트남전쟁 때부터 구사한 이러한 장기전, 인민전쟁, 비대칭 선제 기습전, 정치심리전은 미국을 상대로 한 제2차 베트남전쟁에서도 거의 그대로 작용하였다. 이러한 방법으로 미군을 질리게 하여 최후의 승자가 될 수 있었다. 그의 전략전술은 오늘날에도 '약자가 강자를 이길 수 있는 비법'으로 널리 회자되고 있다.

당시 파월 한국군 지휘관들은 미군과 마찬가지로 이러한 월맹군의 저력과 지략을 깊이 있게 인지하지 못했거나 간파했다 해도 별로 주목하지 않았다. 나 역시 우리는 자유월남 정부의 저항세력인 베트콩과 싸우고 있으며 그들은 우리의 상대가 아니라고 생각했다. 그들 뒤에 남·북 베트남 모든 국민에게 폭넓게 지지를 받고 있던 민족지도자 호찌민이 있었다는 사실과 위대한 전략가 지압 장군이 버티고 앉아 전쟁지도를 담당하고 있다는 사실을 까맣게 모르고 있었다.

4. 전투에서 독전지휘(督戰指揮)

부대의 승패는 지휘관과 간부의 전투의지와 능력이 지배하므로 군은 '필승의 부대전투 혼과 간부의 투혼'을 강철같은 담금질로 진력, 연마해야한다. 간부가 승리의 투혼을 불태우게 하기 위해서는 피아 대치상황

속 급격한 충격에 따라 정상인 뇌 회로도가 엉클어지고 비정상인의 뇌 회로도로 변화하는 극한상황을 거쳐야하며 필히 간부의 신념에 특정 불 쏘시게가 발화작용을 해주어야 한다.

초급 지휘자가 앞에서 '나를 따르라'고 과감하게 전투를 지휘하는 것은 강한 군대의 기본이며 훈련목표이다. 그러나 실상 이는 군대의 소망일 뿐 이에 이르지 못하고 있다. 흔히 지휘자는 뒤에서 '돌격 앞으로'를 외쳐댄다. 이때 아무도 빗발치는 탄우 속으로 뛰쳐나가려고 하지 않는다. 순간 지휘자는 당황하여 폭언을 반복하고 날뛰며 미칠 지경이다. 처음 지휘자가 먼저 앞에 나가야 부하가 따르고 순간 전열이 정돈되며 분대별 공격 앞으로가 비로소 가능하게 된다. 지휘자가 최초 앞장서서 불을 지피는 '쏘시게' 역할을 다함으로써 만이 부하들로 하여금 앞으로 나가도록 용기를 분발시킬 수 있으며 평소 간부를 이렇게 체질화 하는 것이 전투력 발휘의 핵심일 터이다.

초급 지휘자는 조국, 자유, 평등, 평화, 정의, 진실, 사랑, 행복 등 이념적 가치가 신념화할 때 전의가 충일하며 이 전투의지(이성)는 명예심, 책임감, 공명심, 적개심, 종교적 신앙심, 개인특성 및 자신감, 훈련 및 군기, 부대전통 및 사기, 인간 및 지휘관계 등 제요인(발화제)과 융합, 용기(감성)로써 분출함과 동시에 이 순간 지휘자는 적전에서 과감한 전투지휘를 할 수 있다. 전투의지와 발화제의 융합은 지휘관과 부하 간 긴밀히 접촉, 지휘관이 부하에게 경청과 이해, 배려로 소통이 가능할 시 전투력으로 증폭된다.

초급장교는 위험한 상황에서 이같은 공격적인 행동을 자주 경험함으로써 개인습성화가 생기고 이 야전성을 체질화하여 명실공히 야전 지휘관으로 재탄생하는 것이다. 야전지휘관이 전투가 최악의 상황에 처해서 독전을 감행, 위기를 극적으로 반전시킬 때 그를 전투영웅으로 호칭한다.

나는 1966년 11월 30일 대대 탐색작전「판랑 해안 작전」 중에 수차례의 명령에도 선인장 울타리를 넘지 못하고 있는 소대원을 향해 경고사격을 하여 그들이 초인적인 힘을 발휘, 울타리를 넘게 하였다. 그것 때문에 중대장으로부터 너무 과격하다는 질책을 받기도 했다. 그러나 승패가 갈리는 결정적인 순간에는 독전지휘가 있어야 한다.

국가의 명운이 걸린 일전에서 조국을 구한 청사에 길이 빛나는 조선의 명장들도 독전지휘로 절체절명의 상황을 극복하고 승리를 쟁취하여 나라를 구했다. 만약 그들이 그런 위기 상황에서 독전지휘를 하지 않고 점잖게 보통 때와 같은 방식으로 지휘했더라면 국가 명운이 달라졌을지도 모른다.

이순신 장군은 명량해전에서 10배가 많은 왜선을 맞았다. 중과부적으로 조선 수군은 극도로 위축되어 서로 도망치려는 긴박한 상황에서 충무공이 이 난국을 헤쳐나가는 방법은 독전지휘밖에 없었다. 충무공께서 직접 선두에 나아가서 도망치려는 중군장 미조항 첨사 김응함과 거제현령 안위를 엄하게 꾸짖었다. "안위야, 군법에 죽고 싶으냐. 도망간다고 어디서 살 것 같으냐? 김응함, 너는 중군장으로서 멀리 피하고 대장을 구원하지 않으니 어찌 죄를 면할 것이냐? 당장 처형할 것이로되 적세가 급하므로 우선 공을 세우게 할 것이다." 이 추상같은 명령에 두 장수가 앞으로 나아가 죽기로 싸워 적선을 격파하고 적장 마다시를 수장시키며 전세를 역전시켜 결국 대승을 거두고 나라를 구하였다. 어느 누가 충무공의 독전을 탓하리오!

권율 장군은 임진왜란 중 행주산성 전투 시 조선군 2,300명으로 10배 이상인 왜군 3만 명과 대적하였다. 그는 중과부적인 우리 측 병력부족을 극복하려고 행주산성의 지리적 이점을 활용하였다. 서쪽의 한강을 배수진으로 하여 왜군의 대병이 동시에 접근이 어렵고, 가용한 접근로는 소규모 제대로 분할하여 운용해야 할 지형을 선정함으로써 아측 방어 병력을 절약하였다. 그는 금산 이치 전투에서도 험준한 산악과 일본군 대부대 기동공간을 고려, 이치 고개의 협로를 활용, 적은 조선군 병력(1,500명)으로 왜군 고바야가 대부대(10,000명)를 격파한 바 있었다.

왜군들은 공격 정면이 협소한 행주산성을 수 개의 제파로 나누어 공격을 감행하였다. 1593년 2월 12일 고니시 부대가 제1제파 4,300명으로 공격을 개시하였다. 이에 조선군에서는 목책 등으로 공격을 저지하고 화포 신기전으로 포격하여 선방을 거듭하였다. 이어서 왜군은 제2, 3제파 공격을 시도했으나 실패하였다. 이에 총대장 우기다가 제4제파를 직접 지휘하여 조선군 방어선을 정면으로 돌파하려고 하였다.

이때 조선군 방어선은 이미 3차에 걸친 혈전으로 부상자가 속출하였고 제1성책마저 붕괴되어 위기를 맞게 되었다. 이때를 틈타 왜군의 부장 도가와가 증원부대를 이끌고 전투를 완결하고자 격렬하게 공격하였다. 열세한 조선군 방어 전열은 도망자들이 발생하는 등 급격히 무너지기 시작했다. 바로 이때 총지휘를 하던 권율 장군은 선두에 나와, 도망치려는 병사의 목을 베가며 독전을 감행했다.[92] 때마침 총대장 우기다가 조선군의 화차에 부상을 당하고 전세는 역전이 되었다. 이후 왜군은 제5, 6제파가 계속 공격을 시도하였으나 권율 장군의 지휘 아래 똘똘 뭉친 조선군을 뚫지 못했다.

마지막 제7제파로 고바야가사가 낮은 지형인 서북로 쪽으로 공격하여 조선군 방어선이 또다시 위기를 맞았다. 승병군 처영이 배후에서 백병전으로 끝까지 사투하였고 권율 장군도 앞에서 독전을 거듭하였지만, 화살촉마저 떨어졌고 화급한 상황에 여인들까지 행주치마로 돌을 날라 힘을 보탰다. 마침내 조선군은 왜군의 마지막 공격까지 물리칠 수 있었다. 최후의 순간까지 비장한 각오로 행주대첩을 이룩한 조선군은 그 여

---

92) 오늘날 우리나라 군형법에는 즉결처분권한이 존재하지 않는다. 6·25전쟁 당시 서울을 함락당한 후 봇물 터지듯이 국군이 후퇴를 거듭할 때 1950년 7월 3일 내려진 작전훈령(作戰訓令) 제2호에도 불구하고 후퇴를 막지 못하자, 육군본부는 7월 26일부로 상관의 명령에 불복종하거나 명령 없이 전장 이탈을 하는 부하들을 즉결처분할 수 있는 권한을 분대장급 이상 지휘관에게 부여한 바 있다. 현 군형법에 따르면 적전(敵前)에서 군무를 기피할 목적으로 부대 또는 직무를 이탈한 사람(제30조)이나 적전에서 상관의 정당한 명령에 반항하거나 복종하지 아니한 사람(제44조)에게는 사형, 무기 또는 10년 이상의 징역에 처하도록 되어 있다.

세로 한양성을 수복하고 전세의 위기를 극복하였다.

민족의 숭앙을 받는 이순신 장군과 권율 장군은 모두 고매한 인품으로 부하를 남달리 사랑하였으며 스스로 겸양하고 헌신적인 행동을 늘 실천한 분들이다. 그럼에도 불구하고 국가와 부대가 위기에 처했을 때 그 현장을 물러나려고 하는 부하들에게 칼을 겨누었다. 두 분은 결국 적전에서 전열이 붕괴될 뻔한 순간에 최후의 수단으로 독전지휘를 감행, 집단공포를 차단하고 전의를 고취시켜 대역전의 상황을 만들어냈다.

그렇다. 위기에 처했을 때 지휘자는 앉아서 죽음을 기다릴 것이 아니라 결사적으로 싸울 수 있도록 독려해야 한다. 어떤 지휘자는 뒷전에서 고성과 폭언으로 소리 높여 "돌격 앞으로"라고 명령만 내리는 경우가 있는데, 이것은 독전이 아니다. 그것은 부하를 죽이고 자신을 살리려는 비겁한 행동에 불과하다. 진정한 독전은 "진두에 서서 나를 따르라." 명하고 자신도 부하와 함께 죽을 각오로 임하는 것이다. 또한, 독전은 우군의 희생을 최소화해야 한다. 중공군은 6·25전쟁 시 독전대를 편성하여 수많은 젊은이를 강제로 거대한 죽음의 계곡 속으로 내몰았는데, 이것은 진정한 의미의 독전이 아니다. 그들은 사회주의 독선에 함몰되어 전쟁에서 가장 추악한 형태의 인해전술을 구사, 인간 생명을 열세한 화력과 대치하였다. 그로 인하여 엄청난 병력 살상을 초래하였음에도 불구하고 인간적인 가책을 느끼지 않았다.

우리는 중공군의 인해전술과 궤를 같이하고 있는 북한군과 싸워야 하는 입장을 각별히 유념해야한다.

5. 훈련과 실전 상황 격차

군인들은 통상 '강한 훈련이 전투에서 승리를 보장한다.'는 불문율을 신봉하며 '훈련 간 흘린 땀 한 방울은 전투 시 피 한 방울을 대신한다.' 고 외치며 혹독한 훈련을 강조한다. 그리고 그 연장선상에서 '훈련을 잘 하는 군인과 부대는 전투도 잘할 것'이라고 간주한다. 그러나 이것은 훈 련과 전투가 본질적으로 다른 환경에서 전개된다는 것을 인식하지 못한 데서 비롯된 오해 또는 오인이 될 수도 있다.

　사실 훈련을 아무리 실전처럼 실시한다고 해도 실전 상황을 연출할 수는 없다. 훈련과 실전의 가장 근본적인 차이는 바로 죽음에 직면하는 위험성인데, 아무리 육체에 고통을 주는 혹독한 훈련을 한다고 해도 죽 음의 공포를 100% 연출할 수는 없다. 훈련에서는 인간을 공포에 떨게 하는 '죽음'이라는 상황을 완벽하게 묘사할 수 없기 때문에 죽음에 대 한 두려움 없이 맘껏 행동할 수 있지만, 실전에서는 전혀 그렇지 않다. 아울러 실전에서는 평소와는 비교할 수 없을 정도로 극심한 전투 스트 레스를 받는다. 특히 전우의 부상과 사망을 목격하면서 느끼는 스트레 스는 말로 표현할 수 없을 정도로 혹심하다. 바로 이러한 현상들 때문 에 전투에 나가는 전투원들은 평소와는 전혀 다른 차원의 인식과 행동 을 표출한다. 실전에서는 훈련 때처럼 용기 있는 척하는 객기를 부릴 수 없다.

　나는 월남에서 이러한 현상을 직접 경험하였다. 평상시 용감하다고 소문나거나 자칭 용감하다고 말하는 군인들이 실전에서는 꽁무니를 빼 곤 하였다. 심지어 평소 부하들에게 과단성의 표상처럼 행동하던 '무서 운 지휘관'조차 적탄 앞에서는 무기력해지고 평범한 군인으로 전락하는 모습을 발견하였다. 세칭 '시정의 깡패' 출신이라며 우쭐대던 병사가 전 투현장에서는 오히려 비굴한 행동을 보였다. 다른 병사들보다 먼저 위 험지를 이탈, 안전한 곳으로 숨어들었다. 평소 침착하고 책임감이 강한 병사들은 그들보다 더 앞장서 있었다.

　그리고 평시에 훈련 수준이 높다고 평가받은 부대가 실전에서는 졸전을 치르는 경향도 보였다. 내가 소속되었던 중대도 그런 경우이다. 지휘관은 한국 야전부대에서 충분한 경험과 전술지식을 모두 겸비한 유능한 지휘관으로 평가받았고 중대 또한 최고의 전투력을 자랑하였다. 그러나 우리는 월남전에서 기대한 만큼의 전과를 올리지 못했다. 그러므로 평시 부대훈련 수준이나 지휘관의 됨됨이를 보고 실전에서도 잘 싸울 것이라고 예단하는 것은 섣부른 기대이다. 나는 월남전에서 이러한 사실들을 경험하면서 다음과 같은 교훈을 얻었다.

첫째, 인간은 실전 간 생명 보호라는 본능으로 회귀하기 마련이지만, 두려움을 이길 수 있는 유일한 힘은 내면의 용기라는 것을 깨달았다. 그리고 그 내면의 용기는 강인한 훈련을 통해서 축적되고 발휘되지만, 그보다 정신적 신념과 그에 따른 동기를 부여함으로써 가중효과를 낼 수 있었다. 그러므로 모름지기 전투 지휘관은 어떻게 하면 부하의 용기를 유발시킬 것인가를 고민해야 한다.

둘째, 실전에서의 용기는 지휘관의 동기 유발 노력만으로는 한계가 있는 만큼, 제대별 전투 지휘관은 천성적으로 싸움꾼인 전투원을 식별하고 이들을 육성하여 결정적인 순간에 활용하는 지혜와 방법을 찾아야 한다. 우리 소대에서는 2분대장 고원선 중사, 유근영 상병 등이 대표적인 싸움꾼이었는데, 소대가 이룩한 전과는 거의 그들의 몫이었다. 단언컨대, 어떤 중대에 분대별로 단 1명의 진정한 싸움꾼이라도 있다면, 그 중대는 승리할 것이라고 자신감을 가져도 좋을 것이다.

셋째, 교육훈련에 강한 간부보다 실전에 강한 간부를 발굴하고 육성해야 한다. 평시 교육훈련 수준으로 간부를 평가하는 만큼 실전에 강한 간부가 탈락할 가능성이 적지 않다. 그러므로 지휘관은 훈련과 실전 상황과의 차이점을 정확히 인식하고 실전에 강한 간부를 발견할 수 있는 안목과 그를 중용하는 용기가 필요하다. 2차 세계대전 당시 영국의 중동군 사령관 오친렉(Auchinleck) 장군은 싸움꾼 대대장을 선발하는

데 부대편성의 주안을 두었다고 하지 않던가!

넷째, 훈련은 단 한 번을 하더라도 실전과 근접한, 실전을 방불케 하는 상황을 조성하여 실시해야 한다. 그러한 상황과 조건이 부여되지 않은 상태에서는 수십 번을 훈련해도 실전에서는 별 소용이 없다. 그렇다면 어떻게 상황을 조성해야 실전을 방불케 하는 훈련이 될까? 그 핵심은 변화무쌍한 상황과 죽음이라는 공포에 대한 연출이다.

이 글을 마치면서

●

●

●

과거 어느 때보다 막강한 해양세력과 대륙세력이 일촉즉발의 순간을 향하여 첨단 과학무기(핵무기)의 사용도 불사하며 서로 격돌지점에 다가서고 있는 정황을 감지케 한다.

대한민국은 또다시 21세기 초입에 세계사적 격랑의 중심 속에 자리가 잡혀 있다. 왜 우리는 지난 세기에 이어서 인류사적 대재난을 우리 안마당에서 맞이하고 비극의 주인공으로 자멸해야 하는가?

자칫 불원간 다가오는 엄청난 재앙은 국민 각자의 치명적인 불행이며 국민 모두의 공멸을 초래할 수 있다. 따라서 우리는 이 위중한 도전을 슬기롭게 대처하기 위하여 국민적 지혜를 총결집해야 할 시대적 과제를 안고 있다. 이를 위하여 주변국과 외교노력을 강화하여야 함은 물론 군은 국방의 주체로서 일관된 호국정신을 새롭게 다지고 국난 극복을 위한 상무정신의 앙양이 절실히 요구되고 있다.

본인은 평소 국가 수호의 터전인 군 병영의 선진화를 추구하였다. 우리의 선진병영은 진실이 통하고 정의가 서 있으며, 사랑으로 감싸주는 살맛 나는 병영문화를 구현해야 하며 이렇게 함으로써 장병들의 호국정신과 상무정신도 함께 배양하게 될 것이다. 이는 곧 필승의 강군을 육성하는 지름길이기도 하다. 또한, 부대의 승패는 지휘관과 간부의 전투의지와 능력이 지배하므로 군은 '필승의 부대전투 혼과 간부의 투혼'을 강철같은 담금질로 진력, 연마해야 한다.

초급 지휘자는 조국, 자유, 평등, 평화, 민주, 정의, 진실, 사랑, 행복 등 이념적 가치가 신념화할 때 전의가 충일하며 이 전투의지(이성)는 명예심, 책임감, 공명심, 적개심, 종교적 신앙심, 개인특성 및 자신감, 훈련 및 군기, 부대전통 및 사기, 인간 및 지휘관계 등 제요인(발화제)과 융합, 용기(감성)로써 표출함과 동시에 이 순간 지휘자는 적전에서 과감한 전투지휘를 할 수 있다.

실전에서 말단 지휘자의 역할과 책임이 실로 막중하므로 필자는 1965년 장교로 임관하여 보병소대장직으로 월남의 정글 전투에 참전, 체험한 사례들을 더듬어 회고하고 이를 『투혼』으로 발간하였다.

본 저서에서 각별히 논하고자 주목한 사항은 다음과 같다.

① 초급장교가 초전에서 심리불안을 극복하며 유능한 전투지휘관으로 성장하는 과정을 살펴보고 독자가 간접 체험하도록 기술하였다.
② 전투지휘는 폭력적 권위주의보다 상하 간 경청, 이해, 배려의 소통을 중시하여 부대단결을 도모한 자발적 합리주의의 통솔기법이 정도임을 확인하였다.
③ 군의 선진 병영문화 형성을 위하여 선임·상급자의 갑질을 억제하고 고질적 인사비리와 부정의를 노출시켜 병영의 투명성을 제고하였다.
④ 월남의 남북내전에서 자유월남의 패인을 분석하고 우리의 대내 이념문제의 심각성을 새롭게 인식하는 계기로 삼고자 하였다.
⑤ 월남전에 임했던 파병부대의 대 월남주민 협조실태를 사실에 입각, 역사기록을 보존코자 하였다.

본서를 통해서 독자들이 다음과 같은 감동을 느꼈으면 하는 바람이다.
일반 독자층은 파월 장병이 열대의 정글지대, 자유의 전선에 참전하여 대한민국의 국위를 선양하면서 국군의 사명을 다 하고자 노력하는 한국군의 투혼을 확인했으면 한다. 파월장병들은 고된 전투임무를 수행하면서 인간 막장터인 전장에서 발생하는 긴박상황에서도 인간적 진실과 정의를 구현하고자 고뇌하였으며, 심지어 전쟁에 찌든 월남주민에게 신뢰를 심어주고 적군 포로에게도 인간애의 손길을 잡아주는 행동까지 서슴없이 행하였다.

군 간부는 월맹군이 가난한 나라의 보잘것없는 병력으로 세계의 막강한 군대를 차례로 물리친 비대칭 전략과 전술을 터득하고 이들과 궤를 같이하는 북한군의 비대칭 위협을 대비하는 데 도움이 될 터이다.

한편, 작전 시 하급부대는 허위 과장 보고가 있었고 상급부대는 적시 대응 조치가 미흡하는 등 야전 병영 관리의 부실이 잠재하였으며, 일부 지휘관은 전투 시 소극적인 지휘 활동으로 군의 근성을 저하시킨 바 있었기에 자성이 요구되었다.

최근 북한 공산집단의 안보위협이 날로 증대하여 어느 때보다 철통같은 전비태세가 요구되는 시점에서 이 책자가 아무쪼록 최선두에서 솔선수범하며 막중한 임무를 수행하는 초급간부들에게 유사시 전투지휘에 일조가 되고 특히 초임장교의 입문서로서, 전투소대장의 지침서로서, 직업군인에게 참군인의 안내서로서 역할을 기대한다.

아울러 이 졸저가 군의 선진 병영 육성과 배달겨레 젊은이들이 국난극복에 호국·상무정신을 함양하는 데 기여하기를 기원한다.

전투 지휘의 산 증언

최일선에서 적과 총검을 맞대고 싸우는 전투 소대장의 실전 경험담은 전장의 실상을 이해하는 데 더없이 귀중한 자료가 아닐까 생각한다. 적으로부터 기습 공격을 받아 패닉 상태에 빠진 장면을 묘사한 부분은 마치 전쟁 드라마의 한 장면을 보는 것 같이 생생하고 구체적인데, 이는 전투 소대장이 아니면 경험하기 어려운 사례라 하겠다. 저자도 처음에는 무기력 상태에 빠져 아무런 조치도 취할 수 없었지만 전투를 계속해가면서 점차 '싸움꾼', 즉 전사(戰士)로 변해갔다. 그러니까 전사는 실전을 통해서 단련되고 만들어진다고 하겠다.

전사에게는 '투혼'이 있어야 한다. 투혼은 승리를 담보해주는 핵심적 요소이기 때문이다. 저자는 바로 이 전쟁 교훈을 확고히 믿고 실천함으로써 월남전에서의 전투 임무를 성공적으로 수행했다. 전투 지휘자는 스스로 투혼을 발휘해야 하지만 부하들로 하여금 투혼을 발휘하도록 해야 한다. 이를 위해서는 행동으로 모범을 보여야 한다. 그래서 전투 소대장에게는 그만큼 생명의 위험이 따른다. 한국전쟁 때 소대장을 '소모품' 또는 '하루살이'로 비유했던 것도 바로 이 때문일 것이다. 저자 또한 여러 차례 죽을 고비를 넘겼다.

천연 동굴 공격작전 때 10미터 거리에서 적으로부터 총격을 받았다. 적은 높은 곳에서 바위 틈새에 몸을 숨기고 조준사격을 가했고, 저자는 30센터 높이의 돌멩이에 몸을 의지했다. 적의 총탄이 빗발치듯 날아와 영락없이 죽을 지경이지만 물러서지 않고 부하들을 독려해 임무를 완수했다. 만일 이때 소대장이 물러섰더라면 어떻게 되었을까? 적의 집중사격으로 목숨을 잃었을 것이며, 소대는 전열이 흐트러지고 많은 사상자가 발생했을 것이다. 결정적인 시기에 전투 지휘자의 투혼은 이처럼 전투의 흐름을 결정짓는다.

저자는 단순히 투혼에만 의존하지 않았다. 항상 최선의 방책을 생각하고, 관련된 정보를 분석하고, 변화무쌍한 작전 상황에서 적시·적절한 판단과 결심을 내렸다. 출동명령을 받으면 준비를 철저히 하고, 작전지역에 대한 도상 연구를 하고, 적의 접근 방향과 규모에 따른 작전 유형을 설정해 훈련시켰다. 그야말로 치밀하게 계획하고 실천했다. 전투가 끝난 다음에는 결과를 객관적으로 평가하여 차후에 대비했다. '생각하는 장교'의 전형을 보여주고 있다.

저자는 항상 정도와 원칙을 고수하고자 했다. 정도와 원칙은 통상 험난하고 불이익이 따른다. 그는 항상 안일한 불의의 길보다는 험난한 정의의 길을 택하고자 했다. 비록 돌밭 길을 걷는 것처럼 험하고 힘들지라도 바른길을 걸었다고 자부하는 듯 자신의 호를 '돌밭 길', 즉 '석도(石道)'로 정하고 이를 자랑스럽게 여기고 있다. 정도를 걷는데도 투혼을 발휘한 것이다.

포로에게 위해를 가해서라도 적에 관한 첩보를 얻자는 부하들의 주장을 일축하고 국제법에 따라 인도적으로 대우해주었다. 이것이 정도였기 때문이다. 그 결과 '망실'했던 포로가 제 발로 찾아오는 효과도 보았다. 부하들이 해안기지에서 바닷고기를 잡아 회식하는 것을 엄금했다. 부하들의 원망이 없지 않았을 터이지만 원칙에 어긋나기 때문에 금지한 것이다.

월남전 참전자라면 모두 알고 있지만 입을 다물고 있는 한국군의 치부를 폭로한 것도 불의와 타협하지 않겠다는 그의 정의감 때문일 것으로 보인다. 전과 조작과 허위 전과 보고는 월남전 참전자라면 다 알고 있는 공공연한 '비밀'이다. 전과 확인을 위해 오죽했으면 사살한 적 시신의 일부를 훼손해 가져오도록 했겠는가. 이는 문명사회에서 있을 수 없는 야만적인 행위인 것이다. 저자는 이를 폭로하여 앞으로 후배 세대들이 반면교사로 삼도록 하고자 했을 것이다. 전투를 기피하기 위해 자신의 신체를 상해한 병사가 나중에 전투유공자로 둔갑한 것을 개탄하면서 우리 군의 상벌 체계에 문제가 있음을 지적하고 있는 것도 같은 맥락에서 이해할 수 있다. 월남전에서 우리 군의 전장 군기가 해이한 것을 "한국군은 전투 간에 떠들어서 적을 쫓아버리고, 버린 캔으로 굶주린 적을 즐겁게 해준다."고 비꼬았다.

저자의 탁월한 리더십은 그의 인간미에 바탕을 두고 있다. 그래서 훌륭한 장교가 되려면 먼저 훌륭한 인간이 되어야 한다는 교훈을 그는 실증해주고 있다. 부하들과 함께 생사를 넘나들면서 전우애로 뭉쳤다. 그는 자신이 부하들을 보호해준 것이 아니라 부하들이 자신을 보호해주었다고 말한다. 그래서 그가 가장 가슴 아파한 것은 부하의 희생이다. 그리고 부하의 정당한 공적을 챙겨주지 못한 일을 지금까지도 후회하고 있다. 그는 소통의 리더십을 발휘했고, 권위적이고 폭압적인 리더십을 비판했다.

이 저서가 비록 월남전이라는 특수한 환경에서의 전투를 다루고 있지만 실은 어떤 전쟁에서나 발생할 수 있는 전장의 보편적인 문제들을 다루고 있다. 그리고 그 처방도 함께 제시해주고 있다. 예를 들면, 실전을 겪은 군인이면 누구나 한 번쯤 겪게 되는 패닉 현상, 포로 취급과 민간인 피해 문제, 우군끼리의 오인 사격과 오폭, 전장 군기 문제, 현장의 상황을 무시한 상급 부대나 상관의 무리한 지시와 명령으로 인한 갈등, 전투 지휘자의 리더십 문제, 급수·급식을 비롯한 보급 지원 문제. 전투를 기피하기 위한 자해나 꾀병 발생 문제, 격렬한 전투에 따른 극심한 피로와 스트레스를 해소할 휴식과 휴양 대책 문제, 보상과 포상 문제, 군인의 사생관과 신앙의 문제 등이 그것이다.

월남전 참전자라면 누구나 공감하는 내용들이기 때문에 마치 자신을 대신해서 저자가 책을 써주었다고 생각할 수 있다. 구성도 스릴 넘치는 장면이 연속해 긴장감을 늦출 수가 없지만 중간중간 재미있는 에피소드들이 삽입되어 있어 독자로 하여금 읽는데 지루하지 않고 읽을 수 있도록 해주고 있다.

월남전이 끝난 지도 벌써 40여 년이 지났다. 그래서 실전을 겪어본 사람이 이제 우리 군에는 남아 있지 않다. 이 책은 실전 경험이 없는 후배 세대에게 전장의 실상을 간접 체험하게 하고, 전투 지휘의 노하우에 대한 저자의 생생한 증언을 싣고 있어 특히 장교들에게 일독을 권하고 싶다. 그리고 장교 양성 과정에서 전쟁사, 군법, 국제법, 리더십, 군대윤리 교육에 참고자료로 활용되었으면 하는 것이 사관학교에서 다년간 군대윤리를 가르쳤던 필자의 간절한 바람이다. 또한, 일반 장병들도 쉽게 접하도록 진중문고로 선정되었으면 한다.

2016년 9월 15일
조승옥(전 육사 교수, 철학 박사)